SÉRIE DIREITO PUC-SP | *ENSAIOS E TESES*

DIREITO E CINEMA

2ª EDIÇÃO

Mara Regina de Oliveira

ALMEDINA
BRASIL

Rio de Janeiro, 2025

Mara Regina de Oliveira

Bacharel em Direito pela Faculdade de
Direito da USP.
Mestre e Doutora em Filosofia do Direito pela
Faculdade de Direito da PUC-SP.
Professora da Faculdade de Direito da
USP e da PUC-SP.
Desenvolve pesquisa pioneira no campo da interdisciplinaridade, interligando estudos teórico-jurídicos críticos com a linguagem artística, com ênfase na literatura e no cinema.

Dedico esta obra a todos os artistas que inspiraram estas reflexões interdisciplinares e aos meus alunos que me auxiliaram a expandi-las no decorrer de nossas interações acadêmicas conjuntas.

A imagem cinematográfica detém um grande poder afetivo que justifica a sua realidade. A sua realidade prática desvalorizada corresponde a uma realidade afetiva eventualmente acrescida, realidade esta que chamamos de encanto da imagem. Por ele, há uma renovação ou exaltação a visão das coisas banais e quotidianas, atraindo as projeções-identificações imaginárias, muitas vezes, melhor do que a vida prática.

A participação do espectador interioriza-se, torna-se intensa em termos afetivos, operam-se verdadeiras transferências entre a alma do espectador e o espetáculo na tela. Há uma lei antropológica geral que diz que nós nos tornamos sentimentais, sensíveis e lacrimejantes logo que somos privados de nossos meios de ação. Ele vê o mundo entregue as forças que lhe escapam, tudo passa facilmente do grau afetivo ao grau mágico.

Edgar Morin

Direito e Cinema

ALMEDINA é uma empresa do Grupo Editorial Alta Books (Starlin Alta Editora e Consultoria LTDA).

ISBN: 978-85-8493-762-2

Impresso no Brasil — 2ª Edição, 2025 — Edição revisada conforme o Acordo Ortográfico da Língua Portuguesa de 2009.

Dados Internacionais de Catalogação na Publicação (CIP)
(BENITEZ Catalogação Ass. Editorial, MS, Brasil)

O48d
1.ed. Oliveira, Mara Regina
Direito e cinema
Mara Regina de Oliveira. – 2.ed. – Rio de Janeiro : Almedina Brasil, 2025.
288 p.; 15,7 x 23 cm. – (Coleção PUC-SP)

Bibliografia.
ISBN 978-85-8493-762-2

1. Cinema e direito. 2. Legislação – Direito – Brasil. I. Título. II. Série.

02-2025/104 CDU 344.81097

Índice para catálogo sistemático:
1. Direito e cinema 344.81097
Aline Graziele Benitez – Bibliotecária – CRB-1/3129

Grupo Editorial Alta Books

Produção Editorial: Grupo Editorial Alta Books
Diretor Editorial: Anderson Vieira
Editora-Chefe: Manuella Santos de Castro
Editor Pleno: Aurélio Nogueira
Vendas Governamentais: Cristiane Mutüs
Gerência Comercial: Claudio Lima

Assistente Editorial: Andreza Moraes
Revisão: Ana Carolina Oliveira
Diagramação: Rafael da Matta Hasselmann

ALTA BOOKS
GRUPO EDITORIAL

Rua Viúva Cláudio, 291 — Bairro Industrial do Jacaré
CEP: 20.970-031 — Rio de Janeiro (RJ)
Tels.: (21) 3278-8069 / 3278-8419
www.altabooks.com.br — altabooks@altabooks.com.br
Ouvidoria: ouvidoria@altabooks.com.br

Editora **afiliada à:**
ASSOCIADO

Sumário

APRESENTAÇÃO

O protagonista do clássico filme italiano *Ladrões de Bicicleta* nos ajuda a entender, profundamente, o tema da exclusão social, por meio de uma sensível e tocante vivência afetiva, que se dá graças ao contato com a linguagem imagética. Ricci, um pai de família em grandes dificuldades financeiras, busca a sua inclusão na legalidade/moralidade oficial, por meio da conquista do emprego formal de colador de cartazes de cinema na rua. A sua bicicleta, além de uma ferramenta de trabalho essencial, é uma espécie de metáfora desta possibilidade de inclusão oficial. Ao ter a sua bicicleta furtada no primeiro dia de trabalho, ele desce aos infernos da informalidade reinante na Roma do pós-guerra. Vai até a polícia, confirmando a ordem legal/moral oficial, mas é instruído, por seus próprios agentes, a procurar a sua bicicleta por conta própria. Ricci vai adentrar no universo da informalidade, de forma dolorosa para seus padrões morais rígidos, que são confirmadores da legalidade oficial.

O universo *oficial confirma o inoficial e o legitima*, este é um paradoxo crucial presente no filme. Com a ajuda de um conhecido, Ricci visita um amplo e aberto mercado informal de bicicletas furtadas, que subverte explicitamente a ordem legal e moral dominante. A polícia é retratada como inoperante na tentativa de reafirmação da legalidade imposta. Quando finalmente encontra o homem desfavorecido, que *furtou a sua chance de inclusão*, ele se depara, mais uma vez, com a institucionalização da ordem ético-jurídica informal, que é, perante a polícia, mascarada, socialmente, pelo sentimento de honestidade e fragilidade social. O suposto infrator mora em um bairro pouco abastado, mas tem total apoio da comunidade, inclusive de grupos informais mafiosos. Sem provas legais, mais uma vez, ele percebe a impossibilidade de reafirmação da ordem oficial. É ameaçado de crime de difamação do rapaz, pelos locais.

Neste momento, aparece o clímax ético-jurídico do filme. Paradoxalmente, Ricci é compelido a ver a burla da ordem ético-jurídica oficial como a única saída de confirmá-la. Ele tenta *furtar, ilegalmente, uma bicicleta,* na tentativa desesperada de manter, legalmente, seu emprego, mas é capturado, logo em seguida, sob o olhar reprovador do grupo, a legalidade/moralidade dominante se volta contra o seu ato. Por sorte ele é perdoado, em termos morais, pelo proprietário e não vai preso. Na cena final, Ricci e seu filho parecem muito angustiados, transmitem ter vivido a dura experiência moral de que a exclusão social radical impossibilita a reafirmação da ordem ético-jurídica dominante imposta, em termos profundos e autênticos. Em situações onde predomina o ceticismo moral e jurídico, é preciso burlar a ordem para reafirmá-la. De certa forma, Ricci se humaniza ao tomar consciência deste limite trágico, dos abusos e da injustiça que sofre.

Percebemos um sentimento final e profundamente humano do absurdo da exclusão social. Não há espaço moral para Ricci ter a propriedade da bicicleta, para recuperá-la, em termos jurídico-oficiais, e nem para furtá-la em termos não oficiais. A busca pela legalidade torna Ricci mais um ladrão de bicicleta nas ruas de Roma. Esta é a sua tragédia, que é uma metáfora de uma condição social difícil mais abrangente. Ele é um excluído do mundo da formalidade e também da informalidade, não há condições para manter a sua sobrevivência, ele é aniquilado como sujeito social. Impossível não perceber como este filme, apesar de ter sido dirigido em 1948, por Vittorio de Sica, com atores não profissionais, no período de crise do pós-guerra italiano, nos ajuda a compreender os problemas sociais e crises de legitimidade que afetam o mundo até hoje. Ousamos dizer que a experiência estética e intelectual desta película nos expõe a problemática da exclusão de forma muito mais clara e impactante do que um texto teórico poderia fazer, pois *sentimos* a exclusão como realidade, como experiência existencial, não como mero conceito teórico abstrato, apreendido de modo estritamente racional. Partimos desta premissa no desenvolvimento desta obra.

Este livro resulta de uma agregação de textos e estudos que têm sido pensados e desenvolvidos ao longo do período da nossa passagem no magistério como professora de Filosofia do Direito e outras disciplinas afins. No início, o uso do cinema apareceu como um recurso pedagógico auxiliar de ilustração de conceitos jurídico-filosóficos, que pareciam muito abstratos para os alunos, que não conseguiam realmente compreendê-los e aproximá-los da realidade. Com o tempo dado pela experiência docente, o trabalho cresceu e se aprofundou, passando a ser um meio de expansão da análise interdisciplinar, ao possibilitar um aumento da reflexão crítica em torno de temas que envolvem o universo jurídico em sua abrangência humana. Em 2006, publicamos nosso primeiro livro *Cinema e Filosofia do Direito: um estudo sobre a crise de legitimidade jurídica brasileira*, focado, diretamente, na análise de filmes nacionais.[1] Comprovamos, nesta primeira obra, que o cinema pode ser um importante referencial de apreensão cognitiva de problemas humanos que envolvem o direito, na sua abordagem filosófica.

O cinema, nesta perspectiva, não é puro entretenimento comercial, mas uma forma de produção artística contemporânea, que engloba todas as demais de maneira única. Articula, para produzir significado, várias linguagens artísticas como a música, a fotografia, o teatro, a literatura, a dança e outras mais. A percepção da imagem produz o chamado efeito do real, adquirindo alto poder de penetração mental, viabilizando a reflexão crítica de temas, de forma completa. Ele une reflexão racional com a manifestação emocional do sentir o tema, favorecendo o que chamamos de interdisciplinaridade existencial e a humanização do indivíduo.

---

1 OLIVEIRA, Mara Regina de. *Cinema e Filosofia do Direito, um estudo sobre a crise de legitimidade político-jurídica brasileira*. Rio de Janeiro: Corifeu, 2006.

Segundo HILTON JAPIASSU, em sua obra clássica intitulada *Interdisciplinaridade e patologia do saber*, as relações interdisciplinares figuram, em primeiro lugar, como uma exigência interna das ciências humanas, como uma forma de aprimoramento da realidade que elas visam conhecer. Mas se impõem, concomitantemente, como uma exigência externa, ou seja, como uma forma do homem responder às necessidades da ação, na forma de uma interpretação global da existência humana. Para o autor, conhecimento e ação devem se conjugar de forma dinâmica, ele critica o puro conhecimento enciclopédico, desvinculado da realidade que na cerca. O conhecimento interdisciplinar pode ser visto como uma espécie de remédio mais adequado a *cancerização ou à patologia geral do saber*. No entanto, o autor alerta que, se estas análises permanecerem superficiais, os remédios propostos também não atingirão o fundo das coisas, podendo até torná-las mais graves.[2]

A interdisciplinaridade vai além da mera junção mecânica de temas, como ocorre na perspectiva pluridisciplinar, exigindo integração de análises, que geram um novo raciocínio. Tem por característica essencial a incorporação dos resultados de várias disciplinas, tomando-lhe de empréstimo esquemas conceituais de análise com o intuito de integrá-los, depois de havê-los comparado e julgado. Envolve a troca generalizada de informações no meio científico, ampliando a sua formação geral, questionando a acomodação dos cientistas em seus pressupostos implícitos. Engaja o trabalho em equipe e a educação permanente, na forma de reciclagem continuada, no intento de preparar melhor os indivíduos para a formação profissional, que cada vez mais exige uma formação polivalente.[3]

JAPIASSU alerta que esta nova metodologia pode estar sujeita a modismos inconsistentes, e, neste sentido, poderia ser difícil apreendê-la com rigor, já que seu domínio é vasto e complexo. Levanta algumas questões instigantes. Ela surgiu na Europa, em meados dos anos sessenta, mas poderia ser importada por países em desenvolvimento? Ela seria um empreendimento realmente sério? Ela não poderia encorajar o diletantismo, os conhecimentos superficiais ou as ilusões de saber?[4]

O autor responde suas indagações traçando considerações críticas ao papel das universidades, que fragmentaram o saber em migalhas, pulverizado num número crescente de especializações, promovendo o divórcio esquizofrênico entre uma universidade cada vez mais compartimentada e uma realidade dinâmica sempre percebida num todo concreto e indissociável. A universidade tem feito tudo o que pode para limitar e condicionar os indivíduos a funções estreitas e repetitivas, impedindo que suas potencialidades intelectuais desabrochem.[5]

---

2 JAPIASSU, Hilton. *Interdisciplinaridade e patologia do saber*. Rio de Janeiro: Imago Editora, 1976, p. 29

3 JAPIASSU, Hilton. *Op. cit.*, p. 32 e 33.

4 JAPIASSU, Hilton. *Op. cit.*, p. 42.

5 JAPIASSU, Hilton. *Op. cit.*, p. 43.

Sem menosprezar as questões críticas levantadas por JAPIASSU, consideramos ser possível um estudo interdisciplinar sério e não identificado com modismos superficiais. As críticas do educador são extremamente atuais em relação ao que ocorre no ensino do direito em geral, onde, nos cursos de graduação, ainda prevalece o estudo dogmático jurídico, visto de forma distorcida e alijado de teorias jurídicas críticas próximas à realidade social.

Verificamos que muitas tentativas de aproximação de estudos do direito com o cinema estão sendo desenvolvidos sem uma metodologia interdisciplinar séria, apenas como pura expressão de um modismo sem consistência concreta. É comum observarmos como sinopses de filmes aparecem como mera ilustração de análises dogmáticas, sem a menor conexão temática, caracterizando um mero agregado pluridisciplinar mal desenvolvido. Muitas vezes, a própria escolha dos filmes mostra-se pouco feliz por não apresentar a profundidade exigida, já que é estritamente focada na tentativa de análise de filmes comerciais hollywoodianos, que não permitem uma reflexão consistente e profunda.

A nossa proposta de estudo leva em conta a necessidade de aproximação dialógica e integrada entre filmes e textos teóricos, com a seleção prévia de temas a serem destacados. O cinema e as artes em geral são poderosos instrumentos de crítica social e expansão da capacidade de pensamento, não de sua banalização. O filósofo e o artista têm algo em comum: são questionadores natos de todo e qualquer sistema de controle social ou existencial. Sabemos que o estudo dogmático jurídico se compõe de uma estratégia persuasiva e tecnológica de aceitação acrítica da validade das normas postas, visando a sua aplicação prática, na decisão de conflitos.

Todavia, esta artificialidade não pode ser confundida com a efetiva exclusão da realidade e com o desprestígio das teorias que estudam o direito com o viés mais crítico e real. Ao contrário, sabemos que um competente raciocínio dogmático, com efetivo poder de persuasão, visando viabilizar a tomada de decisões, tem por base cognitiva a boa formação crítica das chamadas teorias zetéticas filosóficas. Por outro lado, o estudo da linguagem fílmica incentiva a interpretação da vivência social, também calcada na imagem, e não apenas na palavra escrita. Esta capacidade de interpretação imagética alargada é extremamente importante para aquele que atua ou vai atuar em ambientes jurídicos em que predomina a interação pragmática de audiências e julgamentos e o uso da retórica persuasiva, que se vale de dissimulações e manipulações de sentido. Em virtude da miopia pedagógica, o estudante de direito é singularmente estimulado a interpretar textos, como se a imagem não fizesse parte de seu universo profissional futuro.

Somente o estudioso que tem um raciocínio alargado sobre o direito consegue fazer os recortes estratégicos necessários, no campo da interpretação dogmática. Aquele que conhece a linguagem jurídica, vista como imagem e palavra, do ponto de vista crítico, consegue manipulá-la e conformá-la em prol da captação da adesão do seu interlocutor. No mundo complexo pós-moderno atual, vivenciamos problemas de legitimidade jurídico-política que, muitas vezes, colocam em xeque a própria imperatividade das leis estatais e sua relação com a moralidade institucional.

Isto exige do estudioso e do futuro prático uma visão alargada e interdisciplinar dos estudos jurídicos, bem como um aumento de sua sensibilidade humana. Embora a atual divisão curricular das faculdades de direito favoreça, teoricamente, o equilíbrio entre disciplinas de cunho zetético e dogmático jurídico, na prática do ensino, ainda se observa uma falta de integração efetiva entre elas. No seio deste estudo interdisciplinar, ganha relevo o conhecimento jurídico-crítico relacionado ao universo artístico, neste caso, destacado pelo cinema. A linguagem do cinema pode ser trabalhada na perspectiva do incremento cultural do estudante ou do profissional do direito, como parte integrante da sua formação zetética primordial.

A escolha dos filmes, todavia, tem de ser muito adequada, pois deve permitir um aprofundamento cognitivo relevante, não a banalização dos temas, com a afirmação simplificada de ideias maniqueístas. Nesta obra, fizemos uma seleção fílmica muito sincera, calcada na afirmação de sua pertinência artística, com material já explorado em sala de aula, com ótimo resultado pedagógico. Acreditamos que esta seleção tem muito a oferecer e a acrescentar na compreensão de temas que envolvem o universo jurídico em sua complexidade. Dividimos o livro em seis capítulos. No primeiro, faremos uma abordagem metodológica geral sobre o papel do cinema como forma de ampliação do conhecimento crítico, que consideramos ser importante. Nos demais capítulos, faremos uma exposição temática mais particular, com a escolha de cinco temas relevantes da Filosofia do Direito, expostos em linhas gerais, e a correspondente análise de cada filme, detalhada e integrada ao tema, não como mera exposição ilustrativa de uma sinopse resumida. Veremos como cada filme analisado provoca uma releitura distinta da temática proposta, favorecendo, de forma extraordinária, a ampliação da nossa capacidade de pensamento crítico sobre o direito, sem resultar em simplificações maniqueístas.

Capítulo 1

A ARTE DO CINEMA COMO FORMA DE REFLEXÃO COGNITIVA INTERDISCIPLINAR

Estava à toa na vida
O meu amor me chamou
Pra ver a banda passar
Cantando coisas de amor
A minha gente sofrida
Despediu-se da dor
Pra ver a banda passar
Cantando coisas de amor
O homem sério que contava dinheiro parou
O faroleiro que contava vantagem parou
A namorada que contava as estrelas parou
Para ver, ouvir e dar passagem.

(Chico Buarque, A Banda)

CINEMA E AMPLIAÇÃO DA CONSCIÊNCIA SUBJETIVA: ALGUMAS REFLEXÕES PROPOSTAS PELO FILME O LEITOR

O filme *O Leitor*, baseado em romance homônimo de Bernhard Schlink e dirigido pelo britânico Stephen Daldry, mostra um tocante quebra-cabeça imagético sobre nossa condição humana imperfeita, mas, ao mesmo tempo, sensível e vulnerável. O filme faz reflexões pautadas na história alemã, depois do nazismo, tendo por protagonistas Michael Berg (David Kross / Ralph Fiennes), e Hanna Schmitz (Kate Winslet), que vivem uma história pessoal que começa em 1958, quando Michael tinha quinze anos, e Hanna trinta e seis. Termina em 1988, com a morte de Hanna. De fato, o filme se inicia em 1995, Michael é um advogado que vive sozinho, depois de seu divórcio e começa a lembrar de sua adolescência, com ar de muita tristeza, percebemos que seu passado esconde algo muito dolorido. Ele marca um encontro com a sua filha que não vê há algum tempo.

Voltamos ao ano de 1958 e ficamos sabendo que Michael, por obra do acaso, teve um encontro com Hanna, então cobradora do bonde urbano. Ela o ajudou a voltar para casa numa crise perigosa de escarlatina no momento em que desceu do bonde e parou para vomitar em seu prédio. O romance inicia quando ele vai, já restabelecido, três meses depois, agradecê-la no local modesto em que ela morava. O cunho do relacionamento, bastante sexual e particular, é a primeira experiência íntima de Michael. Com o tempo, o adolescente perde a vergonha que o inibia, mas, como se trata de uma afronta aos valores morais dominantes na época, os encontros são mantidos em segredo da família do rapaz. Michael vai ficando fascinado por Hanna e se afasta de seus amigos. Hanna é sua mentora na descoberta da sexualidade e no amor, mas, pouco tempo depois, ela pede que ele leia, em voz alta, obras clássicas da literatura. O relacionamento parece se tornar mais profundo, apesar das poucas semanas. Hanna destaca que Michael é muito bom na leitura, já que ele põe energia emocional nas palavras. Ela se emociona muito com a arte da literatura e pede que a leitura seja feita antes do sexo. Para nós espectadores, inicialmente, parece tratar-se de um simples fetiche. Hanna é uma figura misteriosa, disciplinada, mas solitária, que mistura sensibilidade e um certo distanciamento humano inalcançável e indecifrável. A interpretação de Kate Winslet é precisa, do ponto de vista emocional, para captar esta complexidade. Eles chegam a fazer uma curta, mas lúdica viagem de bicicleta pelo campo e Hanna se emociona muito quando assiste a um pequeno coral numa antiga igreja. Tudo parece ir relativamente bem até o dia em que ela é promovida e convidada a trabalhar no escritório da empresa de transporte. Sem maiores explicações, Hanna vai embora, friamente, deixa o emprego e a moradia, sem fornecer qualquer justificação para Michael, sem se despedir dele. O rapaz abandonado enfrenta uma grande decepção amorosa que parece afetar a sua vida emocional para sempre.

O filme dá um salto de oito anos, Michael vai estudar Direito em Heidelberg, mas sua vida dá uma nova reviravolta, quando ele vai assistir a um dos julgamentos dos colaboradores com o nazismo, que ocorriam na época, junto com seu professor. Ao ouvir a sua voz, ele imediatamente reconhece a presença de Hanna como uma das rés em julgamento, o acaso fez o seu papel novamente. Ao ser interrogada, o juiz pergunta se ela, mesmo tendo sido promovida na empresa Siemens, livremente, optou em trabalhar no campo de concentração de Auschwitz, em 1943, e, depois, em um campo menor perto da cidade de Cracóvia. Ela diz que sim, que se candidatou a uma vaga de guarda, com natural assertividade. Michael passa a enfrentar uma crise moral muito séria, a partir deste momento, porque ele representa a geração alemã que cresceu no pós-guerra e assimilou valores de repúdio aos massacres e genocídios perpetrados. Repentinamente, a mulher que mais amou em sua vida, era a que mais repudiava em termos morais e políticos, pelas mortes que promoveu. A interpretação do jovem ator David Kross é muito convincente ao enfrentar esta angústia.

No julgamento, vemos a ruptura valorativa sofrida pela Alemanha. Hanna ainda está presa aos padrões morais da guerra, onde havia valorização absurda e extremada da hierarquia burocrática. Sua fala está muito próxima ao que HAN-

NAH ARENDT, brilhantemente, chamou de *banalidade do mal*, onde o respeito a regra e a eficiência tornaram-se mais importantes do que a reflexão humana crítica. Percebe-se o contexto histórico em que a aceitação da legalidade, como ideal da afirmação de um modelo de legitimidade legal-racional, independentemente, da avaliação crítica de seu conteúdo, passou a ser o valor moral mais importante. Mas o contexto moral dominante no julgamento é o de claro repúdio ao nazismo e ao seu legalismo formal, não só do ponto de vista das vítimas, mas inclusive por parte das autoridades julgadoras. Hanna e outras mulheres são acusadas, por uma criança sobrevivente que se tornou uma jovem escritora, Ilana Mather, de deixarem trezentas mulheres permanecerem presas numa igreja, para morrerem queimadas, durante um incêndio, em evento chamado de marcha da morte, depois que o campo de Auschwitz foi evacuado. Foram também responsáveis pela indicação pessoal e periódica de dez mulheres cada uma para morrerem na câmera de gás, depois de terem sido obrigadas a trabalhar. Quando indagada sobre o porquê da necessidade da escolha, ela diz, afirmando a burocracia do mal praticada com banalidade, de forma assertiva: *precisávamos de mais espaço para as novas que chegavam*, e ainda pergunta ao juiz, o que para ela ainda parece óbvio: *o que o senhor faria*? Michael, inclusive, fica sabendo, que Hanna oferecia a proteção temporária para algumas moças jovens mais frágeis, que se tornavam suas leitoras, antes de serem enviadas para a câmara de gás. Oferecia local para dormir e comida, mas depois as enviava à morte. Ele toma ciência de que não foi o primeiro nesta tarefa intelectual de apoio a Hanna e chora, em desespero.

O ponto mais polêmico, em termos valorativos, para Michael, está por vir. Motivado pelo que assiste no julgamento, ele visita, na Polônia, o mortífero campo de concentração de Auschwitz e se depara com o horror do passado frente a frente. Depois de reafirmar, com extrema assertividade, para o juiz, que fechou o portão e expôs trezentas mulheres à morte porque *era sua obrigação, como guarda, garantir a ordem e evitar que elas fugissem*, percebemos, claramente, aquilo que foi destacado por HANNAH ARENDT: Por parte de uma pessoa comum como Hanna, não ocorreu intenção direta de prejudicar os outros, ou uma motivação de ódio pessoal contra os judeus, apenas houve o cumprimento impessoal e eficiente de ordens, consideradas legais na época. O professor de Michael destaca a importância do direito sobre a moralidade, afirmando que a condenação por homicídio só poderia ser feita, se o dolo, ou seja, a intenção de matar fosse comprovada, de acordo com leis da época, não com as atuais. Das oito mil pessoas que trabalharam em Auschwitz, apenas seis tinham sido condenadas até aquele momento.

Apesar de tudo, percebemos que o depoimento de Hanna é mais sincero do que o das outras acusadas, que tentam desmentir tudo e que a indicam como responsável pelo fechamento do portão da igreja, firmado em relatório burocrático escrito a mão. Ela nega, inicialmente, com assertividade, que seja a responsável e que tenha escrito o relatório indicado. Todavia, quando o juiz propõe que a sua letra seja confrontada, sob forte tensão, ela acaba assumindo a autoria, dizendo que *o teste não seria necessário*. Neste momento, Michael, assim como nós espectadores, percebemos o seu segredo maior: ela não poderia ter sido a responsável e escrito aquele relatório, pois era iletrada, não sabia ler e escrever, mas não admitia, sob hipótese alguma, tornar este fato público. Este segredo explica a súbita saída dos empregos, depois de ser promovida, explica a busca do seu emprego de guarda no campo de concentração e a sua extrema dependência da leitura em voz alta.

Hanna tem um senso moral forte em torno da vergonha de ser analfabeta, é capaz de se deixar condenar, de forma mais grave, para não revelar isto em público, facilitando a verificação jurídica inadequada do fato em si. Ela tem a capacidade de se comover com a literatura, com o canto religioso, mas a banalidade do mal, construída pela máquina ideológica, a impede de perceber o malefício humano de seus atos, o horror moral de deixar trezentas pessoas morrerem queimadas vivas, mesmo em confronto com seus opositores morais e jurídicos, por ocasião do julgamento. Apesar do depoimento assertivo de Hanna, ela se constrange e se emociona, visivelmente, ao se perceber minoritária, ao saber como seus atos passaram a ser repudiados no contexto do pós-guerra. Por outro lado, o filme não deixa de assinalar o forte ressentimento moral das vítimas, justificado pelo seu sofrimento, compondo um interessante caleidoscópio moral antagônico, mas jamais maniqueísta. No fundo, percebemos que a tragédia do nazismo atinge a todos, as vítimas, os algozes, de qualquer modo, e mesmo as gerações posteriores, como a de Michael.

A película nos impõe este desafio moral para reflexão: Hanna prefere assumir uma culpa, e uma pena maior do que lhe era devido, a revelar sua limitação linguística. Michael consulta o professor sobre o caso: afinal, ele deveria ou não revelar à justiça o que sabe? Seria correto, do ponto de vista moral, expor o segredo de Hanna contra a vontade dela? O professor (Bruno Ganz) que tinha anteriormente afirmado que é a lei que rege a sociedade, não a moral, muda de opinião e o aconselha a falar com ela para revelar o que sabe, dizendo que seria a concretização de um dever moral. O estudante chega a ir até a prisão, mas, um pouco antes de encontrá-la, desiste e vai embora, ele não consegue se aproximar dela. Sua decisão moral favorece a condenação de Hanna a pena perpétua maior do que a das outras acusadas, por uma responsabilidade ilícita que não era dela, de fato. Michael carregará este incômodo moral pelo resto da sua vida, sem que haja qualquer verbalização clara, tudo é percebido pela linguagem imagética do desconforto silencioso.

Alguns anos depois, percebemos que sua vida pessoal é infeliz e incompleta, ele não lida bem com o passado e não consegue se envolver, emocionalmente, com alguém, inclusive com sua própria filha. Há indícios claros de que ainda ama Hanna, embora não consiga mais se aproximar dela, em repulsa moral aos seus atos praticados no passado. Ao visitar a sua mãe acompanhado da filha, em 1978, para avisá-la do divórcio, ele encontra romances da época em que conheceu Hanna e um gravador em seus pertences. Apesar da impossibilidade de relacionamento concreto, Michael começa a gravar, em fita cassete, a leitura de livros e passa a enviá-los para ela, na penitenciária, em forma contida de manifestação de afeto. A interpretação de Ralph Fiennes é magistral para mostrar, através do silêncio, o afeto que cala e que não pode ser manifesto, mas faz o coração doer. Hanna está sofrida e envelhecendo muito rápido, mas o gesto de Michael a incentiva a aprender a ler e escrever sozinha, comparando as fitas gravadas com os livros escritos, que estavam na prisão. Ela envia pequenas cartas, com redação primária e tenta um contato mais profundo, mas Michael recusa escrever qualquer reposta. O envio das fitas permanece por muitos anos. Por fim, quando o Estado resolve liberá-la, depois de vinte anos, ele é contatado para apoiá-la, já que ela não tem parente nem amigos.

Já estamos em 1988 e, pela primeira vez, eles se reencontram, a decadência física de Hanna é brutal. A conversa é amigável, mas tem um tom formal. Michael providenciou emprego e moradia para Hanna, mas percebemos que ela esperava rever um contato humano maior, que a frustra. Michael pergunta se ela teve tempo de pensar no passado que viveu no período nazista, mas ela responde, incomodada, que a sua revisão moral não trará os mortos de volta. Quando ele volta para acompanhá-la na saída, uma semana depois, recebe a notícia de que ela cometeu o suicídio, pedindo a Michael, através de carta, que ele entregue um dinheiro que está guardado numa caixinha velha de chá para a vítima judia que sobreviveu ao incêndio e fez a denúncia ao tribunal. O suicídio de Hanna é misterioso, mas pode ser um indício de uma revisão moral de seus atos, nos moldes dos novos tempos, ou talvez da afirmação de uma consciência da incapacidade moral de adequação a esta nova Alemanha, ou a este novo universo valorativo, que repudia o que ela fez como sendo atos ilícitos e imorais. Ela disse a Michael, no último encontro, que, antes do julgamento, nunca foi obrigada a fazer qualquer tipo de avaliação moral sobre o seu passado nazista. Michael chora em desespero ao visitar a cela de Hanna, porque é obrigado a reconhecer que o seu amor por ela era de fato irrealizável, apesar de permanecer vivo nele.

Ele atende a última vontade de Hanna, vai até Nova *York*, visita a senhora Marther, em um rico apartamento. A conversa é emocionada e Michael acaba revelando, pela primeira vez, o seu breve romance de juventude com Hanna. Entrega a caixinha de chá, com o dinheiro, e a senhora Marther se recorda que tinha uma parecida, com palavras escritas em alfabeto cirílico, quando criança, onde guardava pertences de cunho emocional. O pequeno objeto foi levado ao campo de concentração e posteriormente furtado. Ela recusa o dinheiro, como forma de compensação, e observamos que, nem mesmo os julgamentos oficiais puderam trazer uma real conciliação humana, diante de tanto sofrimento. A fala de Michael espelha a perspectiva de uma Alemanha ainda constrangida diante do passado nazista. Ele decide destinar o dinheiro, em nome de Hanna, a uma instituição de combate ao analfabetismo. A senhora Mather pede para ficar com a velha caixinha de chá, e, de forma simbólica e emotiva, a coloca ao lado de um retrato antigo da família, em preto e branco, que provavelmente deve ter perdido durante a segunda guerra. Por fim, o filme volta para o início, em 1995, Michael está em contato com a sua filha,já adulta e a leva para conhecer o túmulo de Hanna, em sinal de aceitação do seu passado e de seu país e também do amor trágico não realizado. Percebemos que talvez ele consiga uma aproximação emocional com a filha, pois ele, finalmente, falará sobre seu passado com ela.

Este filme nos comove bastante porque nos impele a percepção de nossa complexidade e de nossas limitações humanas. Ele põe em foco um ângulo diferente daquele que é tradicionalmente visto em filmes que falam do tema do nazismo, normalmente direcionados a perspectiva das vítimas e a exibição da crueldade do regime. Ele privilegia as feridas deixadas nos alemães que nem vivenciaram a guerra, diretamente, mas que se sentem horrorizados com o passado vivido quando ele vem à tona. Não há qualquer manifestação de pieguices emotivas, mas tanto Hanna como Michael e mesmo a senhora Mather arrancam lágrimas de nossos olhos, em virtude da manifestação de sua tragédia pessoal irremediável e irreconciliável. Um novo paradigma epistemológico precisa emergir da reflexão imagética artística, porque ela mostra a face de nossa vulnerabilidade no meio de várias questões que envolvem o direito e que podem contribuir para ampliação de seu olhar crítico. A cultura de massa banaliza os temas e tende a direcioná-los ao maniqueísmo simplificador: o mal sempre está no outro. Muitas vezes, o próprio direito não nos oferece uma saída satisfatória do ponto de vista humano. De fato, pode ser que não existam propriamente vilões ou mocinhos em nossas histórias de realidade, é possível que os dois estejam, ao mesmo tempo, dentro de nós. As discussões em torno de temas que envolvem os direitos humanos precisam partir desta aceitação de espaços de incerteza e não de idealizações construídas em torno nossa natureza, que nos levam a buscar sempre no outro a causa dos malefícios, sem perceber que, muitas vezes, fazemos parte do mesmo processo. As idealizações teóricas podem expandir, na medida em as camuflam, nossas imperfeições humanas, não propriamente remediá-las ou transformá-las de fato.

Em sintonia com a sensível discussão proposta pelo filme, EDGAR MORIN afirma que, no século XX, fomos compelidos a assumir os limites do conhecimento, sem idealizações, já que a maior certeza percebida é a indestrutibilidade das incertezas. Neste sentido, o autor destaca a necessidade de fazermos a convergência de diversos ensinamentos, mobilizarmos diversas ciências e disciplinas para enfrentarmos as incertezas, revendo os axiomas da lógica clássica, bem como a racionalidade científica tradicional. Percebemos pontos de convergência com o pensamento de JAPIASSU, mas o autor dá mais destaque ao papel da arte na composição interdisciplinar do conhecimento.[1] As incertezas cognitivas estão referidas a três elementos básicos. Há um elemento cerebral, na medida em que percebemos que o conhecimento não apenas traduz, mas constrói o real, existindo sempre a chance de erro. Há um elemento físico, que de certa forma se liga ao primeiro. O conhecimento dos fatos depende, de forma permanente, da interpretação. Por fim, ele menciona a incerteza mais filosófica de todas, que diz

---

1 MORIN, Edgar. *A cabeça bem-feita: repensar a reforma, repensar o pensamento*. Rio de Janeiro: Bertrand Brasil, 2000 - Cap. 4 Aprender a viver, p. 55 e 56.

respeito à crise dos fundamentos da certeza na Filosofia e nas ciências, conforme detalhamos no item anterior aos expormos o pensamento de JAPIASSU.[2]

Em consonância com o exposto pelo filme *O Leitor*, MORIN destaca que a incerteza tem origem histórica e mostra o caráter caótico da condição humana, marcada por destruições irremediáveis. Segundo o autor, não há como submeter a história a um determinismo econômico-social ou levá-la a obedecer a um progresso. Estamos destinados à incerteza do futuro. As grandes guerras mundiais e as rupturas foram inesperadas.[3] MORIN propõe que haja um permanente e sincero diálogo com a incerteza e diz que pensar bem é estar consciente da ecologia da ação. Toda ação, uma vez iniciada, entra num jogo de interações e retroações no meio em que é efetuada, que podem desviá-la de seus fins e até levar a um resultado contrário ao esperado. As consequências da ação são imprevisíveis.[4]

Neste sentido, ele destaca que o papel da educação não seria apenas o de transmitir informações e conhecimentos sempre mais numerosos aos alunos, mas viabilizar a transformação existencial do conhecimento adquirido em *sapiência*, que deve ser incorporado por toda a vida. Nesta linha de pensamento, ganha importância o contato com a cultura de humanidades, seja no campo da literatura, da poesia, do teatro ou mesmo do cinema.[5]

A importância cognitiva do contato com a cultura de humanidades está numa ampliação de nossa vida subjetiva, que permanece até certo ponto inacessível em nossa vida concreta. No romance ou no espetáculo cinematográfico, a magia do livro ou do filme faz-nos compreender o que não compreendemos na vida comum, onde percebemos os outros de forma exterior, ao passo que, na tela e nas páginas do livro, eles surgem com todas as dimensões, subjetivas e objetivas.[6] É o que procuramos destacar na análise do filme *O Leitor*. O fato de repudiarmos o nazismo hoje, do ponto de vista moral, não nos impede de compreender como agiam e pensavam as pessoas que se envolveram no regime, na época, de forma mais alargada. O papel da educação seria o de figurar como escolas de compreensão humana, capazes de potencializar o nosso humanismo. Podemos compreender que não podemos reduzir um ser a uma parcela de si mesmo, como geralmente fazemos no cotidiano, onde somos quase indiferentes às misérias físicas e morais. Sentimos mais a comiseração, a piedade e a bondade, ao ler um romance ou ver um filme.[7]

---

[2] MORIN, Edgar. *Op. cit.*, p. 59.

[3] MORIN, Edgar. *Op. cit.*, p. 61.

[4] MORIN, Edgar. *Op. cit.*, p. 63.

[5] MORIN, Edgar. *Op. cit.*, p. 48.

[6] MORIN, Edgar. *Op. cit.*, p. 50.

[7] MORIN, Edgar. Op. cit., p. 51.

Para MORIN, a compreensão humana nos alcança quando sentimos e concebemos os humanos como sujeitos que têm tristezas e alegrias, ou seja, quando reconhecemos no outro os mecanismos egocêntricos de autojustificação que estão em nós mesmos. É a partir dela que se pode lutar contra o ódio e a exclusão. Toda a percepção é uma tradução reconstrutora realizada pelo cérebro, a partir de terminais sensoriais, nenhum conhecimento pode dispensar interpretação. Cada um pode produzir a mentira para si mesmo, através de um egocentrismo justificador e a transformação do outro em bode expiatório de nossas frustrações.[8]

Em consonância com o pensamento de JAPIASSU, MORIN destaca que, a partir do século XVIII, a racionalidade passa a ser vista como uma disposição mental que suscita um conhecimento objetivo do mundo exterior, elabora estratégias eficazes, realiza análises críticas e opõe um princípio de realidade ao princípio do desejo. Os avanços da ciência, da técnica e da economia confirmam a sua eficácia. No entanto, citando Platão e Freud, entende que especificidade racional é insuficiente porque ignora a loucura, a afetividade, o imaginário, o mitológico, o lúdico, o religioso. Menciona um interessante paradoxo: "*Seria irracional, louco e delirante ocultar o componente irracional, louco e delirante do humano*".[9]

O homem se apresenta como *homo sapiens, faber e economicus*. No entanto, destaca MORIN, o homo *faber* também é *killer*, o *homo sapiens* exterminou os neandertalenses que viviam na Europa desde dezenas de milhares de anos antes da chegada do *sapiens*. A partir dos poderes da ciência e da técnica, que trouxeram avanços materiais, lançou-se à conquista mortal do planeta, extinguindo os índios e criando a escravidão. Nota-se que a agressividade tem estado presente na história humana, em conflitos religiosos e ideológicos. Existem, apenas, o que ela chama de "*algumas ilhas de bondade.* "[10]

Segundo MORIN, o homem tem uma natureza ambígua, ele é, ao mesmo tempo, racional e irracional, assim, como seres humanos, temos o que ele chama de dialógico homo *sapiens-demens*. Por meio de normas jurídicas e da educação moral, a nossa potencial agressividade é contida ao longo de nossa formação. Todavia, uma atitude abusiva ou uma humilhação sofrida despertam a nossa agressividade latente, o amor pode se transformar em ódio e romper controles. A linguagem imagética do cinema de arte tem o poder de penetração profunda em nossa consciência subjetiva, expondo, com maestria, esta composição dialógica, que foge a qualquer tratamento maniqueísta em torno do certo e errado. Ela produz pensamento crítico.

---

[8] MORIN, Edgar. Op. cit., p. 53.

[9] MORIN, Edgar. Op. cit., p. 117.

[10] MORIN, Edgar. Op. cit., p. 117.

O filme *O Leitor* permite a compreensão deste alargamento da consciência, justamente por não tomar partido e permitir uma reflexão mais aberta e alargada sobre o tema da moralidade e da verdade em relação ao direito. Como bem destaca HANNAH ARENDT, em seu grande livro *Eichmann em Jerusalém*, o pensamento de repúdio ao nazismo tem de aceitar que pessoas comuns, como Hanna, com várias virtudes, inclusive, estiveram a serviço do regime macabro, embora não fossem, propriamente, monstros malignos excepcionais. O sistema de propaganda, muito persuasivo, recalcou o *homo demens* em prol do emergir de uma racionalidade burocrática sombria e destrutiva, o *homo sapiens-faber* construído. Ousamos dizer que a Alemanha foi vítima dos modelos de racionalidade artificiais que ela gerou, no plano filosófico, e que foram manipulados pelo regime de propaganda. O filme nos faz perceber esta complexidade pela vivência emocional dos personagens. A banalidade do mal não acabou com o fim da segunda guerra, ela continua no meio de nós, com outras roupagens. Mas antes de expor as temáticas com mais profundidade, vamos discutir um pouco sobre a linguagem do cinema.

A EXPANSÃO DO PENSAMENTO CRÍTICO INTERDISCIPLINAR ATRAVÉS DOS FILMES

A primeira exibição pública do cinema ocorreu em 28 de dezembro de 1895, na tela do elegante *Grand Café* parisiense, por iniciativa dos irmãos *Lumière*. Vários curtas, em preto e branco e sem som, foram exibidos, através do então inusitado cinematógrafo. Embora a plateia tivesse a consciência racional de que as imagens representavam ilusões, reagiram *como se fossem verdadeiras*.[11] Sabemos que, de fato, do ponto de vista estritamente técnico, não ocorre movimento real na imagem cinematográfica. Com o cinematógrafo apenas produz-se um efeito ótico que constitui esta ilusão de movimento, ao se projetar vinte e quatro fotogramas imóveis por segundo. Esta ilusão ótica se confirma graças à lentidão de nossa retina, que não consegue perceber as interrupções que existem entre as imagens imóveis.[12]

Nesta perspectiva, o cinema cria um elemento novo na percepção da imagem, pois, ao introduzir a experiência do movimento, constrói, em termos psicológicos, a impressão de que é a própria realidade que está sendo exibida na tela, ainda que o seu conteúdo seja pura fantasia irreal. Como num sonho, ocorre uma percepção de verdade, por isso, inicialmente, defendia-se a ideia de que esta técnica tornaria esta arte objetiva e neutra, como se fosse manifestada através de um olho mecânico, que *"colocaria, na tela, pedaços da própria realida-*

---

11 BERNARDET, Jean-Claude. *O que é cinema*? São Paulo: Brasiliense, 2006, Coleção primeiros passos, 18ª reimpressão, p. 19.

12 BERNARDET, Jean-Claude. *Op. cit.*, p. 20.

de, sem qualquer intervenção humana". No entanto, do ponto de vista semiótico, esta caracterização se mostrou demasiadamente simplista, a imagem, mesmo na imóvel fotografia, é semelhante ao real, mas não representa o mesmo de forma involuntária e automática. Nas palavras de ISMAIL XAVIER, ao citar a vanguardista MAYA DEREN sobre a imagem fotográfica:

> *O termo imagem, originariamente baseado em imitação, significa algo visualmente semelhante a um objeto ou pessoa real. Neste sentido absolutamente negativo de que a fotografia de um cavalo não é o próprio cavalo, a fotografia é uma imagem. Uma pintura não é algo semelhante a um cavalo, é algo semelhante a um conceito mental, o qual pode parecer um cavalo ou pode, como no caso da pintura abstrata, não ter nenhuma relação visível com o objeto real.* [13]

O certo é que a linguagem cinematográfica evoluiu ao longo do século XX e XXI. A câmara, aos poucos, deixa a sua tradicional imobilidade teatral, e passa se movimentar, quer seja através dos *travellings* (carrinhos) das *panorâmicas* (a câmera gira sobre o seu pé, dos lados, ou de baixo para cima) o *zoom* e, por fim, a *câmara na mão*. Hoje, existem câmeras tão leves que podem ser colocadas no ombro, fazendo, através de um processo de análise, com que haja um deslocamento espacial dentro da própria imagem, que faz uma espécie de *recorte de ângulos*, que podem ser amplos como uma paisagem ou restritos como uma mão. Na composição final do filme, através de um processo de síntese, as imagens são montadas em sequência, que não necessariamente precisa ser linear, do ponto de vista temporal.[14] Neste sentido, percebe-se que a linguagem cinematográfica, seja na ficção ou no documentário, constitui-se através de uma manipulação permanente, que, segundo JEAN CLAUDE BERNADET, seria:

> *Uma sucessão de seleções, de escolhas de como filmar, escolha de ângulos, depois, de como montar, tendo em vista várias opções de sequências, que são constituídas de cenas, que por sua vez, são compostas por planos, entendidos como a extensão do filme compreendida entre dois cortes, ou seja, como um segmento contínuo de imagem.* [15]

Os elementos que constituem a linguagem cinematográfica não têm um sentido a priori, pois sua significação é construída pelo homem, não apenas na sequência dos planos, mas na manipulação dentro do próprio plano, que dá sentido aos elementos pela sua presença num contexto mais geral.

---

[13] XAVIER, Ismail, O *discurso cinematográfico, a opacidade e a transparência*. São Paulo: Paz e Terra, 2005, p. 17.

[14] BERNADET, Jean-Claude. *Op. cit.*, p. 36 e 37.

[15] BERNADET, Jean-Claude. *Op. cit.*, p. 37.

Existiria uma permanente ambiguidade nesta significação, estabelecida pela operação linguística *seleção/montagem*, cujo grau de complexidade seria variável de um filme para outro.[16] A percepção desta ambiguidade seria neutralizada pelo efeito psicológico da *impressão da realidade* no espectador que deve se lembrar mais do enredo e dos personagens do que da própria movimentação da câmara. Os cortes devem passar despercebidos e a figura do narrador não deve ser vista como existente. O filme é, de fato, uma composição artificial, mas deve ser percebido como uma parte da própria vida real.[17] Segundo BELA BALAZS, no cinema, a câmara carrega o espectador para dentro mesmo do filme, o seu olho acompanha os movimentos da câmara, muitas vezes, confundindo com os olhares dos personagens. Ele vê e sente o mesmo que os personagens, há uma identificação psicológica única e poderosa entre os olhares.[18]

Numa perspectiva semelhante, alguns psicólogos, como HUGO MAUERHOFER, falam sobre a peculiaridade da chamada *situação cinema*, como uma espécie de fuga da realidade cotidiana para o encontro com o nosso inconsciente. Defendem a tese de que quando o espectador deixa a luz natural do dia ou a artificial da noite, para isolar-se na sala escura, ocorreria uma mudança psicológica marcante, tendo em vista o isolamento visual e acústico. Haveria uma sensação de que o tempo passa mais lentamente, gerando tédio. A forma dos objetos se tornaria menos definida, ampliando nosso poder de imaginar e interpretar. E, por último, haveria o alcance do chamado estado passivo voluntário do espectador, semelhante ao estado do sono. Estes três elementos juntos o levam a chamada *entrega voluntária e passiva à ação dramática que se desenrola na tela*, levando o inconsciente a se comunicar com a consciência em maior grau no que na vida no dia a dia. Por isso, este pensador defende a ideia de que a experiência de um filme jamais pode ser idêntica para duas pessoas, ela acaba por ser profundamente anônima e individual tendo em vista a singularidade das diversas formas de inconsciente. Ela tornaria suportável a nossa vida moderna, viabilizando o surgir das emoções e também da reflexão.[19]

Não ignoramos o fato de o cinema, por ser uma cara arte burguesa, na sua origem, reflexo do desenrolar capitalista e tecnológico do século XX, ter se tornado um tipo de mercadoria abstrata pelo fato de poder ser copiado inúmeras vezes. Apesar de ter surgido na Europa, entre as duas guerras mundiais, ele acaba por ser industrializado nos Estados Unidos, através dos poderosos estúdios de

---

16 BERNADET, Jean-Claude. *Op. cit.*, p. 41.

17 BERNADET, Jean-Claude. *Op. cit.*, p. 48.

18 BALAZS, Bela. *Nós estamos no filme, in A Experiência do cinema: antologia/Ismail Xavier organizador*. Rio de Janeiro: Edições Graal: Embrafilme, 2008, p. 85.

19 MAUERHOFER, Hugo. *A psicologia da experiência cinematográfica, in A Experiência do cinema: antologia/Ismail Xavier organizador*. Rio de Janeiro: Edições Graal: Embrafilme, 2008, p.378.

Hollywood, que passam ser vistos como pura alienação, como fábricas de sonhos, que reproduzem ilusões como se fossem reais, situações de total irrealidade social, econômica e política, contribuindo indiretamente para a sua manutenção. A chamada montagem linear, com o corte invisível, e o cinema feito inteiramente nos estúdios dariam vazão a este efeito ilusório. Teríamos, neste sentido, uma *manipulação abusiva* da linguagem do cinema, que passa a mostrar como real a irreal derrota dos vilões pelos mocinhos, riqueza para os pobres, amor eterno para os solitários e outras formas de *happy ending*. Como no brilhante filme de WOODY ALLEN, *A Rosa Púrpura do Cairo*, teríamos uma espécie de realização ilusória dos espectadores, através dos personagens. A ilusão da realidade apareceria como meio de fuga da dura vida concreta, para a realização de uma fantasia maior no plano simbólico das imagens.

No entanto, entendemos ser demasiadamente simplista qualificar o cinema como pura *alienação do real*. Sem dúvida, este é um traço característico da indústria que vai ser apropriado, posteriormente, com mais eficiência pela TV, a partir dos anos 50. Todavia, uma leitura histórica mais profunda e particular, menos generalista, mostra que nem mesmo este papel ele exerceu de forma uniforme dentro de Hollywood, sempre houve boas exceções, com diretores que impuseram a sua marca pessoal e crítica no seu trabalho como seria o caso de JOHN FORD, ALFRED HITCHCOCK, GEORGES CUKOR, para citar alguns exemplos. Como alertava o genial cineasta soviético, no início do século XX, podemos desenvolver uma manipulação construtiva da linguagem do cinema não apenas no sentido de fazer uma ilusão irreal parecer real, mas de produzir, através da montagem inteligente, uma reação valorativa e crítica do espectador. O cinema deveria, nesta perspectiva, não apenas contar histórias, mas instigar a produção de um raciocínio crítico no espectador.[20]

Depois do término da Segunda Guerra, temos o renascer desta visão do cinema, como arte crítica, no *Neorrealismo* italiano e na famosa *Nouvelle Vague* francesa, que surgem como crítica expressa ao cinema de estúdio hollywoodiano, alheio ao social, tanto em termos de forma (abolição das regras de filmagem rígidas, locação real, atores não profissionais) como de conteúdo (por foco na exclusão social). No Brasil, estas duas vertentes geraram o nosso combativo Cinema Novo que até hoje influencia o cinema brasileiro, como, notadamente, o trabalho de WALTER SALLES. O cineasta GLAUBER ROCHA pode ser considerado a expressão máxima da subversão proposta pelo Cinema Novo, que produz pensamento crítico na tela do cinema.

---

20 BERNARDET, Jean-Claude. *O que é cinema?* São Paulo: Brasiliense, 2006, Coleção primeiros passos, 18ª reimpressão, p. 49.

A LOGOPATIA DO CINEMA: A FILOSOFIA JURIDICA NO FILME AMOR

Na primeira cena do impactante filme *Amor*, escrito e dirigido por MICHAEL HANEKE, vemos a polícia e os bombeiros arrombarem um apartamento parisiense tradicional, no qual as portas estão seladas com fita adesiva. O Estado adentra a propriedade e percebemos o corpo de uma senhora octogenária, sobre a cama, bem vestida, com flores a sua volta, de forma que tudo parece caracterizar um tipo de enterro informal. No entanto, o fedor e a aparência cadavérica do corpo em decomposição nos alertam sobre a biologia macabra da morte. A cena do corpo desfalecido é cruel para nossos padrões culturais dominantes. A seguir, o filme retroage em flashback para explicar esta cena de morte inicial. Teria sido um homicídio em termos jurídicos? Qual seria o sentido moral deste ato? Somos apresentados ao casal idoso Anne (Emmanuelle Riva) e Georges (Jean-Louis Trintignant), estudiosos de piano aposentados que compartilham a vida em comum há muitos anos. Eles têm uma filha chamada Eva (Isabelle Huppert), concertista clássica. O diretor, famoso por desenvolver teses filosóficas realistas em seus filmes, vai propor uma instigante reflexão sobre os aspectos morais que circundam a velhice e a morte, como consequência biológica, que pode ser muito cruel e sofrida. Os três atores têm atuações extraordinárias.

Anne e Georges têm uma vida harmônica, em termos afetivos, com afinidade de gostos estéticos e realização profissional. Na primeira cena em que são vistos (a única que se dá fora do apartamento), eles estão na audiência de um concerto de piano de um ex-aluno de Anne, que vem ganhando fama. Mostram satisfação em poder celebrar esta passagem de elevação do antigo discípulo, que se tornou um grande artista. Ao chegarem em casa, percebemos o carinho, o cuidado e o respeito mútuos. Sua relação pessoal de cumplicidade e respeito é acima da média, nos padrões regulares de relacionamento afetivo. O diálogo com a filha Eva, que vive uma vida marital com um músico inglês, recheada de traições, mostra este diferencial afetivo, superior. No dia seguinte, todavia, a personagem Anne não aparece por alguns minutos e o filme dá um pequeno salto temporal. Ficamos sabendo que ela foi diagnosticada com obstrução na carótida, fez uma cirurgia para evitar novos ataques, que não deu certo. Ela sai do hospital com o lado direito sem movimentos.

Aqui começa o martírio de Anne com a sua doença. A interpretação de Emmanuelle Riva é extraordinária para mostrar sua angústia em seu rosto diante da degeneração, que traz inúmeros martírios e limitações ao seu cotidiano. Ela é impossibilitada de tocar seu amado piano e qualquer movimento pela casa depende da ajuda de Georges, que se mostra muito otimista e satisfeito em auxiliá-la. Neste sentido, percebemos que Anne não aceita as limitações impostas pela enfermidade que tende a se ampliar com o tempo. Entende-se que, para ela, não adiantaria sobreviver em condições futuras de muito martírio físico, e ela chega a verbalizar um desejo de morrer para Georges. Assim que sai do hospital, já no apartamento, pede que Georges faça uma promessa a ela: *que nunca a levará ao hospital novamente*. Esta promessa vai ter um papel central no desfecho do filme, como veremos adiante. Georges acaba tendo que aceitar este pedido, mas deixa claro a sua posição moral antagônica: quer fazer o máximo para ajudar Anne a sobreviver com dignidade e conforto. O filme apresenta uma emotividade sóbria e não piegas, mas percebemos que Georges dedica todo tipo de apoio porque quer ver a sua companheira amada viva. A filha Eva não consegue captar esta dinâmica afetiva especial de seus pais, diferente da moral social dominante, acha que a mãe deve ficar em uma clínica especializada. Neste sentido, mesmo sob protestos da filha Eva, Georges decide que vai mantê-la em casa sob os seus cuidados pessoais, contando com ajudas profissionais de apoio eventuais. Nesta primeira fase, embora sem movimento, a situação permanece razoavelmente equilibrada, pois a mente de Anne ainda está perfeita. Mesmo com as rotineiras dificuldades motoras, Anne ainda pode usufruir da boa companhia intelectual e afetiva de Georges.

Com o avanço da doença (subtende-se que ela teve mais um derrame) a situação de Anne se agrava muito. Ela não consegue mais fazer sentido ao falar, nem levantar da cama. Agora Georges busca o auxílio de uma enfermeira três dias por semana e acaba admitindo para a filha que não tem mais certeza sobre a consciência de Anne sobre o seu estado crítico. Mais uma vez, contrariando Eva, afirma a sua intenção de mantê-la sob seus cuidados no apartamento e não deixá-la numa clínica, reafirmando o compromisso moral firmado com a esposa. O martírio de Anne é cada vez mais intenso, ela se recusa a comer, beber água e geme a palavra dor, de forma ininterrupta, por longos períodos.

Nesta fase, observamos a decadência física de Georges, que, aos poucos, começa a perceber a falência de seu compromisso moral de viabilizar a sobrevivência de sua amada. Ele parece morrer junto com ela, pois a única saída de mantê-la viva seria interná-la, mas isso quebraria o pacto moral. Em um dado momento, Georges vai ao encontro de Anne, que está gemendo, em sinal de martírio, e começa a contar para ela uma história da sua infância, ocorrida quando tinha dez anos de idade. Ele se recorda do sofrimento que passou por ter ido a uma colônia de férias por imposição de seus pais e contra a sua vontade. Tinha de nadar em um lago gelado, fazer esportes que detestava e comer comidas que não apreciava. Via correspondência, pediu para sua mãe vir buscá-lo, mas acaba adquirindo difteria por ter sido obrigado a viver aquela experiência, que para ele foi muito negativa.

Ao contar para si mesmo a própria história, Georges está tentando entender a perspectiva moral de Anne, que está agonizante, pois se considera obrigada a permanecer numa sobrevida de constante sofrimento que ela não suporta mais. Neste momento, aparece a temática da eutanásia ou do suicídio assistido, onde se questiona se o Estado deveria ou não legalizar o auxílio a quem quer morrer, com menos sofrimento. Georges que lutava, do ponto de vista moral e médico, pela sobrevivência de Anne, pega um travesseiro e a sufoca até a morte. A forma com que o faz é parecida com um último abraço.

HANEKE não deixa de mostrar o lado brutal da morte, apesar do sentido da compaixão moral que ela possa ter do ponto de vista de Georges. Anne luta, fisicamente, contra o seu sufocamento, ainda que queira morrer.

O filme não levanta bandeiras radicais a favor do suicídio assistido ou contra ele, mas supera qualquer visão maniqueísta. Percebemos uma mensagem mais pessimista e complexa na agonia de Anne e Georges: nestes casos, ainda que predomine a tipificação do ilícito, não parece haver a boa saída moral, todas são ruins e muito dolorosas. O que seria pior: morrer ou permanecer viva em sofrimento? A finitude da vida e nossas limitações biológicas nos impõem situações de muito martírio que não têm saída positiva. Georges sacrifica seus ideais morais de manter a vida e cumpre a promessa de não internar Anne em hospital ou clínica. Paradoxalmente, para cumprir a promessa, no estado em que ela se encontrava, ele se vê compelido a abreviar a vida de sua companheira, o sentido moral deste ato mortífero é amoroso. Todavia, ao confirmar este amor/morte, Georges, que prepara com cuidado o enterro informal da esposa, escolhendo a roupa e a enfeitando com flores, tem de morrer também, pois perde o seu sentido humano e moral, que vai embora com sua esposa. Trata-se do ponto da narrativa que fica em aberto, como é comum nos filmes de HANEKE, mas, na nossa interpretação Georges comete o suicídio pouco tempo depois. Daí o porquê da cena simbólica do casal ir embora do apartamento e da filha Eva visitando o local vazio depois.

De uma forma poderosa, esta película nos permite adentrar várias questões filosóficas, que, eventualmente, estão conectadas com o universo ético-jurídico, que são deixadas em aberto. Propõe uma complexa discussão sobre a moralidade e o direito, que envolve não apenas elementos racionais de compreensão da narrativa do filme, mas também de vivências emocionais profundas. Ousamos afirmar que a compreensão da complexa trajetória moral de Georges não poderia ser alcançada somente através de textos teóricos. A leitura imagética nos inseriu na íntima vida do casal, que é exposta de forma detalhada e rigorosa, e na sua consciência subjetiva, nos levando a compreender como um determinado ato considerado criminoso perante o direito, passa a ter o sentido de amor, naquele contexto de doença. A reflexão filosófica nos leva a entender a transformação moral sofrida por Georges, que o leva a prática de ato considerado ilícito em dissonância com seus ideais iniciais de manutenção da vida de Anne. Para entender esta passagem precisamos pensar através da sensibilidade.

Na visão do filósofo JULIO CABRERA, para que possamos compreender um problema filosófico, não basta entendê-lo, racionalmente, como conceito teórico/semântico. Temos de vivê-lo, senti-lo, sermos afetados por ele, como uma experiência emocional, não empírica, que aguce a nossa sensibilidade cognitiva, próxima de uma dimensão que poderíamos chamar de pragmático-impactante, a qual deve produzir algum tipo de transformação cognitiva. Embora a forma literária tenha preponderado na história do pensamento filosófico, nada impediria que se viabilizasse uma problematização filosófica por meio da análise de imagens do cinema, da fotografia ou da dança.[21] Mais adiante, ele levanta a polêmica hipótese de que o cinema seria uma linguagem mais apropriada do que a própria escrita nesta forma de pensar dos filósofos, que ele chama de logopáticos. Algumas questões humanas não podem apenas ser ditas e articuladas logicamente, devem ser apresentadas, sensivelmente, por meio de uma compreensão logopática, racional e afetiva, que longe de ser uma mera impressão psicológica, tem pretensão de verdade universal. Como forma de pensamento, ele é tão aberto como a filosofia dita literária, não existe uma definição que o alcance de forma absoluta.[22]

Recordamos do pensamento de JEAN EPSTEIN sobre a questão. Como CABRERA, ele destaca a grande proximidade simbólica da imagem com a realidade sensível, que ela representa, em comparação com a palavra, que apresentaria uma espécie de símbolo indireto, elaborado pela razão, relacionado ao poder de abstrair, classificar e deduzir. A percepção da imagem em movimento apresenta uma significação semipronta, que alcança, de forma contundente e indutiva, a emotividade do espectador, sem a mediação do raciocínio abstrato. Já a palavra, para produzir uma emoção, depende de uma prévia decodificação racional de seu significado, a fim de que represente uma realidade e esteja apta a mexer com sentimentos.

> *A frase fica como um criptograma incapaz de suscitar um estado sentimental enquanto a sua fórmula não for traduzida em dados claros e sensíveis através de operações intelectuais, que interpretam e reúnem, numa ordem lógica, termos abstratos para deles deduzir uma síntese mais completa. Por outro lado, a simplicidade extrema com que se organiza uma sequência cinematográfica, onde todos os elementos são, acima de tudo, figuras particulares, requer apenas um esforço mínimo de decodificação e ajuste, para que os signos da tela adquiram um efeito pleno de emoção.*[23]

Para que a linguagem cinematográfica seja vista como discurso filosófico é necessário que percebamos que ela se constrói a partir dos chamados *conceitos-imagem*, que não se confundem com as chamados conceitos-ideia, trabalhados na filosofia escrita. No pensamento de CABRERA, eles não têm um caráter essencialista e definitivo, mas heurístico e crítico. Eles caracterizam uma experiência que se tem para que possamos entender e trabalhar este conceito, na forma de um *fazer coisa com imagens*. Nas palavras do autor:

> *A racionalidade logopática do cinema muda a estrutura habitualmente aceita do saber, enquanto definido apenas lógica ou intelectualmente. Saber algo, do ponto de vista logopático, não consiste somente em ter informações, mas também*

---

21 BERNADET, Jean-Claude. *Op. cit.*, p. 17.

22 BERNADET, Jean-Claude. *Op. cit.*, p. 18.

23 EPSTEIN, Jean. *O cinema do diabo-excertos, in A Experiência do cinema: antologia/Ismail Xavier organizador*. Rio de Janeiro: Edições Graal: Embrafilme, 2008, p.294.

> *em estar aberto a certo tipo de experiência e em aceitar deixar-se afetar por uma coisa de dentro dela mesma, em uma experiência vivida.*[24]

Não se trata de apenas assistir ao filme como uma experiência estética ou social, desarticulada do raciocínio, ou ler um comentário sobre a película, mas de desenvolver uma interação lógico-afetiva profunda, que evidencie a presença de conceitos ou ideias nas imagens em movimento. Já vimos como a linguagem do cinema é poderosa porque produz à famosa *impressão da realidade,* acompanhada pela identificação com o olhar dos personagens, numa situação dinâmica de espacialidade e temporalidade construídas. Os conceitos-imagem do cinema produzem um impacto emocional sobre questões que dizem respeito ao humano, com valor cognitivo, persuasivo, unindo lógica e pática, concomitantemente. Este impacto emocional não está ligado a um possível efeito dramático de um filme, do tipo melodrama, muitos filmes considerados cerebrais comovem o espectador pela sua frieza. Por mais racional que seja um filme, ele nunca será como um tratado literário filosófico.

Neste sentido, cabe lembrar a didática distinção feita por HUGO MUNSTERBERG a respeito das emoções provocadas pelo cinema. Em primeiro lugar, teríamos as *emoções primárias* que os personagens comunicam de dentro do filme, provocando simpatia pelo sofrimento, compartilhando as alegrias pelo amor realizado. A percepção visual das várias manifestações dessas emoções se funde em nossa mente com a consciência da emoção manifestada. É como se estivéssemos vendo e observando, diretamente, a própria emoção. Reagimos, organicamente, de forma adequada, o horror nos dá arrepios, a felicidade nos acalma. Há uma experiência viva do reflexo emocional dentro da nossa mente. Nos filmes melodramáticos, este tipo emoção está muito presente. Mas, haveria, por assim dizer, um segundo tipo de *emoção secundária* em que a plateia reage às cenas do filme do ponto de vista da sua vida afetiva independente, onde pode haver, portanto, uma indignação moral e não uma identificação emotiva com o personagem. A nosso ver, estas duas formas de emotividade se combinam na experiência do filme, mas a emoção secundária estaria mais presente nos chamados *filmes cerebrais.*[25]

Um filme por inteiro pode ser a expressão de um conceito-imagem de uma ou múltiplas noções. Temos, neste caso, um macro conceito imagem que é formado a partir de outros conceitos-imagem menores, que requerem certo tempo cinematográfico para o seu desenvolvimento temporal, uma única cena não pode constituir um conceito-imagem.[26] Eles podem ser percebidos,

---

24 CABRERA, Júlio. *Op. cit.*, p. 21.

25 MUNSTERBERG Hugo. *As emoções, in A Experiência do cinema: antologia/Ismail Xavier organizador.* Rio de Janeiro: Edições Graal: Embrafilme, 2008, p. 52 e 53.

26 MUNSTERBERG Hugo. *Op. cit.*, p. 24.

literalmente, nas imagens exibidas, ou serem captados de forma abstrata e metafórica, tornando plena a sua conceituação filosófica.[27] Ademais, a pretensão de universalidade da reflexão filosófico-cinematográfica está ligada à ideia de possibilidade e não de necessidade. Temos a constatação de que, embora não aconteça necessariamente com todos, poderia acontecer com qualquer um.[28]

A produção do impacto emocional é fundamental para a eficácia cognitiva do conceito-imagem. A técnica cinematográfica se vale da *pluriperspectiva*, da *manipulação do tempo* e *espaço* e do *corte cinematográfico* para viabilizar este efeito estético. A *pluriperspectiva* se constitui graças a sua capacidade de dar *saltos* da primeira (o que vê ou sente o personagem), que é subjetiva, para a *terceira*, que é objetiva (o que vê a câmera). Neste sentido, a montagem, dentro dos planos, o ângulo aberto ou fechado da câmera e seu movimento podem tornar intensa a experiência do cinema. Isto se associa à enorme capacidade de manipular tempo e espaço, avançar e retroceder, inverter ou mesclar a ordem cronológica do passado e do futuro, mostrar espaços simultâneos, e articular o literal e o metafórico como só os sonhos podem. Por fim, temos a maneira aberta e plural de conectar os planos, as cenas e as sequências.[29]

A técnica cinematográfica possibilita a instauração da experiência logopática, que permite a manifestação dos conceitos-imagem, que só podem ser gerados por ela e não por meios literários ou fotográficos. Outra característica importante seria a de que eles sempre apresentam desfechos abertos a novas problematizações filosóficas, mesmo que a intenção do diretor seja a de fechá-las, a linguagem da imagem tem uma natureza subversiva em termos de estrutura. Neste sentido, as soluções lógicas da filosofia escrita geralmente têm uma intenção de apresentar conclusões mais conciliadoras, conservadoras e construtivas, simbolicamente, bem-educadas, como uma tentativa de *resolver o mundo dentro da cabeça*, que o cinema não consegue fazer, mesmo que tente.[30]

CABRERA também levanta o problema da verdade universal filosófica na linguagem do cinema que se vale de uma *impressão de realidade* e pela possibilidade de apresentar a mais inverossímil fantasia como aparência de realidade de maneira retórica e até declaradamente mentirosa. Não esqueçamos de que parte da tradição filosófica reverencia a verdade como algo que pode estar livre de ilusões e equívocos. Como conciliar esta simulação do real com a pretensão de verdade?[31]

O autor entende que tanto as ciências como as filosofias escritas estão cheias de simulações, de exemplos fantasiosos para o desenvolver de suas questões.

---

27 MUNSTERBERG Hugo. *Op. cit.*, p. 26.

28 CABRERA, Júlio. *Op., cit.*, p. 23.

29 CABRERA, Júlio. *Op., cit.*, p. 31 e 32.

30 CABRERA, Júlio. *Op., cit.*, p. 34.

31 CABRERA, Júlio. *Op., cit.*, p. 37.

Em todos os filmes, o problema do universal/particular está presente na própria experiência do cinema, como uma espécie de problemática intrínseca da imagem, através do impacto emocional que provoca. Este impinge uma noção de verdade, quase visceral, que passa pelas entranhas até chegar ao cérebro, mais do que poderia fazer um tradicional texto filosófico escrito. Nestes termos, a leitura filosófica de um filme, ao compor elementos lógicos e afetivos, está direcionada a particulares que suscitam e que manifestam as emoções, mas *"a própria reflexão logopática que ela gera tem um alcance universal, que nos permite pensar o mundo de forma geral, muito além do que é simplesmente mostrado no filme"*.[32] Nas palavras do autor, *"enquanto a filosofia escrita pretende desenvolver um universal sem exceções, o cinema apresenta uma exceção com características universais"*.[33]

Por fim, o autor faz um importante alerta, relativo ao problema da imagem poder, eventualmente, impingir a sua manipulação retórica emocional de forma abusiva e distorcida. Ele cita o exemplo dos filmes de propaganda nazista, que ajudaram a disseminar a banalidade do mal entre o povo alemão. Destaca que sempre é necessário que haja uma informação exterior racional, que não venha da própria imagem, desse modo, o que as asserções imagéticas nos mostram não deve ser assumido como verdadeiro, sem maiores ponderações críticas, de forma similar ao que ocorre nas proposições filosóficas escritas. Na percepção do filme, o aspecto emocional interage, permanentemente, com o aspecto lógico. Neste sentido, diz o autor:

> *Podemos negar a verdade que a imagem cinematográfica nos tenta impor. A mediação emocional tem a ver com a apresentação da ideia filosófica e não com a sua aceitação impositiva. Devemos nos emocionar para entender e não, necessariamente, para aceitar. Não é que a emoção da imagem nos mostre imediatamente uma verdade, ela nos apresenta, impositivamente, um sentido, uma possibilidade. Mas o sentido de uma imagem, como o sentido de uma proposição, é anterior à sua verdade ou falsidade.*[34]

Partindo desta reflexão de CABRERA, voltada para a Filosofia Geral, entendemos que, no campo Filosofia do Direito, existem instigantes linhas filosóficas literárias páticas, que permitem uma aproximação muito rica com a linguagem imagética na apreensão de temas que envolvem uma delicadeza sutil da compreensão do humano, ao nível mais profundo. Fizemos uma rápida apresentação do tema, ao analisarmos os filmes *Ladrões de Bicicleta* e O Leitor. Toda a discussão filosófica sobre a relação entre direito, moral, justiça, verdade e poder, no plano real dos fatos e das condutas efetivas, envolve esta aproximação experiencial emotiva que vai muito além da racional compreen-

---

32 CABRERA, Júlio. *Op., cit.*, p. 39.

33 CABRERA, Júlio. *Op., cit.*, p. 42.

34 CABRERA, Júlio. *Op. cit.*, p. 40 e 41.

são semântico-lógica de enunciados escritos. Trata-se de um ramo do direito onde o humano envolve-se, diretamente, nas questões teóricas primordiais, principalmente quando indagamos a respeito da sua imperatividade concreta.

O ESTUDO INTERDISCIPLINAR ZETÉTICO JURÍDICO

Como vimos, JAPIASSU destaca que a expressão interdisciplinaridade surge de um neologismo cuja significação nem sempre é a mesma e cujo papel nem sempre é compreendido da mesma forma. Ela ocorre quando a colaboração entre várias disciplinas conduz a interações, isto é, a uma certa reciprocidade de intercâmbios, de tal forma que, no final do processo interativo, cada disciplina saia enriquecida, podendo gerar a criação de uma *disciplina interdisciplinar*. Ela não é uma associação quantitativa, pois deve conseguir incorporar os resultados de várias especialidades, fazendo a integração e a convergência depois de serem comparados e julgados. Neste sentido, vai além de um estudo um estudo *multidisciplinar*, e, também, supera uma pesquisa *pluridisciplinar*, que agrupam disciplinas sem fazer as devidas relações ou sem realizar uma integração nova. A interdisciplinaridade ligada ao estudo do direito relaciona-se ao chamado estudo zetético jurídico em contraposição ao dogmático jurídico.[35]

Em termos teóricos, esta distinção aparece destacada, originariamente, nos textos do jurista THEODOR VIEHWEG, divulgada com extrema pertinência pelo jus-filósofo brasileiro FERRAZ JR, antigo discípulo do pensador alemão. Ousamos dizer que, mesmo sem conhecer, academicamente, as distinções entre estes enfoques, é inevitável que o estudante e mesmo o futuro profissional venham a utilizar na sua vida prática e acadêmica estas duas formas de estudar o direito. Neste sentido, sua explicitação teórica não cria nenhuma complicação de fato nova, apenas funciona como uma espécie de *meta-língua teórica* (uma teoria que estuda as formas de se produzir teorias), que visa facilitar e aperfeiçoar o trabalho teórico jurídico, tornando consciente as suas finalidades imediatas distintas. Obviamente, para falar sobre os enfoques, o ponto de vista predominante sempre será o zetético. Adiante, mostraremos porque, do ponto de vista dogmático, não podemos falar da distinção. Em todo o livro de FERRAZ JR, predominam análises zetéticas da própria dogmática jurídica, ao longo de toda a exposição.

A palavra *zetético (zetein* em grego*)* está de certa forma afastada do senso comum, mas significa investigar, perquirir. Já a palavra *dogmática (dokein* em grego*)* liga-se ao doutrinar e está muito mais presente no senso comum teórico do jurista, embora boa parte dos textos não se dedique a uma explicitação rigorosa do seu significado, que é, de forma equivocada, assumido um sinônimo de *teoria jurídica*, em seu sentido amplo. Mais uma vez, torna-se indispensável a leitura crítica do texto de FERRAZ JR, a fim de que se evitem mal-entendidos. Num sentido genérico, apesar de existir uma importante conexão entre os dois

[35] JAPIASSU, Hilton. *Interdisciplinaridade e patologia do saber*. Rio de Janeiro: Imago Editora,1976, p. 70

enfoques — toda análise, apesar de acentuar um, tem, de fato, os dois enfoques —, afirmamos que eles têm finalidades imediatas distintas, que se acentuam no estudo do direito.[36]

O enfoque teórico zetético investiga um problema tendo em vista uma preocupação cognitiva e especulativa infinita, visando a ampliação dos conhecimentos humanos. Por isso, do ponto de vista metodológico, acentua o *aspecto pergunta,* problematizando, de uma forma aberta, todos os conceitos analisados, tendo em vista a questão da *verdade ou daquilo que as coisas são (ser).* Para tanto, parte de premissas, evidências que podem ser seguras (leis) ou relativas (hipóteses), mas que devem ser verificados e comprovados como verdadeiras ao longo do mutável processo histórico. Como as premissas, apesar de funcionarem como ponto de partida, também participam do processo investigativo, elas podem ser substituídas ao longo da pesquisa, caso se mostrem equivocadas ou inapropriadas. [37]

Embora toda pergunta almeje encontrar a sua resposta efetiva, se houver impossibilidade cognitiva para o feito, questões podem ficar sem resposta com toda a naturalidade, já que as premissas é que devem estar adequadas ao problema analisado, com abertura crítica total. Por esta sucinta caracterização, vemos que este enfoque tem um alcance bastante amplo, historicamente, surgindo com o evoluir do pensamento filosófico, que embasou a racionalidade científica ocidental. Hoje, formas de raciocínio zetético compõem todas as ciências em geral (humanas, exatas e biológicas) e o próprio raciocínio filosófico, que, desde a Antiguidade greco-romana, vem constituindo um pensamento especulativo questionador do senso comum imposto, sem compromissos diretos com a ação.[38]

Em contrapartida, o enfoque teórico dogmático tem um alcance mais preciso e delimitado, pois equaciona um problema com uma preocupação imediata de criar condições assertivas para a solução do conflito em questão. Para tanto, ele abstrai o problema da verificação especulativa, a qual poderia adiar a solução da contenda. Acentua o *aspecto resposta,* estabelecendo de forma arbitrária (através de uma decisão humana impositiva) certas premissas, mesmo que temporariamente, como sendo inatacáveis e indiscutíveis, a fim de que estas possam *criar condições para a decisão dos conflitos e direcionar a ação (dever ser).* Estas premissas não caracterizam evidências que podem ser aceitas como certas por serem verificadas como verdadeiras, ainda que provisoriamente. Elas não podem ser postas em dúvida, apenas podem ser interpretadas, têm caráter normativo e constituem os chamados *dogmas*

[36] FERRAZ JR, Tercio Sampaio. *Introdução ao Estudo do Direito, técnica, decisão, dominação,* São Paulo: Atlas, 2004, p. 40.

[37] FERRAZ JR., Tercio Sampaio. *Op. cit.,* 2004, p. 40.

[38] FERRAZ JR, Tercio Sampaio. *Introdução ao Estudo do Direito, técnica, decisão, dominação,* São Paulo, Atlas, 2004, p. 41.

normativos, que *impõem uma certeza sobre algo que continua duvidoso*. Torna-se clara a relação entre dever ser normativo e poder, tido como escolha e imposição volitiva.[39]

Ao contrário das teorias zetéticas, não admitem a existência de questões sem resposta, já que os problemas é que devem se conformar às normas vigentes que, mesmo dependendo da interpretação semântica de seu conteúdo, não podem ser ignoradas ou mesmo questionadas em torno da sua obrigatoriedade. Neste sentido, a presença deste tipo de enfoque é muito mais restrita, pois pertence às teorias normativas religiosas, éticas e jurídicas.

É evidente que o fenômeno jurídico tem uma forte ligação com o estudo dogmático, pois, desde os primórdios históricos, ele esteve ligado ao problema prático da decidibilidade de conflitos sociais e acompanhou a própria racionalização do direito, formação e evolução do Estado Moderno, tentando se acomodar às transformações sociais, econômicas e políticas da sociedade. No capítulo segundo, FERRAZ JR desenvolve um interessante panorama histórico em torno da consolidação deste saber dogmático jurídico, desde o jusnaturalismo medieval, passando direito natural moderno, até o surgimento do processo de positivação do direito a partir do século XIX. Ao longo do tempo, consolidaram-se inúmeras teorias que passam a estudar os ordenamentos vigentes nesta perspectiva dogmática tais como as doutrinas de Direito Civil, Penal, Constitucional, Direito Processual Civil e Penal, ligadas, por exemplo, ao Estado Liberal clássico, assim como as doutrinas de Direito do Trabalho, ambiental e Econômico que surgem com o nascer do Estado Social. Este tipo de raciocínio também prepondera, com grande relevância, na chamada produção técnica do direito prática, tais como petições, sentenças de pareceres jurídicos.

Todavia, alerta FERRAZ JR, é importante destacar que o raciocínio dogmático, embora exclua, *de forma estratégica*, a realidade social e axiológica, não se confunde com a pura repetição dos dogmas jurídicos, pois esconde uma certa complexidade, na medida em que ele não apenas tem de aceitar a sua vinculação obrigatória aos dogmas, mas também interpretá-los no seu conteúdo semântico. Como no exemplo citado por FERRAZ JR, o dogma do princípio da legalidade prescreve *"ninguém é obrigado a fazer ou deixar de fazer alguma coisa senão em virtude de lei"*. Se este princípio for confrontado com um caso prático, inevitavelmente, teremos de definir o sentido da palavra lei, dotada de grande vagueza e ambiguidade semântica, podendo representar vários objetos distintos e ter vários significados. Todavia, esta interpretação não será puramente especulativa no sentido zetético da expressão, como as aparências podem ilustrar, pois ela resultará de uma complexa construção linguística persuasiva que deve manipular as incertezas do sentido (vagueza e ambiguidade), de forma a controlá-las no empenho de não ignorarem as próprias normas e viabilizar a decisão de conflitos.

Note-se que uma interpretação predominantemente zetética não teria estes pontos fixos de chegada e partida, mas como a linguagem normativa geralmente é pouco transparente, é comum que um leitor menos atento con-

39 FERRAZ JR, Tercio Sampaio. *Op. cit.*, 2004, p. 43.

funda uma boa interpretação dogmática com uma especulativa. Quanto mais especulativa uma teoria dogmática parecer, maior será o seu poder persuasivo. Nas palavras de FERRAZ JR, não devemos nos enganar:

> *O dogmático, por mais que se esmere em interpretações, está adstrito ao ordenamento vigente, não o ignorando jamais. Suas soluções têm de ser propostas nos quadros da ordem vigente, não a ignorando. Já quem estuda o direito do ponto de vista zetético, não tem compromisso com a decisão, podendo, inclusive, desprezar a lei vigente como ponto de partida.*[40]

Neste sentido, consideramos bastante lúcida a análise do autor ao destacar que seria impossível concebermos uma prática jurídica apenas com raciocínios zetéticos. Porém, isto não significa que esta estratégia possa se transformar em realidade pura, de modo a concluirmos, de forma absurda e quase irracional, que aspectos filosóficos, sociais, políticos e econômicos não teriam nada a ver com o fenômeno jurídico de fato. A exclusão existencial radical e não apenas teórica dos pressupostos zetéticos do direito podem provocar um distanciamento excessivo da realidade social e, no limite, comprometer a própria funcionalidade da dogmática.

Todavia, esta interpretação não será puramente especulativa no sentido zetético da expressão, como as aparências podem ilustrar, pois ela resultará de uma complexa manipulação linguística persuasiva que deve manipular as incertezas do sentido (vagueza e ambiguidade), de forma a controlá-las no empenho de não ignorarem as próprias normas e viabilizar a decisão de conflitos. Note-se que uma interpretação predominantemente zetética não estaria limitada a estes dois fatores. Neste sentido, caberia às teorias estéticas promover este tipo de investigação interdisciplinar, onde, por exemplo, estudos sociológicos, históricos, filosóficos, psicológicos tomariam o fenômeno jurídico como objeto de investigação, sob o nome de Sociologia do Direito, História do Direito, Filosofia do Direito, Psicologia Forense etc. Embora possam conter elementos empíricos ou analíticos de forma preponderante, todas têm como característica principal à abertura infinita para as especulações. Vamos nos deter à análise da Filosofia do Direito, pertencente à dimensão teórica da reflexão, em diálogo com a linguagem fílmica, de modo a criar parâmetros de desenvolvimento de uma futura *estética jurídica*.

CHAUÍ conceitua a *atitude filosófica* como a decisão de não aceitar como evidente as coisas, as ideias, os fatos, as situações os valores de nossa sociedade sem antes investigá-los e compreendê-los racionalmente. A Filosofia não teria uma utilidade prática imediata, por isso ela seria, de forma equivocada, muitas vezes, tida como desnecessária, ao contrário das ciências, que têm a sua utilidade exposta nos produtos da técnica, ou seja, como aplicação científica

---

40 FERRAZ JR, Tercio Sampaio. *Op. cit.*, 2004, p. 43.

à realidade. O senso comum não consegue ver que as ciências só conseguem, hoje, estabelecer parâmetros de verdade e procedimentos corretos para desenvolver o raciocínio graças à base filosófica histórica que gerou as condições de verificação da verdade no pensamento rigoroso. Afinal, destaca a pensadora, as indagações filosóficas não representam a opinião subjetiva de uma exposta no famoso *"eu acho que"*, próprio dos meios de comunicação de massa. Ela trabalha com enunciados rigorosos, buscando o seu encadeamento lógico e sua fundamentação racional na forma *"eu penso que"*. Citando as suas próprias palavras:

> *O conhecimento filosófico é um trabalho intelectual e sistemático porque não se contenta em obter respostas para as questões colocadas, mas exige que as próprias questões sejam válidas, e que as respostas sejam verdadeiras, e formem um conjunto coerente de ideias e significados, sejam provadas e demonstradas racionalmente.*[41]

Numa linha de raciocínio muito semelhante, FERRAZ JR, no livro *O que é a Filosofia do Direito?* citando o pensamento de JASPERS (psiquiatra que se tornou filósofo) estabelece uma comparação entre os filósofos e as crianças, destacando que a pergunta infantil (3 a 4 anos) é atrevida no sentido de que é feita por alguém que ainda não foi subjugado pela língua que nos permite acessar o mundo. Neste sentido, afirma que *"as perguntas filosóficas em relação ao Direito são perguntas infantis do tipo O que é o Direito? O que é a norma? E num curso em que se estuda o Direito, como ciência prática, voltada para a vida, para lidar com problemas e conflitos como não ver no perguntador filosófico uma figura estranha? "*[42]

Por outro lado, do ponto de vista ainda mais crítico, concluímos que o mundo globalizado pós-moderno vem colocando a funcionalidade da dogmática jurídica em xeque. Mais do que nunca, ela encontra crises de legitimidade jurídica, que envolvem o problema da justiça, da governabilidade e do abuso do poder. A tendência é haver uma colaboração cada vez mais crescente entre os dois enfoques, pois a zetética jurídica pode desenvolver uma crítica construtiva e verificar pontos de insuficiência da dogmática normativa. A grande questão da Filosofia político-jurídica *por que obedecer?* torna-se um intrincado e importante problema a ser discutido e equacionado, na crise de autoridade do mundo atual. No dizer de FERRAZ JR, *no mundo atual — ocidente e oriente — a legitimação dos dogmas vem perdendo a simplicidade, que se revelava na sua referência valores outrora fixados pela fé ou pela razão, ou pela natureza, o recurso a questões zetéticas torna-se*

[41] CHAUÍ, Marilena. *Convite à Filosofia*. São Paulo: Ática, 1999, p. 15.

[42] FERRAZ JR, Tercio Sampaio. *O que é a Filosofia do Direito?* São Paulo: Manole, 2004, p. 110.

inevitável.[43] Agora, analisaremos, como exemplo logopático desta discussão, questões jurídico-filosóficas gerais propostas no filme chinês *A História de Qiu Ju*.

A HISTÓRIA DE QIU JU: CONCEITOS-IMAGENS DE TEMAS DA FILOSOFIA JURÍDICA

Este premiado filme ganhou o Leão de Ouro de melhor filme e melhor atriz para Gong Li, no festival de Veneza de 1992, dirigido pelo criativo e polêmico diretor ZANG YIMOU. É uma pequena obra-prima didática para mostrar, por meio da linguagem dramática de seus personagens, ideias que narram a permanente interação entre problemas zetéticos e dogmático-jurídicos, no plano existencial. Uma vez conhecida a metalinguagem teórica no plano conceitual, que estabelece as finalidades ideais distintas, resta-nos analisar pontos gerais de permanente ligação entre ambos. *A História de Qiu Ju* tem uma estrutura narrativa muito próxima do chamado estilo documental de filmagem, semelhante ao *Neorrealismo italiano*, feita em locais reais, sem cenário fictício montado e contando com a apoio de vários atores não profissionais.

Além de discutir o problema humano e existencial da justiça em face da moral e do direito, o filme faz um interessante mergulho na cultura chinesa, do campo bucólico e afetivo das relações, até a impessoalidade calculista e, muitas vezes, pouco humana da cidade grande. A fotografia do filme é primorosa, seu ritmo é contido, preciso e adequado à cultura oriental que retrata de forma muito verossímil. Ressaltamos a incrível e convincente atuação de Gongo Li, no papel da protagonista Qiu Ju, uma esposa grávida que trava uma batalha jurídica e existencial em busca do seu senso moral de justiça, traduzindo a ambiguidade de quem duvida do status quo vigente e acredita na possibilidade de mudança das relações de poder sociais. Numa cultura eminentemente patriarcal, ela luta contra o conformismo submisso de seu marido sobre o senso comum de que um chefe tem poder absoluto sobre todos, podendo decidir, de forma extralegal, sobre o emprego da força.

A trama desenvolve-se a partir de um conflito que não presenciamos, mas que nos é relatado pelos próprios personagens. Qiu Ju vive no campo de plantação de pimenta, num remoto povoado, está grávida do primeiro filho e, conjuntamente com seu marido, pede autorização para o chefe local para utilizar uma parte do terreno para a construção de uma casa para armazenar a pimenta. O chefe nega o pedido, alegando que a lei apenas autoriza o uso da terra para plantar e não para construir. Irritado, Qinglai, marido de Qiu Ju, ofende verbalmente o chefe dizendo que *ele só criará galinhas*, como uma referência ao fato dele só ter tido filhas mulheres, um grande desprestígio na cultura patriarcal.

Como resposta, o chefe chuta os testículos de Qinglai, que quase perde a sua fertilidade. Depois de levar o marido ao médico, Qiu Ju, mesmo sendo quase

---

43 FERRAZ JR, Tercio Sampaio. *Introdução ao Estudo do Direito, técnica, decisão, dominação*, São Paulo, Atlas, 2004, p. 91.

analfabeta e mesmo enfrentando o penoso final de uma gravidez, percebe que houve um abuso na atitude do chefe, pois, não havia respaldo legal para uma atitude violenta como esta, mesmo diante da ofensa praticada pelo marido. O chefe, diz ela, *poderia ter dado uns cascudos, mas nunca o chutar naquele lugar*. Sentindo que seu marido sofreu uma injustiça e o abuso de poder e uma ofensa moral por parte do chefe, ela sai em busca da justiça, com uma espécie de intuição filosófica de que ela teria um *sentido profundamente humano de retratação ética*, ela espera que o chefe peça desculpas e se arrependa por seus atos abusivos. Para tanto, ela irá instrumentalizar e buscar uma reposta a esta angústia filosófico-humana (zetética), através de procedimentos jurídicos dogmáticos.

Em primeiro lugar, ela contata, no povoado, o oficial Li, para mediar o conflito, do ponto de vista jurídico. O chefe aceita entrar num acordo, propondo-se a pagar as despesas médicas do marido e o seu salário. Qiu Ju vai ao encontro do chefe, mas a mediação fracassa, na medida em que o chefe se recusa a pedir desculpas, joga o dinheiro no chão, exigindo que Qiu Ju se curve para alcançá-lo várias vezes. Ela não aceita o pagamento, dizendo que a luta jurídica pela justiça não acabou. Para ela, o abuso de poder injusto do chefe tornou-se a repetir. Temos este decisivo diálogo transcrito:

Chefe: Achou que seria tão fácil assim.
Qiu Ju: Não quero seu dinheiro, mas justiça.
Chefe: Só aceitei para não contrariar o Oficial Li. Você curvará a cabeça cada vez que apanhar uma nota, depois que fizermos isto vinte vezes, estaremos quites.

A partir deste momento, a saga de Qiu Ju, em torno da busca da concretização de um ideal humano de justiça, através de procedimentos jurídicos dogmáticos, tem início. Ela vende a pimenta, utiliza meios de transporte precários, vai até a comarca em Beijing, depois ao tribunal, enfrenta as dificuldades da falta de honestidade na cidade grande e a decisão jurídico-dogmática é a mesma: pagamento das despesas médicas, mais o salário da vítima. Na perspectiva da filosofia jurídica, todas as decisões firmadas, pela mediação ou pelo tribunal, espelham um *modelo horizontal de justiça, a poine,* que se liga ao conceito racional de indenização negociada como compensação financeira de um dano.[44] Os procedimentos dogmáticos da decisão jurídica vão se aperfeiçoando, do ponto de vista da técnica jurídica (Qiu Ju contrata um advogado), mas não conseguem dar uma resposta à angústia humana e ética de Qiu Ju, que parece se sentir cada vez mais frustrada com o universo jurídico. Várias vezes ela repete a pergunta filosófica, *mas isto é a justiça?* Como último recurso, na esperança de que o direito lhe conceda a tão almejada retratação moral, ela decide recorrer para o *tribunal intermediário do povo,* que solicita uma nova perícia médica em seu marido, um exame de raio X.

---

44 FERRAZ JR., Tercio Sampaio. *Estudos de Filosofia do Direito, reflexões sobre o Poder, a Liberdade, a Justiça e o Direito*. São Paulo: Atlas, 2002, p. 219 a 223.

O descrédito dela é muito grande, pois começa a perceber como as relações de poder — governo x cidadão — como a noção de controle e o uso retórico da linguagem parecem preponderar sobre a de justiça. Uma certa noite, enquanto todos os moradores assistem a uma ópera tradicional, Qiu Ju tem dificuldades graves no parto e precisa ir para um hospital. O chefe está em casa e é procurado, pela parteira, para salvar a sua vida e do bebê. A princípio, ele se recusa a ajudá-la, mas acaba cedendo e salvando a sua vida e a da criança. Em casa, ela visita o chefe e expressa a sua enorme gratidão por ter salvo a vida deles, convidando-o para a festa de um mês da criança, um saudável menino. Na comemoração, a alegria domina o coração de Qiu Ju, em nenhum momento, ela põe foco no exaustivo problema de seu marido. O filme sugere que houve uma espécie de *compensação ética* na atitude do chefe. Se ele causou um dano, colocando a fertilidade de seu marido em risco, quando o chutou, ilegalmente, o desequilíbrio foi sanado, com a realização de um bem, na sua atitude de salvá-la da morte, junto com o filho. Tudo parece caminhar para um final feliz até a chegada do oficial Li.

O oficial Li chega e avisa Qiu Ju que o chefe acabou de ser preso, e assim deverá permanecer por quinze dias, pois o raio-X detectou uma nova evidência. A agressão praticada foi mais grave, pois causou a quebra de uma das costelas. Mais angustiada do que nunca, ela reafirma que nunca pleiteou a sua prisão, mas sim a sua retratação moral, ouve a sirene do carro da polícia e sai correndo atrás de *uma justiça moral que nunca consegue alcançar*. O seu olhar angustiado, na estrada vazia, simbolicamente, também não encontra uma resposta ética com este novo *sentido vertical de justiça, onde se deve retribuir o mal (agressão) com o mal (prisão.)*[45]

Qiu Ju, como cidadã comum, com um bom senso moral de justiça, é levada a perceber que os procedimentos dogmáticos, que utiliza como ferramentas para aplacar a sua revolta diante do abuso de poder, colocam fim ao conflito, controlando-o, através da compensação financeira horizontal ou retribuição punitiva vertical, mas não oferecem uma resposta a sua angústia em torno do problema moral da justiça. Em todo o filme, sentimos, através de elementos imagéticos, a inadequação de Qiu Ju em relação à compensação financeira para fazer justiça moral ao caso. Ela se considera injustiçada, porque o dinheiro jamais poderia equivaler a uma retratação moral do chefe, que sanaria o abuso de poder praticado. Quando ela parece ter finalmente sido *recompensada no plano moral das intenções pela boa ação do chefe,* a justiça vertical como retribuição, passa a embasar um novo sentimento de injustiça em Qiu Ju, desta vez, em relação ao próprio chefe, tendo em vista a sua atitude caridosa de salvar a sua vida e a do bebê. A dúvida de Qiu Ju representa as angústias zetéticas que muitas vezes acompanham as certezas dogmáticas, no universo jurídico, de forma humana e necessária.

De certo modo, a riqueza especulativa do filme serve de cenário para a percepção de cinco relevantes temas filosóficos que se conectam com o mundo

[45] FERRAZ JR., Tercio Sampaio. *Op. cit.*, 2002, p. 223.

jurídico, os quais nos propomos a analisar nesta obra. A relação existente entre direito moral e suas mudanças na pós-modernidade, o problema da verdade na interpretação, o tema dos modelos retributivos de justiça, e, por fim, a percepção do abuso de poder em termos pragmático-jurídicos. Os filmes analisados espelham os temas de forma complexa e não estanque, na medida que eles se interpenetram. Assim, fizemos uma seleção indicativa de problemas que apareceriam de forma predominante em cada uma das películas, que acabam por estabelecer um incrível diálogo imagético. É o que veremos nos próximos cinco capítulos deste livro.

Capítulo 2

DIREITO, MORAL E LEGITIMIDADE

Ele tem um caso secreto, ela diz que não sai dos trilhos
Vão viver sob o mesmo teto até casarem os filhos, até casarem os filhos
Ele fala em cianureto, e ela sonha com formicida
Vão viver sob o mesmo teto até que alguém decida, até que alguém decida
Ele tem um velho projeto, ela tem um monte de estrias
Vão viver sob o mesmo teto até o fim dos dias, até o fim dos dias
Ele às vezes cede um afeto, ela só se despe no escuro
Vão viver sob o mesmo teto até um breve futuro, até um breve futuro
Ela esquenta a papa do neto, e ele quase que fez fortuna
Vão viver sob o mesmo teto até que a morte os una, até que a morte os una

(Chico Buarque, Opereta do Casamento)

MORALIDADE E CIÊNCIA PURA DO DIREITO

A temática filosófico-zetética em torno da relação existente entre Direito e Moral tem muita relevância teórica e existencial, pois envolve, de forma permanente, todo o trabalho profissional e prático do direito. Na película *O Leitor*, observamos a ruptura dramática, em termos jurídico-morais, que ocorre na Alemanha, quando a Segunda Guerra termina. Comportamentos aceitos como lícitos e morais, na sua generalidade, em época de guerra, passam a ser vistos como ilícitos e imorais, sujeitos a condenação legal. Do ponto de vista das vítimas que sobreviveram, existe a assertividade moral de que é preciso punir, legalmente, os que foram colaboradores diretos. Mas, do ponto de vista dos cidadãos alemães, que vivenciam a transição, há uma zona de transição cinzenta e indefinida.

No filme *A História de Qiu Ju*, claramente, vemos que a moralidade particular da protagonista desafia o patriarcalismo dominante, fazendo com que ela busque a afirmação desse sentido moral, através do direito, de forma muito angustiada. Seu marido, que de fato sofreu a agressão física, permanece em posição submissa e inerte em relação ao chefe. Esta problemática diz respeito ao tema da legitimidade jurídica, na medida que nos leva a refletir sobre o fundamento da ordem jurídica, em seu sentido amplo, levando as seguintes questões: *Todo comportamento ilícito, em termos jurídicos, é caracterizado como imoral? Existe a possibilidade de um comportamento ilícito ser considerado moral? Podemos considerar imoral a prática de um comportamento lícito?*

Esta discussão permanece em aberto no campo filosófico e pertence a seara das principais reflexões presentes no conceitos-imagem fílmicos em geral, aparecendo em diversos contextos culturais estéticos e narrativos diversos. A análise de filmes proporciona um alargamento cognitivo extraordinário de conceitos habitualmente trabalhados na filosofia escrita, porque vai além da mera exposição conceitual e nos faz vivenciar, em termos emocionais, a complexidade do tema, sem cair em simplificações maniqueístas em torno do certo e do errado, sem considerar como sendo universal aquilo que é apenas dominante. É quase impossível que um texto teórico possa mostrar as tensões morais, da mesma forma que o cinema é capaz de fazer. Como ponto de partida teórico, faremos referência a uma tradicional e clássica polêmica que existe no campo jurídico-filosófico entre a visão relativista e a universalista da moralidade e seus reflexos no direito. O filósofo HANS KELSEN, em sua Teoria Pura do Direito, desenvolve um diálogo crítico em relação ao pensamento universalista de IMMANUEL KANT, exposto na sua obra *Fundamentação da metafísica dos costumes.*

KELSEN, grande iniciador de estudos analíticos lógicos no campo do direito, levanta indagações instigantes e atuais sobre o tema, ainda que defenda a sua exclusão de uma análise propriamente científica do direito. Seu pensamento é, em voga, muito mal interpretado por alguns críticos que não respeitam as condições históricas de formação de seu pensamento e veem a lógica jurídica apenas como uma realidade fática e não como um esquema racional de análise e justificação crítica que permite, inclusive, a percepção de uma realidade normativa incoerente no plano da realidade. É evidente que a sua tentativa de *purificar* e *neutralizar* a ciência jurídica negando a sua interdisciplinaridade epistemológica tem uma data histórica precisa, não mais sobrevivendo no atual mundo pós-moderno global, que necessita da expansão interdisciplinar científico-jurídica de forma pertinente, dada a enorme complexidade das relações sociais em rede e conflitos emergentes, gerados pela nova fase do capitalismo. Todavia, o detalhado modelo lógico estrutural, em torno da tradicional ideia de Estado de Direito, por ele desenvolvido, sobrevive e tornou-se uma espécie de *tipo lógico ideal*, presente, mesmo no pensamento daqueles autores que se propõem a criticá-lo, no campo da significação semântica e da interação pragmática. Podemos trabalhar as reflexões de KELSEN, de forma mais aberta, sem necessariamente assumir seu postulado da pureza, aproveitando do seu imenso rigor analítico e seu senso de realidade apurado, diante de exageros do idealismo jusnaturalista. Nesta perspectiva, seu pensamento pode ser bem relacionado com a linguagem fílmica artística, mas tem de ser feito de forma aberta e criativa.

O status de cientificidade zetético, no sentido tratado por FERRAZ JR, buscado por KELSEN tem raízes históricas, pois apareceu como uma reação à concepção positivista das ciências humanas reinante desde a metade do século XIX, onde estas eram estudadas com métodos semelhantes aos aplicados às ciências naturais. Nesta época, as teorias jurídicas eram construídas a partir de considerações de ordem histórica, psicológica, sociológica, política e outras mais. Tal sincretismo metodológico acabou, segundo KELSEN, por obscurecer o próprio objeto da ciência jurídica, por diluir os seus limites com relação às outras teorias humanas.

Na tentativa de desenvolver um modelo de ciência jurídica rigorosamente objetivo, ele promove a delimitação de um objeto que fosse próprio da teoria jurídica, de modo que esta pudesse ser estudada cientificamente. O autor veio a concluir que esta circunscrição do objeto, que possibilitasse realizar esta análise estrutural, específica do direito, deveria ser isolada de elementos estranhos ao seu método. Aqui, reside o conhecido *princípio da pureza metódica*.[1]

Nestes termos, a pureza metódica proposta por KELSEN é definida a partir de um estudo no campo da zetética analítica pura, calcada na identificação da norma jurídica positiva a ser *descrita* pelo jurista que passa a ser o seu único objeto de análise, deixando de lado todos os elementos pertencentes a outras ciências. A negação da interdisciplinaridade é explícita, mas permanece em sentido residual, já que o pensador se vale de conceitos da Lógica Formal clássica, parte da filosofia, para desenvolver o seu pensamento científico. Os elementos estranhos à ciência jurídica, primeiramente, referem-se aos chamados elementos sociais das ciências naturais, como a Psicologia, e a Sociologia Jurídica, que trabalham com métodos causais.[2]

Embora o conteúdo normativo seja relativo e singular a cada ordem normativa, KELSEN parte da premissa lógica de que as normas teriam uma estrutura lógica formal única, que bem pode ser captada e descrita de forma objetiva e neutra pela proposição jurídica. Como um juízo hipotético, esta descrição terá a seguinte estrutura lógica, que é tida como universal, presente em toda e qualquer norma jurídica em particular: *"Sob certas condições ou pressupostos fixados pelo ordenamento jurídico, devem intervir certas consequências pelo mesmo ordenamento determinadas"*. O caráter hipotético refere-se ao fato de que a consequência não pode ser aplicada incondicionalmente, dependendo da ocorrência das condições estabelecidas pela própria norma.[3]

Segundo KELSEN, a relação entre o Direito e a própria sociedade não faz parte de uma descrição cientificamente exata do mundo normativo, mas sim do âmbito da Sociologia Jurídica. O estudo do cientista do Direito deve voltar-se, exclusivamente, para a cognição do Direito posto, e não para a sua formação. Não devemos identificar a realidade específica do Direito por meio da análise da conduta efetiva dos indivíduos subordinados à ordem jurídica. Uma específica ciência do Direito não deve estudar estes fatos de consciência que se relacionam

1 KELSEN, Hans. *Teoria Geral do Direito e do Estado*. Saraiva: São Paulo, 1975. p. 2.

2 KELSEN, Hans. *Op. cit.*, 1975, p. 2.

3 HANS KELSEN, *Teoria Pura do Direito*. Armênio Amado Editor: Coimbra, 1979, p. 111.

com as normas jurídicas, mas apenas as normas tomadas em si mesmas que prescrevem comportamentos ao dizerem como estes devem ou não ocorrer.[4]

Neste ponto, aparece uma importante distinção entre a realidade natural e a realidade jurídica, ou seja, entre a ordem do ser e a do dever ser natural. Por ora, cabe-nos acrescentar que a segunda purificação feita pela Teoria Pura do Direito refere-se aos valores morais e políticos. De antemão, podemos afirmar que KELSEN adota uma posição filosófica relativista no tocante à questão dos valores, que o leva a excluí-los de seu modelo de ciência pura.

A Justiça, nesta perspectiva, não pode ser definida universalmente, visto que, para o autor, existem muitas normas de justiça diferentes umas das outras, que albergam valores contraditórios entre si. Justamente, por constituir um ideal a atingir e ser variável de acordo com as necessidades de cada época e de cada círculo social é que ele conclui que este tema não pode ser tratado do ponto de vista teórico-cientifico, mas apenas do filosófico-jurídico.

Ademais, KELSEN insiste em afirmar que sua análise se volta para a descrição de *como o Direito* é, e não *como ele deveria ser* do ponto de vista de alguns julgamentos de valores específicos. A questão de se saber como deve ser o Direito é um problema da Política e não da Ciência do Direito. Sua teoria pretende tornar-se neutra, livrando-se de toda carga ideológica que encobre a realidade, seja transfigurando-a a fim de conservá-la, ou mesmo de atacá-la, substituindo-a por uma outra realidade. É um grande equívoco associar o seu pensamento com a ideologia do nazismo, já que ele mesmo, na condição de judeu perseguido, teve de fugir da Europa e se estabelecer na Universidade de Berkeley, na California, nos Estados Unidos.

Assim sendo, desde que entendamos o termo *ideologia* como uma representação não objetiva, influenciada por juízos de valor subjetivos, podemos concluir que a Teoria Pura apresenta uma nítida tendência não ideológica, na medida que, realisticamente, busca descrever o Direito tal como ele se apresenta no meio social, sem confundi-lo com um sistema normativo idealmente valorado como justo.[5]

Todavia, é importante ressaltar que o autor não defende a ideia de que a moralidade não teria nenhuma relação com o universo jurídico. Admite, sem hesitação, que os fatores sociais e mesmo os valores morais exercem influência sobre o Direito, enquanto fenômeno, mas apenas diz que estão numa esfera de realidade distinta daquela pertencente ao seu conhecimento científico. Ele não afirma que o Direito é apenas a norma jurídica positiva, no plano ontológico. Ele defende apenas que ele pode ser descrito e conhecido no campo epistemológico enquanto norma, com neutralidade, sem que haja qualquer consideração de ordem valorativa por parte do cientista. Assim sendo, conclui-se que o positivismo

---

[4] KELSEN, Hans. *Teoria Geral do Direito e do Estado*. Saraiva: São Paulo, 1975. p. 3.

[5] KELSEN, Hans. *Op. cit.*, 1979, p. 100.

jurídico de KELSEN é apenas metodológico, restringindo seu estudo à norma, apenas por método de trabalho. Sua teoria não se confunde com um positivismo doutrinário dogmático, que entende que tanto os valores como os fatos sociais são inexistentes no campo do Direito.[6] Como veremos no Capítulo 4, Kelsen irá reconhecer que é impossível purificarmos o estudo da prática judicial e isolá-la dos valores morais, que acabam por influenciar a interpretação da norma. A prática jurídica pertence ao campo da política jurídica e não da ciência pura. Neste sentido, o alcance da teoria pura é mais modesto do que se costuma imaginar e está no campo estrito de construção lógico-teórica do sistema jurídico.

Por fim, já que a própria norma jurídica constitui o ponto central a partir do qual a Teoria Pura vai ser construída, cremos ser importante dar um esclarecimento prévio, ainda que em linhas gerais, do seu sentido para o pensamento do autor.

A NORMA JURÍDICA NÃO SE CONFUNDE COM A REGRA MORAL

Quando KELSEN afirma que o conhecimento do cientista do Direito deve voltar-se, estritamente, para a descrição das normas jurídicas pertencentes ao Direito positivo como um todo, surge uma primeira questão que necessita ser elucidada: como podemos identificar a norma jurídica que vai constituir o objeto a ser descrito pelo cientista? Como podemos distingui-la de uma regra moral? Com o propósito de responder a tal indagação, o autor traça considerações dotadas de uma boa dose de objetividade.

Em primeiro lugar, ele localiza a norma jurídica como sendo proveniente de um ato de vontade humana, arbitrário e mutável ao longo do tempo. Assim, está afastada qualquer explicação jusnaturalista que vise justificar a presença do Direito como decorrente de uma vontade divina, ou mesmo de uma natureza racional, universalmente presente no homem.[7] Por esta razão, a teoria de KELSEN insere-se no contexto da chamada positivação do Direito, presente a partir do século XIX até a atualidade. Nesta época, em nosso pensamento jus-filosófico, desfez-se a visão jusnaturalista calcada na crença ilimitada na razão humana em seu sentido abstrato como um dado organizador do universo. O homem passou a ser o ponto a partir do qual o conhecimento pode ser constituído com evidência. É ele quem transforma as estruturas do mundo que, posteriormente, passam a incluí-lo. Assim, afirma-se "*que o homem constitui o seu mundo e, simultaneamente, dele faz parte*". [8]

---

6 DINIZ, Maria Helena. *A Ciência Jurídica*. Resenha Universitária: São Paulo, 1982. p. 25, nota 21.

7 KELSEN, Hans. *Teoria Pura do Direito*. Coimbra: Armênio Amado Editor, 1979, p. 10.

8 FERRAZ JR., Tercio Sampaio. *Introdução ao Estudo do Direito*, p. 70. Para obter um panorama histórico do Direito como objeto do conhecimento, desde a Antiguidade até os dias atuais, ver a mesma obra, p.53 a 73.

No sentido lato, a positivação refere-se ao fato do Direito valer porque suas normas são emanadas de uma autoridade constituída. Porém, num sentido estrito, a que fizemos referência, passa a ser correlata do termo decisão, que ocorre em grau duplo. Em que termos? O Direito positivo passa a ser aquele que é posto por decisão, onde, curiosamente, as próprias premissas da decisão são, por sua vez, também postas por decisão. Na medida que toda decisão implica na existência de motivos decisórios, a positivação passa a ser o fenômeno em que *"todas as valorações, regras e expectativas de comportamento na sociedade têm de ser filtradas através de processos decisórios, antes de adquirir validade jurídica"*.[9]

É neste contexto que a norma jurídica ganha uma posição de destaque, frente a um Direito que passa a ser mutável, onde tudo, em princípio, pode ser regulado, visto que sua validade temporal é flexível, podendo ser adaptada conforme as necessidades que se impõem na realidade a ser transformada.[10]

KELSEN reconhece que as normas, inicialmente, apresentam-se como atos de vontade humana, ou seja, como comandos que visam dirigir a conduta alheia, através de um dever ser que inclui não só o *"comandar"* (obrigar, proibir), mas também o *"permitir"* ou mesmo o *"poder de realizar"*. A norma, diz o autor, *"é o sentido de um ato através do qual uma conduta é prescrita, permitida ou especialmente facultada no sentido de adjudicada a competência de alguém. Ela aponta para o significado que algo deve acontecer, especialmente, que o homem deve conduzir-se de uma determinada maneira"*.[11]

Pela análise desta definição, o autor conclui que o ato de vontade que instaura a norma situa-se na ordem do ser, visto que, inicialmente, o indivíduo quer alguma coisa. Note-se que o conteúdo do comando emitido é determinado mediante um ato de vontade humana, em seu sentido genérico, que faz uma opção valorativa, podendo ser, *"de fato, um ato decisório do poder político, ou, ainda, uma opção consuetudinária proveniente ou mesmo de uma estipulação de particulares"*.[12] Embora reconheça a existência de um imperativo, inicialmente, localizado num contexto psicológico, cuja expressão é fruto de influência de vários condicionamentos sociais, isso não quer dizer que a norma, para KELSEN, se confunda, inteiramente, com o ato decididor que a instaura. Pelo contrário.

Em princípio, todo comando dirigido a terceiros tem um sentido que o autor chama de *subjetivo*, pois ele aparece como vinculante, do ponto de vista do sujeito que o emitiu. Este *sentido subjetivo*, contudo, não caracteriza o comando como norma jurídica. Ele só poderá ser identificado, propriamente, como tal, desde que uma outra norma jurídica que passe a ser considerada superior a esta, lhe forneça tal status, ou seja, lhe atribua poder ou competência para a prática do ato. Por sua vez, esta mesma norma também deverá advir de um comando, cuja significação

---

9 FERRAZ JR., Tercio Sampaio. *Op. cit.*,2004, p. 79.

10 FERRAZ JR., Tercio Sampaio. *Op. cit.*, 2004, p. 79.

11 KELSEN, Hans. *Teoria Pura do Direito*. Coimbra: Armênio Amado Editor, 1979, p. 21.

12 DINIZ, Maria Helena, *op. cit.*, p. 129.

normativa advenha de uma outra norma e assim sucessivamente. Normas morais, nesta perspectiva, não possuem o sentido objetivo, apenas o subjetivo. [13]

Nestes termos, podemos concluir que toda norma expressa um comando, mas nem sempre a recíproca é verdadeira. O comando apenas pode caracterizar uma norma jurídica, na medida que uma outra norma, assim considerada, lhe empreste tal significação jurídica, ou seja, o seu *sentido objetivo*. Só assim, exemplifica o próprio KELSEN, podemos distinguir um homicídio da execução de uma pena de morte. Sob o ponto de vista subjetivo, ambas as hipóteses espelham a morte de um determinado indivíduo, executada por alguém. Todavia, entende-se que a execução da pena de morte, para ter este significado, necessita estar prescrita por uma sentença penal proferida por um juiz competente. Uma sentença que, para figurar como norma jurídica individual, deve estar prescrita pela legislação penal processual, que, por sua vez, apareça em conformidade com as determinações constitucionais.[14]

Ademais, é preciso dizer que a norma continue a existir depois de tornar-se válida, mesmo que o ato de vontade que a produziu não esteja mais presente. Por isso, diz KELSEN, é errôneo caracterizar a norma como ato de vontade ou seu sentido psicológico. Todos os fatores sociais, políticos históricos, condicionadores daquele querer psíquico inicial, que decidiu sobre certos valores, são deixados de lado por KELSEN, válidas e afasta-se, tendo importância apenas à descrição de normas válidas e existentes. Neste sentido, sua análise afasta-se, necessariamente, dos modelos teóricos funcionais e do realismo jurídico, o qual une validade e eficácia de forma total. Contudo, a perda da eficácia global pode extinguir a validade, nas suas palavras "*um mínimo de eficácia da norma individual e a eficácia global do sistema são apenas condições de manutenção da validade, em seu sentido estrito, mas não podem nunca ser o seu fundamento*". [15]

Como a validade de uma norma decorre de uma outra, que passa então a ser considerada como superior, e assim sucessivamente, observamos que KELSEN, no seu empenho científico, passa a enxergar a norma como parte integrante de uma ordem normativa, isto é, como um sistema de normas, cuja unidade é constituída pelo fato de todas elas terem o mesmo fundamento de validade.[16]

Sob o ponto de vista de uma teoria jurídica dinâmica, que tem por objeto o processo jurídico em que o Direito é produzido e aplicado, uma norma pode ser interpretada como válida somente a partir de uma outra norma considerada superior. Daí o porquê de KELSEN afirmar que este sistema normativo vai se construindo de uma forma hierárquica. Todavia, este sentido relacional de validade entre normas não pode existir infinitamente, a exemplo de uma

---

13 KELSEN, Hans. *Teoria Pura do Direito*. Armênio Amado Editor: Coimbra, 1979, p. 20.

14 KELSEN, Hans. Armênio Amado Editor: Coimbra, 1979, p. 19.

15 KELSEN, Hans. *Op. cit.*, 1979, p. 29.

16 KELSEN, Hans. Op cit., 1979, p. 27.

relação de causa e efeito, pois, neste caso, o sistema não poderia encontrar os seus limites. O sistema normativo tem de conter um fundamento de validade último. E por ser último, ele não pode estar apoiado em nenhuma outra norma, em nenhum ato de vontade superior.[17]

Este fundamento último de validade pode ser identificado, através da chamada *norma fundamental*, que será responsável pela unidade de todo o sistema jurídico. Todas as outras normas, em seus diferentes escalões, passam a ser válidas não por serem deduzidas de um conteúdo geral, mas apenas porque a norma fundamental prescreve que devemos conduzir-nos de acordo com os comandos da autoridade legisladora.[18] Ela não tem um conteúdo moral absoluto, apenas uma estrutura formal única, não devendo ser confundida com algum tipo de Direito natural racional.

Assim, conclui-se que o fundamento de validade da execução de uma pena, para relembrar o exemplo anteriormente dado, está na sentença que a prescreve. Já esta sentença, como norma jurídica individual, fundamenta-se na lei penal, a qual, por sua vez, retira sua validade da Constituição daquele Estado em suas modificações, até que cheguemos à Constituição que foi historicamente a primeira, por surgir de forma revolucionária. Como esta norma foi, ao longo da história, a primeira norma positivada, não há como se deduzir a validade dela através de uma outra nas mesmas condições.[19]

Rejeitando fundamentar a validade desta primeira Constituição numa norma posta por uma autoridade meta-jurídica, como Deus, ou uma razão universal, só resta a KELSEN a saída de pressupô-la como vinculante. Devemos pressupor que o sentido subjetivo dos comandos, postos em conformidade com a Constituição, podem ser interpretados objetivamente, de modo a aparecer como vinculante juridicamente aos seus destinatários.[20]

Neste sentido, pode-se dizer que a norma fundamental está fora do ordenamento jurídico, por ser apenas pressuposta pelo pensamento racional do jurista. Ela nos diz de forma abreviada: devemos conduzir como a constituição

---

17 KELSEN, Hans. *Op. cit.*, 1979, p. 209.

18 KELSEN, Hans. *Op. cit.*, 1979, p. 276.

19 KELSEN, Hans. *Op. cit.*, 1979, p. 276.

20 KELSEN, Hans. *Op. cit.*, 1979, p. 277. *Devemos esclarecer o leitor que na obra póstuma de Kelsen intitulada Teoria Geral das Normas a norma fundamental recebeu uma conceituação nova. Deixou de figurar como uma hipótese, passando a ser vista como uma norma fictícia, meramente pensada e proveniente de um ato de vontade também fictício. Uma ficção similar àquele presente na Filosofia do Como-Se, de Hans Vaihinger. Segundo Vaihinger, uma ficção é um recurso do pensamento, do qual se serve se não se pode alcançar o fim do pensamento com o material existente. O fim do pensamento da norma fundamental é o fundamento de validade das normas instituintes de uma ordem jurídica. Kelsen diz expressamente que "essa ficção se distingue de uma hipótese pelo fato de que é acompanhada pela consciência ou, então, deve ser acompanhada, porque a ela não corresponde à realidade". Ver do mesmo autor a obra Teoria· Geral das Normas, p. 328 a 329.*

prescreve. Assim, ela não é produto de uma escolha livre, pois esta pressuposição não pode ser arbitrariamente escolhida, devendo referir-se sempre a uma Constituição concretamente determinada.[21]

Aplicando, analogicamente, a teoria do conhecimento de KANT, que procurou uma resposta à questão de se saber como é possível interpretar os dados sensíveis das leis naturais sem que seja preciso recorrer à metafísica, KELSEN vai dizer que só através desta pressuposição lógico-transcendental é possível interpretar objetivamente estes comandos como normas jurídicas que irão constituir um sistema a ser descrito pelo cientista. Pode-se dizer que as normas pertencerão ao ordenamento jurídico na medida que forem criadas pela forma determinada pela norma fundamental. Ela é responsável pela composição do sistema numa estrutura escalonada de normas supra-infra umas das outras.[22]

Embora seja visível a influência da teoria do conhecimento de KANT na formação do pensamento de KELSEN, como veremos a seguir, há profunda divergência entre os autores no campo ético da chamada razão prática, que conecta os temas da moralidade e do direito. No segundo capítulo da *Teoria Pura do Direito*, KELSEN desenvolve um diálogo explícito com o pensamento kantiano sobre a moralidade que complementamos a seguir.

O SENTIDO DA MORALIDADE UNIVERSAL NA FILOSOFIA DE KANT

KANT parte do pressuposto de que o homem, apesar de ser afetado por inúmeras inclinações positivas ou negativas, é capaz de conceber, em si, a ideia de uma boa vontade. Esta seria definida como "aquilo que é bom sem limitação e que deve direcionar as influências sobre a alma do homem e sobre todo o princípio do agir.

A boa vontade, assim se caracteriza, não por ter em vista os fins que pretende alcançar ou que de fato alcança, mas somente pelo querer em si mesma. Mesmo que, por qualquer razão, o resultado pretendido não seja alcançado, uma vez que, de princípio, ela tivesse existido, ficará para sempre "*brilhando como uma joia, como algo que tem em si mesma o seu próprio valor*".[23]

Para entendermos melhor esta colocação, é necessário acrescentar que o conceito de *boa vontade* relacionasse com o conceito de dever. A *boa vontade* é aquela que não está determinada por nenhuma intenção, mas somente pelo respeito ao dever. Neste ponto, é preciso distinguir, segundo KANT, as ações praticadas

---

21 KELSEN, Hans. *Op. cit.*, 1979, p. 281.

22 KELSEN, Hans. *Op. cit.*, 1979, p. 279.

23 KANT, Emmanuel. *Fundamentação da Metafísica dos Costumes. Os Pensadores.* Abril Cultural: São Paulo, 1980, p. 109-110.

conforme o dever, daquelas praticadas *por dever*. Muitas vezes, do ângulo externo, observa-se que a ação foi praticada *conforme o dever*, mas caso pudéssemos ter acesso ao elemento interno que provocou a ação, veríamos que esta poderia ter sido praticada, por uma inclinação ou por uma intenção egoísta. Para ilustrar tal colocação, KANT utiliza o exemplo da conservação da vida. É aceito por todos que a conservação de vida é um dever que afeta a todos, por isso há uma inclinação natural para evitar a morte. Nestes termos, todos que conservam a vida agem *conforme o dever*, mas não *por dever*. Somente na hipótese de o indivíduo ter perdido o gosto de viver, desejando a sua morte, e, ainda assim, conservasse a sua vida, não por inclinação ou por medo, poderíamos afirmar que a ação foi praticada *por dever*, possuindo um autêntico conteúdo moral.[24]

Em suma, podemos concluir que a ação moral só pode ser praticada com autenticidade quando estiver isenta de inclinações, medos intenções e quaisquer outros dados do mundo empírico. A ação moral praticada única e exclusivamente por *dever é pura* e decorre de uma lei que a minha vontade, como princípio formal do querer em geral, se impõe. Ela decorre da máxima que cada um determina.

Todavia, é necessário esclarecer que a lei, decorrente da vontade de cada um, não tem um caráter subjetivo. Ao contrário, o ser racional deve proceder sempre de maneira que ele possa querer que a sua máxima se torne uma lei universal sem que haja qualquer subordinação ao mundo empírico.[25]

Ele deve fazer a seguinte pergunta: *"Podes tu querer também que a tua máxima se converta em uma lei universal? Se não podes, deves rejeitá-la, porque ela não pode caber como princípio numa possível legislação universal"*. Está claro, portanto, que as ações devem ser reconhecidas como subjetivamente e objetivamente válidas, pois a lei subjetiva de cada um deve ter uma orientação universal. Esta lei universal chama-se *"mandamento da razão"* e a fórmula deste mandamento, denomina-se *imperativo* que pode ser hipotético ou condicional.

Os imperativos hipotéticos representam a necessidade prática de uma ação, como meio de alcançar uma finalidade. Como no exemplo: *"Se queres sarar da tua doença, toma um remédio"*. Neste caso, a ação *tomar remédio* é praticada com a finalidade de *curar a doença*. Por isso, este imperativo situa-se no terreno da chamada heterônoma da vontade, onde não é esta que dá a lei a si mesma, mas é o objeto que dá a lei à vontade. Daí o porquê de KANT afirmar que ela seria uma fonte ilegítima da moralidade.

Em contrapartida, os imperativos categóricos representam uma ação necessária por si mesma, sem relação com qualquer outra finalidade, como no exemplo: *"Não deves mentir"*. Somente nestes casos, podemos falar na existência

---

24 KANT, Emmanuel. *Op. cit.*, p. 112.

25 KANT, Emmanuel. *Op. cit.*, p. 115.

de uma autêntica lei moral, tendo em vista a presença deste imperativo, que pode ter o seguinte esquema geral: "*Age segundo uma máxima tal que possa ao mesmo tempo querer que ela se torne uma lei universal.*"[26]

Trata-se da chamada autonomia da vontade, que aparece como fundamento da dignidade da natureza humana e de toda natureza racional. Por ela, vai dizer KANT, "*a vontade não está simplesmente submetida à lei, mas submetida de tal maneira que tem de ser ela própria considerada também como legisladora. Exatamente por isso, é que pode estar submetida à lei, de que ela se pode olhar como autora.*"[27]

Isto posto, temos que enfrentar a questão da liberdade para KANT e ver como ela se situa no contexto da ação moral. Concluímos que a ação moral tem como princípio fundamental a *autonomia da vontade*. O ser racional pratica uma ação *por dever*, estipulando uma lei universal que não se subordina aos elementos do mundo empírico regido pelas inclinações e sujeito às leis naturais que regulam os fenômenos de maneira necessária, encaixando-os nas relações de causa e efeito.

Por outro lado, KANT reconhece que a conduta humana não deixa de estar inserida neste mesmo mundo empírico, sendo, portanto, também determinada por ele. Daí surge a questão: Como a autonomia da vontade, que deve ser alheia a qualquer determinação exterior, pode se colocar frente ao mundo empírico determinado pela necessidade? Como o indivíduo pode se libertar das causas externas que o determinam, de modo que ele possa se impor a lei universal?

KANT vai dizer que deste conceito inicial de liberdade que tem, por assim dizer, um sentido negativo (a autonomia da vontade deve estar livre da interferência do mundo empírico da necessidade), decorre um conceito positivo da mesma. Não temos outra saída a não ser pressupor que a todo ser racional, possuidor de uma vontade, deve ser atribuída a ideia de liberdade que lhe possibilite agir moralmente. A ação moral tem de ser considerada livre para agir com independência das causas externas do mundo empírico.[28]

O ponto crucial da questão, esclarece KANT, é que este conceito de liberdade não pode ser demonstrado como uma realidade presente na natureza humana. Ele tem de ser pressuposto, como condição de podermos praticar uma ação moral, independentemente do determinismo reinante no mundo empírico. A liberdade é apenas uma ideia da razão.[29]

---

26 KANT, Emmanuel. *Op. cit.*, p. 129.

27 KANT, Emmanuel. *Op. cit.*, p. 141.

28 KANT, Emmanuel. *Op. cit.*, p. 149.

29 KANT, Emmanuel. *Op. cit.*, p. 150.

Todavia, ainda resta um ponto a ser esclarecido. Vimos que a vontade legisladora impõe a si mesma uma lei dotada de sentido universal, a que todos deverão se submeter. Daí surge a indagação: Como podemos considerar-nos livres para estipular a lei, mas ao mesmo tempo submetidos para segui-la? Haveria uma espécie de paradoxo, pois ao mesmo tempo seriamos e não seriamos livres.[30]

KANT soluciona esta questão distinguindo o que ele chama de *mundo sensível* e de mundo *inteligível*. Segundo ele, temos que pressupor que, por trás dos fenômenos próprios do mundo sensível, existe uma outra ordem, a saber, a ordem das *coisas em si*, que não pode ser conhecida, senão enquanto fenômeno. Assim, o homem não pode pretender se conhecer tal como ele é *"em si"*, mas apenas na sua natureza empírica. Todavia, ao mesmo tempo em que ele não pode conhecer a *"coisa em si"*, ele tem que admitir a sua existência, visto que a base do seu *"eu"* encontra-se neste mundo inteligível, ou seja, nas leis fundamentais da razão. [31] Nestes termos, o homem, enquanto ser racional, pertence ao mundo inteligível, que lhe possibilita agir moralmente sob a ideia de liberdade, isolando-o do mundo sensível regido pela necessidade sem, contudo, deixar ao mesmo tempo de pertencer a ele. De que modo?

Pelo simples fato de que, quando pensamos na liberdade, nos transpomos para o mundo inteligível e legislamos, ao impormos a lei moral na forma do imperativo categórico. Por outro lado, no momento em que nos sentimos obrigados a respeitar esta mesma lei por nós legislada, nos transpomos para o mundo sensível, que possibilita a nossa sujeição a ela. Assim, podemos concluir que o homem não pertence estritamente ao mundo inteligível e nem ao mundo sensível. Ele pertence a ambos, concomitantemente.[32]

O direito é um conjunto das condições por meio das quais o arbítrio de um pode estar de acordo com o arbítrio de outro segundo uma lei universal da liberdade positiva. Atue externamente de maneira que o uso livre do teu arbítrio possa estar de acordo com a liberdade de qualquer outro segundo a lei universal. O arbítrio, as leis jurídicas precisam obrigar de forma heterônima, mas, ao mesmo tempo, ele não é alheio à autonomia da vontade. Todos devem participar da legislação a que se submetem, *"a liberdade jurídica externa é a faculdade de não obedecer a nenhuma lei externa, senão aquelas às quais possa dar meu consentimento"*. Neste sentido, haveria uma identificação plena entre o ilícito e o imoral, a partir da identificação autônoma do comportamento moral e lícito em termos jurídicos.

---

[30] KANT, Emmanuel. *Op. cit.*, p. 152.

[31] KANT, Emmanuel. *Op. cit.*, p. 153.

[32] KANT, Emmanuel. *Op. cit.*, p. 154.

A IMPOSSIBILIDADE DE A MORAL SOCIAL FUNDAR A VALIDADE DO DIREITO

Como vimos, KELSEN é um crítico mordaz do jusnaturalismo kantiano, apesar de aceitar seus postulados epistemológicos sobre sua teoria do conhecimento. Como a imputação decorre da existência de uma ordem normativa que regula a conduta do homem no mundo empírico, somente a moralidade localizada no campo social interessa para KELSEN. Nestes termos, pela teoria de KANT, só poderia ser fundamentada a liberdade do homem no mundo fenomênico se este fosse identificado como o homem pertencente ao mundo inteligível, o que se mostra impossível.[33]

Ademais, vai dizer o autor, esta hipótese de identificação entre o mundo fenomênico e o mundo inteligível se encontra rechaçada pela própria filosofia de KANT, que entende que a chamada *coisa em si* pertence ao mundo inteligível, que aparece como fundamento do mundo fenomênico, não podendo, portanto, com este ser identificado.[34] Por outro lado, a própria concepção da *coisa em si* é um tanto questionável, tendo em vista o fato de que não pode ser conhecida, justamente por estar isolada dos nossos sentidos e de todos os fenômenos. Assim, temos de concluir que é inacessível ao nosso conhecimento saber que o homem como *coisa em si* é livre e que é possível fundamentar uma Ética sobre esta liberdade.[35] Qual a consistência da reflexão, no plano filosófico, sobre uma moralidade ideal, que devemos pressupor como existente, mas da qual não podemos obter qualquer conhecimento racional?

Do ponto de vista da razão pura teórica, a liberdade moral seria uma ficção, portanto. Todavia, KELSEN diz que o filósofo, em sua *Crítica da Razão Prática* e em outras obras, contraria esta conclusão, passando a considerar as coisas em si como trans-subjetivamente existentes, a fim de justificar a presença da liberdade da vontade, que constitui uma noção fundamental para a construção de sua Ética. Como evitar, em termos corrompidos, que a moralidade *dominante* e não a *universal* se transforme na *coisa em si*?

Todavia, a pergunta relativa ao fato de sabermos se a vontade e as ações humanas, quando são imputadas, encontram-se ou não causalmente determinadas, apenas pode ser respondida e fundamentada pela razão teorética, isto é, através da observação e conhecimento dos fenômenos tal como eles se apresentam frente aos nossos sentidos. A razão pura prática é *fundamenta*, mas não pode *conhecer* se o homem como fenômeno ou como *coisa em si* é livre e um ser moral. Neste sentido, KANT reconhece que a imputação tem o seu lugar numa

---

33 KELSEN Hans. *Teoria Pura do Direito*. Armênio Amado Editor: Coimbra, 1979, p. 149.

34 KELSEN Hans. *Op. cit.*, 1979, p. 149.

35 KELSEN Hans. *Op. cit.*, 1979, p. 150.

ordem distinta da ordem natural. Para que o homem seja considerado livre e um ser moral, devemos transferi-lo para o mundo inteligível. Como este não pode ser conhecido, a questão da moralidade universal, sob o ponto de vista de uma ciência jurídica, não se resolve na filosofia kantiana.[36]

Ao contrário de KANT, KELSEN localiza a moralidade no campo social e fenomênico. A Moral é criada pelo costume ou pela elaboração consciente do grupo, não é necessariamente boa, em termos absolutos, pois caracteriza um mecanismo de controle social auxiliar ao direito, mas dele distinto. Ela é *positiva*, portanto, e só neste sentido teria interesse para uma *ética científica*. KELSEN considera que o Direito e a Moral constituem diferentes espécies de normas, que surgem na realidade social, que não podem se confundir. As normas morais surgem de forma difusa, tendo, somente, o sentido subjetivo destacado anteriormente. Neste sentido, diferentemente do Direito, a Moral não prevê órgãos centrais para a sua criação e aplicação de suas normas, apenas a aprovação ou reprovação do grupo. Já o Direito apresenta-se como uma ordem de coação socialmente organizada, com normas dotadas de validade objetiva.

O mais relevante ponto de reflexão filosófica do autor e seu principal ponto de embate com a teoria kantiana reside na impossibilidade de fundamentação filosófica da existência de uma Moral Absoluta, pois há uma grande diversidade daquilo que os homens efetivamente consideram como bom e mal, justo e injusto, em diferentes épocas em diferentes lugares. Assim, a necessidade de legitimação do direito por uma ordem moral é irrelevante para uma ciência jurídica pura. Embora os valores morais dominantes possam influenciar o conteúdo normativo, a validade das normas jurídicas positivas não depende do fato de corresponderem à ordem moral, pois sendo ela relativa, não haveria critério de validade objetivo. Somente a pressuposição da existência de uma moral universal, no sentido proposto por KANT, tornaria viável a fundamentação da validade jurídica na autonomia da vontade, também condicionada na ideia de um sistema jurídico estático.

Uma ordem jurídica é um sistema jurídico dinâmico, em que o conteúdo das normas pode corresponder às concepções morais de um determinado grupo e, ao mesmo tempo, contrariar as concepções de um outro agregado social. Pela teoria estática, que estuda o Direito como um conjunto de normas jurídicas reguladoras da conduta humana, a sanção tem uma grande importância para a caracterização científico-lógica do Direito. É ela a responsável pelo caráter prescritivo presente nas normas e em toda a ordem jurídica, que não se subordina a um dever mora absoluto, já que ele inexiste nesta perspectiva filosófica.

---

36 KELSEN, Hans. *Teoria Pura do Direito*. Armênio Amado Editor: Coimbra, 1979, p. 150.

De um modo geral, uma conduta pode ser prescrita e considerada obrigatória, não porque espelha um dever moral absoluto, mas na medida que a conduta oposta aparecer como pressuposto de imputação de uma sanção. A conduta devida aparece como consequência lógica da conduta sancionada e não o contrário. O elemento prescritivo está na própria sanção, visto que devida não é a conduta prescrita nem a conduta proibida, mas a própria sanção. Caso a conduta contrária não seja pressuposto de uma sanção, a conduta não seria prescrita, apenas autorizada.[37]

Nesta perspectiva, é a partir da sanção que qualificamos as condutas ilícitas, e, por inferência lógica, identificamos as condutas devidas. Não existe *a priori* a caracterização de uma conduta lícita e nem de uma ilícita. A análise de KELSEN exclui a identificação de qualquer conteúdo normativo pré-determinado. Não há uma proibição e nem um dever natural. Temos, por exemplo, o dever de nos abstermos da prática de um assassinato, não porque exista um direito natural à vida, mas apenas porque a lei diz que aquele que tirar a vida alheia deve ser punido. O autor sempre parte da conduta ilícita para poder caracterizar a conduta lícita.[38]

O Direito, por regular a conduta humana na medida em que esta interage com outras, define-se como uma ordem social. Este conceito de ordem social implica, para KELSEN, a existência de sanções. As próprias ordens morais recebem a aprovação ou desaprovação do meio social, as quais podem ser equiparadas a sanções, ou seja, a recompensas e castigos. Até as sociedades mais antigas concebiam a existência de sanções transcendentes advindas de uma instância supra-humana.[39]

O caráter prescritivo do Direito tem uma finalidade mais ou menos definida, qual seja, a de reagir contra situações consideradas indesejáveis num determinado contexto social. Em sua generalidade, o ato de coação é visto como um mal, sob o ponto de vista subjetivo do destinatário que recebe a punição mesmo contra a sua vontade. Não está excluída, todavia, a hipótese de um determinado criminoso sentir remorsos e desejar ser punido, ou mesmo de existir um sujeito que veja na prisão uma garantia de abrigo e alimento.[40]

---

[37] KELSEN Hans. *Op. cit.*, 1979, p. 50.

[38] KELSEN Hans. *Op. cit.*, 1979, p. 29.

[39] KELSEN Hans. *Op. cit.*, 1979, p. 53 a 56.

[40] KELSEN Hans. *Op. cit.*, 1979, p. 60.

Por isso, afirma-se que o Direito é uma ordem coativa, na medida que exige certas condutas ou a omissão de certas ações. A força física só pode ser empregada se houver resistência por parte do indivíduo contra quem a sanção se dirige.[41]Estabelece-se, deste modo, uma relação entre Direito e força, visto que a sanção, entendida como um ato coativo, não deixa de constituir um ato de força, ainda que autorizado pela ordem jurídica. Por isso, afirma-se que a ordem jurídica tem o monopólio da coação, na medida que passa a determinar as condições sob as quais a coação física deverá ser aplicada, qualificando os indivíduos que devem exercê-la.[42]

HERBERT HART também desenvolve um pensamento crítico em relação ao idealismo jusnaturalista kantiano, mas sua análise filosófica não parte de uma purificação científica radical e lógica como a feita por KELSEN. Ao contrário, sua análise positivista, avessa a considerações metafísicas, procura integrar o direito na realidade social, que só pode ser percebido como existente no momento em que se constitui numa união empírica de normas primárias, que estabelecem obrigações respaldas em ameaças, e as normas secundárias. Estas se dirigem diretamente as regras primárias, chamadas de regras de reconhecimento, de alteração, e de julgamento que superam os defeitos da incerteza (quais são as normas jurídicas?), do caráter estático (como elas surgem e se modificam?) e da insuficiência da pressão social difusa das regras primárias (quem pode aplicá-las?). A regra de reconhecimento, em distinção clara à norma fundamental de KELSEN pressuposta, apesar de não ser geralmente escrita, é uma regra empírica que indica que os cidadãos e os tribunais reconhecem as regras primárias como sendo juridicamente válidas

Não obstante a divergência metodológica geral, em consonância com o pensamento de KELSEN, HART também defende a possibilidade de separação nítida entre direito e moralidade. A palavra moral tem uma textura aberta, é vaga e não necessariamente fundamenta a validade do direito. Há certas formas de princípios ou regras que alguns qualificam de morais e que outros não. Mesmo quando há acordo sobre certos princípios ou regras que alguns qualificam

---

41 KELSEN Hans. *Op. cit.*, 1979, p. 60. Cabe aqui esclarecermos que Kelsen admite a existência de atos coativos que não têm o caráter de sanções. Seria o caso, por exemplo, da internação de doentes mentais, ou mesmo, da existência de campos de concentração nos regimes totalitários. Todos estes atos podem ser condenados sob o ponto de vista moral, mas não têm o caráter de uma sanção, tal como a pena de morte ou a execução civil, pois o seu pressuposto não é um ato ilícito, mas apenas a expectativa da sua ocorrência. Daí o porquê de o autor afirmar que embora toda sanção possa ser vista como um ato de coação, nem sempre a recíproca será verdadeira. Ver a mesma obra citada, p. 69 a 71.

42 KELSEN Hans. Op. cit., 1979, p. 81.

de morais, pode subsistir um desacordo filosófico quanto ao seu status ou sua relação com o resto do conhecimento e experiência humana.[43]

Para HART, o elemento básico da moral compartida ou aceita pelo grupo social consiste em regras próximas às regras primárias de obrigação, onde há uma pressão social que as sustenta, com o considerável sacrifício do interesse ou inclinação individual. Numa sociedade em que estas regras aparecessem como a única forma de controle, não haveria como distinguir as regras morais e jurídicas. Quando passamos do mundo pré-jurídico ao jurídico, verificamos a presença de regras secundárias de *reconhecimento da autoridade*, de *julgamento* e de *mudança legislativa*, pois a distinção entre regras jurídicas e as demais se converte em algo definido. Em todas as sociedades, há vários tipos de regra que estão fora do sistema jurídico, socialmente, algumas delas são chamadas *morais*, em termos genéricos para designar as *regras não jurídicas*.[44]

As regras morais não podem ser implantadas, modificadas ou eliminadas como as regras jurídicas, mediante sanção deliberada. A moral está na sociedade para ser reconhecida, não é algo criado por deliberação humana. As regras adquirem ou perdem o status de tradição, através de um processo lento e involuntário. O direito pode fazer a tradição desaparecer. Todavia, há a chance de ocorrer o inverso, as normas podem impor valores que criam uma tradição que permanece mesmo que o direito seja extinto. Do mesmo modo, as normas jurídicas podem estabelecer níveis de honestidade e humanidade que eventualmente modificam e elevam a moral corrente. A inversa, a repressão jurídica de práticas consideradas como moralmente obrigatórias, pode fazer com estas percam a sua importância e, com isto, o seu status moral. Com muita frequência, o direito perde tais batalhas com a moral imperante e a regra moral continua em pleno vigor ao lado das regras jurídicas que a proíbem.

A pressão moral é exercida de forma característica, ainda que não exclusiva, sem que haja ameaças ou apelações ao temor ao castigo físico, ou ao interesse, como ocorre no direito. Na sua forma típica, sua pressão é exercida em apelar o respeito às regras enquanto coisas importantes por si mesmas, que se presume compartido por todos. Haveria elementos morais internos que correspondem ao temor e ao castigo porque se presume que despertariam em seus destinatários um sentimento de vergonha e de culpa em sua consciência.[45]

O poder coercitivo do direito pressupõe sua autoridade aceita. Porém, a ideia do direito aceito como moralmente obrigatório não é exaustiva. Não somente é possível que enormes quantidades de pessoas sejam coagidas por normas que elas não consideram moralmente obrigatórias e nem é verdade que aqueles que aceitam voluntariamente os sistemas tenham de sentir-se mo-

---

[43] HART, Herbert. *El Concepto de Derecho*. Abeledo-Perrot: Buenos Aires, 1963, p.210.

[44] HART, Herbert. *Op. cit.*, p.211.

[45] HART, Herbert. *Op. cit.*, p. 223.

ralmente obrigados a sê-lo. Podem fazer um cálculo interessado, uma atitude desinteressada, uma atitude tradicional, ou uma atitude não reflexiva herdada, ou o mero desejo de comportar-se como os outros. O acatamento do direito pode estar baseado em considerações diferentes do que a ideia de que é correto fazê-lo. Isto demonstra que algo pode ser reconhecido como jurídico, mesmo se não for reconhecido como moral. [46]

As narrativas fílmicas, como veremos, propõem profundas reflexões logopáticas sobre a relatividade dos valores, que devem se conjugar com uma moral dominante e a impossibilidade de se afirmar uma verdade que seja, em si, incontrastável. Também percebemos uma permanente tensão entre a moral relativa e a objetividade jurídica, normalmente ligada à moral social dominante. Não existem soluções definitivas, respostas corretas aos problemas morais, que permanecem em aberto, do ponto de vista filosófico. E isso pode significar respeito às diferenças e às necessidades especificas de cada qual. Muitas vezes, o que costumamos chamar de moral universal não passa da mera imposição da moral dominante, num determinado contexto social.

Foram selecionados os filmes *O Segredo de Vera Drake, Regras da Vida e Central do Brasil,* películas já usadas como complemento reflexivo em aulas de graduação e pós-graduação.

O SEGREDO DE VERA DRAKE: ABORTO CLANDESTINO E A QUESTÃO DA AMBIGUIDADE MORAL

A narrativa imagética do filme britânico *O Segredo de Vera Drake* explora, como um dos temas centrais, a delimitação entre as esferas do Direito e da Moral e, ainda, o polêmico relativismo axiológico inerente ao aborto, sem levantar bandeiras radicais contra ou a favor da legalização.[47] A obra de Mike Leigh é fecunda na abordagem de um tema intrincado e polêmico, expondo a angústia de algumas das personagens na intensidade mais aguda, evidenciando algumas temáticas humanas recorrentes na filosofia moral. Claramente, não percebemos a presença da moral universal kantiana, já que a abordagem do tema se dá no plano social, estando mais próxima, portanto, da visão de KELSEN e HART sobre o problema filosófico-jurídico. Não observamos, na trama, a possibilidade de falarmos na existência de um imperativo categórico sobre aborto como um bem ou como um mal em si mesmo. O filme estimula discussões abertas e não impõe padrões sobre a moralidade, deixando o espectador livre para refletir sobre o tema. Põe em destaque os aspectos negativos da precariedade biológica

---

46 HART, Herbert. *Op. cit.*, p. 251.

47 *O aborto clandestino como rejeição da autoridade e a questão do relativismo axiológico: Uma análise comparativa dos filmes O segredo de Vera Drake e 4 meses, 3 semanas e 2 dias.* Revista Mestrado em Direito (Online), v. V 11, p. 169-206, 2012. Luciano Correa Ortega é coautor do artigo.

e dos riscos que existem na prática do aborto clandestino, ainda que o mesmo apresente uma justificativa moral, que se mostre consistente.

A separação entre moralidade e legalidade torna-se patente com os distintos julgamentos existentes, que vão ocorrer ao longo do filme. O aspecto jurídico é baseado no sentido objetivo das normas válidas na época; o outro que conecta ao senso de justiça é apresentado de forma relativa. O primeiro julgamento baseia-se nas leis positivadas convencionadas, a Seção 58 da Lei contra as pessoas de 1861, na perspectiva de KELSEN, elas representam o ilícito construído pela imputação da sanção legal a prática do aborto. O segundo julgamento ocorre, de forma difusa, segundo os ditames da moralidade e é feito pelos outros personagens, consoante seu próprio entendimento de moralidade, que é extremamente variado.

Embora o aborto tenha sido legalizado no Reino Unido, em 1967, o enredo se passa na Inglaterra da década de 1950, e foca a história de Vera, uma senhora que além de auxiliar caridosamente os vizinhos necessitados, se dedica aos trabalhos domésticos em algumas residências para ajudar a família de Frank, seu marido que trabalha numa oficina, e de seus dois filhos, Sid e Ethel. A casa simples e, no entanto, receptiva, especialmente considerando-se a esperança de se arrumar um namorado à filha, Ethel, extremamente tímida, que trabalha numa fábrica testando lâmpadas incandescentes.

Lembrando das reflexões de MORIN, expostas no primeiro capítulo, vemos como a película por meio de conceitos-imagem nos faz penetrar na consciência subjetiva moral da protagonista, que é bastante complexa. Entre a vida de esposa, mãe e doméstica, Vera, apresentada como uma personagem extremamente altruísta e generosa — no sentido da caridade moral cristã dominante na época — também *ajuda* outras pessoas. Ela ajuda mulheres sem receber nada em troca ao propiciar alívio, acalmar e possibilitar que essas mulheres continuem suas vidas normalmente: a caridosa Vera induz abortos. Aí está a grande controvérsia moral exposta em termos logopáticos pelo filme.

Como pode um personagem que corrobora os valores morais cristãos da família e da caridade, também afrontar estes mesmos valores dominantes, na época, em relação à prática do aborto? Seria Vera Drake um personagem contraditório? Talvez ela revele a própria contradição inerente à ideia de moral dominante, supostamente tida como universal. Neste ponto, percebemos que o filme propõe uma discussão que não apenas exemplifica, mas expande o problema do relativismo moral, em termos estritamente teóricos, por KELSEN e HART. Não só as divergências em torno do certo e do errado aparecem na seara da própria cultura, mas, também, dentro do indivíduo em termos singulares. A poderosa e ao mesmo tempo sensível atuação da atriz Imelda Staunton e o uso do *close-up* em sua face emocionada, favorecem a percepção linguística desta complexidade, em termos logopáticos.

As sequências e cortes revelam que a prática abortiva em mulheres era feita há muito tempo — tanto que Vera não sabe precisar com exatidão desde quando *ajuda* outras mulheres grávidas — mas reconhece que o faz de longa data. E são duas formas que possibilitam contato entre Vera e as pessoas que ajuda: algumas moças e mulheres ela já conhece; outras são indicadas por Lilly, que serve como intermediadora e que, na trama, sem que Vera saiba, é a personagem que lucra com os abortos, pois cobra caro de mulheres que necessitam realizar o procedimento interruptivo da gravidez.

Poderíamos aventar, na atitude subjetiva de Vera, um sentido de justiça que se aproxima da ideia de *caritas*, justiça como amor, que por seu turno liga-se ao amor cristão. Ainda que não deliberadamente, sua maneira de atuação, ao interromper as gravidezes como forma de ajuda, acaba por manter íntegro o modelo de família cristã dominante na época, que não se compadeceria com frutos advindos de traições, ou com muito pesar aceitaria um filho sem pai. No fundo, Vera Drake expõe um contundente conceito-imagem do paradoxo ético da moral dominante, como contradição intrínseca da valorização incondicional da família, numa situação em que se impõe uma regra — obrigação de não praticar o aborto — sem que haja condições básicas para o seu cumprimento, em situações não regulares. É preciso rompê-lo, de forma clandestina ilícita e imoral, de acordo com os padrões dominantes, com a indução do aborto, para reforçá-lo, num plano mais abrangente e social, impedindo que o nascimento de uma criança em condições atípicas viesse a destruir os laços familiares, num contexto de intolerância a determinadas formas de gravidezes.

Nota-se que Lilly consegue circular em estratos sociais mais abastados. Com o que recebe, vive e compra alguns mantimentos para revender à própria Vera nas ocasiões em que a encontra para indicar o endereço da pessoa que se submeterá ao aborto. Premedita seus atos, sem qualquer escrúpulo, como no simples fato de não escrever, a próprio punho, o endereço das mulheres, que grafam, com sua letra, o local de sua residência. Vera, de forma inocente, acaba sendo um verdadeiro *instrumento* para os ganhos de Lilly, que praticamente reduz a relação entre ambas aos interesses egoísticos. Nota-se, neste ponto, o utilitarismo, mero meio para os fins de Lilly, contrapondo-se frontalmente à máxima kantiana de que uma ação moral praticada por dever não pode almejar qualquer intenção egoísta.[48]

Os apetrechos utilizados por Vera não são engenhos complexos: em geral, usa uma bacia com água morna, dentro da qual dilui detergente/sabão, utilizando uma bomba de plástico para promover a entrada da água dentro do útero das grávidas. Assim, não usa instrumentos cortantes ou metálicos na sua empreitada, o que é destacado ao final. Ora, comumente, quem realiza o aborto clandestino não dispõe de meios sofisticados e apropriados para interrupção da gravidez, como salientado no tópico atinente à clandestinidade. Pelo contrário, a *precariedade* é um traço que se faz presente. Na casa de Vera, a euforia com o noivado da filha, Ethel, contagia todos os membros da família que já estavam sem esperança com

[48] KANT, Immanuel. *Fundamentação da metafísica dos costumes*. Lisboa: Edições 70, 2008, p.71-72.

um casamento da filha. A notícia chega aos parentes mais próximos e preparam uma comemoração para o que consideram um verdadeiro evento.

No suceder de toda esta felicidade de construção de uma família, a interrupção da gravidez apresenta-se em *O Segredo de Vera Drake* como a solução para alguns problemas vivenciados por algumas mulheres. Neste momento, Mike Leigh expõe o conceito-imagem do relativismo axiológico em relação às próprias mulheres que se submetem à prática. Algumas têm medo e estão constrangidas, outras encaram o fato com extrema naturalidade. Podemos destacar, pois, algumas das razões pelas quais o aborto é praticado: a) *estupro*, como no caso de Susan, em que a gravidez é resultante de relação sexual forçada; b) para *ocultar relações extraconjugais* que resultaram em gestação; c) *controle populacional*, como no caso da senhora que já tinha vários filhos, sendo impossível à família arcar com todos os custos relacionados à chegada de mais um membro; e d) *despreparo* ou imaturidade (gestante adolescente, com todo um futuro adiante).

O aborto no caso de *estupro* ocorre com a personagem Susan, filha dos patrões de Vera. A moça é forçada ao intercurso sexual numa noite em que fica sozinha com o namorado. A *violência* é destacada nas cenas em que a repulsa de Susan torna-se o recorte do início da violência psicológica, pelo fato de não estar preparada para ser mãe. Pede conselhos a uma amiga, mas a sua problematização é feita como se quem precisasse de ajuda fosse outra pessoa.

Então, Susan consulta alguns médicos psiquiatras, decidida a pôr termo ao sofrimento (o que significa interromper a gravidez), pois alega que prefere se matar a ter o bebê, mas descobre que, nos altos extratos sociais, quem pode pagar caro por um serviço médico, na época 150 libras esterlinas, ainda que não faça parte das especialidades médicas, poderia valer-se de uma exceção legal forjada com base na alegação falsa de insanidade por parte da paciente do aborto.

Os cortes e cenas envolvendo Susan destacam que o aborto não era restrito aos denominados aborteiros: médicos renomados, que atendiam a elite, também o praticavam, mas sem que isso descaracterize a nota de clandestinidade, já que o enquadramento na exceção legal era claramente forjado. O fato é que as condições de sua prática, os recursos disponíveis para o pós-aborto eram muito melhores para quem tinha dinheiro e podia arcar com os custos do procedimento abortivo, o que implica menos riscos de complicações, muito maiores quando praticados fora de uma enfermaria, na cama de uma residência simples. A ética médica existe dependendo da possibilidade de desembolsar a quantia pleiteada pelo profissional. No filme, a ética médica é condicionada pela situação econômica das pacientes.

Para *controle de natalidade*, o aborto é praticado em Nora, personagem que já tem sete filhos, já que o *marido não consegue se controlar*. Os escassos métodos anticoncepcionais não alcançam as famílias, especialmente as mais pobres, que recorrem ao abortamento. O curioso é que há uma ocultação da prática dos próprios maridos, que "*não poderiam saber*". Temos, ainda, a interrupção da gravidez como modo de *ocultação das relações extraconjugais*, no caso de mulheres casadas que *se meteram em encrencas*. Fato que significaria desonra ou ruína da família encontra desembaraço nas mãos de Vera. Por fim, destaca-se o abortamento no caso de moças muito jovens — praticamente meninas — *despreparadas* para assumirem o papel social de mãe. É a situação de Pâmela Barnes, cuja interrupção da gravidez desencadeia uma das questões centrais do filme, podendo ser considerada um marco na vida de Vera Drake.

Os abortos realizados pela personagem são procedimentos que se desenrolam com o apoio emocional sincero de Vera, quando diz: *Não fique tão chateada/Só vim te ajudar*. E, como atividade que desenvolve há anos, nota-se tranquilidade e serenidade moral ao expor os acontecimentos que sucederão a sua visita: *amanhã ou depois sentirá uma dor embaixo/vá ao banheiro e começará a sangrar, então irá embora/ Tudo passará querida. Ficará novinha em folha*. Frases que se repetem nas inúmeras visitas que faz (o filme mostra no mínimo cinco abortos). A habitualidade com que Vera ajuda no abortamento fica clara ao ser indagada sobre o que fez nas casas que visitou. Diz: *o mesmo de sempre/dei conselhos*.

Em certa ocasião, Vera vai à casa de Mrs. Barnes, para interromper a gestação da filha Pâmela Barnes. Lilly é quem intermediou o contato entre Vera e a mãe de Pâmela, cobrando por isto 20 libras esterlinas. O procedimento é repetido tal qual as outras inúmeras vezes, utilizando a água com detergente e a 'bombinha'. No entanto, desta vez ocorrem complicações, Pâmela fica doente e quase falece. É levada ao hospital após a visita do médico, que questiona Mrs. Barnes: *A senhora fez algo para que isso ocorresse?* E a fala seguinte demonstra que o aborto, também naquela época, não era algo extremamente excepcional: *Sou médico há 25 anos/vemos isso todas as semanas, não vemos?* (e olha para a enfermeira que o acompanhava). O fato — interrupção clandestina da gravidez — era, pois, de conhecimento dos médicos — alguns, inclusive, o praticavam.

Nesta ocasião, o médico insiste para que lhe seja dito o nome da pessoa que praticara, mas a mãe de Pâmela reluta, mantendo o tempo que pode o segredo. Mas o doutor a pressiona: *Esta pessoa deve ser impedida*. E dispara que, se a mãe não fosse espontaneamente à polícia, ele iria até ela, dizendo duas frases: *infelizmente, é minha obrigação moral* e logo em seguida diz, *percebe que é um crime?* Para o médico, neste caso, as esferas da moral dominante e do direito se justapõem.

Para Vera, a razão que ensejava a procura pelo aborto não importava. Seu contentamento advinha da possibilidade de tornar a vida de outra pessoa melhor, eis que sobreleva um conceito-imagem de *alteridade*, na preocupação com os outros. É o que podemos ver já no início do filme, quando Vera ajuda um senhor deficiente físico, bem como nas referências feitas à Vera, como mulher que possui um *coração de ouro*. E a satisfação de Vera é sua maior recompensa — apesar de ser, em ocasião posterior, ser chamada de egoísta por Joyce, sua cunhada, quando esta descobre o segredo de Vera.

E é também seu segredo, que ela compartilha com os espectadores do filme. O que Vera oculta — da família e de pessoas que nunca admitiriam — é justamente as práticas abortivas, pois tem consciência de que afronta a legalidade e a moral dominante. Como a chave da casa que oculta debaixo do tapete, e que vem à tona quando precisa auxiliar o morador com necessidades especiais. É um de seus ofícios: tão importante como a limpeza de outras residências, é a limpeza da alma das pessoas que ajuda. E para ser um segredo, é algo que não pode ser dito.

É também uma maneira de Vera poupar sua família, pois compreende que o que faz não é bem aceito pela sociedade da época. Tanto que configura um crime, cuja designação é absolutamente rejeitada por Vera, que prefere afastar esta terminologia e a caracterização que o Estado dá à sua conduta, como sendo criminosa, no sentido proposto por KELSEN. Mas, mesmo assim, Vera sabe que lida com esferas diferentes, a da Moral e a do Direito, daí as avaliações tão distintas. E, mesmo a esfera Moral, exsurgem inúmeros julgamentos acerca da moralidade da conduta, conforme destacaremos mais à frente.

O segredo de Vera é algo que se esconde, mas também algo que escondem, sendo um segredo das mulheres que abortam.[49] O segredo não é só de Vera: é das esposas que não podem dizer ao marido, é de Mrs. Barnes, que se constrange e reluta em contar ao médico quem induziu ao aborto. Percebemos o traço que contorna a clandestinidade das práticas abortivas, tanto por quem pratica, como em quem são praticadas: há o silêncio reverberante. Oportuno lembrar que:

> *O poder do silêncio sempre foi muito estimado. Ele significa que uma pessoa é capaz de resistir a todas as inumeráveis oportunidades que se lhe oferecem para falar. Uma tal pessoa não dá resposta alguma, como se jamais lhe houvessem feito qualquer pergunta. Não dá a perceber se gosta disto ou daquilo. É muda sem se calar. Mas ouve. Em seu extremo, a virtude estoica da imperturbabilidade haveria de conduzir, necessariamente, ao silêncio.* [50]

---

49 Vale lembrar que, no original, não há a palavra "segredo". O título do filme em inglês restringiu-se ao nome de "Vera Drake".

50 CANNETI, Elias. *Massa e Poder*. São Paulo: Companhia das Letras, 1995, p. 294.

O segredo não significa mentira, mas certa omissão. Sid atribui à mãe um estereótipo simplista: pessoa mentirosa. O marido, ao contrário, compreende tudo como mera omissão. De fato, evidente era a intenção de Vera em ocultar para poupar os familiares. O fim almejado com seu silêncio era nobre, na perspectiva da protagonista.

Após a comunicação às autoridades, os policiais dirigem-se à casa de Vera, que está reunida com a família para comemoração do noivado de Ethel, ocasião em que é anunciada a gravidez de Joyce, sua cunhada, e todos comemoram a notícia, inclusive Vera, que manifesta um contentamento autêntico. A tensão dramática é muito forte, pois há a exposição da pluriperspectiva cinematográfica: a moralidade particular e a prática da ilegalidade de Vera serão expostas em ocasião de afirmação social da moralidade dominante, em torno da valorização do futuro casamento da filha e da gestação da cunhada. A alegria, entretanto, durou pouco. A polícia chega e, ao entrar na casa, o *close-up*[51] desmonta toda felicidade que se estampava no rosto de Vera, que sabia o motivo da visita. Seu rosto apaga-se, emergindo uma tensão que se irradia na família, estranhados com tudo aquilo. Acreditam que tudo não passará de um equívoco, afinal, não suspeitam que possa existir, de fato, qualquer fato desabonador, desonesto ou criminoso.

Quando os policiais chegam até sua casa, e chamam-na para conversar num local mais reservado, vão para o quarto de Vera. Lá, ela diz que sabe por que vieram: *pelo que fiz/ajudo jovens*. Quando é indagada sobre como as ajuda, Vera responde: *quando não podem resolver/ajudo a menstruarem novamente*. E segue o diálogo entre policiais e Vera:

Policial: *ajuda a livrarem-se do bebê;*
Vera: *não é isso que faço/é como o chama, mas elas precisam de ajuda/pedem ajuda, não querem dar, e eu as ajudo.*

O ilícito jurídico que Vera pratica não se insere, para ela, nos domínios da imoralidade, tanto que chora em desespero ao saber da gravidade da situação de Pamela Barnes. Percebemos no close-up de sua face expressiva e torturada, que suas certezas éticas sobre a prática clandestina do aborto desmoronam, pois a sua bondade ingênua pessoal jamais a havia levado a conceber a possibilidade de risco para as vidas daquelas que eram *ajudadas* por ela. Ela confiava piamente na sua *técnica informal*.

Também ignorava que era usada como instrumento de ganho financeiro de sua amiga Joyce. Ela possuía uma convicção moral de que praticava um bem

---

51 BALAZS, Bela. *Nós estamos no filme*, In: A experiência do cinema, Ismail Xavier (org.). Rio de Janeiro: Edições Gerais Graal, 1983, p. 91. "Close-ups são as imagens que expressam a sensibilidade poética do diretor. Mostram as faces das coisas e também as expressões que, nelas, são significantes porque são reflexos de expressões de nosso próprio sentimento subconsciente. Aqui se encontra a arte do verdadeiro operador de câmera".

incondicional, quase *por dever* no sentido kantiano, para aquelas mulheres, de forma gratuita, apesar de não ter formação na área médica. Mike Leigh, na esteira de levar a discussão do relativismo axiológico às últimas consequências, ousa colocar em xeque as certezas morais iniciais de sua própria heroína, expressando ideias através de imagens do rosto angustiado de sua protagonista.

Após a sua prisão — Vera não resiste um momento sequer, para não arruinar o resto da noite de seus familiares — Vera pede segredo sobre o que fez. Pega sua caixa, com todos os instrumentos que utilizava para ajudar outras mulheres e abre sobre a cama. É como se fossem apreendidos os instrumentos, as armas de um crime. Na delegacia, entrega seus pertences, mas lhe é difícil entregar a aliança, após 27 anos de casada. Nestas cenas, pela simbologia das sutilezas, percebe-se o quanto a família era importante para Vera, como na decisão de poupá-los da verdade, na comemoração do noivado de Ethel e da gravidez de Joyce. O interrogatório estende-se na delegacia e quando lhe perguntam quanto cobra, Vera assusta-se: *não aceito dinheiro, nunca aceitei/ Não é por dinheiro.* Então lhe revelam que Lilly cobrava. Percebemos, de forma sutil, que ela mesma teve este tipo de ajuda no passado, mas tudo é apenas insinuado por uma expressão facial tensa, quando a polícia lhe pergunta se ela já tinha feito algum aborto no passado. Ao final, é formalmente acusada pelo aborto praticado em Pâmela Mary Barnes, de acordo com a Seção 58 da Lei contra as pessoas de 1861.

A família, enfim, toma conhecimento do que permaneceu oculto por muitos anos. Primeiro, o marido; depois, os filhos e cunhados. Seguem os diálogos que representam a avaliação da conduta de Vera pela sua família. A reflexibilidade do discurso pode ser verificada pelo intercâmbio das posições ocupadas por emissores e receptores.

Entre pai e filho, a conversa evidencia a perplexidade do filho, que destaca a avaliação sob normas morais:

Filho: *Não acredito! Como pôde?*
Pai: *Estava tentando ajudar pessoas.*
Filho: *De modo errado.*
Pai: *O que fez foi de coração.*
Filho: *Ela nos desmoralizou.*
Pai: *Não!* **Mas o pai reconhece:** *Alguns não falarão mais conosco.*

Sid, o filho, fica extremamente magoado com a mãe, passando a ignorá-la, em total desaprovação à prática do aborto. Ao falar com Vera, exaspera o tom de repúdio:

Filho: *Como pôde fazer isso, mãe? Não entendo.*
Vera: *Não espero que entenda.*
Filho: *Por que fazia isso?*
Vera: *Tive que fazer.*

Filho: *Estava tirando uma vida. Não percebe isso?*

Vera: *Acho que não.*

Filho: *Lógico que sim. São bebês. Escutamos isso, lemos nos jornais, mas não esperamos que esteja tão próximo, com sua mãe. Não tem direito.*

A omissão é encarada como uma mentira, e, desde então, Sid não se dirige à mãe como fazia antes da descoberta do segredo. O relativismo axiológico, que confronta a moral dominante, torna-se, aqui, um verdadeiro conceito-imagem, no sentido proposto por Cabrera. Parte da própria família não consegue entender a consciência subjetiva caridosa de Vera, como nós espectadores percebemos. A reação de Joyce, cunhada de Vera, é também de contrariedade e hostilidade: *Vaca estúpida. Como pôde ser tão egoísta?* E mantém a sua aversão inclusive na reunião de Natal. Nesta ocasião, uma caixa de chocolates é aberta e a simbologia possível é interessante. Vera pega um bombom e somente as personagens que compreenderam sua atitude, compadeceram-se e solidarizaram-se com seu sofrimento é que aceitam o chocolate. Sid e Joyce recusam comer o doce que Vera também comia. Há uma nítida separação na sua família entre os que a condenaram e os que a perdoaram. Neste passo, convém destacar que o *perdão* é uma verdadeira relação de poder, que cada um reserva para si.

No tribunal, na ocasião do julgamento de Vera pelas leis positivas, apresentam ao juiz as armas do crime — *nove provas*. A defesa de Vera destaca que a sua caridade e generosidade a levara a ajudar outras mulheres. No entanto, o juiz afirma ilicitude inspirada na moral dominante e a condena a pena máxima de dois anos e seis meses de prisão, aduzindo que *a seriedade de seu crime merece reflexão e servirá como um aviso para quem quiser fazer isso*. A interpretação normativa espelha, claramente, a influência da moral dominante, como mecanismo de controle, já que a condenação da protagonista deve servir de exemplo para o desestímulo da prática. Confirma também a existência de uma regra de reconhecimento da validade jurídica das regras proibitivas do aborto, no sentido proposto por HERBERT HART. Ao expectador, a película deixa em aberto a reflexão livre sobre o comportamento moral de Vera, sem propor um julgamento definitivo para ela, na medida que propõe uma contraposição entre as intenções morais de Vera e a moralidade e legalidade dominante.

Na esteira do pensamento de HUGO MUNSTERBERG, vemos que a película, sem defender ideias radicais, espelha uma importante emoção secundária, a qual emana de sua narrativa como um todo e não da emoção primária de Vera. Ele nos compele à necessidade de repensarmos, no campo de zetética jurídica, a situação alarmante da prática do aborto clandestino, ligado à questão do próprio relativismo axiológico moral em torno do tema e as consequências biológicas que colocam em risco a vida da gestante, diante de práticas informais inadequadas. A linguagem visual amplia as possibilidades de compreensão desta manifestação social: ao inserir o componente emotivo-afetivo, torna-se uma nova forma de reflexão capaz de sensibilizar, para além de firmar o aspecto puramente racional do conhecimento.

Na cadeia, Vera encontra outras mulheres condenadas por praticarem aborto — o que reforça a ideia de ser um fato comum, uma prática usual na sociedade —, mas afasta-se delas, num gesto simbólico que destaca a sua ética particular. Nesta perspectiva, é interessante salientar a derradeira preponderância do relativismo moral, já que nem todas as mulheres presas tinham os mesmos ideais éticos humanitários na prática de um aborto clandestino, ou a conduta marcada pela alteridade e caridade, tal como ocorria com Vera. O cinismo das companheiras de prisão que perguntam, com muita naturalidade, sem nenhum constrangimento ético, *se era a primeira prisão dela ou se houve morte da garota*, nos remete a análise do filme *4 meses, 3 semanas e 2 dias*, relacionado ao tema da pós-modernidade, que faremos no Capítulo 3 deste livro. A análise da película de Cristian Mungiu também pode ser tomada de modo pertinente para estudo do embate entre relativismo e universalismo axiológico, que geram a clandestinidade abusiva.

AS REGRAS DA VIDA: A AFIRMAÇÃO DA MORAL SOCIAL RELATIVA

O filme *Regras da Vida*, dirigido pelo sueco Lasse Hallstrom, cuida, no seu enredo, de algumas questões que permeiam os debates referentes à interrupção da gravidez.[52] Trata-se de um filme de época, com uma fotografia delicadamente primorosa, que espelha o seu conceito-imagem de sensibilidade humana, ao tratar de temas muitos polêmicos, que envolvem, basicamente, a posição do médico diante do problema do aborto ilegal e da adoção de crianças abandonadas. Vários dos assuntos que se passam na vida das personagens poderiam ser transportados para o presente, o que revela a atualidade perene das causas e consequências humanas de um aborto. Destacaremos somente aquilo que é pertinente ao aborto, deixando de lado considerações que se imbricam a assuntos outros abordados no filme. Não haverá, no entanto, prejuízo para o entendimento das discussões.

Especificamente, podemos citar a questão da adoção de crianças como uma das opções possíveis em detrimento da realização de um aborto, o que ensejaria a proteção da vida, um modo de salvaguardar aqueles que ainda não nasceram, e nem nascerão com a interrupção da gravidez. Como contraponto, destaca-se que a ocorrência de gravidezes indesejadas, por razões várias, pode ser um fator de desestabilização emocional, uma forma de violência silenciosa. E, na confluência destes acontecimentos, tem-se o orfanato.

---

52 OLIVEIRA, Mara Regina de ; ORTEGA, L. C. . *Regras da vida: uma reflexão fílmica sobre o relativismo moral relacionado à prática do aborto*. Instituto Brasileiro de Direito de Família. Luciano Correa Ortega é coautor do artigo.

Em St. Cloud's, o orfanato é o cenário de realidades bem distintas e até certo ponto complementares. Como se destaca no início da película, é o local aonde as pessoas vão por dois motivos: ou acrescentarão alguém em suas vidas (por meio da adoção), ou deixarão alguém para trás (para a adoção, ou pela interrupção da gravidez).

Neste contexto, nos é apresentado Homer Wells, uma criança que foi rejeitada mesmo após duas adoções, sendo devolvida ao orfanato onde crescerá sob os cuidados do Sr.Wilbur Larch — médico que, além de cuidar das crianças do orfanato, realiza partos e abortos ilegais, com a ajuda das enfermeiras que lá trabalham. O Sr. Larch (Michael Caine) pode ser considerado um verdadeiro tutor de Homer, e, de certo modo, explicitará algumas das angústias e controvérsias éticas subjacentes à decisão de uma mulher em interromper a gravidez, para além das regras positivadas, o que propicia o debate entre o médico e o seu "aprendiz", a quem é muito difícil a aceitação desta espécie de "assassinato", ilícito, veladamente nomeado de aborto.

De fato, ao crescer, Homer (Tobey Maguire) passa a acompanhar o médico nos atendimentos, e aprende a profissão com o mestre, ainda que de modo informal. É habilitado, pois, aos procedimentos de rotina, mas logo exsurge um dilema ético ao qual nos referimos, representado pela recusa de Homer em realizar abortos. Não vê com bons olhos a prática de interrupção da gravidez, que considera algo abjeto, do ponto de vista moral. Mas o Dr. Larch, sempre tentando cultivar o interesse do jovem inclusive na realização de abortos, argumenta que os abortos são, na verdade, um modo de *ajudar as mulheres que não encontram ajuda em nenhum outro lugar*. Vemos uma certa semelhança com a postura moral de Vera Drake.

Homer tem consciência da ilegalidade, e a cita como um dos motivos para não praticar o aborto. Porém, ficam nítidas suas convicções contrárias, que não se resumem à ilegalidade da prática. O jovem tem incorporada uma Moral cristã rígida, que não se coaduna com as práticas médicas abortivas. Neste círculo, a ilegalidade é apenas um reforço da imoralidade que a seus olhos é a morte de um feto causada propositalmente, um ataque à vida humana em formação, que interrompe a possibilidade da própria existência.

Numa das "visitas ao orfanato", nos são apresentados Candy e Wally, personagens que estão envoltos nas decisões envolvendo a interrupção da gravidez, especialmente Candy, que estará ao centro de um triângulo amoroso, a envolver também Homer. As crianças, que brincavam eufóricas na neve, ao presenciarem a aproximação do veículo, logo cercam o casal. Tornam-se sérias, e há um misto de esperança de uma possível adoção, contando as qualidades que as tornam dignas da escolha em detrimento das outras. Algumas, já desiludidas, veem a visita com desalento: *conheço os tipos, vão levar um dos bebês.*

Percebemos uma característica da adoção, que tem como referência as crianças menores e os bebês — nota-se, aliás, que alguns poucos adolescentes não têm mais chances de conseguir um local. A imagem, que destaca por meio do *close-up* as expressões nas faces das crianças, os sentimentos que elas transmitem e que *sentimos*. E, como destaca BELA BALAZS, "os bons *close-ups* são líricos; é o coração, e não os olhos, que os percebe".[53]

Neste ponto, destaca-se que há, infelizmente, a preferência por padrões de crianças adotadas. Nem todas conseguem, havendo óbices de várias ordens, como a faixa etária. Não é objeto deste trabalho, mas por certo, a temática é rica, e possibilitaria um estudo próprio. O isolamento do local faz com que os pequenos se deslumbrem com o carro que chega, ávidas de curiosidade e de esperança. E a diversão do cinema é o movimento que induz à fantasia: a fantasia de uma *mãe*. No único filme projetado num aparelho antigo, King Kong nutre pela personagem feminina um amor que, para as crianças, é maternal: *pensa que é a mãe dele*, repetem. Mas o filme sempre é interrompido por problemas no projetor.

Há uma projeção-identificação nítida, e as crianças projetam a necessidade de afeto do primata. Leciona EDGAR MORIN, neste sentido, que:

> *Um primeiro e elementar processo de projeção-identificação vem, pois, conferir às imagens cinematográficas realidade suficiente para que as projeções-identificações ordinárias possam entrar em jogo. Por outras palavras, há um mecanismo de projeção-identificação na origem da percepção cinematográfica. Por outras palavras ainda, a participação subjetiva aproveita no cinematógrafo o caminho da reconstituição objetiva. Não possuímos, contudo, bagagem suficiente para atacar de frente este problema essencial. Contornemo-lo, provisoriamente, limitando-nos a verificar que a impressão de vida e de realidade própria das imagens cinematográficas é inseparável de um primeiro impulso de participação.*[54]

E em outras ocasiões, a figura materna vem à tona, como as indagações das crianças sobre a mãe do médico, e um sentimento misturado, que esboça um ódio pelo abandono, uma mágoa que só seria apagada de uma forma: pela morte da mãe e do pai: *às vezes eu gostaria de encontrá-los só para matá-los*, diz um dos meninos do lugar. Candy e Wally, no entanto, não estão lá para adotar. Logo se percebe que buscam o orfanato para induzir um aborto, que é realizado sem intercorrências.

Neste contexto, uma nova moça chega ao lugar, mas sua situação é grave, pois procurara uma pessoa despreparada e incapacitada para a realização do aborto. O feto já havia sido expelido: entretanto, o útero estava perfurado, com um objeto estranho que, pela suposição do Dr. Larch, seria uma agulha de crochê. Em tela, os *métodos clandestinos*, sem mínimas condições de higiene e salubridade, que permeiam a história do aborto proibido. Na ocasião, aproveita o médico responsável pelo orfanato para perguntar a Homer: *se ela tivesse vin-*

---

[53] BALAZS, Bela. *Nós estamos no filme*, In: A experiência do cinema, Ismail Xavier (org.). Rio de Janeiro: Edições Gerais Graal, 1983, p. 912.

[54] MORIN, Edgar. *A alma do cinema*, In: A experiência do cinema, Ismail Xavier (org). Rio de Janeiro: Edições Gerais Graal, Embrafilmes,1983, p. 151.

do até você há quatro meses e tivesse pedido por um simples aborto, o que você faria? Nada. É isso que significa não fazer nada. E aponta para a moça, sofrendo dores atrozes com a inflamação. Como desfecho deste caso, presenciamos o enterro da moça. Não havia o que ser feito.

Mais uma vez, podemos notar o debate entre o Dr. Larch e Homer acerca das condutas presentes no contexto da interrupção da gravidez:

Larch: *Homer, se você espera que as pessoas sejam responsáveis pelos seus filhos, tem que dar a elas o direito de decidir se querem ou não estes filhos.*
Homer: *Que tal esperar que eles sejam responsáveis por elas mesmas para começar?*
Larch: *O que me diz dessa criança? Esperava que ela fosse responsável?*
Homer: *Eu falo dos adultos.*

Há, portanto, dois ângulos de análise axiológico do problema, quais sejam a dificuldade de os "órfãos" serem adotados, mas ainda assim estarem vivos, e a chance de terem terminado num incinerador, abortados. A que arremata o médico: *você é feliz por estar vivo sob qualquer circunstância. É isso que você pensa?* Há, nas ponderações de Homer, inegavelmente, um viés que se assenta no dogma da sacralidade da vida humana (*sanctity-of-life doctrine*), bem intangível, a ser preservado a qualquer custo. Este debate pode ser dimensionado, em termos, na oposição posta por Celia Wolf-Devine e Philip E. Devine entre o comunitarismo e o individualismo. Para os autores, haveria uma verdadeira obrigação dos pais de cuidar dos fetos.

Por ocasião do retorno do casal para o local de origem, Homer aproveita e pega uma carona, desejoso de conhecer o mundo — até então restrito ao orfanato. Isto é visto com certa tristeza por Dr. Larch, que esperava tê-lo como médico do lugar, de certo modo, substituindo-o. Então, parte Homer com Candy e Wally, sendo-lhe oferecida a oportunidade de trabalhar na fazenda dirigida pela mãe de Wally. Assim, Homer junta-se aos serviçais na colheita de maçãs, que ocorre por temporadas. Nas épocas de entressafra, os trabalhadores partem para outros lugares, retornando quando do recomeço da colheita. Entre os colhedores, merecerão destaque, para o intuito desta análise, os familiares "Rose" pai (Sr. Rose) e filha (Rose).

Com o retorno de Wally para lutar na guerra, ficam na fazenda a sua mãe, os trabalhadores da colheita e Homer, que recebe a visita frequente de Candy, por quem se apaixonará. E, neste período fora do orfanato, Homer conhece uma infinidade de novidades, nunca antes sonhadas na restrição do orfanato. E relata, nas cartas que escreve, acompanhadas das maçãs que envia, as nuances de suas novas experiências.

Durante a estadia de Homer na fazenda, algumas mudanças pairam no ar: querem substituir o Dr. Larch por alguém que não realize abortos. Na esperança de ver Homer ocupando seu posto, o médico falsifica um diploma e, para convencer os responsáveis pela escolha do novo médico do lugar, satiriza, ironicamente, Homer, como missionário idiota. E a tática dá certo, pois acham que Homer é o *médico ideal* para o lugar. Entusiasmado, Dr. Larch envia uma maleta com instrumentos para Homer, e, mais uma vez, a troca de correspondências deixa claras as posições divergentes morais dos dois médicos.

Homer: *Eu sei o que o Senhor faz. Brinca de Deus. Matar ratos é o mais próximo do papel de Deus que quero chegar.*
Larch: *Homer, aqui em St. Cloud's me foi dada a oportunidade de brincar de Deus ou deixar tudo entregue a sua própria sorte. Mulheres e homens deveriam agarrar este momento quando é possível brincar de Deus porque não terão muitos.*

Após o recomeço da safra, os trabalhadores retornam como de costume, mas um episódio marca esta volta. A Sra. Rose Rose está diferente, o que denuncia seu vômito, seu enjoo e seu humor alterado. Não tarda para que Homer e Candy descubram que ela está grávida. O bebê, nas palavras expressas de Rose, não é desejado, e é fruto de incesto. Seu próprio pai a engravidara. Apesar da ajuda que Homer oferece à moça, ela parece relutante, e teme a reação de seu pai. Mas, após o enfrentamento da triste situação, Homer se vê compelido à prática do aborto e, na situação delicada, tem de realizar aquilo que condena, dado o imenso sofrimento de Rose, relativizando todos os seus valores até então tido como rigidamente contrários a práticas abortivas. Assim, toma a maleta com os instrumentos que recebeu do Dr. Larch e, utilizando dilatadores, curetas, fórceps, tampões e soluções, interrompe a gravidez. Candy, que já praticara um aborto, relata a Rose das reações normais do procedimento, como o sangramento.

Um conceito-imagem importante no filme, e que remete ao próprio título da película, são as regras do alojamento em que moram os colhedores de maçã durante a safra, que, simbolicamente, originam o nome do filme. São regras inócuas para quem não sabe ler, ou para alguém cuja vida se pauta por outras regras, por outras necessidades. Daí a conclusão dos trabalhadores: *essas regras são um absurdo/alguém que não mora aqui criou essas regras/elas não servem para nós/ temos de criar nossas próprias regras... e criamos todo santo dia.*

De certo modo, poderíamos fazer uma reflexão que mostra um conceito-imagem relacionado a um paralelo acerca da legitimidade das proibições existentes a respeito das práticas abortivas. As regras jurídicas proibitivas, muitas vezes, não são criadas por quem vivencia o problema e significam a imposição objetiva de um valor, através de um ato decisório, que deve tornar-se obrigatório para todos, independentemente do relativismo axiológico que está na base social concreta. São imposições externas, por excelência, de valores que não são universais, mas apenas reflexos de uma certa moral dominante. E, podem ser injustas, em muitos casos, estas proibições que não se pautam na realidade fática, nas peculiaridades de caso a caso. Regras desprovidas de sentido prático e humano, portanto. Corrobora, por conseguinte, aquilo que dissemos acerca da relação *não necessária* entre o Direito e a Moral, e a pluralidade de perspectivas no contexto de uma discussão.

Com o retorno de Wally da guerra, paralítico por conta de acidentes e doenças, Homer deixa sua amante livre para cuidar dele, parte de volta para o orfanato e assume o posto de médico informal no lugar do Dr. Larch, que acabou por falecer, e, de certo modo, reinicia ou retoma seu caminho. Há uma insinuação de que ele finalmente entendeu, depois da experiência prática de vida, mais madura e dolorosa, a importância de se entender as chamadas "regras da vida", reconhecendo que, muitas vezes, elas não estão em confluência com as "regras do Estado", ou com as regras morais dominantes. Parece finalmente ter compreendido a ética informal e contestadora da moral dominante do seu querido mestre, vista como humana e generosa, ainda que ilegal aos olhos oficiais do Estado e talvez imoral para uma certa maioria. Neste sentido, ele segue uma trajetória oposta à de Vera Drake, que chega ao final da película com mais dúvidas éticas do que tinha no começo sobre a prática do aborto ilegal. Larch parte das dúvidas morais iniciais para uma maior certeza final. Será que existe uma saída realmente moral, em termos absolutos, ou existe um permanente campo de certeza e percepção de que tanto a gravidez indesejada como a prática do aborto podem ser poucos vantajosas para quem as enfrenta.

Mas não há, no filme, um fechamento conclusivo das situações existenciais de forma radical ou maniqueísta, tudo é visto na película com um toque de poesia e leveza. Destaca CABRERA que *"os conceitos-imagem propiciam soluções lógicas, epistêmicas e moralmente abertas e problemáticas (às vezes acentuadamente amorais e negativas, mas, de qualquer forma, nunca estritamente afirmativas ou conciliadoras) para as questões filosóficas que aborda"*.[55]

CENTRAL DO BRASIL: O REDESCOBRIR DA MORALIDADE EM CONTEXTO DE CETICISMO

O roteiro deste genial filme brasileiro, ganhador do Urso de Ouro em Berlim, em 1995, foi desenvolvido por Marcos Bernstein e João Emanuel Carneiro, a partir de uma ideia original do próprio diretor Walter Salles. Surgiu como fruto da experiência da filmagem de um documentário chamado *Socorro Nobre*, que retrata a humanização da ex-presidiária baiana Socorro Nobre. Esta cometeu um crime bárbaro e banal contra seu irmão e, depois de presa, estabeleceu uma curiosa correspondência com o artista plástico Frans Krajcberg, que perdeu toda a sua família judaica, de forma trágica, no Holocausto. Socorro teve uma segunda chance como ser humano e acabou influenciando a visão de Walter Salles em torno das possibilidades otimistas de mudanças culturais no Brasil.

Central do Brasil faz uma análise mais combativa sobre o problema da moralidade, em contexto de ceticismo e crise de legitimidade, a partir de um dolorido

[55] CABRERA, Júlio. *Op., cit.*, p. 33.

processo de humanização moral que será vivido pela principal protagonista, a Dora, encenada com absoluta força humana pela excepcional atriz Fernanda Montenegro. A atuação do ator mirim estreante, Vinícius de Oliveira, é muito delicada, transmite mais emoções e ideias com os conceitos-imagem de sua sensibilidade facial do que propriamente com o seu discurso verbal. Mas a sua abordagem é sempre sutil. Ao longo do filme, vários atores não profissionais compõem um cenário que homenageia o nosso Cinema Novo. A trilha sonora composta por Antônio Pinto e Jaques Morelenbaum transmite muita emoção, também.

Dora, uma ex-professora primária aposentada, complementa a sua pequena renda com um trabalho no campo da informalidade, cobrando *um real* para escrever cartas para nordestinos analfabetos, que desejam se comunicar com os parentes que ficaram na região. O conceito-imagem do relativismo axiológico brasileiro, baseado em diferenças culturais e econômicas, surge com toda a sua força. Sentimos o impacto dos grandes rostos populares reais, preenchendo a tela, com a câmera em *close-up*, e ditando as mais simples e, muitas vezes, emocionadas mensagens. Numa era pós-moderna em que todos parecem estar conectados na rede da internet, uma parcela do Brasil informal nos é exibida, com a fragilidade existencial dos analfabetos invisíveis que nem sequer têm acesso ao correio tradicional, pois lhe falta o domínio básico da língua escrita. Logo no início do filme, a câmera japonesa, no estilo de Ozu, fixada ao nível do chão, nos dá acesso ao inferno tumultuado da Central do Brasil, que opera em condições extremamente precárias. As cores são escuras, o foco da câmara aproxima os rostos em close, mas com pouca profundidade de campo, o que nos dá a ideia de falta de visão do todo social que está ao redor.

A primeira carta é ditada pela própria Socorro Nobre que diz, de uma forma simbólica, para si mesma: "*Querido, meu coração é seu, não importa o que você tenha feito, eu te amo. Estes anos todos que você vai ficar trancado aí dentro, eu também vou ficar trancada aqui fora te esperando*". A fragilidade e a ingenuidade do povo são flagrantes, pois as cidades mencionadas são desconhecidas para o nosso padrão e algumas cartas nem sequer têm endereço completo, como no caso em que a jovem diz. "*Terceira casa, depois da padaria, Mimoso, Pernambuco*". O que percebemos é que todos têm um forte impulso de vencer a impossibilidade da comunicação escrita, que, de certa forma, espelha a sua invisibilidade moral na nossa própria sociedade.

Vários rostos genuinamente populares ditam as suas cartas, até que mais uma mulher, muito ingênua, chamada Ana, aproxima-se com seu filho Josué, de nove anos, para ditar o seguinte:

> *Jesus, você foi a pior coisa que já me aconteceu. Só escrevo porque teu filho Josué me pediu. Eu falei para ele que você não vale nada, mas, ainda sim, o menino pôs na ideia que quer te conhecer. Bom Jesus do Norte, Pernambuco.*

Observamos que a presença informal de Dora no saguão principal é tolerada pelo policial civil que faz a segurança, graças ao pagamento de uma gorjeta, um exemplo da já conhecida realidade em que o direito é desqualificado em virtude de haver uma crise de legitimidade, tema que será explorado no último capítulo deste livro. Observamos a rotina de Dora, que também faz parte daquele cotidiano duro, embora ela se considere superior ao ambiente, por dominar a língua escrita. No final do dia, ela pega um dos trens superlotados e em péssima condição de manutenção para chegar ao seu apartamento, que é muito modesto, além de ter uma localização visivelmente desfavorável: fica exatamente em frente a linha dos trens, que fazem um barulho infernal contínuo.

Ao convidar sua vizinha e melhor amiga Irene (Marília Pêra) para uma visita, tornamo-nos cúmplices das dificuldades morais de Dora, que a colocam muito longe da bem-intencionada Vera Drake, que praticava abortos com a intenção de caridade. Apesar de ser tida como confiável, em termos morais, e de certa forma admirada em virtude do seu domínio da palavra, pelo humilde povo que utiliza o seu serviço, Dora, imbuída por cinismo extremado, associado ao arrogante desejo de *"levar vantagem em tudo"*, simplesmente deixa de enviar as cartas, conforme foi acertado. Alega que as cartas só dizem bobagens e mentiras, o seu descrédito moral com o ser humano é total e sua indiferença às normas ético-jurídicas é flagrante. O mais grave é que ela, habitualmente, lê as cartas em voz alta para Irene em tom de escárnio e deboche moral da simplicidade das pessoas, perdedoras certas no cenário da ideologia do bem-estar que ela valoriza.

Quando as cartas não são rasgadas com *riso* e *prazer*, elas são deixadas no *"purgatório"*, ou seja, na gaveta. Além de descumprir o seu negócio informal, sustentado mediante pagamento da população, Dora realiza a sua fantasia de poder de controlar e valorar a vida das pessoas, que, na sua perspectiva cínica, não valem muita coisa, por serem perdedores sociais. Irene tenta contestar a amiga, sem qualquer sucesso. Dora simboliza a classe desprestigiada e decadente dos professores primários brasileiros, mas utiliza a superioridade do seu conhecimento como forma de abuso do poder perante os mais fracos, reproduzindo o velho padrão da cultura do narcisismo. Quando um de seus clientes desconfia que as cartas não estão chegando, ela diz de uma forma irônica, mas convincente: *"Sabe que não dá para confiar nesta porcaria deste correio. E eles podem ter se mudado"*.

No dia seguinte, Ana e Josué a procuram novamente, pois querem enviar uma nova carta, na qual Ana assume que ainda gosta de Jesus. O menino exibe a sua especial sensibilidade para perceber as intenções morais ocultas, pois parece impaciente e desconfiado de Dora e diz para a mãe como é que ela pode ter certeza de que a carta será enviada. Ana, na sua inocência, diz para ele não ficar preocupado, pois Dora a está ajudando e até já pôs a carta no envelope. Ao sair da estação, por uma triste fatalidade do destino, Ana morre ao ser atropelada por um ônibus. Dora toma ciência da tragédia e percebe que Ana esqueceu seu lenço na sua mesa. Ela não esboça nenhuma atitude de apoio humano e moral ao menino, que está muito chocado por presenciar a violenta morte da mãe.

Josué fica em estado de total desamparo e abandono, dorme sozinho na Central, ninguém parece perceber a sua existência. Emocionado, procura Dora, mais uma vez e diz, de forma bem assertiva, que quer mandar outra carta para o seu pai. Dora, friamente, diz que, sem pagamento, não poderá fazê-lo, mesmo ciente da situação trágica do menino. Todavia, após ter uma suspeita conversa com o policial, ela muda de ideia e sugere ao menino que a acompanhe até o seu apartamento. Neste contexto, simultaneamente, testemunhamos uma ação abusiva dos seguranças que matam a sangue-frio um rapaz que cometeu um furto na estação. Mais uma vez, a realidade brasileira abusiva nos é retratada. Em casa, Irene se junta à visita e todos têm uma noite tranquila, até que, por acidente, Josué vê a "gaveta do purgatório", onde se encontra, inclusive, a carta que sua mãe ditou. Fica revoltado, e diz que ele mesmo vai levar a carta para o seu pai, mas Dora o convence de que a carta será enviada em breve.

No dia seguinte, as intenções cínicas de Dora, em relação ao menino, aparecem com clareza. A partir de um escuso acordo feito com o policial, Dora entrega Josué para um casal suspeito, com a desculpa de que ele será adotado ilegalmente no exterior. Como retribuição, recebe a quantia de mil dólares. Seus olhos brilham quando ela vê o dinheiro e ela vai embora, satisfeita, ignorado o choro magoado do menino. Chegando em casa, instala, com orgulho, a sua mais nova aquisição material: uma televisão nova. Convida Irene para usufruir da novidade, mentindo sobre o destino de Josué, afirmando que ele foi entregue ao governo para uma boa adoção.

Irene percebe que a amiga está escondendo algo, mais uma vez. Ao descobrir a transação, fica alarmada, pois percebe que o negócio não visava uma possível adoção fora do Brasil, mas uma repugnante e mafiosa venda de órgãos do menino, que significaria a perda da sua vida de uma forma brutal. As contundentes palavras de Irene provocam a primeira crise de consciência moral em Dora, que, obviamente, já tinha ciência da ilicitude praticada, mas contava com a conivência abusiva das autoridades. À noite, ela não consegue dormir e, após pegar dinheiro e a carta de Ana, decide resgatar Josué do seu cativeiro numa operação desesperada e arriscada. Josué está revoltado e faz uma apreciação moral de forma enfática: "*Você é uma mentirosa, não vale nada, eu não gosto de você*". Num esforço arriscado, ela tira Josué a força do apartamento, sem devolver o dinheiro e é "jurada de morte", pela máfia informal, que considera o comportamento de Dora como sendo "ilícito" dentro dos seus parâmetros normativos.

Sem terem para onde ir, numa situação limite, que os iguala no desamparo econômico, moral e jurídico, Josué e Dora embarcam num ônibus em direção a Bom Jesus, iniciando uma metafórica jornada de novos desafios geográficos e espirituais. A partir de agora, a olhar da câmera de Walter Salles muda, pois os planos de visão são abertos, e passam a alcançar as iluminadas e amplas passagens do sertão, deixando a paisagem sombria e cinza da cidade para trás. No início, as relações entre Dora e Josué são de resistência aos laços humanos que estavam se formando entre ambos. Josué não aceita o comportamento cínico de

Dora e ela não aceita que esteja vivendo um processo de humanização e apego emocional e moral ao garoto. Logo no início da viagem, Dora bebe bastante vinho no ônibus e faz uma confidência pessoal para Josué, ligada a uma carência e mágoa pessoal. Seu pai abandonou a sua mãe quando ela era pequena, por causa de outra mulher. A mãe morreu de desgosto, e, a partir dos 16 anos, ela nunca mais viu o pai, que era alcoólatra. Pela primeira vez, vemos uma fraqueza de Dora, mas ela diz para Josué *"não se enganar sobre o pai, ele não deve ter um bom caráter, pois é apenas mais um cachaceiro"*.

Numa das paradas, ela tenta deixar o menino seguir viagem sozinho a fim de voltar para o Rio, mas Josué também abandona o ônibus, deixando para trás mochila com o dinheiro cedido por Dora. Eles conhecem o caminhoneiro, vivido pelo ator Othon Bastos (em clara homenagem a Deus e o Diabo na terra do sol), e aproveitarem a carona cedida. Vemos que Dora, mesmo percebendo a boa intenção do sujeito, não hesita em mentir e praticar atos ilícitos de furtar produtos de comida da venda de um amigo deste. Ela critica Josué porque ele furtou umas balinhas, mas mente que devolveu o que surrupiou e ainda furta produtos de mais valor. Todavia, a sincera boa intenção do sujeito desperta a adormecida sensualidade feminina de Dora, mas, quando ela insinua uma aproximação mais íntima, ele vai embora imediatamente sem dar explicações. Eles conseguem lugar num caminhão de romeiros e o clima místico passa a influenciar Dora. A influência aparece determinante quando, em Bom Jesus, ela encontra uma procissão e acaba entrando num tipo de capela, com uma atmosfera mística e religiosa muito forte. Toda a forte caracterização religiosa da culpa e do pecado nas rezas do povo provoca um mal estar emocional e religioso em Dora, sua cabeça gira e ela tem um desmaio. Quando acorda, percebemos que ela passa for uma transformação. Começa a sentir culpa e responsabilidade moral pelos atos imorais e ilícitos, que cometia, em desacordo com os padrões ético-jurídicos dominantes.

Josué sugere que ela comece a escrever cartas para os parentes que vieram para o sul e para o Padre Cícero. Ela ainda cobra *um real*, mas aquele ar cínico desaparece de sua face, na condução de seu negócio informal. Ela parece respeitar os seus novos clientes, que são muitos por sinal. Conseguem um bom dinheiro para hospedagem, comida e para continuar a viagem. Tiram uma foto com a imagem do santo, de forma simbólica. Josué compra um vestido novo para Dora, mas, aceitando a política da vantagem defendida por ela até então, pergunta *"quando eles deverão jogar as cartas fora"*. A reação de Dora é de recusa moral, as cartas devem ser guardadas e jamais postas no lixo. No dia seguinte, antes de partir, ela hesita um pouco, mas envia as cartas através do correio local. Mais um significativo sinal de humanização moral de nossa protagonista.

É neste momento que ela revela uma dolorida experiência moral para Josué. Alguns anos depois que o pai a abandonou, ela o encontrou na Avenida Rio Branco, no Rio de Janeiro. Tentou se aproximar, mas ele não a reconheceu como filha, achou que era uma antiga amiga prostituta. Percebemos que toda a visão pessimista em torna da figura de Jesus era uma projeção da sua própria imagem moral negativa do pai e da sua própria carência como filha abandonada e literalmente esquecida.

A odisseia moral e emotiva deles está no fim. Não encontram Jesus no endereço antigo e nem no novo, indicado pelos antigos conhecidos. Segundo os moradores locais, ele se afundou na bebida. Todavia, por acaso, um dos dois irmãos remanescentes, Isaias (Matheus Narchtergaele), procura Dora porque ouviu falar que ela veio atrás de seu pai Jesus. Sem revelar a identidade de Josué, ela vai até a casa de Isaias e Moisés (Caio Junqueira). Lá, conhecem o trabalho de marcenaria dos irmãos, uma herança do pai. Moisés tem mágoa do pai por tê-los abandonado, mas Isaias guarda bons sentimentos em relação a ele, na forma de mais uma afirmação do relativismo moral. Assim que entram na casa, o retrato de Ana e Jesus fixado na parede da sala, chama a atenção de Josué. De uma forma especial, vemos o sutil brilho do seu olhar, pois esta seria a primeira vez que ele via os pais juntos. Neste ponto, a história entrará no seu clímax emocional mais importante.

Isaias diz que, há nove anos, Ana foi embora para o Rio, levando o irmão menor na barriga. O pai esperou dois anos por ela, parou de trabalhar, bebeu muito até perder a sua casa e um dia sumiu sem deixar explicação. Todavia, há seis meses, chegou uma carta dele endereçada para Ana Fontenele. Como Isaias e Moisés também são analfabetos, pedem para que Dora leia a carta em voz alta. Jesus escreveu:

> *Ana, sua desgraçada, com custo achei um escrevedor para dizer que só agora eu atinei que tu já deve ter voltado e conseguido achar essa nossa casinha nova, enquanto eu to aqui neste Rio de Janeiro procurando você. Quero chegar antes desta carta, mas se ela chegar antes de mim, escuta o que eu tenho para te dizer. Espera, que eu to voltando para casa. Tu é uma cabrita geniosa, mas eu dava tudo que tenho para dar só mais uma olhadinha em você. Me perdoa, é você e eu nessa vida. Jesus.*

A reação de Isaias é muito emocionada, ele conclui que "*o pai vai voltar*". Moisés reage com frieza e ceticismo concluindo que "*o pai não vai voltar nunca*". Josué ainda mais emocionado acredita positivamente que "*um dia ele volta*".

Este é um momento decisivo para a transformação completa de Dora. Ela é obrigada a encarar a importância humana de prestar um serviço informal de "*escrevedor de cartas para analfabetos*", de forma responsável, em termos morais. Testemunha como uma simples carta, recebida no tempo certo, pode transformar de forma benéfica a vida de uma pessoa, que deve ser respeitada, independente do seu padrão econômico ou cultural. Jesus era pobre, alcoólatra e analfabeto, mas teve a grande virtude humana de amar Ana de forma intensa. Toda a superioridade intelectual, o domínio da palavra e a experiência cínica da vida de Dora não são de fato maiores do que aquele sentimento de amor profundo, ainda que a extrema fragilidade existencial de Ana e Jesus, personagens esquecidos na cultura do *apartheid* brasileiro, venham a tornar impossível a retomada de vida em comum de ambos. Ela, que se considerava tão superior, percebe a sua real desvantagem como ser humano completo, carente de uma realização emocional profunda. De uma forma dolorosa, encara o real fato de nunca ter amado ou ter sido amada como Jesus e Ana foram.

Logo ao amanhecer, constatamos a sua derradeira transformação interior, que é retratada, principalmente, através de ricos conceitos-imagem. Ao colocar o *vestido novo*, ela assimila, simbolicamente, o importante presente humano que Josué lhe deixou: a redescoberta da afetividade e dos valores morais humanistas. Como ele sempre recomendara, ela passa batom e se expõe como mulher. Coloca a carta de Ana ao lado da de Jesus, embaixo do retrato de ambos, num gesto simbólico de união, e vai embora de uma forma silenciosa, sem se despedir de ninguém. Entra no ônibus e começa a escrever uma carta para Josué, com muita emoção, num ato de entrega moral.

Enquanto isso, Josué acorda e percebe a ausência de Dora, sai correndo, de uma forma desesperada, pelas ruas, atrás dela, mas não chega a tempo de impedir a sua partida. Percebemos que a afetividade de Josué em relação à Dora é finalmente assumida. Ele, que sempre criticou a insensibilidade humana de Dora, acaba por aproxima-se emocionalmente dela, de forma definitiva. Curiosamente, esta aproximação emocional e espiritual se concretiza, exatamente, no momento em que ocorre a separação física definitiva de ambos. Dora escreve simbolicamente sobre a sua redescoberta como ser humano, que reencontrou seu coração, deixando de lado o cinismo frio para ter ideais positivos sobre os outros, lembrando, inclusive, de um bom momento de afeto que viveu com seu pai quando era criança:

> *Josué, faz muito tempo que eu não mando uma carta para alguém e estou mandando esta carta para você. Você tem razão, seu pai ainda vai aparecer, com certeza. Ele é tudo aquilo que você diz que ele é. Lembro do meu pai me levando na locomotiva que ele dirigia. Ele deixou que eu, uma menininha, desse o apito do trem a viagem inteira. Quando você tiver cruzando as estradas do seu caminho enorme, lembre-se que eu fui a primeira que o fez pôr as mãos no volante. Também vai ser melhor para você ficar aí com seus irmãos. Você merece muito mais do que eu tenho para te dar. No dia em que você quiser se lembrar de mim, dá uma olhada no retratinho que a gente tirou junto. Eu digo isto porque tenho medo de que, um dia, você também me esqueça. Tenho saudade do meu pai, tenho saudade de tudo.*

Através do uso da simultaneidade narrativa, ambos olham no retrato que tiraram juntos em Bom Jesus, choram pela separação física, mas, ao mesmo tempo, sorriem com a alma, em virtude da intensa humanidade alcançada por ambos, pois os corações deles estão definitivamente unidos para sempre. A performance dos atores é excepcionalmente convincente e verdadeira, nestas cenas finais. Os conceitos-imagem nos fazem, no plano logopático, sentir o estado de humanização, em termos emocionais, de uma forma adulta e não piegas. Sem negar a dominância do relativismo valorativo e a influência das emoções na transformação moral de Dora, este é o filme que mais se aproxima da ideia de moralidade kantiana, baseada na possibilidade da prática do bem e na descoberta da boa vontade, que pratica atos *por dever*. A principal diferença é que o redescobrir da moralidade, em Dora, teria muito mais um sentido emotivo do que racional. Por esta razão é um filme visionário de uma possibilidade de transformação moral, com um olhar otimista, mas que tem por base a aceitação prévia de nossas imperfeições, não uma idealização construída.

Desafiando qualquer visão utilitarista pós-moderna, e combatendo a cultura do cinismo, percebemos a intenção de Walter Salles em fazer o espectador brasileiro redescobrir o próprio país, sua geografia natural interior, representada, simbolicamente, pelo sertão nordestino, e sua identidade de cidadão, com seu sentido ético e jurídico. No Brasil de hoje, quantas "*Doras*" têm aderido a este imaginário do bem estar dos vencedores, sem o menor respeito humano pelo outro, na ingênua expectativa de provar a sua superioridade? Dora recusava-se a sentir inquietações morais, renunciando arcar com o peso da responsabilidade por seus atos, ela queria ser *pós-moderna*. Após sofrer um processo de individualização moral, Dora poderia ser vista como uma fracassada, perdedora em termos econômicos e materiais, mas, na linha emocional e contestadora do filme, é uma vitoriosa, em termos morais, pois, em sua viagem geográfica e espiritual redescobre sua autoestima, a função positiva da dor, da culpa e da sensibilidade em relação ao outro.

Ao final, deixamos a sala de projeção com um estado emocional semelhante ao de Dora: o filme faz brotar lágrimas de nossos olhos, mas a sensação não é de tristeza, mas de uma delicada alegria que invade a nossa alma. Segundo as próprias palavras de Fernanda Montenegro, o filme todo se desenvolve ao *ritmo da batida do nosso coração*, pois busca realizar nosso resgate ético, exatamente a partir do alcance sutil da nossa sensibilidade, a exemplo do que ocorreu com a protagonista Dora. Ela segue uma trajetória oposta a vivida por Vera Drake, que termina o filme com uma angústia moral e mais ceticismo humano, os quais abalam suas certezas éticas iniciais. Num mundo onde prepondera a indiferença cínica, *Central do Brasil* ousa emocionar, combater a banalidade do mal socialmente estimulada, subvertendo nossa tragédia social e humana exatamente a partir da exposição e enfrentamento corajoso de nossos tropeços histórico-culturais. O drama moral exposto por este grandioso filme nos remete ao segundo capítulo deste livro, que fala da moral no contexto da pós-modernidade. É o nosso próximo tema.

Capítulo 3

DIREITO, MORAL E PODER EM TEMPOS PÓS-MODERNOS

Amou daquela vez como se fosse máquina
Beijou sua mulher como se fosse lógico
Ergueu no patamar quatro paredes flácidas
Sentou para descansar como se fosse um príncipe
E flutuou no céu como se fosse um pássaro
E se acabou no chão feito um pacote bêbado
Morreu na contramão atrapalhando o sábado.

(Chico Buarque, Construção)

MUDANÇAS DE PARADIGMAS EPISTEMOLÓGICOS

No pensamento de EDGAR MORIN, mencionado no Capítulo 1 deste livro, a pós-modernidade nos compele a encarar a complexidade e incerteza cognitiva que nos cerca, que coloca em xeque o racionalismo teorético e moral de KANT, exposto no capítulo anterior, e a real capacidade de transformação humana para o bem pela racionalidade, expressa no idealismo do imperativo categórico. Segundo MORIN, o homem tem uma natureza ambígua: ele é, ao mesmo tempo, racional e irracional, bom e mal; temos o que ele chama de integração dialógica *homo sapiens-demens*. Através de leis jurídicas e da inculcação, desde a infância, no espírito dos indivíduos, de normas e interdições, a agressividade é inibida por regras de cortesia, também. Todavia, uma atitude agressiva ou uma humilhação despertam a nossa agressividade, o amor pode se transformar em ódio e romper controles.[1] O filme *A História de Qiu Ju* mostra a conduta agressiva e violenta do chefe da aldeia em relação ao marido da protagonista, que acaba por se reproduzir, de forma cínica, quando ela cobra uma retratação moral não violenta. Ela luta, de forma desesperada, pela contenção moral do *homo demens* de seu superior.

Também em confluência com MORIN, citamos o pensamento de ZYGMUNT BAUMAN. Para este pensador o mal está ligado à irracionalidade do homem. Por isto a pergunta *"o que é o mal?"* é irrespondível, porque tendemos

1 MORIN, Edgar, *op. cit.*, p. 118.

a chamar de mal algum tipo de *iniquidade* que não podemos entender nem articular claramente, muito menos explicar a sua presença de modo satisfatório. Em consonância com o pensamento de KELSEN, já estudado, podemos apenas dizer que é o *crime* tendo em vista um código jurídico que o criminoso infringe.[2]

Podemos também dizer que o mal é um pecado porque temos uma lista de mandamentos cuja violação torna os praticantes pecadores. Todavia, recorremos à ideia de mal quando não podemos apontar que regra foi quebrada ou contornada pela ocorrência de ato para o qual procuramos um nome adequado. A razão é um atributo permanente e universal dos seres humanos, mas ela se torna impotente quando se trata de inserir o mal na ordem do inteligível.[3]

Os filósofos modernos acreditavam que as mãos humanas, uma vez equipadas com extensões cientificamente planejadas e tecnologicamente fornecidas, chegariam mais longe. O número de males cairia. A esperança de que a racionalidade colocasse a humanidade longe da natureza cruel não foi bem sucedida. Os males produzidos por seres humanos são tão inesperados como os seus predecessores / sucessores naturais. BAUMAN refere-se explicitamente ao exemplo histórico de Auschwitz.[4] Nas palavras do autor:

> *Os males ganham força e infiltram-se de modo gradual, em silêncio, por estágios aparentemente inofensivos, como uma corrente subterrânea que se dilata e se amplia antes de emergir de modo súbito e impetuoso, tal como fazem as catástrofes naturais. Antes de Auschwitz não sabíamos como o mal moral pode ser transformado em natural, como nem só monstros cometem crimes monstruosos. O terrível é saber que qualquer um de nós poderia ter ficado de sentinela em Auschwitz.*[5]

Numa perspectiva psicanalítico-marxista semelhante, HERBERT MARCUSE destaca que o progresso técnico (domínio da natureza) e quantitativo se opõe ao conceito qualitativo de progresso, ligado à ideia de liberdade da moralidade, e na extinção da escravidão, do arbítrio, da opressão e do sofrimento. Não é evidente que o progresso técnico leve automaticamente ao progresso humanitário, já que este cada vez mais se acha relegado ao terreno da utopia. O trabalho se torna alienado, ele passa a ser o próprio conteúdo da vida, que só é vivida como trabalho.[6]

MARCUSE destaca, numa leitura freudiana, que nem a felicidade, nem a liberdade são produtos da civilização, pois são com ela incompatíveis. A civilização

---

2 BAUMAN, Zigmunt. *Medo Líquido*. Rio de Janeiro: Zahar, 2008, p. 74.

3 BAUMAN, Zigmunt. *Op. cit.*, p. 75 e 76.

4 BAUMAN, Zigmunt. *Op. cit.*, p. 80.

5 BAUMAN, Zigmunt. *Op. cit.*, 2008, p. 86.

6 MARCUSE, Herbert. *A noção de progresso à luz da psicanálise*, in Cultura e Psicanálise, São Paulo: Paz e Terra, 2004, p. 103.

está fundada na opressão, no recalque das pulsões sensuais, sendo impensável sem uma transformação repressiva das pulsões sensuais que foi uma condição fundamental para o desenvolver de um trabalho penoso. Haveria uma oposição entre o princípio do prazer x princípio da realidade.[7] O organismo tem duas pulsões fundamentais, Eros e pulsão para a morte, regressão ao estado pré-natal. O resultado psíquico da dominação do princípio da realidade começa com a proibição do incesto, à superação do complexo de Édipo e à interiorização da autoridade paterna. A energia erótica se transforma em energia para o trabalho não prazeroso.[8]

Segundo MARCUSE, a repressão das pulsões não resulta de uma necessidade natural, mas decorre de um interesse de dominação despótica, constituído historicamente. Ele se tornaria supérfluo na medida que a civilização se aproximasse de um estágio em que a eliminação de um modo de vida que força a repressão das pulsões se torna possibilidade realizável. Precisaríamos de um princípio da realidade qualitativamente diferente. Sua postura ligada aos ideais marxistas pressupõe uma possibilidade de superação desta repressão destrutiva. [9]

Para MORIN, em consonância de raciocínio com BAUMAN e MARCUSE, quando há a ausência dos fatores de regulação do mundo exterior (princípio da realidade), o mental da racionalidade, o social e o cultural que instituem barreiras e tabus contra a agressividade e a violência, a demência pode quebrar a resistência do mundo, impondo-lhe destruição. A racionalidade pode servir à pulsão destrutiva de forma clara. A cultura pode colocar-se a serviço da guerra.[10]

Esta irracionalidade é universal para MORIN. Os germes de toda loucura e de toda violência estão escondidos em cada indivíduo, ou em cada sociedade, e negá-lo pode ser ainda mais perigoso, por potencializar o nosso viés destrutivo. Excesso de coerência transforma a racionalidade em racionalização delirante, que pode levar a formas frias de loucura. Não existe nenhum dispositivo cerebral intrínseco que distinga a alucinação da percepção, o imaginário, do real, o subjetivo do objetivo.[11]

Ao contrário da visão iluminista de KANT, os controles racionais não são soberanos e nos remetem a uma relação instável no cérebro. A racionalidade é apenas uma instância concorrente e antagônica da afetividade e da pulsão. A agressividade delirante pode servir-se da lógica e também da racionalidade téc-

112 MARCUSE, Herbert. *Op. cit.*, p. 106.

8 MARCUSE, Herbert. *Op. cit.*, p.113.

9 MARCUSE, Herbert. *Op. cit.*, p.115.

10 MARCUSE, Herbert. *Op. cit.*, p. 119.

11 MARCUSE, Herbert. *Op. cit.*, p. 119.

nica para justificar seus empreendimentos. Complexidade do cérebro é a sua força e a sua fragilidade, a loucura e a genialidade inventiva podem estar próximas.[12]

O ponto alto da reflexão de MORIN aparece quando destaca que a afetividade serviria de ligação entre o *homo sapiens* e o *homo demens*, desempenhando um papel cognitivo relevante. Não haveria inteligência racional sem a afetividade — pathos. Ela intervém no desenvolvimento da inteligência. Mas as paixões também podem levar a destruição. Há complementaridade entre paixão e razão. A realidade humana é o produto de uma simbiose do racional com o vivido.[13]

O real só se constitui como tal se for saturado de valores, os quais, por sua vez, são saturados de afetividade. Há uma relação antagônica e, ao mesmo tempo, complementar entre a realidade afetiva e a racional. A eliminação da afetividade tiraria substância da realidade, reduzindo-a a equações e modelos formais. MORIN adverte que precisamos da correção lógica, da argumentação racional, mas também de sensibilidade.[14] A afetividade invade todas as manifestações do *sapiens-demens*, as quais também a invadem. Se ela for delirante, pode levar ao crime, ao ódio. Ela toma a forma de uma inquietude, de uma ansiedade e de uma aflição já presentes no mundo animal e que, no mundo humano, aprofundam-se em angústia de morte como a angústia da existência. [15] Segundo MORIN:

> *A medida do mundo se reflete na medida do homem. Cada relação com o mundo realiza certo sentido de verdade, que o homem não domina, mas que intervém na experiência, assegurando-lhe a comunicação entre ele e o mundo ou consigo mesmo. Cada atitude humana em face do mundo, torna-se objeto de reflexão e engendra uma filosofia. Como há várias relações com o mundo, cada qual com sua verdade própria, resulta o aparecimento de várias filosofias, nenhuma delas possuindo a verdade total.*[16]

Na visão do autor, a racionalidade é raramente hegemônica, e, com frequência, é encoberta, contaminada ou mesmo manipulada. Em contrapartida, a afetividade é onipresente. A morte seria o lugar do grande encontro da racionalidade, da afetividade e do mito. O criminoso, o louco, o santo, o profeta, o gênio, escapam, cada um do seu jeito, e rompem as normas da racionalidade.[17]

As artes têm importância cognitiva porque promovem a confluência de *sapiens* e *demens*, de forma construtiva. A possibilidade do gênio vem do fato do ser

---

[12] MORIN, Edgar. *A cabeça bem feita, repensar a reforma, repensar o pensamento*. Rio de Janeiro: Bertrand Brasil, 2000 - Cap. 4 Aprender a viver, p. 120.

[13] MORIN, Edgar. *Op. cit.*, p. 121.

[14] MORIN, Edgar. *Op. cit.*, p. 122.

[15] MORIN, Edgar. *Op. cit.* p. 123.

[16] MORIN, Edgar. *Op. cit.*, p. 171.

[17] MORIN, Edgar. *Op. cit.*, p. 126.

humano não ser prisioneiro do real, da lógica, da cultura, da sociedade. Ele surge na brecha do incontrolável onde ronda a loucura. O pensamento, a ciência, as artes, foram irrigados pelas forças profundas da afetividade. A criação nasce do encontro do caos das profundezas psicoafetivas com a pequena chama da consciência.[18]

Trata-se de uma ideia simplista supor que *homo* é essencialmente *sapiens* e *faber*. MORIN afirma:

> *Vivemos num circuito de relações antagônicas e complementares entre o racional e o afetivo, a loucura e a criatividade humana. Existem ambiguidades cognitivas entre o interior mental e o exterior. A loucura é um problema central do homem, não apenas o seu detrito, sua doença.*[19]

A PERCEPÇÃO COGNITIVA DAS INCERTEZAS E AMBIVALÊNCIAS MORAIS SOMBRIAS

Segundo o pensamento de ZYGMUNT BAUMAN, existe a possibilidade de compreendermos os fenômenos morais de uma forma nova, com o advento da pós-modernidade, que não teria propriamente um sentido cronológico, mas cognitivo, relacionado a percepção da insuficiência dos modelos teórico-racionais modernos, que tratamos no Capítulo 2 deste livro. Ele propicia a retirada do que ele chama de *máscara das ilusões,* de certos objetivos éticos inatingíveis, criados pela modernidade a partir de modelos não realistas racionais. A pós-modernidade significaria a tomada de consciência das incertezas cognitivas destacadas por JAPIASSU e MORIN. Neste sentido, há um rico diálogo comum epistemológico entre estes três autores. Trata-se de uma temática amplamente presente na linguagem reflexiva fílmica atual.

Contemporaneamente, existem novos problemas morais, desconhecidos por gerações passadas ou não percebidos por elas. A agenda moral de nosso tempo está permeada de itens em que os escritores éticos do passado mal ou sequer tocaram, pois em sua época não eram articulados como parte da experiência humana. Temos, por exemplo, as situações de relacionamento entre casais, de parceria sexual e familiar notórias por sua subdeterminação institucional, flexibilidade, mutabilidade e fragilidade.[20]

A abordagem pós-moderna da ética não abandona os conceitos morais próprios da modernidade, mas refuta as formas tipicamente modernas de tratar os seus problemas morais, ou seja, através de regulações normativas coercivas na prática política e na busca filosófica de absolutos universais. Na visão do autor, os grandes temas da ética não perderam a sua atualidade, mas necessitam de um

18 MORIN, Edgar. *Op. cit.*, p. 126.

19 MORIN, Edgar. *Op. cit.*, p. 128.

20 BAUMAN, Zygmunt. *Ética pós-moderna.* São Paulo: Paulus, 1997, p. 5.

olhar crítico novo, que estude o tema a partir da análise do real e não de modelos racionais universais, fazendo referência explícita ao pensamento de KANT.[21]

O autor destaca que, na tradição, a vida em seu conjunto era uma criação de Deus, monitorada pela providência divina. A vontade livre era a liberdade de escolher o errado contra o certo, isto é, de transgredir os mandamentos de Deus, tudo que se afastava do costume era uma transgressão deste tipo. Constrói-se um modelo estático de regulação jurídica, onde partiríamos de conteúdos jurídicos universais, baseados numa moralidade teológica jusnaturalista.[22]

Com o afrouxamento da tradição, a racionalidade emergente no Renascimento, fez com que, com a crescente pluralidade de contextos mutuamente autônomos, homens de mulheres fossem lançados na condição de indivíduos dotados de identidades, ainda não previamente dadas, em termos espirituais, que deviam ser construídas, através de escolhas, que precisam calcular, medir e avaliar. Os desenvolvimentos modernos racionalistas forçaram os homens e as mulheres a tornar-se de indivíduos livres com suas vidas fragmentadas, separadas em muitas metas, sem que uma ideia onicompreensiva do mundo e unitária do mundo norteasse suas ações. As pessoas não adquiriram uma mentalidade individualista à medida que ficaram sem Deus. Ao contrário, a secularização seria resultado do individualismo.[23]

Neste contexto de expansão da racionalidade secular, houve a permanente busca de um arranjo racional da convivência humana — um conjunto de leis ético-jurídicas concebida como algo que viabilizasse aos indivíduos, exercendo a sua vontade livre, a escolha do que seria reto e apropriado e não o que é errado e mau. A liberdade deveria ser monitorada, pois poderia tornar-se inimiga do bem, na medida que ela seria imprevisível.[24]

Os filósofos e os legisladores se articulam em profícua cooperação e passam a exercer o papel de controladores sociais, reprimindo o caos e mantendo a ordem, colocando em xeque os impulsos indóceis e potencialmente ruins do homem. Percebemos uma intenção clara de soterrar a presença psicológica do *homo demens* e dar destaque social ao *homo sapiens*, que deveria prevalecer. Do ponto de vista interno, estes instintos deveriam ser reprimidos com a expansão da racionalidade, e, do ponto de vista externo, expondo os indivíduos a punições jurídicas externas. Havia a expectativa de que, por serem seres racionais, eles reagiriam a manipulações de recompensas e punições ético-jurídicas, no seu julgamento individual, moldando o seu comportamento.[25]

---

21 BAUMAN, Zygmunt. *Op. cit.*, 1997, p. 5.

22 BAUMAN, Zygmunt. *Op. cit.*, 1997, p. 9.

23 BAUMAN, Zygmunt. *Ética pós-moderna*. São Paulo: Paulus, 1997, p. 10.

24 BAUMAN, Zygmunt. *Op. cit.*, 1997, p. 11.

25 BAUMAN, Zygmunt. *Op. cit.*, 1997, p. 13.

De um ponto de vista teórico e ideal, deveria haver uma confluência entre o interesse individual e a obediência à ordem posta pelos legisladores. Porém, ao mesmo tempo, nota-se que sempre houve resistência dos indivíduos, com autonomia de julgamento, a interferência da heterônoma e externa legislação. Na prática, não se eliminou a presença subversiva e controversa do *homo demens*, sempre ocorreu a tendência anárquica individual de rebelião contra as regras ético-jurídicas, sentidas como opressão. Do ponto de vista institucional, há a permanente tentativa de reforço do status quo em nome do bem comum. Nas palavras de BAUMAN:

> *A modernidade tenta, a todo custo, resolver esta aporia, crendo numa solução racional. O moderno pensamento ético, em cooperação com a moderna prática legislativa, vale-se das bandeiras gêmeas da universalidade e da fundamentação. Na prática dos legisladores, a universalidade significou o domínio de um conjunto de leis no território sobre o qual estendia a sua soberania. Já os filósofos viam as prescrições éticas universais que compelia a toda criatura humana reconhecê-lo como direito e a aceitá-lo como obrigatório.*[26]

As duas universalidades, a jurídica e a filosófica, não se fundem, mas deveriam estabelecer uma relação de cooperação. Os filósofos naturalizaram, transformando em racional, algo criado convencionalmente pelos homens, o artifício cultural ou administrativo dos legisladores. Em contrapartida, os poderes legislativos coercitivos do Estado eram vistos, pela crença popular, como bem fundamentados, segui-los era coisa certa a fazer. Isto facilitaria o controle punitivo do Estado, na medida que esta poderia parecer legítimo. O pensamento e prática morais da modernidade defendiam a crença na possibilidade de um código ético não ambivalente e não aporético.[27]

A pós-modernidade vê a impossibilidade deste código ético universal e fundamentado de forma inabalada, calcado numa moralidade não aporética e não ambivalente. A própria modernidade é que vem demonstrando a sua própria impossibilidade, a vaidade de suas pretensões e o desperdício de seus trabalhos. Seus ideais teóricos resultaram em uma flagrante impossibilidade prática. Neste sentido, observamos que embora KELSEN assuma uma visão estritamente moderna e racional da ciência jurídica, calcada em elementos estruturais da linguagem, há, por parte do autor, a percepção do esboço de uma visão pós-moderna em torno da moralidade, muito crítica do idealismo racional kantiano.

Os seres humanos não são essencialmente bons ou essencialmente maus, não têm a *boa vontade* pensada por KANT. Segundo BAUMAN, na esteira do que foi abordado por MORIN, de fato, os seres humanos são moralmente am-

---

26 BAUMAN, Zygmunt. *Op. cit.*, 1997, p. 14.

27 BAUMAN, Zygmunt. *Ética pós-moderna.* São Paulo: Paulus, 1997, p. 16.

bivalentes. As instituições político-jurídicas desenvolvem esta ambivalência como material de construção, tentando, de forma fracassada, purificá-la deste "pecado moral" ou como "ilicitude jurídica". Este impulso ambivalente não pode ser anulado, apenas reprimido. Muitas vezes, esta repressão resultou em mais crueldade e menos humanidade.[28]

As ações morais não são regulares ou previsíveis de forma que lhes permitissem ser guiadas por regras. Elas são não racionais, não podem ser exauridos por qualquer código ético, segundo padrões normativos. Nestes, seria possível prover regras nítidas para a escolha de ações adequadas e inadequadas. Em cada situação de vida, seria possível fazer uma escolha boa, como deve ser, em detrimento de outras. A tradição moderna fracassa ao negar a existência de uma real zona cinzenta, no campo do certo/errado.[29]

Poucas escolhas morais são boas sem ambiguidade, a maior parte delas é feita por impulsos contraditórios. Quase todo impulso moral pode levar a consequências imorais. O eu moral move-se, sente-se e age em contexto de ambivalência e é acometido pela incerteza. A existência de uma situação moral isenta de ambiguidade é utópica. Raramente, atos morais podem trazer completa satisfação.[30]

A ambiguidade moral toca o tema do poder e põe em evidência a presença do *homo sapiens-demens* destacado por MORIN. Muitas vezes, a *moralidade* passa a ser vista como *amoralidade* subversiva a todas a regras institucionais, estritamente relacionada a relações de poder. Elias Canetti, num instigante livro intitulado *Massa* e *Poder*, faz observações contundentes e originais a respeito do fenômeno do poder, enquanto algo intrinsecamente relacionado ao universo humano em geral, em seus vários aspectos. Há confluência com o pensamento complexo de MORIN, no estudo da irracionalidade humana. A partir de uma aguçada observação dos fenômenos naturais e do comportamento dos animais, mostra como as relações de poder, que os homens estabelecem entre si, são muito semelhantes com as do meio natural em que vivem, tendo, portanto, uma origem biológica.

O natural e, aparentemente, inocente processo biológico da digestão, que afeta a todos os homens e lhes garante a sobrevivência, oculta uma terrível relação de poder entre dois seres, ou seja, entre o ser que "engole" e o ser que é "engolido", que se concretiza no momento em que este último perde a sua forma, ao ser incorporado àquele que o digeriu. Isto, acrescenta o autor, faz com que cada um de nós, ainda que inconscientemente, reconheça o excremento como uma espécie de prova do nosso pecado cotidiano ininterrupto, que nos

---

[28] BAUMAN, Zygmunt. *Op. cit.*, 1997, p. 16.

[29] BAUMAN, Zygmunt. *Op. cit.*, 1997, p. 17.

[30] BAUMAN, Zygmunt. *Op. cit.*, 1997, p. 16.

garante a manutenção da vida. Por isso, ele causa vergonha a todos nós, fazendo com que seja conveniente nos livrar dele de uma forma isolada. [31] Canetti afirma:

> *Os excrementos que restam no final estão carregados com todas as nossas culpas de sangue. Por eles podemos reconhecer que cometemos assassinatos. São a totalidade concentrada dos indícios existentes contra nós mesmos. Exatamente como nossos pecados cotidianos, contínuos e jamais interrompidos, eles fedem e clamam aos céus. Chama a atenção o modo como nos desfazemos deles. Desfazemo-nos deles em lugares próprios, destinados unicamente a este fim; o mais privado de todos os momentos é o da excreção; ficamos realmente a sós com nossos excrementos. É claro que nos envergonhamos deles. Eles são o sinal antiquíssimo daquele processo que ocorre num plano oculto e que sem este sinal permaneceria oculta.*[32]

Fazendo uma analogia com as relações políticas, ele diz que os homens, no momento em que almejam serem superiores, conscientemente, não hesitam em rebaixar seus semelhantes, surrupiando-lhes os direitos e a capacidade de resistir a fim de torná-los impotentes, como se eles realmente fossem suas "presas". Este "consumo" muitas vezes é feito de forma sutil, de modo que a "incorporação" não é percebida enquanto tal. Todavia, no momento em que estas "presas" não tiverem uma utilidade, elas serão facilmente postas de lado. Estas relações de poder, que degradam os homens a condição de "animais criados para serem abatidos", na maioria das vezes, permanecem ocultas aos olhos da sociedade, que pode, ingenuamente, pensar que está sendo "alimentada". Afinal, diz Canetti, "*bastante fácil é, pois, não enxergar o cerne de tais processos, uma vez que o homem também mantém animais que não mata de imediato, ou não mata nunca, pois lhe são mais úteis para outras coisas*".[33]

O autor também nos chama a atenção para o fato do fenômeno do poder ser desenvolvido às escondidas e estar relacionado com a ideia de ocultação. Deste modo, também reconhece a importância da utilização de "máscaras" como meio de dissimulação e os "perigos" do súbito desmascaramento. Temos, segundo ele, um curioso "jogo de máscaras", onde um tenta combater a dissimulação do inimigo com a própria dissimulação. "Vencerá" aquele que for mais veloz na retirada das máscaras, pois o "detentor do poder", bem consciente da sua constante simulação, somente pode esperar a mesma coisa por parte de seus semelhantes.[34]

Além de permanecer oculto, podemos dizer que o poder tem que ser mais genérico e mais vasto do que a força, que está mais próxima e presente, na medida que exerce um poder coercitivo imediato. O ato de agarrar a presa constitui um

---

[31] CANETTI, Elias. *Massa e poder*. Brasília: Ed. Universidade de Brasília, 1983, p. 209.

[32] CANETTI, Elias. *Op. cit.*, p. 209.

[33] CANETTI, Elias. *Op. cit.*, 208 e p. 209.

[34] CANETTI, Elias. *Op. cit.*, p. 284.

ato de força, que pode transformar-se em poder, caso dure bastante. Assim, a força precede a relação de poder, a qual é mais complexa e exige mais habilidade e paciência. Quando o gato subitamente captura o rato, ele subjuga-o pela força, mantendo-o preso. Todavia, a situação se altera no momento em que ele começa a brincar com o roedor. Ele o solta e permite que se locomova livrando-o da coação da força. No entanto, este "espaço concedido" não constitui uma liberdade real para o rato, na medida que o felino dispõe do poder de alcançá-lo quando desejar. O espaço delineado pela sombra do gato, os instantes de esperança de sobrevivência que concede ao rato, bem como, a estrita vigilância, direcionada a uma possível destruição do rato, constituem o corpo do poder. Além de estar oculto, ele está ligado à ideia de controle, com interesse destrutivo, que exige uma ampliação do espaço e do tempo. Neste sentido, a prisão apareceria como um modelo de poder, que teria surgido a partir da ampliação da boca.[35]

A seguir, faremos um contraponto entre as reflexões teóricas expostas e as reflexões imagéticas de três filmes, que tratam da temática com muita pertinência: o filme romeno *4 meses, 3 semanas e 2 dias*, onde a temática explorada no Capítulo 2 é retomada; o magistral filme de Pedro Almodóvar *A pele que habito*, por muitos, considerado o seu filme mais complexo; e, por fim, faremos a análise do filme nacional *O Invasor*, que fala do tema, na nossa realidade, em perspectiva perturbadora.

4 MESES, 3 SEMANAS E 2 DIAS: ABORTO ILEGAL E AMORALIDADE

A película romena *4 meses, 3 semanas e 2 dias*, escrita e dirigida por Cristina Mungiu, retoma o assunto concernente ao aborto, destacando, de modo ainda mais contundente, o traço da *clandestinidade ilícita* na prática abortiva, realizada entre jovens estudantes, nos anos 1980 sob a ditadura de Ceauscescu.[36] A temática revela a possibilidade de abordagem plural, com problematização que rompe a fronteira espacial. Por certo, a imagem revela situações que poderiam facilmente ser verificadas cotidianamente, de modo universal. O tema da moralidade aparece ligado a uma exposição logopática mais sombria do que a exposta no filme *O segredo de Vera Drake*, por isso consideramos que o filme, ao abordar a realidade romena existente no final do domínio comunista, avança na percepção das relações existentes entre moralidade social, poder e força, em alusão à metáfora de ELIAS CANETTI anteriormente citada.

---

[35] CANETTI, Elias. *Op. cit.*, p. 284.

[36] É importante destacar que a análise deste filme foi publicada em artigo escrito em coautoria com Luciano Correa Ortega. *O aborto clandestino como rejeição da autoridade e a questão do relativismo axiológico: uma análise comparativa dos filmes O segredo de Vera Drake e 4 meses, 3 semanas e 2 dias*. Revista Mestrado em Direito (Online), v. V 11, p. 169-206, 2012.

A narrativa é desenvolvida em época cronologicamente posterior ao período em que se desenvolve a narrativa de Vera Drake. Em 1966, sobreveio uma lei proibitiva do aborto na Romênia e, em pouco tempo, até 1970, uma verdadeira explosão demográfica. Para ilustrar, Cristian Mungiu escreve que as salas de aula ficaram lotadas, subindo em média de vinte e oito para trinta e seis o número de alunos. A partir desse período, as mulheres passaram a apelar para o aborto clandestino e, ao final do comunismo no país, pelo menos 500.000 mulheres haviam morrido em decorrência das complicações relacionadas ao aborto feito em condições precárias. Nesta perspectiva, observa-se que, embora juridicamente válido, este regramento, em termos de conteúdo, não estava em consonância com a moralidade dominante, o que evidencia o caráter não democrático do regime. A interrupção da gravidez tornou-se, neste período do comunismo, uma forma de insurgência e rebelião contra o regime, que evidencia uma manifestação de crise de sua legitimidade. Depois de 1989, com o fim da ditadura comunista, uma das primeiras medidas tomadas foi legalizar o aborto novamente.[37]

Neste passo, destacamos a capacidade de a imagem conseguir tratar de temas que transcendem uma região do globo. É o que se depreende da lição de JÚLIO CABRERA, segundo o qual "*mediante esta experiência instauradora e emocionalmente impactante, os conceitos-imagem afirmam algo sobre o mundo com pretensões de verdade e de universalidade*". Este elemento é fundamental, porque, se não conservamos as pretensões de verdade e de universalidade, dificilmente poderemos falar, de forma interessante e não meramente figurativa, de filosofia no cinema ou filosofia através do cinema. Esta é a única característica (...) O cinema é universal não no sentido *do que acontece, necessariamente, com todo mundo*, mas no de que *poderia acontecer com qualquer um*.[38]

Como personagens centrais, e que logo aparecem, temos Otília (Anamaria Marinca) e Gabriela Dragut, também chamada de Gabita, (Laura Vasileu), que está grávida e deseja pôr um fim a sua gravidez. As duas são estudantes e dividem um quarto em alojamento. Ora, a gravidez entre jovens ou adolescentes, sem independência financeira, pode ser apontado como um acontecimento verificável ao redor do globo, especialmente em algumas camadas sociais.[39]

A câmera na mão de Cristian Mungiu espia, de forma minuciosa e ágil, através de longos planos-sequência, a intimidade das moças, que outros personagens da película *não podem ver*, só os espectadores, acompanhando, inclusive, a

---

37 Informação disponível no site oficial: < http://www.4months3weeksand2days.com/blog/notes-from-the-director/> Acesso em: 30 abr. 2011.

38 CABRERA, Júlio. *O cinema pensa – uma introdução à filosofia através dos filmes.* Rio de Janeiro: Rocco, 2006, p. 23.

39 BRUNO, Zenilda Vieira. *Abortamento na adolescência.* In: CAVALCANTE, Alcilene; XAVIER, Dulce (orgs.). Em defesa da vida: aborto e direitos humanos. São Paulo: Católicas pelo Direito de Decidir, 2006, p. 81-92. A autora destaca que há uma relação entre baixa escolaridade e gravidez na adolescência.

sua mobilidade espacial. De forma semelhante ao filme *O segredo de Vera Drake*, elas vão compartilhar um segredo com a audiência. Novamente, a ficção nos permite adentrar em esferas morais íntimas das personagens, que vão além da nossa capacidade de observação em nossa vida real. A fotografia destaca o uso de cores pálidas, com pouco contraste, o sentimento transmitido é de angústia e tristeza contida, não melodramática, cinzenta como a moral pós-moderna. Não há uso de recursos musicais de qualquer espécie, a fim de reforçar o realismo sombrio. Não há a afirmação de uma atitude propriamente *moral* ou de *ajuda* como aquela presente em Vera Drake, no início de sua narrativa. Há mais ceticismo, exposto do ponto de vista daquelas mulheres que se veem compelidas a prática de um ato objetivamente tido como ilícito, do ponto de vista jurídico, mas ambíguo do ponto de vista moral.

Gabita demonstra certa preocupação com os estudos, mencionando, a todo momento, sua ansiedade, especialmente levando em consideração seu intento. Todavia, quem protagoniza a narrativa é Otília, pois todo o arco dramático moral que se desenvolve em função dela desde o início. É ela quem toma as providências práticas, vai atrás das coisas para a amiga, mesmo sem ter como pagar os bilhetes do transporte local — que acaba ganhando de um passageiro —, ou tendo que pegar dinheiro emprestado de seu namorado (300 lei, moeda local, para somar-se aos outros 2.700). E Otília mantém o segredo, deixando de dizer a Adi, seu namorado, o que fará: *Eu vou dizer, mas não agora*/ Adi: *Você não pode me dizer agora?* Otília: *Você não confia em mim?* Eles conversam mais um pouco e Adi pede que Otília não se atrase para o aniversário em sua casa, confraternização que ocorrerá entre seus familiares (e pede para que ela chegue às cinco horas!).

Pode-se dizer que o segredo é um dos indicativos da clandestinidade, pois tudo, em princípio, deve ficar longe da oficialidade estatal. Procedimentos que rejeitam a autoridade constituída, em termos da prática do comportamento ilícito, por primeiro reconhecem-na como vigorante, por razões várias, como temor das consequências jurídicas ligadas à ação, são realizados furtivamente. As personagens têm consciência clara da ilicitude que praticam.

Na sequência, Otília sai, vai até um hotel e tenta reservar um quarto para realização do aborto. No entanto, a atendente lhe diz que está tudo lotado e que não há nenhuma reserva que supostamente teria sido feita por Gabita. Otília fala que a amiga havia ligado já, mas não encontra qualquer reserva — o que é confirmado por outro funcionário do hotel. Neste ponto, há retrato imagético do Estado burocratizado e autoritário da época, que burla as suas próprias regras. Assim, diante disso, Otília sai e tenta encontrar outro quarto que esteja disponível e se dirige a outro hotel. Porém, também não há lugares disponíveis para hospedagem, pois só haveria quarto vago no dia seguinte. No caso em tela, trata-se de um quarto maior e, portanto, mais caro do que tinham previsto.

No desespero, Otília acaba pagando o hotel. A atendente acha estranha a atitude da estudante: *"se você está num alojamento, porque precisa de um hotel?"*

Otília então diz que o alojamento está muito cheio e terão provas, sendo difícil para estudar. A moça soletra seu nome (Mihartescuscu) e informa o nome de Gabita (Gabriela Dragut). O quarto é caro, mas não há outra solução. Então liga à Gabita para dizer que conseguiu o quarto, explicando que teve de pagar mais caro por isso. São situações semelhantes, de desespero, que ensejam algumas atitudes por impulso. O aspecto psicológico ganha relevo e muitas vezes a saúde mental acaba sendo abalada, em virtude da consciência de que se está em vias de praticar uma conduta criminosa.[40]

Tendo conseguido o quarto, vai atrás de Bebe (Vlad Ivanov), que seria o responsável pela prática do aborto e, num lugar afastado, pede informações sobre o homem. Pergunta a um sujeito que está num carro vermelho e, por sinal, é ele quem Otília procura. Ele estranha o fato de não ter sido Gabita que veio procurá-lo pessoalmente, pois era isso que havia sido combinado por telefone, mas Otília justifica: *Gabita não pôde vir, ela está passando mal. Eu sou Otília.* E diz que Gabita estará no hotel. Tenta estabelecer um contato, mas o rapaz não é muito receptivo e parece contrariado pelo fato de Gabita não ter comparecido pessoalmente: *eu sempre encontro a pessoa primeiro, para ver se entendemos um ao outro.* Mas Otília tenta acalmá-lo: *você pode confiar em nós, completamente.*

Os cuidados de que se vale o homem revelam o intento de não dar qualquer alarde da atividade que pratica, assumindo a sua ilicitude. Bebe pergunta em que hotel Gabita estaria e Otília responde. Mas o homem censura a escolha, pois havia combinado em outros hotéis, locais em que as práticas abortivas eram realizadas corriqueiramente. Otília explica que estavam cheios, não conseguindo alugar qualquer quarto.

Antes de se dirigirem ao hotel, os dois passam por uma casa — supostamente a de Bebe. Ele demonstra atitude rude, ríspida com uma senhora que estava sentada fora da residência, o que fica ainda mais claro quando ela diz que alguém ligou: "*quantas vezes lhe falei para não atender o telefone quando eu estiver fora*!" Bebe pode ser caracterizado como um aborteiro, que cobra — caro — pelos serviços realizados, em contraposição à caridosa Vera Drake, que acreditava fazê-los em situação de absoluta gratuidade. Como ela, trilha pelo caminho da rejeição ilícita da autoridade normativa, conforme claramente delineia cada uma de suas condutas.

Chegando ao hotel, os atendentes pedem a identificação — inclusive a de Bebe — e sobem para o quarto. Ele fica irritado com Gabita: "*eu disse a você duas coisas pelo telefone: uma, pegue um quarto no Urinea ou Moldova. Duas, encontre-me pessoalmente*". Bebe ainda fala que deveriam ter esperado por um quarto vago noutro lugar, pois agora seu documento de identificação estava lá na recepção. A desconfiança e ansiedade que o rondam demonstram o receio de ser apanhado

40 BRUNO, Zenilda Vieira. *Abortamento na adolescência*. In: CAVALCANTE, Alcilene; XAVIER, Dulce (orgs.). Em defesa da vida: aborto e direitos humanos. São Paulo: Católicas pelo Direito de Decidir, 2006, p. 83.

realizando o aborto. Por isso, a situação que saiu dos seus esquemas de controle estampa em suas ações uma preocupação. Assim, a autoridade estatal faz-se presente, e dela tentam ocultar a ação praticada.[41] Ao ser indagada sobre qual mês da gestação estava, Gabita fala que aquele era o terceiro mês. *Mas no telefone você disse que era o segundo*, fala Bebe. A moça responde às perguntas do aborteiro sobre problemas de saúde (pressão alta, alergia, tipo sanguíneo etc.).

Otília pergunta se será utilizado anestésico, pois uma amiga que passará pelo procedimento disse que nela havia sido aplicado. Bebe é grosso, áspero: *e você, já fez um aborto*? Ele então fala que não será aplicado qualquer anestésico, que haverá sangramento e doerá um pouco. Além disso, alerta que é importante que ela fique absolutamente parada durante o procedimento — e após. Gabita parece assustada, com medo, indecisa, pois percebe a ambivalência moral de seu ato. Mas Bebe reforça dizendo que aquilo não era uma brincadeira: *podemos ir à prisão por isso. Quando começarmos, não há volta. Se tudo correr bem, depois que eu colocar a sonda dentro, você sangrará e o feto sairá*. Diz ainda que depois do aborto, havia chance de infecção. Caso ela precisasse, Otília indaga se poderia chamar uma ambulância. Bebe explica como deveria dizer e o que ela deveria dizer.

Dessa fala, é fácil concluir que as intercorrências do aborto clandestino são muito mais frequentes. Isso pode estar relacionado ao método utilizado, ou o estágio de desenvolvimento fetal: a interrupção de uma gravidez nos seus estágios mais avançados pode ter complicações que requerem um aparato médico-hospitalar mais sofisticado que, se ausente, aumenta o risco de morte da gestante. Ao contrário de Vera Drake, que tinha uma intenção moral explícita e segura, se mostrava calma e tranquilizava as pacientes de modo afetuoso, sem cobrar pelo procedimento, Bebe, apesar de explicar a realidade dos eventos de forma assertiva, era mais ríspido e cobrava (caro) pelo aborto. Aliás, a película mostra que o preço do aborto praticado em Gabita não se resumiu à pecúnia — insuficiente para o aborteiro. Houve uma imposição abusiva de uma intimidade física como veremos a seguir.

Bebe apalpa a barriga de Gabita e pergunta: *quantos meses você falou? É melhor prestar atenção...* e depois conta: *novembro, dezembro, janeiro, fevereiro. Dá quanto?* Gabita não fala a data correta, mas nem tinha mesmo certeza da sua última menstruação: *talvez um pouco mais de três meses*. Ele fala que não se trata de *talvez*, mas sim bem mais de três meses. Então pede para que a moça se concentre e diga o período certo, já que o procedimento é diferente para o terceiro e quarto meses: *você está jogando com os meses. Dependendo do período, não será aborto: eles a apanharão por assassinato*[42], com pena de 5 a 10 anos.

---

41 FERRAZ JR. Tercio Sampaio. *Teoria da Norma Jurídica*. Rio de Janeiro: Forense, 1978, p. 65. Verificamos nas normas proibitivas uma complementaridade imposta.

42 Pela legislação brasileira, ao contrário do que ocorre no filme, não há uma distinção entre aborto e homicídio de acordo com o período em que se encontra a gravidez.

Mas Gabita justifica dizendo que seus períodos são irregulares, que denotam a sua total indiferença ao problema da gravidez e aos riscos que corre numa prática ilegal do aborto. Apesar do perigo, a moça implora para que o aborto seja praticado. E começa a discussão acerca do dinheiro. Otília explica que tinham 3000 leis, mas precisaram gastar com o quarto mais do que havia sido previsto e só restara 2850 lei. Bebe retruca: *eu não falei do dinheiro?* Otília refere-se à Ramona, que mencionou cerca de 3000 lei por um aborto. Ele complementa: *então deixe Ramona praticá-lo, já que ela é tão informada.*

Depois, Bebe deixa claro o seu envolvimento não humano no problema de Gabita:

> *Eu não vou julgá-la pelo que aconteceu. Na vida, cometemos erros. Eu não perguntei nada, nem seu nome, nem o nome de seu pai. Não me interessa. Eu não escondi nada. Eu vim em meu carro, deixei meu documento de identificação na recepção. Se a polícia vier, me pegarão primeiro. Estou arriscando minha liberdade. Eu tenho uma família, um filho (...) que parte você não entendeu? Eu arriscaria 10 anos por 3000 lei? É isso que achou?*

Ele vai ao banheiro e, ao retornar, quer ouvir o que Gabita decidiu. Otília diz que pegará o dinheiro que faltava emprestado. Pagarão 2800 lei e depois mais 2000 lei. Bebe não confia, e as chama de raposas, levantando-se para ir embora, mas Gabita o barra e implora para que ele faça o aborto naquele mesmo dia. Então revela que Otília não era sua irmã, como havia dito inicialmente, desculpando-se por ter mentido.

Bebe acaba ficando, depois de muito esforço de ambas, mas alerta que o preço é muito *caro*: seu *homo demens*, ligado a maldade humana e ao desejo de poder, aparece com clareza, como elemento de antítese à caridosa e bondosa Vera Drake. Ele manifesta suas agressivas pulsões sexuais, no sentido pensado por MARCUSE. O jogo de gato e rato, nos moldes expostos por Elias Canetti, se inicia. Ainda que não haja constrangimento sexual pelo uso da força, é claro que Bebe controla a ação das adolescentes e a sua ansiedade pela prática do aborto, de acordo com as suas intenções ambivalentes. Gabita sai do quarto, deixando Otília e Bebe juntos. Depois de um tempo, Otília vai ao banheiro e se lava, será a vez de Gabita pagar a *sua parte*. Tudo é aceito pela amiga. Trata-se de um contundente conceito imagem do cinismo frio e sombrio que pode envolver a prática do aborto clandestino, naquelas circunstâncias políticas repressoras. É como se o próprio autoritarismo do governo romeno refletisse na conduta abusiva e autoritária de Bebe. O reflexo dele pode ser visto no espelho do banheiro.

Assim, além do dinheiro que lhe havia entregado, verifica-se o abuso da situação de fraqueza de ambas, complementando-se o pagamento com relações sexuais praticadas com as duas jovens, o que demonstra uso de mecanismos de poder permeado com um certo tom de amoralidade cínica. Forram a cama com uma sacola plástica, Gabita toma um banho, troca o lençol e Bebe começa a se preparar para realizar o *procedimento*. Neste momento, o filme adquire um tom pessimista e vai além da exposição crítica do relativismo axiológico, calcado na divergência sobre o certo e o errado em termos morais. A conduta abusiva do aborteiro espelha, em termos logopáticos, conceitos-imagem da a ausência de reconhecimento de valores humanos básicos, ou seja, seu comportamento pauta-se pela pura realização de um desejo de domínio pessoal, associado a um ganho econômico, alheio a qualquer valoração humana possível. Ele age como um ser amoral pós-moderno, ainda que reflita elementos de um Estado não democrático. O trabalho da câmera é bastante interessante, pois o corte do plano só mostra uma parte do corpo das personagens, que exclui a face e boa parte dos membros inferiores. Esse trabalho com os planos[43] contribui para que a cena cause uma sensação de repulsa e tensão moral naquele que a assiste.

Antes disso, Otília ainda remexe a maleta do aborteiro, com cuidado para que ele não a veja, mas ele retorna sem que qualquer intento possa ser concretizado naquele ínterim. Na sequência que vemos, há uma sensação psicológica de um acontecimento que se desenvolve enquanto outro ocorre. De certo modo, fomos educados à compreensão desta estrutura narrativa: "um salto qualitativo é dado quando o cinema deixa de relatar cenas que se sucedem no tempo e consegue dizer *enquanto isso*.[44]

A maleta é aberta e os instrumentos necessários para desinfecção e higienização podem já ser vistos. A sonda que será utilizada é esterilizada com os produtos trazidos. "*Não haverá injeção*", responde Bebe à indagação de Gabita, nitidamente preocupada com a possível sensação de dor, o que não deixa de ser paradoxal no contexto da prática cirúrgica, arriscada e feita em condições absolutamente precárias, a que ela se submete. Otília, nesta empreitada, acaba desempenhando o aberrante papel de auxiliar, entregando a Bebe as coisas que o homem pede. A cena é de uma tensão logopática contida. O procedimento é realizado com rapidez. E, ao final, o homem aconselha, de forma técnica e fria: "*não jogue o feto no banheiro, pois entupirá, seja inteiro ou em pedaços. E não enterre onde os cachorros possam cavá-lo*". Além disso, diz que se ela precisar, ele ficaria à disposição, podendo passar por lá. E vai embora.

Otília está um tanto desconcertada com a pessoa que Gabita arrumara para praticar o aborto. *Estou curiosa para saber: Por que Ramona recomendou este Bebe?* Gabita: *Ele fez o aborto da Luciana*. Otília: *Não foi o da Ramona?* Gabita: *Não*. Além disso, questiona a amiga por que ela dissera que era sua irmã e as atitudes que ela havia tomada quanto ao fato de não ter ido pessoalmente, mas Gabita nomeia sua atitude como mera omissão e não mentira. Otília estava mesmo chateada pelas coisas terem chegado àquele ponto daquela forma. Discutem um pouco mais e Otília decide sair, para o aniversário na casa de seu namorado. Tranca Gabita no quarto. A cena

---

43 BERNADET, Jean-Claude. *O que é cinema?* São Paulo: Editora brasiliense, 2006, p. 31-48. Há uma linguagem própria na sucessão de imagens trazida pelo cinema.

44 BERNADET, Jean-Claude. *O que é cinema?* São Paulo: Editora brasiliense, 2006, p. 33.

alarmante, mostra, com clareza, um conceito-imagem da generalização do aborto clandestino entre as mulheres romenas, naquela época, associado a uma absurda falta de responsabilidade sobre os efeitos danosos e sobre os riscos à saúde.

Otília chega atrasada à casa de Adi. Está tensa, o que se percebe nos gestos e na sua face. Não aproveita a comemoração, pois pensa continuamente em Gabita que ficou no hotel. Tenta ligar no quarto 206, em que se hospedaram, mas não consegue falar com a amiga. É apresentada aos convidados e familiares do namorado, mas está dispersa, ansiosa. Otília e Adi parecem dois estranhos à mesa, pois não interagem com os convidados, que falam sem parar sobre os mais dispersos assuntos.

A esta altura, o namorado está muito desconfiado: "*Quer me dizer o que está acontecendo? Você está muito brava desde que chegou aqui.*" Depois de insistir, Otília finalmente revela: "*Eu estava ajudando Gabita a realizar um aborto*". E Adi entende o motivo de ela ter lhe pedido dinheiro emprestado. E começam a debater a situação inclusive em termos hipotéticos: "*Se eu estivesse grávida, o que faríamos?*", questiona Otília, "*Eu quero saber o que esperar de você.*" Depois de uma conversa tensa, e de mais uma tentativa infrutífera de ligar ao hotel para falar com Gabita, Otília decide partir. Está muito preocupada com a amiga, partilhamos da sua dúvida em termos de emoção primária. Será que Gabita ainda está viva?

Volta ao hotel. Sua respiração está ofegante, e caminha por ruas escuras, sua angústia ética é revelada, acompanhamos o seu tormento diante da incerteza das condições de saúde da amiga, deixada em condições biológicas muito arriscadas e incertas. Ao chegar ao quarto, Gabita está coberta, dormindo. Acorda a amiga, que diz já ter se *livrado* do feto. A cena tem um componente logopático, ligado à prática do aborto clandestino, feito em condições precárias, pois retrata, através de um rápido close da câmera, um feto real em razoável estado de formação, morrendo fora do útero da mãe. Otília vai ao banheiro, acende as luzes, abaixa-se um pouco e vê o feto no chão do banheiro. Seu rosto mostra uma mistura de sentimentos ambivalentes, ligados à tristeza pela situação mórbida, mas ela faz o que tem de fazer. Pega uma sacola plástica e o embrulha.[45] Depois apanha alguns panos para deixar tudo mais escondido. Ela tem que se livrar do feto. Gabita pede que Otília o enterre, num gesto de afirmação de humanidade.

A amiga sai do hotel e caminha mais uma vez por lugares ermos e isolados. Não há mais táxi ou ônibus naquele horário. É muito tarde. Tenta jogar o feto algumas vezes, mas cães a acuam. Olha sempre para o lado para verificar se alguém a vê. Por fim, sobe as escadas de uma habitação e joga o feto embrulhado numa lata de lixo. Volta ao hotel e Gabita não está no quarto. Informam que ela havia descido até o restaurante.

A moça que se sujeitou ao aborto acaba tendo um pouco de febre e bebe água, mas logo melhora e diz ter fome, o que demonstra a presença de uma

45 BERNADET, Jean-Claude. *O que é cinema?* São Paulo: Editora brasiliense, 2006, p. 12. A imagem do feto é impactante, o que aumenta a sensação de realidade.

certa tranquilidade moral. Conversam um pouco na mesa do restaurante, e a situação parece ter sido resolvida. Mas é um fim que não tem respostas fechadas. O filme fica aberto à problematização — como a responsabilidade que envolve a decisão de praticar um aborto, encarando-o como um ato moral — Gabita queria abortar, mas quem fez praticamente tudo foi Otília, que, a nosso ver, representa dúvida ética permanente e pós-moderna, exposta no seu silêncio perturbador. A cena final do filme mostra as amigas numa mesa de restaurante, em uma atitude comum e corriqueira, num silêncio que comunica uma emoção de primeiro grau de desconforto contido.

No conceito-imagem do filme inglês *O segredo de Vera Drake*, analisado no Capítulo 2, abre-se a polêmica sobre o relativismo axiológico, propondo a discussão sobre a possibilidade moral da prática do aborto clandestino, em confronto com uma moral e uma legalidade dominante proibitiva. Vimos que a confirmação hipócrita da moralidade dominante da valorização da família, associada à intolerância diante de gravidezes indesejadas, leva Vera a ter uma ingênua certeza ética de que a prática dos abortos ilegais seria um mal necessário para a preservação do próprio núcleo familiar e do bem estar das mulheres. A película não traz respostas fáceis, ao passo que esta certeza ética de Vera é diluída e problematizada, de forma angustiante, quando é presa e descobre que era usada por Lilly e que seus métodos caseiros eram de fato muito perigosos à saúde e que poderiam implicar danos físicos graves em suas "pacientes". Trata-se de uma emoção de primeiro grau bastante contundente no filme, que absorvemos da própria angústia de Vera.

Por sua vez, o filme romeno *4 meses, 3 semanas e 2 dias* expõe um conceito-imagem ainda mais sombrio e pós-moderno em torno da temática. Seu caráter logopático nos comove através da mesma emoção de primeiro grau, pela sua "frieza realista", a nosso ver esteticamente compatível com a amoralidade que busca retratar, principalmente na figura de Bebe, o aborteiro frio e calculista, que seria um contraponto à figura humana de Vera Drake. Para ele, não existe a questão do certo e do errado, em termos morais, ele parece ignorar a existência de padrões humanos, refletindo, em sua pessoa, a lógica cruel de uma sociedade que incorporou padrões abusivos de comportamento que refletem a sua própria política autoritária. Gabita, pela sua situação de estudante solteira, entende que não pode ter seu filho e parece não ter muita dúvida ética sobre seu ato, apenas o vê como necessário. Sua amiga Otília, que, de fato, comanda as ações necessárias para a prática clandestina, de forma silenciosa, incorpora a angústia e dúvida que não poder enunciada naquele contexto de opressão, o seu silêncio é um grito de indignação pelas humilhações que ela e sua amiga sofreram diante de Bebe. À diferença de *O Segredo de Vera Drake*, onde existiria, por fim, a atuação repressiva do Estado, e a respectiva regra de reconhecimento da proibição estatal, nesta película, o intento foi mostrar a ausência total de eficácia das leis repressivas naquele contexto específico. Bebe continuará livre para comandar, no futuro, seus *negócios amorais* subjugando suas eventuais *pacientes*.

A PELE QUE HABITO: MORALIDADE SOMBRIA E PODER

O cinema de Pedro Almodóvar espelha ricos conceito-imagens que podem ser conectados a esta problemática moral pós-moderna exposta por MORIN e BAUMAN. Em vários de seus filmes, há uma rica exposição logopática da ambivalência, irracionalidade e aporia moral, presentes nas relações humanas. Ainda que vários de seus personagens transgridam regras morais dominantes e confrontem a legalidade objetiva, a questão do certo e do errado permanece em aberto para reflexão. Seus complexos personagens são profundamente ambíguos e estão além da mera caracterização de praticantes de ilicitude e imoralidades. Trata-se de um diretor autoral que expõe, através de uma linguagem imagética rigorosa e crítica, toda a zona cinzenta que permeia a ligação entre legalidade/ilegalidade, entre moralidade/imoralidade. Em vários filmes, temas como pedofilia, estupro e assassinato são abordados nesta perspectiva pós-moderna, Escolhemos analisar o sóbrio filme *A pele que habito,* que trata o tema filosófico-jurídico com perfeição narrativa ainda maior do que a exposta em filmes anteriores, fazendo menção sutil ao Brasil, que o diretor considera ser um país da transgressões morais e jurídicas. Ele contrapõe, de modo instigante, um conflito moral ambivalente entre a ideia de justiça como vingança, que leva ao desejo de dominação de outrem, que, em contrapartida, gera neste sentimento de injustiça pela opressão sofrida e desejo de libertação da dominação sofrida. É o que veremos a seguir.

O filme *A pele que habito* (*La piel que habito*) é considerado por muitos como sendo o melhor filme de Pedro Almodóvar. Trata-se de um filme mais sóbrio e mais discreto do que os anteriores, dotado de rigor técnico primoroso com o uso da câmera e na escolha das cores de composição dos cenários. A interpretação dos atores é primorosa e precisa na sua complexidade. Usa a pluriperspectiva de diversos personagens, numa cronologia narrativa não linear, mas bastante consistente, como um todo. A película inicia pelo meio, no ano de 2012, retroage seis anos (2006) para contar o início da narrativa, para depois voltar a conclusão da história, em 2012. Ao final, vemos que o quebra-cabeça narrativo se encaixa com perfeição e vai nos surpreendendo ao longo de sua exposição. A cada nova descoberta sobre a complexa história dos personagens, fazemos uma reavaliação ética, em termos logopáticos, sobre o comportamento deles. A trilha sonora de Alberto Iglesias, velho parceiro artístico do diretor, favorece a expansão desta tensão ética, que vai sendo construída entre os personagens ao longo da trama.

Em termos pós-modernos, o filme mostra como um impulso moral radical pode levar a consequências imorais em relação ao outro que é afetado por ele. Seus personagens apresentam faces racionais e irracionais e uma rica ambivalência moral, que, muitas vezes, confronta o sentido da legalidade e da moralidade dominante. O roteiro é original, escrito em coautoria com seu irmão Agustín Almodóvar, mas baseia-se, de forma assumida, no livro *Tarântula/Mygale* (Thierry Jonquet, 1984) e também no clássico francês *Olhos sem rosto / Les yeaux sans visage*

(Georgess Franju, 1959). Embora possamos perceber a influência deste filme francês na composição da figura do médico cirurgião plástico Robert Ledgard (Antônio Banderas) e suas experiências ilegais moralmente motivadas por um sentido peculiar de justiça (com menção expressa ao tema do transplante de rosto, presente nos dois filmes), consideramos o trabalho de Almodóvar mais complexo e superior em termos filosófico-jurídicos e logopáticos.

O filme inicia em 2012, mostrando uma câmera panorâmica na histórica e tradicional cidade de Toledo e de uma rica propriedade particular nos arredores, mas afastada do centro. A seguir, o olhar da câmara, em *close-up*, nos faz adentrar ao El Cigarral, de fora para dentro, observamos pela a janela, com grades, uma silhueta humana, depois a câmera de vigilância. Ao longo do desenvolvimento da película, vamos entender melhor a importância narrativa destas cenas de abertura que contrapõem, em termos de conceito-imagem, os valores opostos da tradição histórica da cidade de Toledo e do universo particular pós-moderno da clínica médica.

A câmera nos leva, a seguir, ao quarto de uma misteriosa jovem mulher (Elena Anaya), vestida com um elegante collant bege, que parece se confundir com a sua própria pele, fazendo poses de ioga, cortando tecidos e os colocando em esculturas de Louise Bourgeois, rasgando seus vestidos no guarda-roupa. Aos poucos, percebemos que ela é prisioneira deste quarto, recebe alimentação através de um elevador e livros (Alice Munro - *Escapada*) para se ocupar. No primeiro encontro com o médico Robert, percebemos a revolta da mulher, ela faz um corte em seus seios a fim de deformar a própria pele. Almodóvar nos instiga a ir montando o significado narrativo destas cenas de revolta da personagem feminina Vera.

Quando o médico chega em casa, à noite, observamos o predomínio do azul cirúrgico, em sua maleta, na sua camisa e nos cenários em geral. Vemos que, nesta ampla casa, com marcante arquitetura tradicional, na região histórica de Toledo, há um sofisticado laboratório de pesquisas cientifico-médicas e um centro cirúrgico, privado, que se desenvolve na informalidade normativa. Sua figura séria e concentrada espelha a precisão do *homo sapiens / faber*, ou seja, da precisão técnica do pesquisador competente. O sentido destas cenas estranhas fica em aberto no início, mas instigam a nossa curiosidade. Aos poucos, Almodóvar nos convida a montar o quebra-cabeça narrativo que tem um sentido rigoroso. Somos informados, aos poucos, de que Robert teria uma vida dupla em termos morais e jurídicos. El Cigarral funciona como uma clínica informal de experimentos transgênicos em seres humanos e cirurgias ilegais. Ele construiu uma pele transgênica, feita com sangue de porco, através de métodos científicos antijurídicos.

Paulatinamente, também percebemos que Vera Cruz, em alusão discreta ao suposto primeiro nome do Brasil, não é apenas prisioneira, mas cobaia humana de Robert. Ele implantou nela, de forma coativa, a pele transgênica Gal, resistente à picada de inseto, inclusive. No início, Robert não consegue ter poder ou domínio sobre Vera, ou seja, controlar a sua seletividade, ele tem de usar de meios coativos e violentos para impedir que o seu constante e irrebatível desejo de fuga daquela prisão torne-se realidade. Oferece ópio para acalmá-la e torná-la dócil, ela é permanentemente vigiada por câmeras. Aqui vemos uma sutil menção à sociedade disciplinar e panóptica em que vivemos, tão bem exposta por MICHEL FOUCAULT. O sujeito deve sentir-se vigiado e se acomodar *espontaneamente* ao *status quo*, os efeitos da vigilância devem ser permanentes, ainda que esta seja descontínua, em termos de realidade. Mas, nem mesmos estas câmeras tinham a capacidade de conformar o comportamento rebelde de Vera.

Formalmente, no espaço público, Robert aparece proferindo aulas e palestras, exibindo uma racional autoridade médica, o seu aspecto *homo sapiens / faber* é que predomina neste ambiente. Ele afirma em uma de suas palestras, que parece ser dirigida para universitários, assumindo o seu lado *homo sapiens / faber*:

> *O rosto nos identifica. Para as vítimas de um incêndio não basta que salvemos suas vidas. Necessitam de um rosto, nem que seja de um morto. Um rosto com traços para que possam gesticular. Eu participei de três de nove transplantes de rosto que foram realizados no mundo, posso lhes assegurar que foram as experiências mais emocionantes da minha vida. Para uma massa disforme adquirir as características que lhe deem expressão, temos de moldar os músculos, articulando a musculatura facial, com suas correspondentes terminações nervosas.*

Numa segunda palestra, que parece ter como público seus colegas médicos, ele faz a apresentação da pele Gal, que é relatada como sendo o resultado de experimentos testados em animais. Em montagem magistral, o início de sua fala oficial é sobreposto às imagens do ato não oficial de testar a resistência da pele de Vera contra picadas de mosquito, o *homo demens* e *sapiens* se fundem nesta cena:

> *Esta pele é resistente a picadas de qualquer inseto, o que se supõe seja uma barreira natural à malária, por exemplo. Naturalmente, fiz um rigoroso controle de qualidade dos tecidos implantados em mamíferos, em ratos atímicos e os resultados foram espetaculares. O que nos faz supor que seria igualmente positiva em seres humanos.*

Estas cenas têm valor narrativo, pois nos possibilitam ver como Robert transita em dois mundos distintos, o da modernidade pública e o da pós-modernidade privada e secreta. No espaço público oficial, ele esconde a sua cobaia humana e simula a confirmação da legalidade posta e a moral dominante em torno da proibição do uso da transgênese em tecidos humanos. Quando um colega espectador de sua palestra, que parece ser presidente de um comitê de ética médica, percebe que há algo de peculiar em sua apresentação, ele acaba assumindo que faz transgênese em célula humana, utilizando células de porco. Embora ele esboce um tipo de questionamento sobre a legitimidade da proibição afirmando *"por que não podemos aproveitar os avanços da ciência para melhorar a nossa espécie, já que intervimos em tudo"*, ele diz ao presidente, e, posteriormente, a outro colega, que irá cessar seus experimentos, que nas suas palavras dissimuladas apenas representam *"uma aventura pessoal, feita em memória de sua esposa, para ampliar os conhecimentos dele"*. Sabemos que esta é uma grande inverdade dita por ele, sua cobaia humana desperta nele interesses científicos e pessoais. A postura de Robert representa a radicalização do conceito contemporâneo de técnica, que se aparta da noção filosófica de virtude, própria do mundo antigo, propondo-se a manipular ou mesmo reconstruir a natureza da coisa.[46]

No decorrer da película, aos poucos, percebemos um aumento de complexidade na personalidade de Robert, que deixa o simples papel de dominador de Vera, na medida que ele começa a sentir-se atraído, em termos sexuais e afetivos, por ela. Ele a observa, de seu quarto, através de uma grande tela LCD. Almodóvar faz uma rica menção ao poder de impacto emocional do close-up da câmera de vídeo que fixa em detalhes o rosto de Vera. Quando Robert demonstra empatia por ela, comunicando uma relação de simetria, ao fumar ele próprio o ópio em sua companhia, Vera muda de atitude, de forma clara a nós espectadores do filme. Ela tenta conquistar a confiança do médico (que parece ficar confuso) e mesmo se propõe a seduzi-lo para a convivência amorosa. Ela é um experimento finalizado e afirma: *"Sou tua, fui feita sob medida para você"*. Marília (Marisa Paredes), fiel governanta da casa, aconselha Robert a matar a sua cobaia, mas ele pede para ela despedir os empregados e não contratar mais ninguém. Robert se deixa seduzir por sua obra.

A visita de Zeca (Roberto Álamo), filho de Marília, ao El Cigarral, depois de cometer um assalto a uma joalheria, provoca uma reviravolta na história. Ele reconhece Vera, através dos monitores, e fica fortemente atraído por ela. Sua ridícula fantasia de tigre, além de um disfarce para se esconder da polícia, parece ser uma metáfora do seu instinto predador irracional. Usa da força física para conter Marília, invade o quarto e se relaciona sexualmente com ela. Vera não o reconhece, mas pede a ele que a tire de lá, se posicionando como aliada dele. Percebemos o desconforto físico de Vera durante o ato sexual, ela sente dor durante a penetração peniana de Zeca. Robert chega e dá dois tiros mortais em Zeca, depois de mirar a arma para Vera também. Observamos mais um conceito-imagem do confronto de Robert aos padrões morais e jurídicos dominantes. Ele agora praticou o ato ilícito do assassinato e, ao poupar Vera, condenará, sem saber, a si mesmo à morte, como veremos adiante.

Robert sai para enterrar informalmente o corpo de Zeca, Marília, extremamente emocionada e abalada, abre a sua intimidade para Vera, de forma inusitada. Zeca e Robert são irmãos, por parte de mãe, sem saber, cresceram juntos em conflito. Zeca é filho de um antigo empregado da casa e cresceu numa comunidade brasileira na Bahia. Robert teria sido gerado pelo rico patrão de

---

46 FERRAZ JR, Tercio Sampaio, *Introdução ao Estudo do Direito: técnica, decisão, dominação*, quarta edição. São Paulo: Atlas, 2003, p. 325.

Marília, que o adotou como filho. Na fase adulta, Zeca tornou-se um criminoso e amante de Gal, mas, no ato de fuga, ela teve o seu corpo queimado por inteiro, após um acidente de automóvel fatídico. Robert a salvou, com muita dedicação de médico e marido, mas ela se mata, na frente da filha, jogando-se da janela, ao ver a sua imagem deformada refletida no vidro, quando tenta observar a filha cantar a música que ela ensinara, versão em espanhol da sensível música brasileira *Pelo amor de amar*, em clara manifestação de carinho pela mãe. Conseguimos compreender, neste momento, que a morte de Zeca significa algo maior para Robert, a confirmação de um sentido vertical de justiça, associado à vingança pelo ato de traição praticado no passado, que iremos tratar em detalhe no Capítulo 4. Almodóvar nos mostra que uma conduta tida como imoral e antijurídica, em termos dominantes, pode ter um sentido moral ambivalente e particular para um indivíduo. Marilia, diz que os dois filhos *"são loucos"*, e que sempre soube que um dia iriam se matar.

Após o retorno de Robert, que enterrou, informalmente, o corpo de Zeca nos arredores, ambos iniciam um relacionamento amoroso intenso, mas Vera queixa-se de dores na vagina que impedem a realização plena do ato sexual. Robert está dominado por Vera integralmente, tudo se encaminha para uma trágica inversão de papéis. O *homo demens* de Robert está apaixonado por Vera. Os dois dormem e cada um sonha com uma versão diferente do início da polêmica história entre ambos, numa rica pluriperspectiva cinematográfica. Neste ponto, a riqueza da narrativa do filme alcança o seu ápice, na medida em que o diretor mostra, como, na realidade, nossa consciência subjetiva tem um acesso restrito à própria realidade que nos cerca. Vera e Robert conhecem diferentes versões da realidade trágica em que viveram, que nunca irão se integrar, por isso a ambivalência moral persistirá até o fim na narrativa. O filme volta ao começo, através da exposição memória onírica do Robert, em primeiro lugar.

A PERSPECTIVA FÁTICA DIVERSA DE ROBERT E VICENTE/VERA

Nesta versão, sua filha, Norma, ainda em sério tratamento psiquiátrico, depois de presenciar o suicídio violento da mãe, quando criança, é liberada pelo médico e vai com Robert a uma festa de casamento. Lá ela conhece um rapaz chamado Vicente (Jan Cornet), que também toma muitos medicamentos psiquiátricos. Ficamos sabendo que ele costura vestidos femininos, numa oficina de moda gerida pela mãe e por uma empregada. Robert sai da casa, observa vários casais em intimidade física no jardim e encontra a sua filha desmaiada na grama, após o início de uma relação sexual forçada. Vê Vicente indo embora com a moto e acredita que ele tentou violentar, sexualmente, a sua filha. Ele a acorda e a reação dela é muito agressiva com ele, como se ele a tivesse violentado. O estado psicológico de Norma se agrava, ela é internada e passa a repelir o pai, de forma radical, como se este fosse de fato o seu agressor sexual.

Em desespero, comete o suicídio, de forma semelhante ao cometido pela mãe, jogando-se de uma janela.

Neste momento, chegamos a um ponto-chave da compreensão da trama e que nos explica o porquê do extravagante aprisionamento de Vera feito pelo médico. O encarceramento não foi feito em virtude de um ato de violência banal por parte de Robert, que não é retratado por Almodóvar como um psicopata ou um ser perverso em termos absolutos. Houve, segundo o ponto de vista particular dele, a transgressão de padrões éticos e jurídicos dominantes, justificada pela afirmação de outro sentido de justiça maior, já que se trata de um personagem que está acostumado a desvios éticos e jurídicos. Tomamos ciência de que ele já realizava, nesta época, cirurgias de mudança de sexo ilegais na sua clínica, bastante prestigiada pelos pacientes e com o apoio de vários colegas médicos. Robert parece descrer que se possa fazer justiça ou pesquisas médicas consistentes e inovadoras, através da confirmação da legalidade oficial da modernidade. No fundo, seu ato transgressor significa o questionamento da legitimidade moral da legalidade imposta pelo Estado e a necessidade da ciência superá-la, se quiser avançar com eficiência.

Com a morte trágica da filha, Robert arma um maligno e abusivo plano de vingança, expondo, em termos logopáticos, o que no campo da Filosofia do Direito se costuma chamar de sentido vertical e emotivo de justiça, identificado com ideia de vingança (timoria). Ele sequestra Vicente de forma violenta, simulando a morte deste num acidente. Muda o seu sexo, contra a sua vontade, com o apoio de sua equipe médica informal. Também muda toda a sua pele e seu rosto, através de várias cirurgias plásticas, até transformá-lo em Vera, uma réplica quase perfeita de sua falecida esposa Gal, numa clara tentativa de fazê-la voltar à vida. Numa belíssima cena, onde a técnica de sobreposição de imagens domina, o diretor nos revela que Vera e Vicente são a mesma pessoa. [47]

O ódio e o desejo violento e irracional de vingança, de impingir um mal àquele que matou a sua filha, expõe o *homo demens* do médico, de forma contundente. Mas graças à competência técnica e médica racional do *homo sapiens / faber* toda a transformação de sexo se opera de forma perfeita em termos técnicos, o resultado é a construção de uma obra de arte. Vera assume um papel ambíguo na vida de Robert, ela simboliza a confirmação sangrenta de sua justiça vertical e a afirmação do seu talento final e superior como cirurgião plástico. Todavia, esta transformação física de sexo foi suficiente para que houvesse uma transformação de sua identidade interior? Vera se sente, de fato, uma mulher? A identidade de gênero masculina de Vicente desapareceu junto com o seu corpo?

Para que entendamos melhor a indignação moral de Vera e sua revolta, Almodóvar nos apresenta conceitos-imagem que expõem a consciência subjetiva dela, que não pode ser conhecida por Robert. O fato é que, desde o início,

---

[47] FERRAZ JR. Tercio Sampaio. *Estudos de Filosofia do Direito: reflexões sobre o Poder, a Justiça, a Liberdade e o Direito*. São Paulo: Editora Atlas, 202. p. 213 a 229.

Vicente nega, quando encarcerado, que tenha feito algo ruim para Norma, em termos intencionais, dizendo que tudo não passou de uma triste fatalidade. Na sua versão dos fatos, não houve tentativa de violação forçada de Norma. Eles se conheceram na festa e, juntos, com outros jovens, foram namorar, no jardim, com intimidade, com a concordância inicial de Norma. Por uma fatalidade do destino, no início do ato sexual, Norma ouve a mesma música, vinda da casa onde se realizava a festa, que ela cantava, quando sua mãe se matou (ela se levantou, pela primeira vez, para ver a filha cantar, viu a sua imagem monstruosa e, horrorizada, atirou-se da janela). Por relembrar a culpa traumática que sentiu pela morte da mãe, Norma entra em pânico e passa a repelir Vicente, aos gritos. Ambos estavam sob efeitos de fortes medicamentos psiquiátricos. Ela morde a mão de Vicente, no momento em que este tenta abafar os seus gritos. Em reação à mordida, ele dá um forte tapa nela e a faz desmaiar, saindo com sua moto em seguida, após ajeitar a roupa da garota. Somente esta saída de moto é vista por Robert.

Percebemos que Vera sente a vingança de Robert como um ato extremamente abusivo e injusto, já que, na sua versão dos fatos, não houve tentativa de violação sexual forçada, mas foi coagida a se tornar um transexual. Neste momento, toda simbologia que aparece no início do filme, no cárcere privado, passa a fazer sentido. Percebemos que a tentativa de suicídio ou de estragar a sua pele, cortando-a, a prática da ioga, as esculturas de Louise Bourgeois, que discutem a ausência de identidade, a escrita na parede, o ato de rasgar os vestidos, e a dor vaginal permanente são referências explícitas do seu sentimento de injustiça opressiva. Significam a preservação de seu desejo de libertação e da negação de sua identidade feminina artificialmente construída, num corpo artificial.

No final, quando o filme retorna para o ano de 2012, Vera simula uma relação afetiva com Robert, que parece se esquecer de Vicente, como ser que ele odeia ao se apaixonar por sua Gal recriada, por meio de uma falsa promessa de lealdade. Ele acredita que ela pode ficar *livre*, porque está sobre o controle de seu amor, de forma irracional, neste caso em virtude do amor e não mais do ódio que sentia por Vicente. O *homo demens* domina o *homo sapiens*, ele não percebe mais que, na esteira do que foi dito por BAUMAN, seus atos supostamente morais implicam na afirmação de uma mudança de sexo injusta e absolutamente não moral, do ponto de vista de Vera/Vicente. No entanto, vemos Vera beijar com carinho a antiga foto masculina de Vicente, num jornal, onde figura como desaparecido. Sabemos, também, que a sua mãe nunca acreditou que ele tivesse morrido, apesar da visão conformada da polícia.

Antes de ir embora, Vera mata Robert e Marília, com um tiro certeiro no coração, um pouco antes da consumação física de seu amor. Seu lado irracional *homo demens*, ligado ao ódio e ao desejo de vingança, aparece com força. Os papéis se invertem, ela assume também um modelo vertical de justiça contra aquele que foi seu agressor abusivo. Lembramos das reflexões de Elias Canetti, no livro *Massa e Poder*, em torno do tema da opressão, onde ele explica que o dominado só consegue se libertar psicologicamente desta condição, caso consiga inverter as posições no futuro.[48] Retorna a sua casa, e reencontra a sua mãe, e fica constrangida ao confirmar que não é reconhecida por ambas, que o corpo de Vicente não existe mais. Reafirma de forma emocionada a sua identidade de gênero masculina, em total desacordo trágico com a sua aparência física feminina. Ela diz para a mãe: *"Eu sou Vicente"*.

Toda a complexa narrativa da trama nos leva à experiência de controversas emoções primárias, no sentido proposto por HUGO MUNSTERBERG, que nos permitem adentrar a consciência subjetiva dos personagens, ver ângulos que eles mesmos não podem enxergar. Vivenciamos o ato de vingança de Robert, que é um homem torturado pelo trágico suicídio de sua esposa e filha. Acompanhamos o seu senso de justiça irracional, que está ao lado do racional e competente cirurgião plástico, que não hesita em tirar proveito pessoal e público, como cientista, destes atos violentos informais e privados. Sentimos os efeitos devastadores que a afirmação concreta de seu senso de justiça provoca em Vera, na mudança de sexo forçada e na implantação da pele artificial Gal.

Sentimos sua angústia na sua prisão, sua revolta, o seu desejo de liberdade e de afirmação de sua identidade masculina, num corpo tragicamente transformado em feminino. Ao mesmo tempo, nos compadecemos com a incapacidade moral e psicológica de Robert em perceber que a relação amorosa com Vera seria impossível, devido ao choque intransponível de ações morais e jurídicas. Por ser incapaz de perceber o quanto seus atos, considerados justos e tecnicamente perfeitos do seu ponto de vista, foram abusivos para a destruição da identidade sexual e existencial de Vera, ele acaba sendo dominado por sua criatura, decide abandonar a sua posição de criador e paga com sua vida por esta escolha.

Mas vemos, também, as chamadas emoções secundárias no filme, que brotam da visão logopática da película como um todo. A intenção pós-moderna de Almodóvar, no tratamento do tema, supera a visão tradicional, que levaria o espectador a julgar os personagens e tomar partido em termos morais e jurídicos, a partir da afirmação de códigos éticos absolutos. Ele não pretende que cheguemos a conclusão de que Robert seria um assassino imoral em contraposição à figura de inocente e pura de sua vítima Vicente/Vera. Ao final, ocorre uma explícita e complexa inversão de papéis: os atos abusivos de Robert despertam o lado sombrio e irracional de Vicente/Vera, que concretiza o seu plano de vingança e libertação. Quanto mais formamos o quebra-cabeça narrativo, mas a complexidade ético-jurídica dos personagens se amplia, por jogá-los numa crescente e incerta zona cinzenta de intenções, gestos e atitudes. Mais difícil se torna julgá-los. Vemos em Almodóvar uma intenção de compreensão pós-moderna desta zona cinzenta de ações e intenções em termos morais e não da afirmação de sua repressão racional.

[48] CANETTI, Elias. *Massa e Poder*. Brasília: Editora Universidade de Brasília, 1983 p. 209.

O INVASOR: A INDIFERENÇA MORAL NO MUNDO DAS ELITES E DOS EXCLUÍDOS SOCIAIS

O psicanalista Jurandir Freire Costa, em seu livro *A Ética e o espelho da cultura*, ao discutir o problema da pós-modernidade na realidade brasileira, destaca o agravamento da crise de autoridade lei, que passa a ser ignorada, transgredida e desqualificada como formalismo coativo inútil e ultrapassado, que, muitas vezes, não é conveniente para o mercado. Trata-se de tema que iremos analisar no último capítulo deste livro, que parece se conectar com a menção ao Brasil, feita por Almodóvar no filme *A pele que habito*. A película *Central do Brasil* levantou o tema, mas propôs uma leitura crítica, como vimos. Obviamente, se a pós-modernidade coloca esta crise de autoridade em termos mundiais, presente, mesmo em países com instituições democráticas mais legitimadas, quais serão seus efeitos num país como o Brasil, com graves problemas estruturais e históricos na constituição legítima da autoridade do Estado e do Direito? Este senso comum valorativo (ainda que relativo em diferentes segmentos sociais) se perde, na consciência do grupo social dos vencedores. Ou seja, o problema do bem e do mal deixa de fazer sentido, assim como o seu julgamento em nome de uma ideologia do bem estar.

Esta lúcida, e, ao mesmo tempo polêmica, reflexão crítica de Freire Costa constata que o Brasil, mesmo passando por uma democratização formal, no plano jurídico, vem, no plano fático, institucionalizando ao longo dos últimos anos a desqualificação cínica de padrões ético-jurídicos, como se todos os indivíduos fossem social e moralmente supérfluos. Ele não desenvolve uma reflexão histórica profunda sobre as origens do problema, apenas vê uma expansão atual da amoralidade normativa destrutiva da autoridade de um regime democrático. Nesta crise de legitimidade jurídico-política, as atitudes de desafio tendem a se disseminar na sociedade e governo, ainda que não estejam norteadas por uma justificativa ético-política opositora ou uma intenção política crítica, mas, apenas, visam garantir um lucro econômico mais rápido e significativo, e, profundamente, banal em termos humanos. Afinal, a fraca identidade brasileira como povo, com tendências históricas transgressoras, torna o país uma presa fácil nesta cultura do cinismo dos vencedores. Neste sentido, afirma Jurandir, os praticantes deste novo modo de viver não se percebem como incapazes ou infratores, descrevem-se como criadores de condutas inovadoras, positivas. O cinismo procura desmoralizar os princípios éticos, mostrando, com a ajuda de exemplos práticos, que nada mais são do que intenções piedosas, próprias dos perdedores.

O filme *O Invasor*, dirigido por Beto Brant e desenvolvido a partir do livro de Marçal Aquino, retrata, na realidade brasileira, de uma forma exemplar e extremamente didática, este esvaziamento moral e esta razão cínica já presente no filme romeno *4 meses, 3 semanas e 2 dias*. A tensão moral imagética é comunicada com o uso de recursos próximos aos do Cinema Novo, ou seja, improvisação, filmagem digital em longos planos-sequência, cenários reais da cidade de São Paulo, uma câmera nervosa na mão e a exemplar e naturalista atuação de Paulo Miklos. A cena inicial tem um caráter inquietante, pois, através do uso impactante da câmera subjetiva, assumimos o lugar de um dos personagens centrais da estória, um matador de aluguel chamado de Anízio, representado com total realismo por Paulo Miklos, membro do conjunto Os Titãs, em seu primeiro papel como ator.

Dois sócios de uma grande construtora em São Paulo, Ivan e Giba, chegam a um bar de um bairro periférico de São Paulo para contratar os serviços do matador de aluguel, a fim de que este, mediante o recebimento de uma certa quantia em dinheiro, mate o terceiro sócio Estevão (Georges Freire). Após a entrega de metade do pagamento, Anízio garante que o serviço será feito, no máximo, em uma semana. No caminho, nota-se o constrangimento moral de Ivan, mas Giba logo pondera num tom de cinismo explícito: "*Não pense que você não está sujando as mãos, só porque é outro cara que está fazendo o serviço. Bem-vindo ao lado podre da vida*". Ao final, solta uma gargalhada sombria. Como se não bastasse, antes de retornar para casa, Giba leva o amigo para relaxar numa boate de prostituição. Lá, ficamos sabendo que ele também é dono do negócio ilegal e que seu sócio Norberto indicou os bons serviços do competente matador Anízio.

Qual seria o motivo do planejamento do assassinato de Estevão? Um grandioso ato de ódio ou de vingança pessoal como resposta a um possível prejuízo por ele causado aos outros dois amigos e sócios? Não, através da lembrança culpada de Ivan, vemos que estamos no campo da amoralidade (ou da moralidade supérflua) e do cinismo, pois a motivação do assassinato é banal, do ponto de vista humano, não tendo sequer a reverência de uma ética mórbida de um ato de vingança, como a que veremos em *Abril despedaçado*, no Capítulo 4 deste livro.

Estevão deve morrer, simplesmente, porque ele seria um "*babaca*" que estava recusando propostas de corrupção de lobistas do governo para associar-se a licitações fraudulentas. Tinha a certeza de que Giba estava envolvido nestes esquemas e queria desfazer a sociedade, comprando a parte dele, a fim de garantir a integridade jurídica da firma. Confiava na honestidade moral de Ivan e pretendia aumentar a sua participação na sociedade, após a saída de Giba (Alexandre Borges). Fica claro por que Ivan (Marco Ricca) sente-se culpado e desconfortável desde o instante em que foi contratado o serviço de Anízio: por ter uma personalidade fraca, ele era dominado pelo carisma mórbido de Giba, e traiu a confiança de Estevão, revelando, para o outro, toda a intenção de excluí-lo da sociedade. Ele era responsável direto, de certa forma, pela atitude radical de Giba, que claramente apresenta características de um psicopata chique, que reage de uma forma radical, mostrando seu lado violento, narcisista e cruel para nós espectadores.

No dia seguinte, na construtora, Ivan tenta dissuadir Giba a desfazer o negócio, sem sucesso. Ele representa aquele indivíduo que foi seduzido pela fala convincente e segura do sócio, mas ainda preserva um senso mínimo de moralidade e respeito valorativo à legalidade, pois ele ainda teme ser apanhado pela justiça. A fala cínica de Giba, toda envolta em questões de poder identificadas com o uso da força física, alheias a qualquer pacto democrático, aparece de forma exemplar: ele fala a respeito de seu empregado Cícero, para explicar a sua própria visão amoral e cínica das relações sociais, que não se coordenam por respeito a padrões ético-jurídicos, mas, apenas, por pela imposição da força de um sobre o outro, bem ao estilo do que foi colocado por CANETTI:

> *Dá uma olhada no Cícero, parece um sujeito inofensivo, mas você acha que ele está contente com o que ele é? Ele é o encarregado da obra, manda na peãozada, tem poder, mas é claro que ele não está contente com isto, ele quer mais como todo mundo. Se ele tiver uma oportunidade, ele vai aproveitar como todo mundo, você tem dúvida? O mundo é assim meu filho. O Cícero pode ter até aquela cara de sonso, mas se precisar ele vira bicho. Ele só te respeita porque sabe que você tem mais poder do que ele. Mas é bom não facilitar com essa gente. No fundo, este povo quer o seu cargo, o seu salário, as suas roupas, querem comer a sua mulher, é só ter uma chance. É isto que a gente vai fazer com o Estevão. A gente vai aproveitar a nossa oportunidade, antes que ele faça primeiro.*

Para apresentar o conceito-imagem do estado de frieza emocional de Giba, que não mostra qualquer sinal de culpa por seus atos, ele vai para casa e brinca de forma alegre e inocente com a sua filha pequena. Aqui conhecemos a sua dissimulada fachada, sedutora, gentil e muito simpática, de bom pai e marido fiel. Neste meio tempo, Ivan conhece numa boate uma garota de programa chamada Cláudia (Malu Mader) e começa um relacionamento com ela, já que a sua relação com a mulher é de distanciamento. No dia seguinte, nota-se o desaparecimento de Estevão e também de sua esposa Silvana, mas só durante a madrugada a notícia do crime é oficializada. Ivan e Giba vão até o local onde os corpos foram encontrados e simulam, perante o pai de Estevão, o Dr. Araújo, com muita realidade, uma falsa surpresa e um grande choque emocional com a "tragédia". A mesma competente representação teatral aparece no velório do ex-sócio. Giba mente de forma tão convincente que aparece acreditar na sua própria simulação.

No dia seguinte, Anízio vai procurá-los na construtora e, a partir daí, a estória dá a sua reviravolta mais contundente para espelhar os radicais padrões amorais dos personagens, de forma ainda mais complexa. Anízio representa o excluído social que aceita participar da cultura da delinquência, visando obter alguma vantagem econômica no processo. Como Giba, ele apresenta traços claros de psicopatia, alheia a qualquer respeito pela vida humana e pelos códigos formais jurídicos. Matar para ele é um negócio lucrativo, numa delinquência mortífera, mas tida como competente. Ele é, de fato, ainda mais frio e calculista do que Giba, pois não quer apenas receber a outra metade do pagamento.

Num ato de absoluta amoralidade, ele desafia, de forma subversiva e alheias às regras informais, o acordo feito quando matou a esposa de Estevão para roubar as suas joias, pois o acertado era apenas eliminar Estevão. Agora, além do pagamento, ele pretende colocar-se na construtora, invadi-la, de forma desafiadora e de modo a impor a sua autoridade perante Ivan e Giba. Ele diz *"tô pensando em me envolver, vou dar um trampo aqui"*. Nesta hora, Anízio conhece Mariana, a filha do casal assassinado, que tem uma vida burguesa pós-moderna, inconsequente e alienada, embalada em materialidades supérfluas como sexo, drogas e baladas noturnas. Vai até a casa dela, e a seduz completamente, com sexo radical e drogas, na visita em que ambos fazem ao seu subúrbio e a discotecas radicais. Parece que o invasor acaba concretizando as previsões de Giba sobre o possível comportamento de Cícero: era como se Anízio dissesse que agora tinha chegado a oportunidade dele ocupar o lugar de Estevão como sócio na construtora e também na sua casa. E ele não podia deixar de aproveitá-la. Realiza seu sonho de poder de mando, impondo-se como autoridade perante os funcionários, invertendo a relação de poder, chegando a recusar, inclusive, uma oferta de dinheiro de Giba. Ele afirma de modo satisfeito: *"Tô gostando, não tem conta bancária que me tire daqui"*.

Em contrapartida, a crise de consciência, a culpa e o medo de ser descoberto aumentam em Ivan, fazendo com que ele tenha uma briga séria com Giba. Passa a temer pela sua própria vida, pois percebe que este jogo amoral pode não ter limites e criar um círculo vicioso descontrolado, que pode se voltar contra ele. Com uma arma na mão, diz para Cláudia que está apaixonado e quer ir embora largando tudo. Por acaso, entra no apartamento da moça sozinho e ouve um recado na secretária eletrônica que revela que a moça teria um outro nome, Fernanda, e que estaria sendo paga por Giba para vigiar Ivan. Deixa um bilhete onde ameaça Fernanda de morte e cai em desespero. Ao tomar ciência da descoberta de Ivan, Fernanda vai pedir mais dinheiro para Giba. Anízio, que já está instalado na casa de Marina, com sua fria eficiência de matador de aluguel, pragmaticamente, aconselha Giba a pôr um fim na vida de Ivan. A tensão da violência moral e física cresce no filme.

Ivan fica fora de si, tem uma crise de consciência moral, e se dá conta da absurda amoralidade abusiva em que está envolvido, onde não existem quaisquer garantias de sobrevivência. Anda desnorteado pelos bairros periféricos de São Paulo, para acabar confessando o crime na polícia. Esta atitude desesperada de Ivan nos coloca frente a frente com a surpreendente e pessimista ideia do conceito-imagem exposto cena final. Ivan é levado pela polícia até a casa de Marina. Mesmo desnorteado, aos poucos, começa a perceber a armadilha derradeira em que caiu. Giba e Anízio saem da casa e conversam com o delegado, que não veio para prendê-los, mas para protegê-los da ameaça da denúncia de Ivan. O delegado é Norberto, o sócio de Giba na casa de prostituição, que recomendou os serviços de Anízio. Na fala final de Norberto, antevemos o destino trágico de Ivan. O ciclo da violência banal está fechado, alcançando a esfera do Estado em crescente crise de legitimidade, como veremos, de forma mais completa, no último capítulo deste livro.

Capítulo 4

DIREITO E VERDADE COMO LINGUAGEM

Tudo lá no morro é diferente
Daquela gente não se pode duvidar
Começando pelo samba quente
Que até um inocente
Sabe o que é sambar
Outro fato muito importante
E também interessante
É a linguagem de lá
Baile lá no morro é fandango
Nome de carro é carango
Discussão é bafafá
Briga de uns e outros
Dizem que é burburim
Velório no morro é gurufim
Erro lá no morro chamam de vacilação.

(Chico Buarque, Linguagem do Morro)

AS IMPRECISÕES LINGUÍSTICAS PRESENTES NA APLICAÇÃO DO DIREITO

A peça teatral *Faith Healer*, escrita pelo irlandês BRIAN FRIEL, traduzida em recente montagem paulistana como *O Fantástico Reparador de Feridas*, traz um instigante questionamento em torno da possibilidade da objetividade da narrativa de um evento factual. Ela é composta por quatro monólogos, onde três personagens, que viajaram juntos pelo interior da Escócia, contam, para o espectador, sua versão sobre certos eventos traumáticos, em termos emocionais, que viveram juntos no passado. O aspecto instigante da peça é que, a partir do momento que começamos a comparar os discursos, nos colocando quase na posição de analistas psicológicos dos personagens, percebemos que as narrativas são contraditórias e discordantes entre si.[1]

Frank é o *faith healer*, um personagem atormentado, que abusa da bebida, por não ter controle do seu dom da cura. Ele demonstra cinismo e, ao mesmo tempo, angústia diante desta incerteza. Grace, sua esposa, é filha de um conhecido advogado, mas vive uma conturbada e ambígua relação com Frank, que oscila entre o amor e o ódio diante da sua dependência emocional em relação ao seu companheiro, que mostra traços de crueldade em relação a ela. Teddy é o empresário decadente de Frank, que também é alcoólatra e busca defender, a princípio, o não envolvimento emocional na profissão, mas, paradoxalmente, acaba por demostrar grande admiração pessoal por Frank e talvez uma paixão não assumida por Grace. Observamos, nos três personagens, uma grande fragilidade emocional e uma marcante distância entre a fala verbalmente posta para o público (como eles se veem) e aquilo que a figura deles comunica no palco como um todo (como eles podem ser vistos por terceiros). Há uma grande diferença entre a imagem que cada um faz de si próprio e como são vistos um pelo outro, do ponto de vista externo. A peça termina sem que possamos saber o que de fato aconteceu, a incerteza sobre a narrativa dos fatos permanece em aberto. O que observamos com exatidão é a incongruência discursiva entre os três personagens e a *certeza da dúvida* sobre as variadas e antagônicas percepções do real.

Conforme expõe EDGAR MORIN, pelo processo psicológico da projeção, como processo universal e multiforme, as nossas necessidades, aspirações, desejos, obsessões projetam-se, não só no vácuo dos sonhos e imaginação, mas sobre as coisas e os seres. Isto explica os relatos contraditórios de um mesmo acontecimento, mais inconscientes do que intencionais. A crítica histórica ou psicológica do testemunho revela que as nossas percepções elementares (como a percepção da estatura de alguém) são confundidas e trabalhadas pelas nossas projeções. Sempre atribuímos a alguém que julgamos as tendências que nos são próprias. Tudo *é puro para os puros e impuro para os impuros*.[2]

A obra teatral discute, em termos logopáticos, como elementos psicológicos subjetivos interferem no testemunho pessoal da percepção da realidade de Frank, Grace e Teddy, enquanto elemento linguístico relevante. Eles questionam o nosso senso comum linguístico ingênuo, voltado para a ideia da língua como representação objetiva do mundo real, capaz de captar a chamada verdade factual. Assistindo a

[1] Assistimos esta peça, em Dublin, no *Gate Theatre*, sob a direção de *Jonathan Kent*, tendo os atores *Ralph Fiennes* (Frank Hardy), *Ingrid Craigie* (Grace) e *Ian MacDiarmid* (Teddy), nos papéis principais. Em São Paulo, assistimos em 2010 a montagem feita pela Cia Ludens, no *Viga Espaço Cênico*, tendo os atores *Walter Breda* (Frank Hard), *Mariana Muniz* (Grace) e *Rubens Caribé* (Teddy).

[2] MORIN, Edgar. *A Alma do Cinema*, in *A Experiência do cinema: antologia/Ismail Xavier organizador*. Rio de Janeiro: Edições Graal: Embrafilmes 2008, p. 146.

montagem irlandesa, lembramo-nos de como seria possível relacionar esta discussão com a narrativa dos fatos, no âmbito judicial. Mas é também possível pensar nesta mesma incerteza narrativa projetada no processo decisório jurídico. Do ponto de vista dogmático, admite-se a possibilidade da verdade factual e abstrai-se o complexo problema da imprecisão linguística e da subjetividade do intérprete. Parte-se do pressuposto de que seria possível descrever os fatos com objetividade e subsumi-lo à norma geral, com precisão lógica absoluta. Um dos dramas filosóficos expostos no filme *A História de Qiu Ju* é como a protagonista, pouco alfabetizada, é levada a compreensão da importância da linguagem na sempre problemática tradução jurídica da própria realidade que torna possível chegar a decibilidade de conflitos.

De acordo com FERRAZ JR, as teorias dogmáticas estudam o direito a partir de sua capacidade de institucionalizar e decidir os conflitos sociais, do ponto de vista jurídico. Para tanto, abstraem todas as questões zetéticas de realidade, que permeiam o fenômeno normativo, que poderiam postergar a tomada de decisão e comprometer o ideal de segurança jurídica. Um dos cânones balizares das teorias dogmáticas da decisão é a ideia de que o raciocínio, no âmbito legislativo, administrativo e judicial, reduz-se, no seu aspecto formal, a um mero raciocínio silogístico dedutivo que teria a seguinte estrutura básica: a norma geral seria a premissa maior, a descrição do caso seria a premissa menor e a conclusão seria o ato decisório em sentido estrito.[3] Como no exemplo:

Se um indivíduo matar alguém, deve ser punido com pena de reclusão de seis a vinte anos.
João matou seu pai.
Logo, João deve ser punido com pena de reclusão de 15 anos.

De um ponto de vista zetético, todavia, observamos que a realidade linguística que compõe o raciocínio decisório é muito mais complexa, pois vai muito além da visão aparentemente mecânica e simplista do raciocínio lógico-formal. A subsunção, que consiste no ato de submeter o caso à regra, depende da construção da premissa maior, que se relaciona tanto com a sua complicada interpretação semântica, como com a verificação da sua validade normativa, em relação às demais normas do sistema jurídico. Nesta perspectiva, a premissa maior normativa não é um dado, ela traz elementos prescritivos de dever ser, ela tipifica a hipótese normativa *matar alguém*, ao imputar uma consequência normativa sancionadora *pena de reclusão de 6 a 20 anos*.[4]

Na perspectiva de FERRAZ JR, o raciocínio decisório jurídico se vale do pensamento dogmático como estratégia linguística persuasiva, ao pressupor a validade da norma, mas, ao mesmo tempo, tem de dar sentido a ela, para alcançar

---

3 FERRAZ JR, Tercio Sampaio. *Introdução ao Estudo do Direito: técnica, decisão, dominação*, quarta edição. São Paulo: Atlas, 2004, p. 316.

4 FERRAZ JR, Tercio Sampaio. *Op. cit.*, 2004, p. 317.

o seu objetivo. Assim, percebemos que toda a imprecisão da linguagem natural, que acaba por afetar a linguagem normativa, tem de ser controlada, a fim de que a decisão seja possível. Neste eventual *controle do significado* aparece a ideia de *poder como exercício da violência simbólica*. Esta forma de poder não se confunde com o exercício da força física, mas apenas com o controle das incertezas linguísticas da norma, que deve parecer *válida (poder-autoridade), eficaz (poder-liderança) e justa (poder-reputação)* aos olhos de seus destinatários. Nesta perspectiva, a própria ideia de interpretação verdadeira seria um efeito deste poder do intérprete, que, através do uso competente dos métodos hermenêuticos, dissimularia o problema da complexidade linguística e suas imprecisões.[5] Ademais, não podemos falar em língua e realidade como elementos distintos, já que a língua *é formada* e, ao mesmo tempo, *forma* a realidade, na medida que apenas podemos apreendê-la, quando a transformamos em linguagem com significado. Como afirma VILÉM FLUSSER:

> *Verdade e realidade são universos linguísticos. Aquilo que nos vem por meio dos sentidos e que se chama "realidade" é um "dado bruto", que se torna real apenas no contexto da língua, única criadora de realidade. Como as línguas divergem, divergem também as realidades por elas criadas. A língua determina a nossa visão de realidade, algo além disso é inatingível.*

KELSEN, numa perspectiva semelhante, considera que o raciocínio decisório tem uma natureza constitutiva e não apenas declaratória da norma geral. O julgador não teria de descobrir e declarar um direito já de antemão firme a acabado, cuja produção já foi concluída na norma geral. A aplicação (individualização) das normas jurídicas gerais depende da verificação, no caso concreto apresentado, de que existem *in concreto* os pressupostos *in abstracto*, determinados pela norma geral (questões de fato). A norma individual, que impõe uma sanção concreta, seria constituída e criada só através da decisão judicial.[6]

No âmbito da construção da premissa maior, temos de enfrentar o problema semântico do caráter convencional e equívoco da linguagem. A relação entre língua e realidade não é natural nem essencial em termos universais, mas, arbitrariamente, construída pelas interações humanas. Os conceitos não descrevem uma realidade posta a priori, pois é a partir dos conceitos mutáveis, em termos históricos, que descrevemos a própria realidade em seu aspecto dinâmico. Como os usos linguísticos variam no tempo e espaço temos o problema da vagueza e da ambiguidade de seus termos. Os conceitos vagos são aqueles que a doutrina costuma chamar de conceitos indeterminados, na medida que sua extensão denotativa é imprecisa. Como exemplo, mencionamos expressões

---

[5] Para uma análise mais detalhada ver o Capítulo 5 do livro FERRAZ JR, Tercio Sampaio. *Introdução ao Estudo do Direito: técnica, decisão, dominação*, quarta edição. São Paulo: Atlas, 2003.

[6] KELSEN, Hans. *Teoria Pura do Direito*. Coimbra: Armênio Amado Editor, 1979, p. 255.

perigo eminente, meios necessários, ruído excessivo, moderadamente. Já os conceitos ambíguos ocorrem na medida que sua intenção conotativa é sempre dúbia, como no caso *boa-fé, mulher honesta, injusta agressão*. Muitas vezes, a norma estabelece, explicitamente, um espaço da discricionariedade do julgador para adaptar a norma a situações fáticas distintas, por exemplo, uma pena mínima de seis e pena uma máxima de vinte anos. [7]

AL ROSS, em linha de raciocínio semelhante, considera que a referência semântica das palavras, do ponto de vista convencional, é constituída por uma zona central sólida em que a sua aplicação é predominante certa, e um círculo nebuloso exterior de incerteza, no qual a sua aplicação é menos usual e no qual se torna duvidoso saber se a palavra pode ser aplicada ou não. A vagueza afeta todas as palavras, diz respeito ao fato de seu campo de referência ser indefinido. A zona central se transforma, gradualmente, num círculo de incerteza. A ambiguidade, que está presente na maioria das palavras, diz respeito ao fato das palavras não terem um campo de referência único, mas múltiplo. Para citar as palavras do autor:

> *De todos os sistemas de símbolos, a linguagem é o mais plenamente desenvolvido, o mais eficaz e o mais complicado. A linguagem pode manifestar-se como uma série de formas auditivas ou visuais (fala e escrita). O significado atribuído a estas formas é claramente convencional. Nada impediria que a palavra gato fosse empregada para designar o animal doméstico com quatro patas que faz "uau, uau" e cão para designar o que faz "miau". O significado atribuído aos símbolos linguísticos é determinado pelos costumes da comunidade referentes às circunstâncias nas quais se considera adequado emitir certos sons.*[8]

Para KELSEN, existe objetividade apenas no plano formal da linguagem. As proposições jurídicas, na verdade, desenvolvem uma análise no plano estrutural sintático, onde o intrincado problema de interpretação do conteúdo é abstraído, em nome de um ideal de objetividade científica radical. Elas constituem juízos hipotéticos que desempenham o importante papel de explicitação da estrutura lógica das próprias normas que, muitas vezes, não possuem uma expressão verbal clara, obscurecendo o sentido objetivo do ato que põe a norma. KELSEN nos dá o exemplo desta frequente falta de clareza, mencionando a seguinte norma: *O furto é punido com pena de prisão*. Neste caso, diz ele, o verbo será é, indubitavelmente, empregado no sentido de *deverá ser*, pois a norma em si nada pode garantir no tocante à sua própria aplicação, pois esta se situa na ordem da realidade concreta dos fatos, ou seja, na ordem do ser. Nestes termos, a proposição jurídica que irá

---

7 FERRAZ JR, Tercio Sampaio. *Introdução ao Estudo do Direito: técnica, decisão, dominação*, quarta edição, São Paulo: Atlas, 2003, p.318.

8 ROSS, Alf. *Op. cit.*, p. 140.

descrever esta norma mostrará a seguinte configuração lógica: Aquele que furtar, *deverá ser* punido com pena de prisão.[9]

Assim, a proposição jurídica, como um juízo hipotético, terá a seguinte estrutura lógica, que é tida como universal, presente em toda e qualquer norma jurídica em particular: *Sob certas condições ou pressupostos fixados pelo ordenamento jurídico, devem intervir certas consequências pelo mesmo ordenamento determinadas*. O caráter hipotético refere-se ao fato de que a consequência não pode ser aplicada incondicionalmente, dependendo da ocorrência das condições estabelecidas pela própria norma.[10] Esclarecemos que esta *descrição* não se identifica com a *interpretação do conteúdo semântico da norma*, tradicionalmente feita pela dogmática jurídica, a qual esbarra numa indeterminação linguística intransponível na visão de KELSEN, exposta de forma polêmica angustiada no último capítulo da *Teoria Pura do Direito*.

Refutando, com veemência, a possibilidade da interpretação normativa correta ou verdadeira, fala a respeito das *indeterminações intencionais* e *não intencionais* que são percebidas linguisticamente no ato de aplicação do direito. As intencionais, como o próprio nome indica, são aquelas postas de forma consciente pelo órgão criador da norma a ser aplicada, a fim de que o aplicador determine critérios específicos para cada caso. Ele cita o exemplo da lei penal que prevê para um mesmo delito a aplicação da pena de multa e da pena de prisão, cabendo ao juiz, no caso concreto, decidir por uma ou pela outra. Já as indeterminações não intencionais seriam muito mais complexas porque não emanam da vontade do legislador, mas do aspecto social e não natural da linguagem. Palavras idênticas podem ter significados diferentes, o "*sentido verbal não é unívoco, o órgão que tem de aplicar a norma encontra-se perante várias significações possíveis*". Nas palavras de KELSEN, a interpretação cognoscitiva leva a percepção da "moldura" que pode ser preenchida com significados semânticos distintos.[11]

Nesta atividade cognoscitiva do órgão aplicador do direito, não há formação de raciocínios "puros", pois há a incidência de normas morais, normas de justiça e juízos sociais de valor que não fazem parte do direito positivo propriamente e que para o autor são normas relativas, jamais universais. Ele conclui, neste sentido, que "*a interpretação de uma lei não deve conduzir a uma única solução como sendo a única correta, mas possivelmente a várias soluções que têm igual valor*". Do ponto de vista estritamente científico, caberia apenas elencar os diversos sentidos possíveis, sem qualquer vinculação com a prática efetiva. Mas esta incerteza linguística não impede a tarefa dogmática do direito, que para ele está no campo da política jurídica e não da ciência pura. O autor ressalta que no momento da aplicação, esta interpretação cognoscitiva, ligada ao conhecimento dos múltiplos sentidos semânticos, se combina

---

9 HANS KELSEN, *Teoria Pura do Direito*. Armênio Amado Editor: Coimbra, 1979, p. 110 a 111.

10 HANS KELSEN. *Op. cit.*, p. 111.

11 KELSEN, Hans, *op. cit.*, p.364 a 366.

com um ato volitivo que escolhe um dos sentidos possíveis revelados através da sua percepção cognitiva. Esta interpretação torna-se "autêntica" porque cria direito, não porque seja, de fato, como defende a doutrina tradicional, a mais correta ou a mais justa, do ponto de vista valorativo.[12]

AL ROSS entende que a inevitável imprecisão das palavras torna possível tanto abarcar os fatos, como não abarcar, tendo em vista o significado da lei. O juiz terá de escolher, sempre influenciado por uma valoração. A interpretação é um ato de natureza construtiva que é motivada tanto pela consciência jurídica formal, como pela consciência jurídica material. A consciência jurídica formal diz respeito ao dogma de obediência ao direito. A consciência jurídica material relaciona-se à tradição cultural (ideais, posturas, valorações) que vive no espírito do juiz. Ele interpreta a lei à luz desta consciência, a fim de que sua decisão seja aceita como correta e como justa ou socialmente desejável. Graças a uma técnica de argumentação, o juiz aparenta que sua argumentação pode ser deduzida da verdadeira interpretação da lei.[13] *Recaséns Siches*, numa linha semelhante de raciocínio, entende que esta materialidade valorativa, intrínseca, a qualquer julgamento, estaria sempre à serviço de um ideal de justiça humanitário e prudencial. A *lógica do razoável* descarta o puro silogismo jurídico formal, como base da decisão.[14]

O exame da premissa menor não é menos problemático, na medida que diz respeito ao tema da prova jurídica. A palavra *probatio* advém de *probus* que gerou, em português, *prova* e *probo*. FERRAZ JR levanta o problema do duplo sentido da palavra "prova", que aponta, em seu sentido objetivo, a demonstração de um fato ocorrido e em seu sentido subjetivo, fazer aprovar, inspirando simpatia e confiança, permitindo o entendimento dos fatos em sentido favorável, envolvendo diretamente o problema da justiça.[15]

Segundo KELSEN, não só a interpretação da norma geral, mas também a averiguação do fato delituoso teria um caráter constitutivo. O tribunal determina o órgão para verificar se o fato ocorreu concretamente, a fim de que entre no domínio do direito. Não é o fato em si de alguém ter cometido um homicídio que constitui o pressuposto estatuído pela ordem jurídica, mas o fato de um órgão competente juridicamente ter verificado, num processo determinado pela ordem jurídica, que um indivíduo praticou um homicídio. O suspeito pode confessar ou

---

12 KELSEN, Hans, *op. cit.*, p. 365.

13 ROSS, Alf. *Direito e Justiça*. Edipro: Bauru, 2003, p. 168.

14 ALMEIDA PRADO, Lídia Reis de. *Alguns aspectos sobre a lógica do razoável na interpretação do direito (Segundo a visão de Recaséns Siches), in Direito, cidadania e justiça: ensaios sobre lógica, interpretação, teoria, sociologia e filosofia jurídicas.* Coordenadores: Beatriz Di Giorgi, Celso Fernandes Campilongo, Flávia Piovesan. Editora dos Tribunais: São Paulo, 1995, p. 61 a 74.

15 FERRAZ JR, Tercio Sampaio. *Introdução ao Estudo do Direito: técnica, decisão, dominação*, quarta edição. São Paulo: Atlas, 2004, p. 319.

negar o fato, mas apenas importam as opiniões dos indivíduos encarregados de aplicar o direito, que podem até contradizer-se. Todavia, só uma opinião pode prevalecer, na medida que ela é juridicamente relevante, só podendo ser atacada por meio de recurso, até que transite em julgado. O tribunal pode verificar que um determinado indivíduo praticou um homicídio, embora, na realidade, ele não tenha ocorrido, ou o tribunal pode verificar que um indivíduo não praticou um homicídio, embora, na realidade, ele tenha executado tal homicídio. O fato processualmente verificado vem ocupar o lugar do fato em si.[16] De acordo com este pensador, teríamos que reformular o silogismo na seguinte forma:

Se um indivíduo matar alguém, deve ser punido com pena de reclusão de 6 a 20 anos.
(Pressupostos e consequências abstratas)

Pelo processo, verificou-se que João matou seu pai.
(Verificação concreta e constitutiva dos fatos, problema da prova)

Logo, João deve ser punido com pena de 15 anos de reclusão.
(Ordem concreta da sanção)

FERRAZ JR, ao analisar o pensamento de KELSEN em relação ao problema da segunda premissa, considera que as relações fáticas, do ponto de vista jurídico, não se ligam ao princípio da causalidade, mas sim ao da imputação. Embora ele considere que a imputação normativa não possa ignorar o nexo causal, em termos absolutos (se o nexo causal é impossível, a imputação perde o sentido) provar um fato, em termos jurídicos, significa uma questão normativa de atribuição de consequências à conduta e não uma relação causal. Assim, não se prova se "*A pagou X para B, mas sim se houve um pagamento, em termos jurídicos*".[17]

Em síntese, podemos afirmar que, segundo este autor, a questão da prova é um problema interno ao sistema, já que é ele quem determina os prazos e até mesmo em que situações devem ser aceitos os nexos causais entre os fatos e direitos. As provas devem ser admitidas pelo Direito e transformam a realidade, o dado bruto, em conceitos. Através de procedimentos dogmáticos institucionalizados, que são não mecânicos, mas constitutivos, faz-se um trabalho linguístico de transformar "*questões indecidíveis em decidíveis, que de novo podem transformar-se em indecidíveis, até a decisão que termina a questão*". Os procedimentos burocráticos institucionalizados, por meio dos papéis sociais, neutralizam o efeito as pressões sociais sobre o sistema jurídico. No processo judicial, podemos ser partes, advogados, promotores, agentes judiciais ou

---

16 KELSEN, Hans, *Op. cit.*, 1979, p. 257 e 258.

17 FERRAZ JR., Tercio Sampaio. *Op. cit.*, 2004, p. 320.

juízes. Há uma contínua interação entre os papéis, que já são configurados de antemão, e não propriamente das pessoas concretas. [18]

Estas reflexões zetéticas sobre a interpretação da linguagem jurídica, seja no plano normativo ou da realidade pensada como conceito também estão muito presentes na linguagem imagética do cinema e trazem questões ligadas ao problema da justiça. Como saber a verdade sobre a eventual prática de um ilícito? Vamos percorrer o caminho das reflexões logopáticas trazidas pelos conceitos-imagem dos grandes filmes *Rashomon, Dançando no escuro, Doze homens e uma sentença,* e *A Caça.*

RASHOMON: A INFLUÊNCIA DOS VALORES MORAIS NA CONSTRUÇÃO DA VERDADE

A peça teatral *Assim é (se lhe parece)*, escrita por Pirandello, em 1017, desenvolve uma instigante reflexão filosófica sobre o tema da verdade. Ela se passa num pequeno vilarejo da Sicília, onde novos moradores, representados por uma pequena família composta por um casal e uma senhora mais velha, aguçam a curiosidade dos moradores antigos, porque assumem um comportamento fora dos padrões dominantes de convivência. Tivemos a oportunidade de vê-la encenada em 2014, em São Paulo, dirigida por Marco Antônio Pâmio, que transpôs a ação dramática para a década de quarenta. O casal vive separado da senhora, que é apresentada como sendo a sogra do rapaz, o senhor Pozo, que assume o posto de novo secretário da prefeitura. A senhora Frola vive no centro, e, todos os dias, visita a filha em região mais afastada, mas não entra em seu apartamento, apenas a observa da janela, em pé, no pátio do térreo. Quando ela é compelida pelos locais a explicar a verdade sobre esta situação atípica, diz que o genro, o senhor Ponzo, tem ciúmes da filha e a mantém em isolamento da mãe. Em resposta, o senhor Pozo rebate o que foi dito, alegando que a verdade é que a senhora Frola não aceita que a sua filha morreu e que ele, agora, vive com a segunda esposa, que é mantida a distância para poupar a Senhora Frola de crises nervosas ao ter de encarar que sua filha morreu. Em contrapartida, potencializando o caleidoscópio, a senhora Frola argumenta que a verdade é que esta versão criada pelo senhor Pozo é falsa porque apenas dissimula o seu extremo sentimento de posse sobre sua filha, que força o seu isolamento.

Qual seria a verdade sobre a jovem? Seria ela *a segunda esposa* ou a *filha da senhora Frola?* O senhor Ponzo e a senhora Frola tem respostas objetivas e certeiras sobre a questão, alegam, reciprocamente, a existência de grandes problemas psicológicos e são altamente convincentes nas suas alegações contraditórias, de um ponto de vista lógico-formal. De fato, como espectadores,

---

18 FERRAZ JR., Tercio Sampaio. *Op. cit.*, 2004, p. 321.

observamos que as duas versões são verossímeis, como bem destaca o personagem Laudisi. Este parece ser o único a perceber a impossibilidade de acesso ao real em si, de forma isolada das reconstruções linguísticas de cada um, sempre influenciadas por valorações subjetivas. Os locais, todavia, personificam a posição do cidadão comum e ficam alarmados com a dúvida filosófica e buscam saídas que bem poderiam ser conectadas ao universo jurídico. Buscam *dados objetivos*, documentos que possam revelar a *verdade*, mas estes se mostram, como linguagem, igualmente incertos e ambíguos. Por fim, decidem que o prefeito, como autoridade local e chefe do senhor Ponzo, deve compeli-lo a trazer sua segunda esposa / filha da senhora Frola para que ela revele, oficialmente, a tão verdade sobre a sua pessoa. Usando uma instigante metáfora, a moça aparece no palco, com um rosto coberto por véu negro, e diz que, para ela mesma, é, concomitantemente, a segunda esposa, tal como a senhora Frola a vê, e filha da senhora Frola, tal como o senhor Ponzo a enxerga. Qual a mensagem filosófica desta peça? Mesmo que a realidade exista, a jovem senhora mora na cidade (ou seria ela um fantasma criado pelas mentes de Frola e Ponzo?), qualquer asserção sobre *quem* e *o que* ela seja, sobre a sua verdade ou falsidade, depende de uma construção linguística de sentido, sempre relativa e influenciada por valores. Não conseguimos acessar o real em si mesmo, senão através da nossa subjetividade. Naturalmente, esta discussão zetética, como vimos no início deste capítulo, é altamente problemática para a dogmática jurídica que, como mecanismo de controle social, necessita abstrair a questão da incerteza linguística e pressupor a possibilidade do direito alcançar a verdade dos fatos ou mesmo a justiça, em sentido mais universal.

O clássico filme japonês *Rashomon*, escrito e dirigido por Akira Kurosawa, em 1950 projeta esta discussão proposta por Pirandello numa abordagem mais assumidamente jurídica, mas nem por isso menos crítica. A obra é uma grande parábola imagética da incerteza cognitiva, que nos afeta, e sobre a nossa condição humana imperfeita, conectados ao tema da verdade em relação ao direito. Inspirou peças e novos filmes, ao longo dos anos, mas desenvolve uma discussão filosófica irretocável, que permanece muito atual. É conhecido como o filme que tornou este diretor famoso no ocidente. Ele se passa no século XI e se inicia com a conversa de três homens no interior de um antigo portal, em ruínas, durante uma forte tempestade, sobre atos criminosos. *Rashomon* refere-se ao portão principal de entrada à cidade de Kyoto. Foi baseado no conto *In a Grove* (*Yabu no naka*) escrito por Akutagawa Ryunosuke. Este conto adentra as profundezas do coração humano, mostrando suas complexidades e ambiguidades morais, todos os personagens estão situados em uma zona cinzenta em termos valorativos, nenhum é essencialmente bom ou cruel. Neste sentido, há um diálogo com o segundo capítulo deste livro. A expressiva vivência emocional dos atores tem um viés teatral muito impactante. Estes estranhos impulsos do coração humano são expressos com o uso da luz e da sombra, no espaço na floresta ao redor de Nara, pertencendo ao templo *Komyoji*, fora de Kyoto. É sabido que houve o uso de espelhos que refletiram a intensidade da luz, a fim de dar destaque às sombras, em filmagem feita, em loco, na floresta, com tecnologia inédita, na época.

O sacerdote (Minoru Chiaki) e o lenhador (Takashi Shimura) relatam, de forma angustiada e tensa, para o plebeu (Kichijuro Ueda), bem como para nós espectadores, o que ouviram, naquele mesmo dia, no Palácio da Justiça. Tentam descrever o depoimento narrativo de três pessoas, que estiveram envolvidas, pessoalmente, num crime de morte de um samurai e de estupro a sua esposa. O sacerdote mostra espanto moral e tormento sobre o que viu, o lenhador revela incompreensão tensa e o plebeu parece mais cínico e consciente a respeito de nossas imperfeições. Há um certo suspense narrativo inicial, que visa despertar a nossa curiosidade: o que pode ser tão monstruoso e, ao mesmo tempo, tão incompreensível, do ponto de vista humano?

O filme vai tecer uma rede de narrativas díspares entre o malfeitor, a esposa e o marido morto através de um médium. Elas se projetam entre si, como *meta-narrativas*, cada uma *reconstruindo a narrativa da narrativa dos fatos, feita por terceiros, de maneira diversa*. O que vemos na tela é a memória de cada personagem transformada em conceitos-imagem, onde rígidos, mas ambíguos, aspectos morais, na sua essência paradoxal, determinam a construção da narrativa imagética dos personagens. Antes de iniciar a chamada meta-narrativa, bastante angustiada com a percepção da maldade humana, o sacerdote e o plebeu explicam porque foram chamados ao Palácio da Justiça: eles, de alguma forma, encontraram com o casal no meio da floresta naquele dia e foram intimados a depor como testemunhas. O que está em jogo é a discussão filosófica sobre a possibilidade de alcançarmos o *fato em si*.

A primeira narrativa é direta e feita pelo lenhador, entramos na sua memória narrativa, através do *close-up* da câmera em seu rosto, que mostra espanto e angústia. Sua memória nos projeta na floresta, três dias atrás, quando ele foi às montanhas para cortar madeira com o seu machado. Na floresta, ouvimos uma música de impacto emocional forte, enquanto ele caminha até encontrar, de forma misteriosa, um chapéu de mulher, uma boina de samurai, um pedaço de corda e um amuleto próximos. Há um interessante jogo de luz e sombra que comunica conceitos imagem sobre a nossa natureza humana, boa (clara) ou ruim (escura). Por fim, ele se depara, horrorizado, com o samurai morto, nós espectadores não vemos o seu rosto ou o seu corpo apenas vemos as suas mãos levantadas para o alto, em sinal de desespero. A seguir, as meta-narrativas se iniciam, já nos jardins do Palácio da Justiça, pois o lenhador passa a *nos mostrar a narrativa de sua narrativa* como depoente jurídico e, a seguir, dos demais. A película é hábil para nos colocar na posição de julgadores, que ouvem as versões narrativas, por meio do uso competente da câmera subjetiva. O mesmo ocorre com a meta-narrativa do sacerdote em juízo, que revela que ele teria encontrado com o casal, andando pela floresta naquele dia, em perfeitas condições físicas, com a esposa em cima de um cavalo.

A seguir, inicia-se a meta-narrativa do homem que capturou o malfeitor Tajomaru (Toshiro Mifune), bastante conhecido na região pela sua audácia e violência. Ele alega ter encontrado o bandido caído do cavalo que ele roubou do samurai, ao lado de seu arco e suas flechas. Diz, de forma irônica, que o destino vingou o samurai derrubando Tajomaru do cavalo. O malfeitor que está ao seu lado, *amarrado pela justiça*, dá um riso alto de deboche, desmentindo que tenha caído do cavalo. Diz que, após sentir-se mal, em virtude de ter bebido água supostamente contaminada com veneno de cobra, desceu do cavalo para descansar, por iniciativa própria. Com o rosto suado de arrogância e soberba cruel, ele confirma a autoria do crime e inicia o seu depoimento narrativo dizendo: *"Foi este Tajumaro que matou aquele homem"*.

Ele, de forma impactante e convincente, afirma que ficou atraído sexualmente pela mulher (Machico Kyo), assim que viu ela passar em seu cavalo, ao lado de seu marido (Masayuki Mori), no momento que parou para descansar na sombra de uma árvore. Pensa que ela é uma deusa, decide possuí-la, mesmo que, para isto, precise matar o marido. Entretanto, afirma que a intenção inicial era levá-la sem tirar a vida do samurai. Ele age de forma dissimulada para enganar o casal, atrai o samurai para dentro da mata com a desculpa de que há espadas antigas enterradas, o ataca e o amarra numa árvore. Depois, vai ao encontro da esposa e a leva para perto do marido amarrado. A esposa pega um punhal e luta com ele; ela é feroz, na opinião de Tajomaru. Ela começa a chorar, resiste, mas Tajomaru a seduz. Não houve estupro nesta versão, o malfeitor fica feliz em não ter matado o samurai, mas a mulher vai ao encontro dele e afirma que um deles deve morrer. Para ela, a vergonha de conhecer dois homens é pior do que morrer. Irá com o sobrevivente. Os homens lutam com força, destreza e dignidade, mas *Tajomaru* dá o golpe fatal, depois de cruzar a espada 23 vezes com o Samurai. Foi uma luta com honra, porque ele só tinha cruzado a espada até 20 vezes antes. A mulher fugiu depois da luta.

Encerrada esta meta-narrativa, o lenhador diz, de forma indignada, que ela é mentirosa, assim como a narrativa da mulher que será meta-narrada, a seguir. O plebeu diz, com naturalidade, que a mentira faz parte da natureza humana dizendo: *"é humano mentir, a maior parte do tempo não conseguimos ser honestos com nós mesmos"*. O sacerdote complementa: *"é por serem fracos que os homens mentem até para eles mesmos"*. O plebeu reponde, com indiferença: *"não me preocupe se é mentira, isto só está nos entretendo"*. A seguir, será a vez do sacerdote iniciar a sua meta-narrativa para o plebeu em torno do depoimento da mulher que foi achada escondida no templo. Vemos mais um close-up em seu rosto atormentado, para que possamos entrar na sua mente narrativa. De início, ele destaca que não viu uma pessoa feroz como aquela descrita por Tajomaru, mas uma pessoa doce, com uma atitude quase lamentável.

O depoimento da mulher espelha o conceito-imagem da encarnação da submissão feminina e culpa pela violação do corpo. No tribunal, ela mostrou um rosto sensível e chorou muito, de forma sofrida e muito convincente. Confirmou que foi estuprada e não seduzida como afirmou Tajomaru. Supõe que o marido tenha ficado horrorizado, tentou soltar as cordas dele, várias vezes. O malfeitor vai embora, sem matar o marido, mas o deixa amarrado. A menção do estupro de Tajomaru não tem detalhes e é muito rápida, toda a narrativa é desenvolvida a partir da interação que ela desenvolve com o marido quando os dois ficam sozinhos na floresta. Ela abraça o marido, mas é atingida pela repugnância fria de seu olhar de reprovação moral. Ela afirma: "*até agora, quando penso nos olhos dele, meu sangue gela em minhas veias*". O que vi neles era um olhar de repugnância, uma luz fria. Ela assume a sua culpa moral e pede que ela bata nela, o desamarra mostrando o seu punhal e pedindo para que ele a mate. Ela se aproxima com o punhal apontado para ele. Há a sugestão de que ela o teria matado, mas não teria consciência clara disto. Ela desfaleceu, mas quando acordou viu o punhal dela no peito do marido. Ela estava em choque e não se lembra como deixou o bosque. Tentou, mas não conseguiu se matar. Ela está desamparada e em desespero.

O plebeu diz: "*quanto mais ouço, mais confuso eu fico. Mas as mulheres usam as suas lágrimas para enganar todo mundo, inclusive elas mesmas*". O lenhador afirma, com convicção, que a versão do marido é também mentirosa, mas o sacerdote diz que se recusa a acreditar que aquele homem possa ser tão pecador. O realista plebeu argumenta: "*Conte você, lá está alguém que é bom de verdade? Talvez bondade sela algo fictício, o homem só quer esquecer coisas ruins e acreditar que só fez coisas boas. É o caminho mais fácil*".

Na meta-narrativa do marido morto, feita através de uma médium, ele descreve a esposa como encarnação do mal absoluto. Dominado pelo ressentimento da perda da vida, ele se retorce de raiva, de forma assustadora. Ele diz que *está sofrendo na escuridão*. Afirma: "*amaldiçoados os que me lançaram neste inferno escuro*". No seu relato, depois do ataque sexual, ela chora, o bandido tenta consolá-la e pede para que deixe o casamento. Ele a teria atacado por seu amor a ela. Ela aceita o pedido na frente do marido desamparado, dizendo, "*leve-me para onde você quiser*". O marido fica rancoroso. Ela pede, antes de fugir, que o bandido mate o marido. Até mesmo o bandido teria ficado pálido com esta afirmação. O bandido tem seu orgulho masculino ferido, imobiliza a mulher, dizendo ao marido amarrado que ele deverá decidir se ele deve matar ou salvar a mulher. Ele diz que estava pronto a perdoar os crimes de Tajoramu, mas a mulher é mais rápida e foge. Passam-se horas, o bandido volta sozinho e solta o marido. Ele chora, desesperado, sozinho, vê o punhal e se mata.

O lenhador diz que o relato do marido também é mentiroso, não havia nenhum punhal e ele foi morto por uma espada. A sua certeza faz com que o plebeu desconfie que ele viu mais do que de fato relatou ao tribunal. De forma constrangida ele assume que mentiu para não ser envolvido. O plebeu responde: *"conte aqui, sua história parece ser a mais interessante"*. O sacerdote responde: não quero ouvir mais histórias de horror, mas o plebeu, mais uma vez, afirmando seu ceticismo, argumenta: *"são histórias comuns hoje em dia, ouvi dizer que o demônio vive aqui em Rashomon, fugindo com medo da ferocidade do homem"*.

Na descrição dos fatos, feita pelo lenhador, não temos uma meta-narrativa, mas um discurso direto daquele que clama saber a verdade objetiva dos fatos, que não chegam ao tribunal. No primeiro depoimento, ele omitiu ter testemunhado o crime. Agora, ele afirma que, depois que encontrou o chapéu da mulher, observou a interação dos três em conflito, logo em seguida do estrupo confirmado. Sua narrativa é menos parcial do que as outras, mas é a mais pessimista de todas, ao expor, as fraquezas e agressividades dos três envolvidos. Ele afirma ter visto a mulher chorando ao lado de Tajomaru, de joelhos, ele implorando perdão a mulher e dizendo querê-la mais. Ele implora para que ela seja esposa dele. Propõe até largar a vida de bandido. Mas afirma que se ela disser não, não terá outra saída a não ser matá-la. Passa a maltratá-la, mas ela responde que, por ser mulher, não tem a palavra definitiva. Solta o marido, e pede que os homens decidam na luta. O marido diz que não quer arriscar a sua vida por uma mulher sem honra. Diz para ela que deveria se matar por ter ficado com dois homens. Diz *"que não quer esta prostituta sem vergonha, que o bandido pode ficar com ela, neste momento preferia perdê-la a perder o cavalo"*. Ela chora no meio dos dois, atirada ao chão. O bandido diz para o marido não tiranizá-la porque as mulheres são fracas por natureza. No entanto, de forma surpreendente, ela começa a soltar uma gargalhada debochada parecida com a do bandido, dizendo: *"vocês é que são fracos e não homens de verdade"*. Afirma ter visto, em Tajomaru, a chance de sair da *"farsa diária do casamento"*. Eles começam a lutar e ela a rir. A luta é pouco grandiosa e desordenada. No início, o Samurai leva muita vantagem sobre o bandido. O marido é morto pelo malfeitor, no final, mas afirma antes, de forma vulnerável, que não queria morrer. Ao ver o marido morto, a mulher foge de Tajomaru, com medo e o malfeitor fica desnorteado e muito fragilizado.

De volta ao portal, há um diálogo de descrença entre o plebeu e o lenhador, em que este afirma: *"Esta é a história real, não contém mentiras. Vi tudo com meus próprios olhos"*. O plebeu mostra descrença, mas o sacerdote diz: *"Se os homens não confiam mais uns nos outros pode ser um inferno"*. O plebeu responde, com sua gargalhada debochada: *"Isto é certo, este mundo é mesmo um inferno"*. Nas cenas finais, um recém-nascido aparece abandonado no portal, ocorre um novo embate ético entre os presentes que mostra as suas distintas posições valorativas. O plebeu leva o valioso quimono da criança, com o rubi da sorte, afirmado o seu egoísmo e levantando a suspeita de que o lenhador deve ter ficado com o punhal valioso. Por fim, quando a chuva cessa, o lenhador, numa afirmação do humanismo, decide cuidar da criança e o sacerdote afirma que "*com a sua atitude acho que posso manter a minha fé nos homens*".

Os conceitos-imagem do filme mostram como o testemunho de Tajomaru, da esposa e do marido espelham uma tentativa frustrada de buscar a interpretação subjetiva dos fatos como critério absoluto de verdade. Deste modo, o filme habilmente coloca a questão filosófica do fato em si não conseguir adentrar o universo jurídico. O que observamos é transformação do fato em si em discurso narrativo, diretamente influenciado por questões valorativas e morais, pessoais. Mostra como pessoas que têm a mesma vivência, podem percebê-la de forma tão distinta. Houve mentira deliberada ou autoengano? Como julgar o verdadeiro ou falso? Como saber o que de fato aconteceu? Da mesma forma, a interpretação do lenhador aparece como uma tentativa última de objetivação hermenêutica da realidade. Depois de invocar a ideia de verdade / mentira em relação às outras narrativas, ele assume, supostamente, o ponto de vista externo daquele que testemunhou, objetivamente, os fatos aconteceram. Todavia, o final permanece em aberto, já que não há garantias absolutas de que ele também não esteja projetando a sua subjetividade na suposta interpretação objetiva do fato testemunhado. Ele assume que mentiu deliberadamente no tribunal para não se envolver e não consegue dar uma explicação para o sumiço do punhal valioso invocado, no final, pelo plebeu.

Neste sentido, o filme propõe um conceito-imagem profundamente relacionado as reflexões de MORIN sobre as incertezas da linguagem e do conhecimento, que se refletem no universo jurídico, de forma ampla. Para tanto, ele faz com que o espectador vivencie a experiência logopática de se perder no labirinto discursivo, onde não há como encontrar a verdade, em sentido unívoco. Mesmo que haja a aceitação da quarta narrativa como sendo atrelada a uma exposição mais verossímil, por fazer uma reconstrução menos maniqueísta dos envolvidos no conflito, temos a ciência de que ela não comporá a leitura jurídica dos fatos oficiais. Citando as palavras de Kurosawa no encarte do DVD:

> *Seres humanos são incapazes de ser honestos como eles mesmos, sem mentir para que se sintam melhores do que realmente eles são. Egoísmo é um pecado que acompanha o homem desde o seu nascimento. Mesmo o personagem que morre não deixa de mentir quando fala através de uma médium. O filme foca a impossibilidade do verdadeiro conhecimento da psicologia humana. Mas ele foi escrito com a intenção de ser entendido em relação a esta questão.*

DANÇANDO NO ESCURO: AS CENAS QUE JAMAIS SERÃO VISTAS PELO DIREITO

O filme *Dançando no Escuro* foi escrito e dirigido pelo excepcional diretor dinamarquês Lars Von Trier e encerra, com maestria, a famosa trilogia do "Coração de Ouro" (Golden Heart), iniciada pelo filme *Ondas do Destino* (*Breaking the Waves*), e *Os Idiotas* (*The Idiots*). Nestes filmes, a questão do amor incondicional feminino vence e subverte as limitações institucionais dominantes da moral, da religião e do direito. Juntamente com Thomas Vinterberg, ele foi um dos fundadores do movimento *Dogma 95*, cujo manifesto de fundação foi assinado em Copenhague, em março de 1995, em comemoração ao centenário parisiense da fundação do cinema. Este documento normativo contém dez dogmas técnicos que retomam a simplicidade artística e não industrial do neorrealismo italiano e da *nouvelle vague* francesa. O objetivo principal era constituir uma linguagem cinematográfica crítica e subversiva em relação ao contexto comercial hollywoodiano, adepto da decupagem clássica, baseada na montagem invisível e geradora da famosa impressão de realidade ilusória.[19] Por exemplo, pelo manifesto, a câmera deveria ser usada sempre na mão e não de forma fixa; a iluminação teria de ser natural, jamais artificial; as locações deveriam ser reais e não construídas em estúdio; o som deveria advir da própria cena e não poderia inserido artificialmente.

Nesta trilogia, somente o filme *Os Idiotas* seguiu estas regras à risca. Em *Dançando no Escuro*, a natureza intrinsecamente rebelde do diretor o impulsionou a subverter os próprios dogmas que criou. O filme pode ser considerado uma releitura crítica dos melodramas e dos musicais hollywoodianos dos anos 1940 e 1950, há inserção artificial de música, portanto. A cantora islandesa Björk, inicialmente, foi contratada para compor a impactante trilha sonora do filme, mas acabou sendo convencida pelo diretor a assumir o papel da protagonista *Selma*, no seu primeiro e único trabalho como atriz. Em 2000, o filme ganhou a Palma de Ouro nas categorias de melhor filme e de melhor atriz. Na época, a forte logopatia da película trouxe a inusitada manchete na mídia: "*Lars Von Trier é conhecido na França como o homem que fez Cannes chorar*".[20]

É sabido que o diretor assume, abertamente, o poder manipulador da imagem cinematográfica, em termos emocionais, mas no sentido inverso ao proposto pelo cinema industrial americano. Trata-se de uma manipulação, que, ao invés de iludir, de idealizar uma realidade, busca a conscientização do real. Ela desperta um sentimento de indignação crítica diante de uma situação de injustiça, que nos leva à experiência logopática relacionada à impossibilidade do

---

19 XAVIER, Ismail. *O Discurso cinematográfico: a opacidade e a transparência*. São Paulo: Paz e Terra, 2005, p. 27 a 39

20 ORIOCCHIO, Luiz Zanin. Dançando no escuro traz Björk para as telas brasileiras. Disponível em http://www.terra.com.br/cinema/drama/dancer.htm Acesso em: 20 de novembro de 2010.

direito acessar a verdade factual, nos termos em que se justifica, na perspectiva dogmática tradicional.

A trama é simples, mas muito bem articulada em termos narrativos tradicionais. Não há uma cena que podemos considerar supérflua, o filme tem começo, meio e fim logicamente bem articulados. Ela se passa no Estado de Washington, em meados dos anos 1960, seus personagens não são abordados de forma maniqueísta. Todos apresentam ambiguidades, têm pontos positivos e pontos de fraqueza, são tipicamente humanos na sua essência. A narrativa nos conduz a uma total intimidade psicológica e ética com a protagonista Selma, uma imigrante de um país comunista, a antiga Checoslováquia. Ela vem aos EUA em busca de um ideal ético, que é mantido em segredo de todos que vivem a sua volta. O fantástico desempenho de Björk fascina pela mistura paradoxal de fragilidade e força que impingiu à personagem. Esta ambiguidade é potencializada pelos planos fechados em *close-up* e também dos primeiríssimos planos em seu rosto com traços quase infantis e delicados, mostrados pelo inteligente uso da câmara na mão em movimento. O filme irá inverter a perspectiva de Rashomon, que deixa o espectador em estado de total indefinição sobre o fato em si e simular, em termos estritamente cinematográficos, a possibilidade do espectador simular um possível acesso ao fato em si, que envolve a vivência emocional da personagem Selma. Aos poucos, vamos testemunhando a verdade factual que permeia a vida da nossa complexa, mas, primordialmente, bondosa protagonista.

A VERDADE FACTUAL DE SELMA

Inicialmente, somente nós, os espectadores, compartilhamos com ela este segredo: ela é portadora de uma doença degenerativa e hereditária, que, aos poucos, está acabando com a sua visão. Gene (Vladica Kostic), seu filho de doze anos, herdou a mesma doença, mas não sabe que ficará cego. Nos EUA, através de uma cirurgia, pode ser curado e ter a sua vista salva. Selma sabia que a criança iria herdar a doença, mas quis realizar o seu sonho de maternidade, por isso se sente absolutamente comprometida a curar o filho. Ela imigrou para conseguir dinheiro e realizar esta cirurgia, por isso trabalha, penosamente, como operária numa metalúrgica, quase vinte e quatro horas por dia, guardando o máximo de dinheiro possível. Ela decora a sequência de letras e chega a mentir sobre a cegueira no exame médico do trabalho, que lhe concede autorização para trabalhar com máquinas perigosas, que exigem boa acuidade visual para o seu manuseio. Ela justifica a economia do dinheiro dizendo, enganosamente, que o envia para o seu pai, um bailarino chamado Oldrich Novì, na Checoslováquia. Neste caso, a penetração logopática na consciência subjetiva de Selma, nos faz perceber que as suas mentiras exteriores, sua urgência monetária, não corroboram um materialismo superficial, pois surgem como reafirmação obstinada da sua verdade ética interior, ligada ao ideal de salvar a visão de seu filho.

Selma mora num trailer alugado nos fundos da casa do policial Bill (David Morse) e de sua esposa Linda (Cara Seymour). A relação com ambos é de amizade e extrema cordialidade. Eles tomam conta de Gene, enquanto ela trabalha e chegam a presenteá-lo com uma bicicleta, mesmo sob os protestos não materialistas de Selma. Logo no início, percebemos, contudo, a diretriz cultural capitalista que domina no ambiente. Entre Bill e Linda, a afetividade mistura-se com a materialidade financeira. Em certa cena, Linda diz, satisfeita, que Bill dá muito dinheiro a ela. Para retribuir a gentileza de Linda, Selma diz para Gene sempre perguntar a ela sobre o dinheiro de Bill, porque isto a deixa feliz. Jeff (Peter Stormare) é outro vizinho que almeja — mesmo sob os protestos de independência de Selma — namorá-la. Insistentemente, ele vai buscá-la, diariamente, no fim do expediente. Na maioria das vezes, ela recusa a carona, na tentativa de afirmar a sua independência e firmeza em relação aos seus objetivos de operar seu filho. Sua melhor amiga é Kathy (*Catherine Deneuve*), sua solidária companheira de trabalho, com quem compartilha seu ideal em torno da dança e da música. Ambas estão ensaiando, no seu tempo livre, para atuar na montagem amadora do musical *A Noviça Rebelde*. Nas horas vagas também vão juntas ao cinema assistir aos musicais.

É neste momento que a película nos revela um grande trunfo emocional de Selma, diante dos excessos físicos e psicológicos que pratica: na fábrica, nos momentos de insuportável exaustão física e emocional, estimulada pelo ritmo dos sons do ambiente (sua audição parece crescer na medida que sua visão perece) ela *sonha acordada* que está participando de um musical, onde o seu martírio é claramente amenizado. Isto remete à sua forte paixão pelos musicais americanos dos anos 1940, que representaram a consagração da fantasia, da alegria, do movimento e do sonho de felicidade norte-americano. Mas o que vemos nas coreografias criadas na mente de Selma, onde ela atua como protagonista, que dança e canta, é uma espécie de musical anti-ilusionista. Os movimentos da dança não são articulados de forma equilibrada e leve, são disfuncionais, na verdade. Eles nos remetem ao caráter idealista e otimista de Selma, mas, ao mesmo tempo, estão conectados realisticamente com a sua situação de martírio pessoal. O diretor utilizou cem câmeras digitais fixas em pontos diferentes para compor estes sonhos da protagonista, quase na exposição de seu subconsciente, em termos psicanalíticos. Na verdade, não são sonhos de fuga do real, simplesmente, mas uma espécie de experiência logopática psicológica que lhe dá forças para seguir em frente nos seus ideais humanísticos. Os sonhos de Selma são uma espécie de subversão, através da alegria, da imposição do sofrimento.

Certo dia, no trailer, ocorre um diálogo íntimo entre Bill e Selma, em que ele, desesperado, revela que está falido, pois linda gastou todo o dinheiro da herança que tinha. Seu casamento, consolidado em bases financeiras, está ameaçado. Sensibilizada pela confissão Bill, que ela considera um sincero amigo, ela revela o seu segredo, que somente nós os expectadores conhecíamos, para ele. As experiências são inversas, já que ela revela ter aquilo que falta a Bill: "o dinheiro", que vai ser o grande "vilão" de nossa história. Reproduzimos o diálogo dos dois.

Bill: *Eu não tenho dinheiro, todo dinheiro que herdei já acabou. E Linda, ela só gasta e gasta. Meu salário não dá nem de longe. Não consigo dizer não a ela. O banco vai tomar a casa porque atrasei muito os pagamentos. Eu vou perder, Linda. Eu sei. Eu sei que vou.*
Selma: *Ela ama você Bill, não chore. Vai se sentir melhor se eu contar um segredo? Estou ficando cega em breve, talvez ainda este ano. Não é tão ruim quanto parece. É um problema de família. Desde que eu era criança, eu sabia. Eu vim para a América porque aqui podem operar Gene, sabe? Já tenho quase tudo para a operação. Poderá ser operado quando fizer 13 anos.*
Bill: *Inventou aquela história sobre o seu pai?*
Selma: *Eu nunca tive pai, inventei o nome dele também. A culpa é minha eu acho. Porque eu sabia que ele teria problema nos olhos como eu. Mas eu o tive mesmo assim.*
Bill: *Você é muito forte.*
Selma: *Eu não sou forte, faço brincadeiras quando fica difícil. Quando estou trabalhando na fábrica e as máquinas fazem uns ritmos, começo a sonhar e tudo se torna música.*

Em outra cena, Bill vai buscar Selma, com o carro da polícia, no final do expediente. No caminho, pede o dinheiro de Selma emprestado por um mês, para fazer o próximo pagamento da hipoteca da casa, a fim de obter mais prazo para sanar a dívida. Selma recusa dizendo que o dinheiro é de Gene. Bill pensa em se matar, porque sabe que *Linda* quer novos sofás. Na casa de Bill, em gesto de generosidade, ela pede para que eles subam o seu aluguel, mas, Linda recusa. Ela diz que Selma precisa mais do que eles.

De volta no cenário da fábrica, vemos que Selma está praticamente cega, mas pede para trabalhar no turno da noite. Mesmo com a ajuda de Kathy, o cansaço a domina, ela sonha acordada, mais uma vez, com o musical, provocando a quebra de uma das máquinas. No trailer, Bill diz a ela que achou uma solução e que decidiu dividir o problema com Linda, que o ama. Ele finge que sai, bate à porta, mas fica lá dentro. O lado sombrio e egoísta (*homo demens*) de sua personalidade aparece para os espectadores. Selma está cega, exausta, e ele observa onde ela guarda o dinheiro, curiosamente, na lata de bombons que Linda deu a ela, símbolo do sonho de felicidade americano. No dia seguinte, ela é demitida por ter quebrado uma das máquinas, mas Norman (Jean-Marc Barr), seu superior, generosamente, diz que talvez possa achar um posto para ela, longe do maquinário, onde a visão não seja tão importante. Ela sai mais cedo e procura por Jeff, dizendo que precisará de uma carona mais tarde, às três horas. Jeff percebe que ela está cega. Ela chega em casa, vai colocar o resto do dinheiro na lata, mas percebe que ela está vazia. É um prenúncio de uma situação trágica que está por acontecer.

O ESPECTADOR COMO TESTEMUNHA OCULAR DO CRIME

Nesta etapa do filme, testemunhamos como Bill usa de suas prerrogativas oficiais de policial para distorcer as circunstâncias que envolvem o furto do dinheiro de Selma que praticou, dolosamente, e de forma premeditada. Agora vemos um Bill egoísta, mentiroso e manipulador. A percepção de Linda em torno dos fatos é completamente distorcida por Bill. Ela é a única testemunha presente no local.

Selma vai até a casa, Linda diz, muito nervosa, que Bill contou para ela que Selma tentou seduzi-lo, mas que ele se recusou. Ela pede que Selma deixe o trailer. Em termos da pragmática jurídica, somos testemunhas de que o discurso de Bill é abusivo de sua autoridade: ele aniquila Selma, como sujeito da relação. Apesar de ela confirmar o direito, ganhando o seu dinheiro, licitamente, através de seu trabalho exaustivo, ela deverá ser punida como uma criminosa que supostamente rejeita o direito.[21]

Ao encontrar Bill, no piso superior da casa, assistimos a última conversa íntima dos dois e, mais uma vez, vemos o fato em si que anuncia a tragédia violenta. A conversa inicia-se calma, pois Selma ainda não percebeu o caráter destrutivo das intenções de Bill. Ele trouxe o cofre para casa, colocou o dinheiro de Selma lá dentro para parecer que era dele. Diz a ela que pode levá-lo de volta daqui a um mês e que não deve contar nada para Linda. Selma diz que como não poderá juntar mais dinheiro, decidiu pagar o médico naquela tarde. Diz que havia na lata US$2.026,10, que somados aos US$30 que ela ganhou no dia totalizam US$2056,10. Ela pega o dinheiro e o põe na bolsa, ingenuamente.

Quando ela está saindo, ele aponta uma arma para ela e diz, desesperadamente, para devolver o "*dinheiro dele*", que estava em seu cofre. Ela chora em desespero. Linda chega e Bill diz a ela que "*Selma tentou roubar o dinheiro e que sabia que a arma estava na gaveta*". Pede para ela pegar as algemas no carro dele. Enquanto isso, ele exige que Selma dê o dinheiro para ele, para ela poder ir embora e, num ímpeto violento, tenta arrancar a bolsa dela. A arma dispara, sem querer, e ele

21 OLIVEIRA, Mara *Regina de. O Desafio à autoridade da lei: a relação existente entre poder, obediência e subversão*. Rio de Janeiro: Corifeu, 2006, p. 114 a 116.

segura a bolsa de dinheiro entre suas mãos, dizendo para Selma: "*Você fez a coisa certa, eu mesmo devia ter feito isso. Mate-me, vamos, mate-me, seja minha amiga e tenha pena de mim*". Linda volta dizendo que as algemas não estão no carro e vê Selma com a arma na mão. Bill diz para Linda correr até a fazenda do Miller, afastando-a, estrategicamente, da cena do crime, e ligar para a delegacia. A seguir, o discurso desesperado, mas duplamente abusivo de Bill, coage Selma a rejeitar o direito e praticar a conduta criminosa ao afirmar: "*Se quiser pegar o dinheiro terá de me matar*"! Selma é aniquilada como sujeito da relação, em termos pragmáticos. Iremos explorar melhor esta temática no Capítulo 6 do livro.

Selma chora em desespero dizendo "*não faça isto comigo*", tenta pegar o dinheiro, mas ele não solta. Em segundos, ela tenta arrancar o dinheiro mais uma vez. Bill diz: "*Não pode ficar em pé e puxar este gatilho*"? Selma, então, confirma e obedece a ordem ilegal e abusiva de Bill, dando cinco tiros nele, sem enxergar. A cena é dramática, ela está completamente coagida a praticar o crime, para salvar a vista de seu filho e reaver seu dinheiro. Diz "*preciso levar o dinheiro*", tenta pegar o dinheiro, mas Bill não o solta, mesmo depois de ser duramente baleado, em cena simbólica de seu apego material. Sua disputa vai até fim. Chorando muito, numa tomada impactante, Selma pega o cofre e bate na cabeça dele várias vezes, numa cena sangrenta, seu lado *demens*, agressivo aparece para confirmar o pacto ético que ela fez consigo mesma. A seguir, ela sonha, através de um novo musical, que fez só o que era preciso e também que ela pediria perdão a Bill e ele a perdoaria. Ao sair da casa, ela olha para a bandeira americana. Depois que ela sai, a polícia chega, mas ela encontra Jeff, que lhe dá carona até o médico. No consultório, ela paga pela operação, falando em tcheco com o médico. Quando este pergunta o nome do filho, ela diz: "*Novì, e aí o senhor saberá que está tudo pago*".

A MORTE DE BILL TRADUZIDA PELO DIREITO

Após deixar o consultório médico, Selma não tenta fugir ou se esconder, pede a Jeff que a leve para ver o ensaio do musical *A Noviça Rebelde*, cujo papel abdicou em virtude da cegueira. O diretor Samuel, já combinado com a polícia, tenta mantê-la lá por mais tempo, quando ela decide ir embora para ver o filho. Neste momento, percebemos como as pessoas ao redor de Selma, que demonstravam ter generosidade em relação a ela, começam a mudar de atitude moral. Um pouco antes de ser presa, ela sonha acordada mais uma vez.

Nas cenas seguintes, o filme dá um salto para o julgamento de Selma. Lembrando de Alf Ross, percebemos que o fato em si é reconstruído, linguisticamente, a partir de uma interpretação conduzida por uma consciência jurídica material bastante distorcida. Esta é influenciada pela condição social inferior de Selma (uma imigrante pobre advinda de um país comunista), e pela condição social superior de

Bill, que tinha boa condição financeira aparente e o status de uma autoridade policial. Vemos, claramente, na esteira do pensamento de KELSEN, que o fato verificado juridicamente não corresponderá ao fato em si, que só nós espectadores, além de Selma e Bill, testemunhamos. Nós somos testemunhas imóveis e externas ao filme, não podemos falar, isto gera uma imensa e bem construída angústia logopática, nos termos propostos por CABRERA. As circunstâncias fáticas que permearam a morte de Bill são reconstruídas integramente, de forma bastante desfavorável à ré. No discurso persuasivo da promotoria, a generosa Selma que conhecemos na intimidade é reinterpretada como uma pessoa egoísta, que se esconde atrás de sua cegueira. O crime, que o próprio Bill a coagiu a cometer — ele queria se matar, mas a obrigou a apertar o gatilho — é reconstruído, linguisticamente, como um homicídio premeditado. Percebemos que o policial, mesmo no desespero da morte iminente, soube planejar a futura visualização discursiva de sua morte e a condenação de Selma, sem testemunhas, para que a sua boa imagem familiar fosse preservada aos olhos de Linda e de outros. O promotor (Zeljko Ivanek) diz, afirmando um discurso de violência simbólica:

Promotor: *O Estado mostrará que a acusada não só cometeu o mais cruel e bem planejado homicídio de todos os tempos, mas também que é uma pessoa extremamente egoísta que se esconde cinicamente por trás de uma deficiência e só tem consideração por si mesma. Esta mulher encontrou confiança e amizade, quando buscou refúgio em nosso país. E as provas mostrarão que retribuiu com traição, roubo e assassinato, infringindo as pessoas que lhes abriram seus lares e seus corações. Senhores e senhoras do júri, as provas mostrarão que ela não demonstrou a piedade que quer que tenhamos.*

A acusação apresenta as suas testemunhas, que não viram o crime, mas falam sobre situações vividas com Selma. Situações que não teriam relação direta com o crime, são manipuladas e reconstruídas, pela acusação, para incriminar Selma, sem que os próprios depoentes tomem consciência disto. Eles não mentem, realmente falam o que vivenciaram com Selma, mas num contexto material diferente daquele apresentado no tribunal. Na esteira do pensamento de ALF ROSS, lembramos de que o sentido semântico das palavras depende da situação pragmática em que são utilizados e se modificam de acordo com ela. Eles não são mais pessoas concretas, pois exercem o papel institucionalizado de depoentes, na medida que Selma também deixa de ser humana e aparece no papel de ré. Este é o ponto forte do drama construído por Lars Von Trier, que o torna muito superior aos tradicionais filmes hollywoodianos do gênero. Não há uma "maquinação vilã" do Estado contra Selma, o problema é interpretativo, já que não existe uma essência linguística universal. Quem testemunha, quem verifica o fato e quem julga reconstrói a sua verdade, influenciado por questões materiais, valorativas, políticas e culturais, que não são objetivas, nem universais, mas apenas dominantes em determinadas circunstâncias.

No caso de Selma, há um conjunto de circunstâncias desfavoráveis, principalmente o fato de ser uma humilde imigrante originária de um país comunista no auge da Guerra Fria. Mas a principal delas é imposta por ela mesma. Mesmo tendo sido vítima de uma mentira ardilosa e abusiva do policial, que construiu a cena para que ela praticasse o crime, ela decide não revelar o seu segredo e o de Bill (ela deu a sua palavra a ele), com receio de que isto colocasse em risco a operação do filho. Em seu depoimento, ela acaba reforçando a mentira de que enviava dinheiro para seu pai, *Oldrich Novì*, na Checoslováquia. Deste modo, acaba caindo em contradições lógico-formais, que indicam aos jurados, que estaria mentindo sobre tudo e sobre o crime. Não assistimos a fala da defesa, mas fica subentendido que ela foi muito mal trabalhada pelo advogado indicado pelo tribunal, em termos comunicativos, ao contrário do trabalho da promotoria. Vivemos a angústia logopática de presenciar, passo a passo, a reconstrução distorcida do fato em si em termos jurídicos. Algo que jamais poderemos vivenciar, no mundo real, onde a verdade factual permanece potencialmente inacessível, na medida que só pode ser apreendida como discurso. A seguir, daremos destaque aos depoimentos das "testemunhas de acusação" de Selma.

a. O depoimento do médico que examinou a vista de Selma, na empresa em que trabalhava

Médico: *Pouco antes do homicídio examinei os olhos dela e descobri que tinha miopia. Ela é míope.*

Promotor: *Míope, mas conseguia enxergar?*

Médico: *Sim*

Na primeira parte do filme, vemos que Selma decora a sequência de letras do exame, mente que enxerga para o médico, a fim de manter o seu emprego.

b. O depoimento de Norman, antigo patrão de Selma

Norman: *Ela disse que o comunismo era melhor para as pessoas.*

Promotor: *Só sentia desprezo pelo nosso país e seus princípios.*

Norman: *Exceto os musicais. Disse que os americanos eram melhores.*

Promotor: *A acusada preferia Hollywood a Vladivostok? Bem, já é algum reconhecimento.*

Na primeira parte do filme, Selma diz esta frase, sem nenhuma intenção de menosprezo aos EUA. A sua paixão pelo sonho de felicidade americano, traduzido na sua paixão pelos musicais, faz com que ela guarde suas economias numa caixa de bombom, presenteada por Bill e Linda, que traduzia este sonho, pois ela tinha visto uma caixa semelhante num musical americano.

c. O depoimento de Linda

Linda: *Ela perguntou sobre o dinheiro várias vezes.*

Promotor: *Queria saber onde estava.*

Linda: *Exatamente.*

Na primeira parte do filme, vemos que Selma perguntava pelo dinheiro, apenas como forma de agradar Linda, que ficava muito feliz em dizer que Bill dava muito dinheiro a ela.

Promotor: *Perguntou sobre a arma?*

Linda: *Sim*

Promotor: *Quis saber onde a guardava?*

Linda: *Exatamente. Bill estava deitado no chão, estava ferido e implorava por sua vida. Você não teve pena dele Selma! E também não terão de você.*

Na primeira parte do filme, vemos que Selma fica preocupada em saber que Bill tem uma arma em casa. Linda, com orgulho, diz que por ser um policial, ele a guarda na escrivaninha do quarto. Bill somente deu a impressão de implorar sobre sua vida, na frente de Linda. Ele, de fato, exigiu que Selma o matasse. Ela foi manipulada e coagida por ele.

d. O depoimento de Selma

Promotor: *Diga seu nome para constar nos autos, por favor.*

Selma: *Selma Jesková.*

Promotor: *E Bill e Linda Houston eram seus amigos, certo?*

Selma: *Sim.*

Promotor: *De fato, você morava num trailer na propriedade deles. Eles também não cuidavam de seu filho enquanto trabalhava? Recentemente, deram a ele um presente de aniversário, certo? Deram-lhe uma bicicleta.*

Selma: *Sim (a expressão dela é de encantamento).*

Promotor: *Você diz que sua visão era ruim ao contrário do que afirmou o especialista. Mas enxergou o bastante para ferir trinta e quatro vezes Bill Houston. Por que o matou? Se me permite perguntar.*

Selma: *Ele me pediu (os olhos dela ficam molhados).*

Promotor: *Pediu? Que intrigante! Um homem com boa carreira, dinheiro e casamento. Por que ele pediria que o matasse?*

Selma: *Prometi não contar.*

Promotor: *Isso esclarece tudo. Você prometeu não contar. Você quer nos fazer crer que o dinheiro que roubou era seu apesar das economias de Bill terem sumido misteriosamente.*

Promotor: *Onde conseguiu o dinheiro?*

Selma: *Eu estava juntando.*

Promotor: *Juntando dinheiro para quê? Não dava nem presente de aniversário para o seu filho.*

Selma: *Para o meu pai na Checoslováquia.*

Promotor: *Seu pai, e qual é o nome dele?*

Selma: *Meu pai se chama Oldrich Novì.*

Promotor: *Quer que acreditemos que matou Bill Houston ferindo-o trinta e quatro vezes porque ele pediu? Quer que acreditemos que estava cega quando o fez? Que eram as suas economias que roubou dele? E também que mandava tudo o que tinha para o seu pai?*

A expressão de Selma é de muita dor ao ouvir a fala do promotor. Fora a questão do envio do dinheiro para o falso pai, tudo que Selma diz em seu depoimento é condizente com os fatos que testemunhamos na cena do crime.

Promotor: *Um homem chamado Oldrich Novì. É isso?*

Selma: *Sim*

Promotor: *Obrigada, Sra. Jesková.*

Promotor: *Senhores jurados, ouviram isso da própria boca da ré. Devem acreditar nela como devem acreditar quando diz que seu pai se chama Oldrich Novì.*

Promotor: *Meritíssimo, o Estado chama para depor a testemunha Oldrich Novì.*

e. O depoimento de Oldrich Novì

Promotor: *Diga o seu nome completo.*

Oldrich Novì: *Meu nome é Oldrich Novì.*

Promotor: *Antes, vivia na Checoslováquia?*

Oldrich Novì: *Exato, agora moro na Califórnia, como sabem.*

Promotor: *Qual é exatamente a sua relação com a ré?*

Oldrich Novì: *Eu não a conheço.*

Promotor: *Não a conhece? Então não recebeu dinheiro enviado por ela, um dinheiro tão suado, segundo ela.*

Oldrich Novì: *Não recebi.*

Promotor: *Talvez não seja pai dela, então.*

Oldrich Novì: *Não, não sou.*

Promotor: *Se esse parentesco foi inventado pela ré, tem ideia de onde ela tirou o seu nome?*

Oldrich Novì: *Eu era muito conhecido na Checoslováquia por causa da minha profissão.*

Promotor: *Qual é a sua profissão? Talvez nos ajude a entender por que esta mulher romântica, certamente comunista, que adora Fred Astaire, mas não o país dele, mentiu e usou o seu nome para fazer todos crerem que gastava seu dinheiro com o pobre pai e não com suas vaidades. E o que o senhor faz?*

Oldrich Novì: *Eu era ator, fazia filmes musicais.*

Selma tem outro sonho, onde a alegria subverte a tristeza do julgamento, ela dança e sapateia com Oldrich Novì (Joel Grey). A seguir, o juiz *A. D.* Mantle lê o veredicto unânime do júri que considera Selma culpada do crime de homicídio e a condena à morte. A câmera, em um clima de tensão, foca somente os olhos emocionados de Selma, em primeiríssimo plano, enquanto magistrado determina:

Juiz: *Selma Jeskovà, condeno você a ser levada daqui em confinamento na penitenciária do Estado até o dia da sua execução, quando será enforcada até a morte.*

Na penitenciária, Kathy visita Selma e diz que ela precisa de um novo advogado, pois há chances do caso ser reaberto. Selma refuta estas chances, dizendo que Kathy deve cuidar de Gene e garantir que ele receba uma carta. Sabemos que ela contém as instruções para que ele faça a cirurgia nos olhos. Ela não quer Gene a visite, não quer falar com ele. De volta à cela, ela chora e confessa à carcereira (Siobilan Fallon) sua tristeza, como há silêncio na cela, ela não consegue sonhar com seus musicais. A carcereira deixa de lado o seu papel e mostra o seu lado humano para ela. Lá fora, vemos que Jeff por acaso acaba descobrindo a clínica e todo o segredo de Selma.

Em nova visita a Selma, Kathy diz que o caso vai ser reaberto, pois seu segredo foi descoberto, um novo advogado vai pedir a reabertura do caso com novas informações. Existe a chance da pena de morte ser comutada pela prisão perpétua, se a intenção de salvar a vista do filho, pela extrema economia que ela fez, foi inserida nos autos. Selma consegue o adiamento da execução, mas, ao conversar com o novo advogado, pessoalmente, descobre que ele não é indicado pelo tribunal, como o anterior, devendo ter seus honorários pagos por ela. Quando toma ciência de que Kathy usou o dinheiro que ela juntou para a cirurgia de Gene, para pagá-lo, ela, muito nervosa, diz, aos prantos, para a amiga desfazer o acordo. Se Gene não fizer a cirurgia em um mês, ficará cego, destacando que todo sacrifício foi feito tendo para salvar a visão do filho. O advogado concorda em desfazer o acordo e devolver o dinheiro, mas alerta Selma de que não haverá como voltar atrás desta decisão. A condenada diz estar consciente e preparada.

Quando Selma é levada à sala de execução, ela entra em desespero emocional, como se o peso de toda a injustiça trágica e abusiva que sofre caísse sobre ela. Ela não tem forças para dar os seus últimos cento e sete passos. A carcereira vem em seu socorro e decide fazer barulhos com os pés ritmados, que provocam o último sonho musical de Selma. Ela consegue então chegar até a sala onde será enforcada.

Na sala de execução, o caráter irracional e destrutivo da pena de morte aparece com força. Selma entra em desespero, novamente, não consegue ficar em pé, acaba sendo amarrada numa prancha, dizendo que está com muito medo. Kathy está no auditório aos prantos. Quando colocam nela o capuz, ela começa a gritar, dizendo que não consegue respirar. O capuz é retirado e ela começa a gritar o nome de Gene, aos prantos. Kathy decide burlar a vigilância, chega perto de Selma, põe os óculos de Gene, nas mãos dela, dizendo que ele está lá fora e que a cirurgia foi um sucesso. Antes de ser levada de volta pela guarda diz a ela, de forma emocionada: *"você tinha razão Selma! Ouça o seu coração!"*

Neste instante, Selma, de forma imediata, parece recuperar o seu equilíbrio, sua serenidade, pois toda a injustiça que sofre no plano jurídico é recompensada no plano das suas intenções morais elevadas. Ela parece morrer em paz. Percebemos que, do ponto de vista ético, ela se considera vitoriosa na batalha pelo amor incondicional por seu filho. Afinal, seu sacrifício extremo finalmente garantiu que ele pudesse enxergar o mundo. É para Gene, como ato de amor, que ela dedica a sua "última canção", que, para ela, não será a última, de fato, ao dizer:

"Querido Gene, claro que você está perto. E agora, não há nada a temer. Eu deveria saber. Eu nunca estive só. Esta não é a última canção, não há violino, o coro está tão silencioso e ninguém dá piruetas. Esta é a penúltima canção e isso é tudo. Lembre-se do que disse. Lembre-se de embrulhar o pão, faça isto, faça aquilo, faça a sua cama. Esta não é a última canção. Não há violinos..."

Neste instante, o botão da forca é acionado. O corpo de Selma, já sem vida, fica pendurado e os óculos de Gene caem no chão e são alvos de um preciso close da câmera. Percebemos a presença de um poderoso conceito-imagem paradoxal, pois o fracasso social, político e jurídico de Selma implica, ao mesmo tempo, na sua vitória ética, espiritual e afetiva. Ela inicia e termina o filme cantando, em contextos de vida e morte que se complementam. Por fim, aparecem os seguintes dizeres na tela, inspirados na própria música de Selma. A nosso ver, eles reafirmam o caráter subversivo da película, no plano afetivo e ético, que se sobreporia às graves limitações institucionais, políticas e jurídicas: *"Dizem que é a última canção, mas eles não nos conhecem. Só será a última canção se deixarmos que seja."*

Pela análise do filme, consideramos, na esteira do pensamento de HUGO MUNSTERBERG, que ele nos provoca fortes emoções primárias, na medida que compartilhamos com Selma, de forma absolutamente íntima, todo o seu sofrimento e martírio na busca de seu ideal ético-afetivo. Por outro lado, há a forte presença de emoções secundárias, que nos fazem reagir de forma independente das emoções que Selma nos transmite, e pensar, em termos filosófico-jurídicos.[22] Quando nos imaginamos no lugar daqueles jurados, no contexto social norte-americano da época, que não viram o que nós visualizamos, que apenas conheceram Selma no papel institucionalizado de ré, naquele

---

22 MUNSTERBERG, Hugo. As emoções. In: XAVIER, Ismail. (ORG). *A experiência do cinema: antologia.* Rio de Janeiro: Edições Graal. Embrafilmes, 2008, p. 52-53.

cenário dogmático jurídico restrito, surge uma angústia logopática contundente: Qual seria o nosso veredito? Neste momento, percebemos que a hipótese de condenação seria muito forte, mas lembrando da nossa experiência como testemunha ocular do crime, em termos cinematográficos, vemos, concomitantemente, que seria um julgamento profundamente injusto, em termos valorativos, embora válido do ponto de vista estritamente normativo.

Como, na *vida real*, jamais poderemos repetir a experiência deste testemunho irreal, preciso e detalhado, proporcionado pelo cinema, surge o conceito-imagem principal que o filme tenta propor, em termos logopáticos: a verificação jurídica dos fatos é constitutiva, é incerta, como dizem KELSEN, FERRAZ JR. e ALF ROSS. Ela depende de uma competência linguística bem trabalhada, que é diretamente influenciada pela consciência jurídica material do intérprete. Não há uma essência semântica, há apenas uma semântica convencional que é construída pelos usos sociais dominantes, sujeitas a interferências valorativas, nem sempre positivas. Se esta materialidade não for bem trabalhada, em termos linguísticos e éticos, a chance de ocorrer um veredicto injusto é muito grande, na medida que, potencialmente, o fato verificado juridicamente sempre pode não corresponder à verdade factual inacessível ao universo jurídico. E uma vez proferida a sentença, o fato verificado processualmente virá ocupar o lugar do fato em si, inexoravelmente. Que a triste história de Selma nos sirva de alerta reflexivo sobre esta permanente fragilidade do Direito.

DOZE HOMENS E UMA SENTENÇA: A REALIDADE PERCEBIDA COMO LINGUAGEM

Na cena inicial desta película, dirigida por Sidney Lumet, em 1957, temos uma tomada de câmera panorâmica que mostra o conceito-imagem da imponência do Tribunal do Júri, da cidade de Nova York, visto de sua escadaria, de cima para baixo. A câmera vai aos poucos descendo e dirigindo o nosso olhar para dentro, primeiro no saguão principal, depois no corredor, por fim, nos colocando diretamente na sala de audiência número 228, local onde o juiz profere a seguinte determinação normativa para o júri:

Juiz: *Ouviram um longo e complexo caso de homicídio em primeiro grau. Um homicídio premeditado é a mais grave acusação em nossos tribunais. Ouviram os testemunhos, a lei lhes foi lida para ser aplicada ao caso. Agora é dever de vocês separar os fatos da versão. Um homem está morto, a vida de outro está em jogo. Se houver dívida razoável sobre a culpa do acusado, devem entregar-me o veredicto de "não culpado", se entretanto, não houver, devem em sã consciência declarar o acusado "culpado". O que quer que decidam, o veredicto deve ser unânime. No caso de julgarem o acusado culpado, o tribunal não considerará a hipótese de perdão. A sentença de morte é compulsória neste caso. Estão frente a grande responsabilidade. Obrigado.*

A seguir, enquanto o júri deixa a sala, a câmera dá um close na face do jovem acusado, de origem latina, que mostra, em termos logopáticos, o sentimento da angústia da possibilidade de ser sentenciado à cadeira elétrica. É a única vez que vemos a sua face; ele é acusado de matar seu pai com uma facada no peito. Entramos na sala de votação do júri, que está abafada, parece ser o dia mais quente do ano e o ventilador não funciona. Todos os doze jurados são trancados para que o procedimento burocrático institucionalizado em torno da decisão unânime se concretize nos termos da interpretação autêntica exposta por KELSEN. Do ponto de vista jurídico, não temos seres humanos concretos naquela sala, mas apenas papéis institucionalizados, ligados à função de jurados. Eles não têm nomes naquela sala, apenas números.

A partir deste momento, vivemos os bastidores zetéticos e humanos daqueles personagens, o espectador é trancado na sala com eles, o mundo exterior não pode mais ser visto. Neste sentido, o filme assume a perspectiva narrativa oposta do filme *Dançando no escuro*, que privilegiou o ponto de vista externo ao direito. O clima a ser construído é de discordância, angústia e dúvida. O filme evita, claramente, o tratamento maniqueísta, os personagens são ambíguos e profundamente humanos no seu desenvolvimento, demonstram ter virtudes e defeitos. O fato de se tratar de um órgão judicante coletivo nos permite ver, com mais didatismo, toda a complexidade humana que está por trás da verificação jurídica do fato, que implica numa construção linguística interpretativa. A ação dramática não pode ser mais natural e espontânea nos seus detalhes, pois é traduzida em vários longos planos-sequência, a extensão do corte entre os planos é longa e contínua, quase simulando uma discussão feita em tempo real. Os personagens combinam uma linguagem verbal contundente com uma expressiva linguagem corporal, que é bastante agitada. O suor escorre pelas faces nervosas, da impactante e expressiva fotografia em preto e branco. Eles não param sentados em seu lugar nem por um instante. O ritmo da montagem do filme é envolvente e o roteiro é preciso no seu desenvolvimento, em termos lógicos, não há uma cena supérflua na película.

O oitavo jurado, numa magistral atuação de Henry Fonda, demonstrando angústia reflexiva, olha para a janela, como se buscasse ver o mundo lá fora, a ordem do ser, mas é interrompido pelo décimo segundo jurado que diz, frivolamente: "*Bonita vista, o que achou do caso? Achei bem interessante, não havia pontos obscuros, entende o que digo? Tivemos sorte de pegar um homicídio*". Antes que a votação comece, o clima geral é de descompromisso, faz-se piadas, lê-se o jornal, fala-se de trabalho, partindo da premissa superficial de que se trata de um caso óbvio. O sétimo jurado diz ao jurado líder: "*Podemos ir embora rápido, não sei de vocês, mas tenho ingressos para o jogo de hoje, Yanks contra Cleveland*".

No momento da votação, o filme mostra o seu poderoso elemento logopático central, ligado ao fenômeno decisório jurídico. O júri é composto por não especialistas em Direito, ele não interpreta a norma geral, que tipifica o homicídio como crime, mas deve verificar juridicamente o fato, através do exame da consistência das provas. Todos os jurados acabaram de acompanhar seis dias de audiência, com manifestação linguística da defesa, da acusação, das testemunhas e do próprio acusado. Onze jurados o consideram culpado, apenas um, o oitavo jurado, o considera não culpado. A partir daí, uma interessante interação comunicativa vai se estabelecer entre eles, na maior parte das vezes, extremamente nervosa e acalorada em termos emocionais. Trata-se da angústia da escolha da decisão traduzida em termos logopáticos, que mescla, no espectador, uma união de emoções de primeiro e segundo grau.

Os onze jurados que decidem pelo veredicto *culpado* demonstram ter apenas consciência da presença de aspectos formais e dogmáticos no julgamento, no sentido proposto por Alf Ross. Apresentam também uma visão ingênua da linguagem como representação da realidade, são persuadidos pelo discurso da acusação integralmente. Não percebem que eles próprios *interpretam a interpretação do discurso probatório*, a eles apresentado, previamente, na audiência. Após ouvirem a apresentação das provas, há uma clara confusão na mente deles entre o verdadeiro e o verossímil, entre o *fato verificado e o fato em si*. Todos depositam uma certeza absurda em torno da suposta situação fática *o garoto matou seu pai*, como se a tivessem visto com seus próprios olhos. Aderem aos discursos das testemunhas de acusação, os tomam como se fossem deles próprios, até parece que eles mesmos testemunharam a cena do crime. Na justificativa de seus votos, alguns se veem como imparciais. Eles só querem *citar os fatos*, como o terceiro jurado, numa contundente atuação de Lee J. Coob, que reproduz o discurso, na íntegra, de uma das testemunhas, vizinha ao rapaz, morador do andar debaixo:

Terceiro jurado: *O velho morava embaixo do quarto onde houve o homicídio. Às 00h10, na noite do homicídio, disse ter ouvido barulho. E que parecia de briga. E ouviu o rapaz gritar: "Eu vou te matar"! Um segundo depois ouviu o corpo cair. Correu até lá, abriu a porta e viu o rapaz fugindo. Chamou a polícia. Chegaram e acharam o pai esfaqueado. O legista precisou a hora da morte por volta da meia-noite. Esses são os fatos. Não se pode refutá-los. O rapaz é culpado. Também sou sentimental. Ele só tem 18 anos, mas ainda assim deve pagar.*

O décimo jurado tenta reproduzir, com suposta objetividade, a narrativa da testemunha feminina, que morava no prédio em frente. Ela alega ter olhado pela janela e visto, do outro lado da rua, o rapaz esfaquear o pai, às 00h10, mesmo que, naquele exato instante, passasse um trem todo apagado, sem passageiros. Segundo o que supostamente ficou provado no tribunal, seria possível enxergar a janela da frente, através de um trem, nestas condições.

Décimo jurado: *Uma mulher deitada sem poder dormir, de calor, entendem, levanta, olha pela janela e, do outro lado da rua, vê o rapaz esfaquear o pai. É precisamente*

00h10, tudo se encaixa. Olha ela conhece o rapaz desde pequeno. A janela dele é em frente. Ela jura que o viu matar.

Na especificação dos fundamentos da decisão de cada um, observamos uma interessante questão, uma rica pluriperspectiva, expressa a partir do ponto de vista de cada jurado. Algumas falas, potencializadas pelo eficiente uso do *close-up* que mostra a expressiva linguagem facial de todos, revelam a diferente forma com que os jurados percebem a questão linguística e a sua própria subjetividade. A justificativa do oitavo jurado revela consciência da materialidade da interpretação, nos termos de Alf Ross, e está bem próxima à lógica do razoável de Recaséns Siches. Ela preconiza que todo julgamento deve, assumidamente, almejar o valor justiça, a prudência humana em favor dos menos favorecidos em termos sociais. Ele demonstra ter a consciência clara de que, no processo jurisdicional, as estimativas são feitas em termos concretos, a partir de visões particulares. Para tanto, valoram-se as provas e os fatos, escolhendo-se a norma pertinente.

Fatos idênticos são passíveis de valorações diversas. Da mesma forma, ele parece perceber o que disciplina KELSEN ao alertar que o fato juridicamente verificado pode, eventualmente, não corresponder ao fato em si, haveria sempre uma margem de erro potencial. Neste sentido, se o júri verifica um fato que na realidade não ocorreu, a justiça como valor fica claramente comprometida, um inocente estaria sendo condenado à morte. Pelo sistema jurídico americano, o ônus da prova cabe à promotoria, mas havendo dúvidas na verificação jurídica do fato, não deve haver condenação. O oitavo jurado diz, com responsabilidade, que não se pode decidir sobre a vida de um jovem de dezoito anos em cinco minutos. Neste instante, inicia-se um antagonismo claro entre ele e o terceiro jurado, que aparece no diálogo:

Oitavo jurado: *E se errarmos? Este rapaz foi maltratado a vida inteira. Nasceu na pobreza. A mãe morreu quando tinha nove anos. Morou um ano e meio em orfanato enquanto o pai esteve preso por estelionato. Não é um começo muito feliz. É um rapaz revoltado porque foi maltratado a vida inteira, todos os dias. Teve dezoito anos de muita infelicidade. Acho que lhe devemos umas palavras, é só. De acordo com os testemunhos, parece culpado. Talvez seja. Sentei no tribunal seis dias enquanto apresentavam as provas. Tudo parecia se encaixar tão bem que comecei a estranhar, ou seja, nada se encaixa tão perfeitamente. Queria perguntar várias coisas. Talvez não mudasse nada. Comecei a achar que a defesa não confrontou as provas de forma efetiva. Deixou muitas coisas passarem. Comecei a me colocar no lugar do rapaz. Teria pedido outro advogado. Se fosse minha vida em jogo ia querer que meu advogado pusesse as testemunhas de acusação na parede. Só há uma pessoa que pode ser considerada testemunha, a outra diz que ouviu e viu o rapaz fugir depois de matar. E há provas circunstanciais. Esses dois são tudo o que a promotoria tem. E se estiverem errados?*

Terceiro jurado: *Como assim, errados? Então para que testemunhas?*
Oitavo jurado: *Não podem estar errados?*
Terceiro jurado: *Como assim? Estavam sob juramento.*
Oitavo Jurado: *São pessoas. Pessoas erram. Não poderiam estar errados?*

O filme também não idealiza a imagem e a vida do acusado, que cresceu num cortiço miserável. Ele sempre teve uma vida difícil, mas já assumiu atitudes de violência desde muito jovem. Segundo informação dos autos, o rapaz, desde os cinco anos, apanhava do pai a socos. Com dez anos, foi ao juizado de menores porque jogou uma pedra na professora, e já com quinze foi para um reformatório. Roubou um carro e foi preso por isso. Foi pego duas vezes brigando com uma faca, é sabido que seria muito habilidoso com elas. Para complicar ainda mais o caso, por meio do testemunho de vizinhos, sabemos que o rapaz teria batido no pai, depois de uma briga, por volta das 19h daquela noite. O acusado alega que depois de apanhar do pai teria ido direto a uma espelunca onde comprou um canivete que tinha cabos especiais. O rapaz que lhe vendeu a faca disse que era a única que tinha no estoque. Ele teria encontrado os amigos no bar, os quais viram a faca, mas foi embora às 20h45 e teria ido para casa, por volta das 22h. Às 23h30, alega ter ido ao cinema e ter perdido a faca, antes de voltar para casa, por volta das 3h10, da manhã, quando encontra a polícia e o pai morto na sua casa, supostamente com a mesma faca. Ele é interrogado no local do crime e preso, pois não foi reconhecido por ninguém que estava no cinema e não consegue se lembrar dos nomes dos filmes que supostamente viu. Duas testemunhas vizinhas alegam tê-lo visto matar o pai e fugir, por volta das 00h10.

As circunstâncias são incriminadoras para o acusado, mas o *fato em si*, em torno da morte do pai do acusado é inacessível para os jurados, é inacessível para nós espectadores. O oitavo jurado, apesar de estar imbuído claramente por uma valoração humanista, solidária à condição de excluído do rapaz, inicia uma perspicaz discussão linguística em torno da coerência formal do discurso das provas apresentadas. Sua estratégia argumentativa é inteligente, na medida que percebe haver um grande dissenso valorativo entre os jurados, cuja moralidade se mostra bastante relativa, no sentido kelseniano da expressão já estudado no Capítulo 2 deste livro. Eles vêm de classes sociais diferentes, um deles, inclusive, viveu num cortiço, em condições semelhantes à do acusado. Outros demonstram ter um poder aquisitivo alto, um deles é corretor da bolsa de valores de Nova York.

O mais impactante, em termos de conceito-imagem, é que vários deles, ao longo da discussão, deixam o seu papel institucionalizado de jurado, e mostram, de um ponto de vista zetético, os seus valores pessoais divergentes que acabam por influenciar, muitas vezes de forma inconsciente, a sua própria interpretação constitutiva dos discursos probatórios. Esta valoração nem sempre é humanista e razoável, muitas vezes está ligada a preconceitos sociais e traumas pessoais. O terceiro jurado relatou, olhando para a foto dos dois juntos, ter ensinado o filho a brigar quando criança. Aos dezesseis anos, o filho bateu nele, saiu de casa depois disto e não mantém contato com ele há dois anos. Lembramo-nos, também, do que diz o décimo jurado, bem representado por Ed Begley, logo no início do debate. Sua fala aparentemente objetiva revela, na verdade, grande preconceito social.

Décimo jurado: *Teve um julgamento justo. Quanto custa isto? Ouvimos os fatos, não quer que acreditemos no rapaz, sabendo o que é. Convivi com eles a vida toda. Não se pode acreditar em nada do que dizem. Sabem disso. Já nascem mentirosos.*

A primeira inconsistência estrutural do discurso das provas, levantada pelo oitavo jurado, diz respeito à suposta raridade da faca utilizada no crime, que seria a mesma faca pertencente ao rapaz. Ele mostra uma faca idêntica que teria comprado, ilegalmente, numa tabacaria a duas quadras da casa do rapaz, e que teria custado seis dólares. Considera, nestes termos, que haveria a possibilidade dele ter mesmo perdido a faca e o pai ter sido esfaqueado com uma similar. Mais tarde, vai ser considerado, através da experiência do sexto jurado, que morou num cortiço, que o rapaz, por ser experiente como o uso deste tipo de faca, jamais a utilizaria de cima para baixo, como ocorreu no crime, mas sim, de baixo para cima. É feita mais uma votação, se os onze mantiverem a seu veredicto de culpado, o oitavo jurado aceita concordar com eles e mudar o seu voto. Mas, neste momento, aparece mais voto para *não culpado*, foi dado pelo nono jurado, retratado pela bela atuação de Joseph Sweeney, claramente o mais velho do grupo. Fica claro que ele é uma pessoa madura e ponderada, menos vítima de seus preconceitos e traumas, que teve a sua visão, em torno dos possíveis equívocos da linguagem, ampliada pela discussão iniciada pelo oitavo jurado. Ele diz:

Nono Jurado: *"Ele não está dizendo que o rapaz é inocente. Apenas não tem certeza. Não é fácil se posicionar contra os outros. Ele fez uma jogada por apoio e eu lhe dei. O rapaz é provavelmente culpado, mas quero ouvir mais".*

A seguir, o oitavo jurado percebe uma outra sutil inconsistência formal nos discursos das duas testemunhas, quando analisados conjuntamente. Mostra que, se o trem estava passando no exato momento da ocorrência do assassinato, como alega a testemunha que *viu* o crime da janela do prédio da frente, o idoso não poderia, ao mesmo tempo, ter *ouvido* o rapaz gritar enquanto o trem passava. Ele parece resgatar a ideia de KELSEN quando considera que sendo a causalidade impossível, não se pode imputar consequências jurídicas aos fatos.

Oitavo jurado: *Um trem de seis vagões leva dez segundos passando por um ponto. Digamos que o ponto seja a janela do quarto do homicídio. Morei num segundo andar perto dos trilhos, quando o trem passa é quase insuportável. Mal se houve o que pen-*

sa. O velho que morava no apartamento de baixo disse que ouviu o rapaz dizer que o mataria. No segundo seguinte, o corpo foi ao chão. A vizinha da frente diz que viu o homicídio pela janela dos dois últimos vagões. O corpo foi ao chão enquanto o trem passava, portanto, o trem passou roncando pela janela do velho, dez segundos antes de o corpo cair. O velho teria de ter ouvido o rapaz gritar quando o trem passava. Não é possível que o ouvisse. Mesmo que ouvisse não reconheceria a voz. Acho que um testemunho que condena a morte deveria ser preciso sim.

Neste momento, estimulado pelo oitavo jurado, o nono jurado faz uma releitura retrospectiva, quase cinematográfica da linguagem corporal da testemunha idosa. Há um belo *close-up* de sua face e o processo psicológico de identificação/ projeção é claro entre ambos. Por também ser idoso, ele se projeta na testemunha e com ela se identifica. Ele não diz que a testemunha mentiu deliberadamente, mas entende que ela, eventualmente, teria se forçado a acreditar que ouviu aquilo e que reconheceu o rosto do rapaz.

Nono jurado: *Eu o observei por um longo tempo. O paletó estava rasgado debaixo do ombro. Você não notou? Como se vem a um tribunal assim? Era um senhor muito idoso e usava um paletó rasgado. Andou bem devagar até a tribuna. Puxava da perna esquerda e tentava esconder isto. Por que estava com vergonha. Acho que conheço este homem melhor do que vocês aqui. Este é um homem calado, amedrontado, insignificante, velho que nunca foi nada a vida inteira. Que nunca foi reconhecido ou teve seu nome nos jornais. Ninguém o conhece. Ninguém o cita. Ninguém lhe pede conselhos depois de setenta e cinco anos. Cavalheiros, é uma coisa triste não ter expressão alguma. Um homem como este precisa ser citado, precisa ser ouvido. Ser citado, ao menos uma vez, é muito importante para ele. Seria duro para ele se isolar em seu mundo.*

O oitavo jurado também considera que, sendo o rapaz muito esperto, não haveria sentido em pensar que ele gritaria, ao cometer o crime, para toda a vizinhança ouvir. Diz que o advogado de defesa, escolhido pelo Estado, provavelmente não queria o caso, pois, tendo poucas chances de vitória, não traria louros para a carreira dele, a menos que se esforçasse bastante e que acreditasse na inocência do rapaz. É neste momento que oitavo jurado tem um novo *insight* que não havia percebido antes com relação às imprecisões linguísticas na narrativa do idoso. Para justificar o seu ponto de vista, ele chega a encenar a narrativa da testemunha, na sala do júri. Mostra, com o seu próprio caminhar, que seria impossível para um velho manco que teve derrame ir do quarto à sala, em quinze segundos, tendo de percorrer três metros e meio no quarto, mais treze metros do corredor. Ao testar pessoalmente o tempo, andando a mesma metragem, arrastando a perna, ele verifica que o tempo gasto seria de quarenta e um segundos. Conclui que ele pode ter visto outra pessoa que julgou ser o rapaz.

A chuva começa, o tempo refresca e, metaforicamente, o ventilador volta a funcionar, como se ele simbolizasse o conceito-imagem do enfraquecimento do antagonismo e a presença marcante da razoabilidade humana na interação do julgamento. Ao longo dela, cada vez que a votação é refeita, mais jurados votam pelo veredicto *não culpado*. Ocorre uma interessante contraposição de discursos entre o décimo primeiro jurado, que, claramente influenciado pela fala do oitavo jurado, defende o princípio da razoabilidade no veredicto. A seguir, temos a fala exaltada do décimo jurado, que deixa de lado a suposta crença na verdade dos fatos e assume, claramente, a interferência da sua subjetividade valorativa preconceituosa na leitura interpretativa das provas. Neste momento, todos na sala dão as costas para ele enquanto discursa. O exagero valorativo de sua fala é exposto numa causalidade impossível. Ela é calcada em torno da ideia de que todo desfavorecido é um mentiroso, um bêbado e um assassino, a qual nada tem a ver com a verificação do fato processual, do ponto de vista interativo. Isto torna o discurso sem sentido, perante os demais, em termos de imputação normativa.

Décimo primeiro jurado: *Temos uma responsabilidade. Sempre achei algo notável da democracia. O fato de sermos convocados pelo correio para vir aqui decidir pela culpa ou não de um rapaz do qual nunca ouvimos falar. Não temos nada a perder ou a ganhar com o nosso veredicto. Isto é uma das razões pelas quais somos fortes não devíamos fazer disto algo pessoal.*

Décimo jurado: *Sabem como essa gente mente. Já é uma coisa nata. Que diabos? Eles não sabem o que é a verdade. E não precisam de motivo algum para matar alguém. Ficam bêbados, bebem como gambá, todos eles. E se alguém morrer, morreu. A vida humana não significa o mesmo para eles. Claro que possuem coisas boas, sou o primeiro a reconhecer, conheci um casal que era bom, mas é exceção. Entendem? A maioria parece insensível. São capazes de tudo. Estão cometendo um grande equívoco. O rapaz é mentiroso! Sei tudo sobre eles. Eles não prestam! Não tem um que preste! Estas pessoas são perigosas, selvagens!*

A seguir, o oitavo jurado alerta que o preconceito, embora profundamente humano, dificulta ainda mais o acesso à verdade, em si, já muito complicado e difícil. Resume, de um ponto de vista zetético e logopático, o conceito-imagem da angustiante incerteza do julgamento exposta numa interessante emoção de primeiro grau que nos coloca ao lado dele na sua dúvida existencial. Pela sua fala percebemos, mais uma vez, os limites da verificação do fato processual no sentido propugnado por KELSEN. O que se discute, naquela sala, não é inocência real do acusado, pois esta é inacessível ao direito. O debate jurídico gira em torno da certeza em torno da verificação jurídica dos fatos, da existência ou não da dúvida razoável, e não do fato em si, que jamais será acessado por eles ou pelo espectador.

Oitavo jurado: *É sempre difícil deixar os preconceitos fora de uma questão destas. Não importa para que lado vá, o preconceito sempre obscurece a verdade. Não sei qual é a verdade e suponho que ninguém aqui jamais saberá de fato. Nove pessoas aqui parecem achar que o réu é não culpado. Mas só estamos jogando com probabilidades. Podemos estar enganados, podemos estar deixando um homem culpado livre, não sei. Ninguém pode saber ao certo. Mas temos dúvida razoável. E isso é algo muito valioso no nosso sistema. Nenhum júri pode declarar um homem culpado a menos que tenha certeza. Nós nove não podemos entender como vocês três continuam com tanta certeza.*

No momento em que o quarto jurado reafirma o seu voto de culpado e reconstrói o discurso da testemunha feminina que alega ter visto o crime, como se, de fato, estivesse vendo o crime ele mesmo, naquele instante, ele faz um gesto curioso. Ele tira os seus óculos e passa as mãos no nariz, no lugar onde estes se apoiam. Neste momento, o nono jurado, que já havia demonstrado ter uma memória visual extraordinária em relação ao idoso, tem um novo *insight* que passou despercebido até mesmo pela astúcia linguística do oitavo jurado. Ele recorda que a testemunha feminina tinha marcas de óculos no nariz e as esfregava o tempo todo. A partir desta observação minuciosa, outros confirmam terem percebido o detalhe, inclusive o quarto jurado que estava tão certo da verdade imposta, minutos antes. O oitavo jurado considera que talvez, como o idoso, ela tenha pensado ter visto o acusado, mas, de fato, pode ter visto algo embaçado. Se ela estava na cama, tentando dormir, no momento em que supostamente viu o rapaz esfaquear o peito do pai, de cima para baixo, apenas virando o seu rosto, olhando para a janela, ela estava sem óculos, certamente. Mais uma vez, temos uma impossibilidade causal, ver uma pessoa na janela da frente, sem óculos através de um trem em movimento, no escuro, que torna impossível a imputação normativa ao fato.

O último a mudar de posição é o terceiro jurado, que parecia, até então, irredutível. Seu antagonismo raivoso com o oitavo jurado é explícito, já que a situação inicial se inverteu. Temos onze jurados favoráveis ao veredicto não culpado. Antes de expor a sua fragilidade pessoal, ele faz uma tentativa desesperada, mas frustrada, de invocar, mais uma vez, a objetividade das provas. Todavia, acaba revelando, de forma extremamente passional, que estava projetando, a nível psicológico, o trauma de ter sido agredido e abandonado por seu filho. Na verdade, ele estaria condenando seu próprio filho, e não o acusado, através de processo mental, complexo, mais inconsciente. O confronto com o seu trauma, com seu *homo demens*, é muito doloroso, mas o impulsiona a escolher de forma mais racional e menos perturbada por emoções negativas, o veredicto *não culpado*, após rasgar a foto em que aparece ao lado do filho, já adulto. O julgamento termina, todos saem da sala levando consigo a impessoalidade de seus papeis, após proferir a interpretação autêntica dos fatos no veredicto *não culpado*, no sentido kelseniano da expressão. Antes de deixar a sala, o oitavo jurado mostra consideração humana pelo terceiro jurado, entregando-lhe, gentilmente, o paletó, quando o vê arrasado psicologicamente. Mas, ao sair do tribunal, já perto da escadaria, o nono jurado pergunta o seu nome, num gesto final de encontro de pessoas e não mais de papéis, que acabaram sendo parceiros nesta empreitada humanista. O oitavo jurado apenas reponde com um sorriso: "*Davis*". O nono jurado oferece a sua mão em cumprimento, dizendo, cordialmente: "Eu sou "MacCardle". Eles se despedem e cada um segue o seu caminho.

Pela análise do filme, relacionada a concepções teóricas no campo da Filosofia do Direito, ficou demonstrado o conceito-imagem ligado à impossibilidade de reduzirmos o raciocínio decisório a uma dedução silogística mecanicista defendida pelas teorias dogmáticas tradicionais. A película evidencia a importância do impacto da compreensão logopática, emocional e afetiva, para a cognição completa de como as imprecisões linguísticas impossibilitam a defesa dogmática de um ideal de justiça absoluto, no momento do julgamento. O fato em si e a verdade factual jamais vão ser acessados pelo direito, no momento de sua aplicação. É ele que constrói e relativiza a verdade fática, em termos normativos, por isso há inerentes possibilidades de erro.

Através das emoções primárias, percebemos a angústia humana que afeta o sensível mas perspicaz oitavo jurado, diante desta incerteza, quando ela implica na decisão sobre a vida ou morte de uma pessoa. Pelas mesmas emoções, sentimos como as valorações humanas negativas, ligadas aos preconceitos, à falta de seriedade e aos traumas pessoais que atingem outros jurados, dificultam ainda mais esta constituição dos fatos de forma razoável. Em termos concretos, há uma espécie de "meta-interpretação complexa" no fenômeno decisório, na medida que os julgadores têm de interpretar uma interpretação prévia da realidade construída pelo próprio discurso probatório. Haveria imprecisões linguísticas e subjetividades valorativas nestes dois níveis de construção hermenêutica.

Mas, em termos de emoção secundária, o filme provoca uma angústia ainda maior, que diz respeito a uma potencial incompletude humana de quem julga um processo. Ele tornou evidente, nos termos colocados pelas teorias destacadas, como a verificação jurídica do fato envolve um permanente campo de incertezas, na medida que depende de uma construção linguística competente, que não afeta a todos envolvidos nas tarefas judicantes, de forma unânime. Faz parte da natureza humana, ter uma visão humanista e responsável, mas nunca estaremos livres das valorações menos positivas, que nos afetam e que também fazem parte da condição humana, inexoravelmente.

Se o filme confirma as reflexões de AL ROSS, no tocante a permanente integração da consciência jurídica formal, ligada ao respeito dogmático ao direito e da consciência jurídica material ligada aos valores nos raciocínios decisórios surge, ao mesmo tempo, a percepção expandida através do filme de que esta materialidade está sujeita a distorções e tem de ser trabalhada com responsabilidade. Onze jurados não tinham consciência desta materialidade relativa, que envolve uma escolha entre diferentes possibilidades, naquele julgamento. Apenas o oitavo jurado estava consciente do risco da injustiça de uma materialidade mal trabalhada e das incertezas linguísticas. Ele parecia querer evitar a experiência da injustiça exposta no filme *Dançando no escuro*. O oitavo jurado acabou dominando a cena, graças à sua astúcia argumentativa, associada a um senso de responsabilidade ético. Para nós, o contato com a linguagem artística é muito rico para expor este momento de complexidade com maturidade, visando a construção de uma consciência jurídica material mais positiva em termos humanos. Ele supera qualquer explicação teórica racional, pois tem de ser sentida, existencialmente, no plano emotivo.

Como na brilhante peça irlandesa de Brian Friel, *Faith Healer*, citada na introdução deste capítulo, ou como analisamos no filme *Rashomon*, os conceitos-imagem do filme *Doze homens e uma sentença* não nos conduzem à resposta fácil em torno do real, como ocorre em muitos filmes de tribunal hollywoodianos, que não hesitam em mostrar, em termos ideais e claramente fictícios, a suposta verdade factual no final. Iniciamos e terminamos nossa experiência logopática angustiados e presos na sala do júri, de forma bem próxima ao que ocorre na realidade concreta de um julgamento. Jamais saberemos o que aconteceu, de fato, jamais saberemos se o rapaz matou ou não o seu próprio pai. Apenas captamos as possibilidades não congruentes dos relatos discursivos narrativos do que poderia ou não poderia ter acontecido em termos reais.

A CAÇA: RECONSTRUÇÃO DISCURSIVA DA REALIDADE E VIOLÊNCIA

O filme A Caça, escrito e dirigido pelo dinamarquês Thomas Vinterberg, retoma o ponto de vista externo ao direito, semelhante ao exposto no filme *Dançando no Escuro*. Seu filme *Festa de Família*, de 1998, foi precursor do movimento dinamarquês Dogma 95, já mencionado ao tratarmos do filme *Dançando no Escuro*. Nós, espectadores, somos testemunhas da intimidade de vários personagens. Vemos cenas, que, do ponto de vista ficcional, equivalem a observação minuciosa do fato em si que jamais poderá ser visto na realidade. Este fato vai ser reinterpretado de forma discrepante pelas regras jurídicas, mas também pelas regras morais dominantes da pequena comunidade dinamarquesa. Neste ponto, percebemos uma nova abordagem, já que o filme de Von Trier se concentra, basicamente, na releitura feita pelo tribunal, não discutindo aspectos da moralidade social dominante. A narrativa imagética de Vinterberg é rigorosa e detalhista. Não há cenas descartáveis, tudo se articula em defesa de conceitos-imagem críticos sobre a relação entre discurso, verdade e violência em contexto da apreciação jurídico-moral. Somente na primeira cena há o uso de trilha sonora, depois domina a comunicação imagética austera.

Nas cenas iniciais, vemos um grupo de amigos alegres e muito unidos que vivem numa pequena e tranquila comunidade rodeada por uma natureza intocada. No frio mês de novembro, embalados em alegria e álcool, vão até o lago e um deles tira a roupa e se joga na água. Pede ajuda, pois começa a sentir câimbras, e, neste exato instante, conhecemos o protagonista de nossa história, o professor de jardim de infância Lucas (Mads Mikkelsen), que, generosamente, se joga na água fria, vestido, a fim de socorrer ao amigo. Depois, tomamos ciência de que todos eles participam de um clube de caça de cervos, na região. Tudo parece muito calmo, já que o ambiente é de intimidade de afetiva e a própria violência é racionalizada através do esporte, e apenas dirigida aos animais. A trilha sonora é descontraída, mas a paisagem é sombria, pois estamos no fim do outono.

Lucas enfrenta um divórcio, mas pretende ampliar a relação de convivência com seu filho, trazendo-o para morar com ele. O novo emprego como professor de jardim de infância é uma conquista, já que a colégio para adolescentes, em que lecionava, foi fechado. Ele é muito querido pelas crianças do jardim da infância, brinca com elas de forma espontânea e natural; elas têm por volta de seis anos de idade. A película nos alerta para a naturalidade do contato físico nestas condições lúdicas e não maliciosas. A pedido da austera diretora Grethe, (Susse Wold) ele ajuda um dos meninos a usar o banheiro e a se limpar, em grau explícito de intimidade física não sexual. Lucas vive sozinho com sua cachorra Fanny, e, por duas vezes, encontra Klara (Annika Wedderkopp) — uma aluna do jardim de infância de seis anos de idade e filha de seu melhor amigo Theo (Thomas Bo Larsen) — perdida nos arredores da escola. Vemos indícios de que os pais dela têm uma relação tensa, eventual, que incentiva a desconexão espacial da criança que afirma estar perdida. Lucas a ajuda a encontrar o seu caminho, quer seja para casa, quer seja para a escola.

A seguir, somos posicionados a observar as situações que irão transformar a vida de Lucas em pouco tempo. Klara fica emocionada com a atenção especial de Lucas. Em casa, vê um pênis ereto no tablet do irmão mais velho. Na escola, embrulha um coração artesanal feito por ela, que pretende dar de presente ao professor. Ela observa um momento de descontração com os meninos, com brincadeiras de toque físicos, aproveita-se para se aproximar e colocar o presente no bolso dele, de forma despercebida. Por fim, dá um beijo na sua boca, no meio das brincadeiras com as outras crianças. Lucas, preocupado, em seguida, conversa com Klara, desfazendo qualquer mal-entendido e reafirmando o seu profissionalismo. Klara, apesar da pouca idade, se constrange ao ser repelida, em termos emocionais, na forma de um diálogo:

Lucas: *Ofereça a um coleguinha.*
Klara: *Não fui eu.*

Lucas: *Está escrito Klara.*
Klara: *Foi brincadeira de alguém.*
Lucas: *E dê isso a sua mãe ou a alguém que o fez. Beijinhos na boca são só no papai e na mamãe.*
Klara: *Não fui eu, está mentindo.*

Poucos instantes depois, Grethe tem um diálogo à sós com Klara, antes da mãe vir buscá-la. Percebemos que a negativa de Lucas em atitude inequívoca de evitar qualquer situação maliciosa ou abusiva, afirmando a moralidade e a legalidade dominantes, provoca uma atitude de ressentimento em Klara, uma mistura de raiva e desejo de demonstrar a sua frustração. Em nossa perspectiva, Klara não devia ter uma noção precisa das consequências jurídicas e morais das suas palavras naquele dia, mas, de alguma forma, ela se vingou de Lucas. Ela sugere, sem fazer qualquer alegação precisa, que o professor praticou abuso sexual em relação a ela. Sua atitude foi emotiva e imediata, não planejada. Parece ser uma mistura de ressentimento, mentira e confusão com a imagem do pênis ereto exibida a ela por seu irmão. Mas, com certeza, embora seu rosto seja angelical, ela manifesta um claro indício de nossa natureza ambígua, não necessariamente boa em si mesma, ainda que se trate de uma criança. Por sua vez, também observamos o poder persuasivo da fala da menina associada à sua aparência frágil sobre a mente de Grethe. A diretora parece assumir o relato como representação imediata do fato em si, numa leitura extremamente limitada da questão linguística, que assume a máxima: *Klara tem muita imaginação, mas não mentiria jamais, ela relata o que verdadeiramente aconteceu*. Durante o diálogo, a menina repete um movimento com o nariz, indicativo de um certo nervosismo e desconforto com o conteúdo destacado.

Grethe: *Esperando o Papai Noel?*
Klara: *Eu detesto o Lucas.*
Grethe: *Achei que ele era seu amigo.*
Klara: *De jeito nenhum.*
Grethe: *Por que?*
Klara: *Ele é um idiota. Ele é feio e tem um pinto.*
Grethe: *Como todos os homens. Como o seu papai e como o Torsten.*
Klara: *É, mas o dele é levantado como um bastão.*
Grethe: *O que?*
Klara: *É verdade.*
Grethe: *O que foi que aconteceu?*
Klara: *Ele me deu este coração e eu não quero.*

Simultaneamente, a este polêmico diálogo, vemos Lucas se interessar pela funcionária da escola, Nadja (Alexandra Rapaport), que é imigrante, como forma narrativa de dar destaque a falta de preconceito e a sexualidade padrão do professor, sem qualquer tipo de vínculo com uma possível atração sexual por crianças. Grethe, sem dar maiores detalhes, afirma para Lucas que uma das crianças disse algo grave sobre ele, mas que será investigado. Pede para ele tirar uma licença de alguns dias até ter mais certeza. Lucas, que se considera transparente, não se dá conta da eventual gravidade do que está por vir. No dia seguinte, Grethe chama o psicólogo Ole, na escola, para conversar com Klara sobre o declarado no dia anterior. A expressão de ingenuidade da criança se associa com o seu constrangimento contido, o mesmo movimento com o nariz, se repete aqui. Klara não demonstra mais a intenção de falar mal de Lucas, mas observamos que o psicólogo Ole a pressiona nas perguntas, já que parece ter certeza sobre o suposto fato. Busca, apenas, uma confirmação da menina, de algo já, de antemão, pressuposto como verdadeiro. O diálogo se inicia da seguinte forma:

Ole: *Pode repetir exatamente o que contou a Grethe?*
Grete: *Conte o que me disse sobre o coração.*
Klara: *Eu não disse nada.*
Ole: *Foi a Grethe que inventou ou foi você?*
Ole: *Pode contar.*
Ole: *É verdade que você contou que viu o pipi do Lucas?*
Klara: *Balança a cabeça de negativa.*
Ole: *Tente me contar o que Lucas fez.*
Klara: *Quero brincar.*
Grethe: *Mas antes tem de contar o que Lucas fez.*
Ole: *Ele mostrou o pipi para você aqui?*
Klara: *Balança a cabeça de maneira afirmativa.*
Ole: *Foi aqui no jardim da infância?*
Ole: *Fica chateada de falar no Lucas?*
Klara: *Balança a cabeça de maneira afirmativa.*
Ole: *É porque você não gostou do que ele fez.*
Klara: *Balança a cabeça de maneira afirmativa.*
Ole: *Está se saindo muito bem, respondendo a todas as minhas perguntas. Já estamos acabando.*
Ole: *O que ele fez depois de lhe mostrar o pipi?*
Klara: *Eu não sei.*
Ole: *Ele encostou em você? Saiu alguma coisa branca?* Neste momento Grethe vomita em ato de expressão de repulsa moral.
Ole: *Acho que exagerei, pode ir brincar Klara.*

Ole afirma para Grethe que *não parece ser invenção e que acredita na menina*, o seu ar de inocência tem um alto poder de manipulação emotiva. Apesar da menina não ter literalmente afirmado a ocorrência do abuso, apenas confirma que *viu o pipi ereto*, a repulsa moral dominante pelo ato de abuso, associada a uma visão simplista da linguagem, alheia à sua complexidade, faz com a narrativa se confunda com a própria realidade. Vimos através do pensamento de Vilém Flusser, no início deste capítulo, que o dado bruto da realidade só passa a ter significado se for transformado em narrativa linguística, que pode recriá-lo, não necessariamente representá-lo de forma objetiva, pois sempre será influenciado por valores morais. Ole recomenda que o caso seja denunciado à polícia, com a autorização dos pais. Depois da conversa, a diretora parece persuadida da verdade da narrativa da menina, que é assumida como pura representação objetiva do fato: *Lucas abusou sexualmente da menina*. Agnes (Anne Louise Hassing), mãe de Klara, é informada antes da reunião de pais que acontecerá naquele dia, que há fortes indícios de Klara sofreu abuso sexual por parte de um adulto próximo, mas deve negar por vergonha. Quando os pais chegam, é dado um alerta geral sobre o caso. Grethe diz que pode haver outras vítimas e pede que verifiquem se as crianças não têm pesadelos e não voltam a fazer xixi na cama. Em sua casa, no meio da noite, Lucas está com Nadja quando recebe um telefonema do filho, avisando que Grethe contou o ocorrido para a sua mãe, que o proíbe, imediatamente, de morar com o pai.

No dia seguinte, Lucas vai até a escola, entra na sala de Grethe, mas ela sai para os arredores externos, em repulsa moral visível a sua pessoa. Não deixa que ele se aproxime, mas deixa escapar que foi Klara quem fez a denúncia. Observamos que, mesmo sem a devida releitura jurídica do caso, Grethe passar ter força suficiente para ampliar o conteúdo linguístico e transmitir a ideia de verdade absoluta do caso para os outros moradores e instigar sua revolta moral. Lucas vai a até a casa de Theo para tentar, racionalmente, esclarecer o equívoco linguístico. Diz que Klara está mentindo e nega que tenha praticado o abuso, mas não é ouvido. Em pouco tempo, é agredido, verbalmente, pela mãe de Klara *"vou cortar o seu pinto"* e espancado, fisicamente, por Theo, que diz: *"se mexeu com minha filha vou por uma bala na sua cabeça"*. A menina aparece de pijamas e demonstra um claro constrangimento silencioso pela condenação injusta de Luças. Diz para a mãe: *"ele não fez nada, eu é que falei umas bobagens"*. Mas Agnes responde: *"É difícil de entender, mas sua cabecinha prefere esquecer o que aconteceu. Faz mal lembrar, mas aconteceu."*

É visível que a certeza da verdade, constituída pelos locais, com a liderança de Grethe, que diz não ter mais dúvidas sobre o abuso praticado, constitui a realidade na cabeça de outras crianças, que também começam a apresentar, segundo os pais, sintomas de abuso. Mesmo aquele contato inicial, que vimos ser praticado, em brincadeiras com crianças, na escola, passa a ser lembrado e reinterpretado como sexual. A situação de Lucas se torna mais delicada. Ele recebe a visita inesperada de Klara, em sua casa, que afirma querer brincar com a cadela Fanny. Da porta, a menina, em visível tom de confusão e com lágrimas nos olhos, afirma: "*dizem que você me fez mal. Mas eu não sei, eu não me lembro muito bem*". Percebemos, mais uma vez, o caráter constitutivo da linguagem criando a dúvida sobre a realidade na cabeça da menina, que não consegue mais separar o linguístico dela, daquele construído pela sociedade. Nadja ouve a conversa, como manifesta certa dúvida sobre a inocência de Lucas, esta a manda embora e termina o relacionamento. Ao contrário de Selma, do filme *Dançando no Escuro*, que era uma imigrante ilegal, advinda de um país comunista, em época de guerra fria nos EUA, Lucas sofre uma injustiça linguística e vira um inimigo, mesmo estando totalmente integrado a comunidade, em termos valorativos. Ele era amigo de todos que praticamente passam a condená-lo, como vilão, de forma indistinta.

Pouco tempo depois seu filho Marcus chega, mas em clara manifestação de apoio ao pai. Quando vai ao supermercado, recebe um recado do gerente alertando que Lucas não seria bem recebido no estabelecimento. O professor é preso em seguida, porque várias crianças da vila afirmam terem sido abusadas por ele. Marcus fica preso para fora da casa, sem querer, e vai em busca de uma chave na casa de Theo. É recebido com cordialidade, mas quando vê Klara e a acusa de mentir sobre o seu pai, inicia-se uma situação de violência, que expulsa o rapaz da casa com tensão moral, já que as acusações são recíprocas. Somente o irmão de Luca, chamado Bruun, também padrinho de Marcus, fica ao lado dele e acredita na sua alegação de inocência. Ele diz para Marcus que o pai tem uma chance de sair da prisão preventiva. Várias crianças narraram detalhes sobre a existência do porão na casa de Lucas, onde, supostamente, foram abusadas. O polícia, obviamente, não achou porão algum para a sorte de Lucas.

A previsão do amigo é confirmada, Lucas é libertado, pois não se considerou consistente, do ponto de vista jurídico, as supostas narrativas incriminadoras de Klara e de outras crianças. Mas o martírio moral de Lucas está longe de terminar, ainda que o aspecto jurídico esteja bem encaminhado. Em casa, quase morre em sua cozinha, quando uma grande pedra é atirada pela janela em sua direção. Na frente da casa, sua cadela Fanny aparece morta. Marcus tem uma reação também violenta diante da força física informal, diz querer matar quem fez cometeu aqueles atos. Lucas, também abalado emocionalmente, decide que ele deve voltar para a casa da mãe, enterra Fanny com muito ressentimento pela violência que sofre. Percebemos que a leitura jurídica do caso foi equilibrada, mas a comunidade não aceita e a desafia a continuar a afirmar aquela verdade que supostamente viu, através do discurso de Klara, potencializado por Grethe.

Nesta parte final, a película adentra com mais força na discussão da relação entre discurso, poder e violência, pensando sobre a possibilidade de o direito racionalizá-la, em termos efetivos. Percebemos que a comunidade, aparentemente muito amiga, confirmadora do uso razoável jurídico da violência, vai assumir uma sanção moral abusiva, com uso informal da violência não razoável, altamente destrutiva. O *homo demens* irracional, sufocado sob o *homo sapiens* racional da civilização aparece com força na comunidade. Lucas vai até o supermercado e, ao fazer compras, é agredido com força e é expulso do local com o uso de pedras, inclusive. Ensanguentado e com muita dor, ele encarna o doloroso conceito-imagem da injustiça, que podemos captar através das emoções primárias que o filme nos expõe. Em ato de expresso desafio moral a esta injustiça, ele retorna ao local e, após dar uma resposta agressiva a um dos funcionários que o violentou, consegue terminar a sua compra. Um outro desafio importante acontece quando Lucas vai à missa de Natal, todo machucado, e, na frente de toda a comunidade, enquanto o discurso humanista da religião é proferido, pede para Theo encará-lo nos olhos e parar com a violência, num último ato desesperado de desafio a injustiça que sofre. Klara e as demais crianças que o acusaram estão cantando no coro. A interpretação de Mads Mikkelsen é muito forte para refletir a injustiça que sofre.

Em casa, Theo conversa com Klara na cama, que no início o confunde com Lucas. Neste instante, ela afirma para o pai o que já havia dito para a mãe, sem ser ouvida: *que falou besteira e que Lucas não fez nada*. Desta vez, depois do impacto moral da atitude de Lucas na igreja, Theo finalmente aceita a afirmação da filha, como verdade, e vai ao encontro de Lucas, levando comida e um pedido de desculpas. Um ano depois, tudo parece estar resolvido na comunidade e a vida de Lucas parece ter voltado ao normal, inclusive com a namorada Nadja. Seu filho Marcus recebe autorização para praticar o esporte da caça de cervos e todos se reúnem em celebração, pois isto significa que se tornou um homem. No entanto, a película está longe de propor um final feliz nos moldes hollywoodianos. O final é aberto e nos instiga a reflexão logopática.

Quando os homens estão na floresta, de forma repentina, Lucas quase recebe um tiro na cabeça, como se fosse ele a *caça* procurada. Ele leva um susto, mas, devido ao reflexo do sol, vemos a silhueta de uma figura humana que não pode ser identificada. Lucas olha, novamente, mas a pessoa se afasta logo. A saída final encontrada pelo diretor, que o tempo todo coloca o espectador em posição cômoda de compartilhamento da certeza sobre a inocência de Lucas, transmite uma emoção secundária final impactante: a incerteza da linguagem também nos atinge, através da angústia de Lucas sobre o seu futuro e sobre a sua segurança. Percebemos o alcance universal das instigantes reflexões filosóficas propostas pelos conceitos-imagem do filme que extrapolam as questões culturais dinamarquesas mais específicas. Por mais que façamos um esforço de racionalização de nossa natureza e tentemos legitimar o uso jurídico da força, ou racionalizá-la através de esportes, ela permanece dentro de nós escondida em estado bruto. A nossa constituição moral permanece ambígua (capaz de coisa boas e ruins) e potencialmente destrutiva. Esta mesma racionalização pode simplificar questões de linguagem e idealizar situações, que, no fundo, são mais complexas e paradoxais. A pequena comunidade afirma valores morais humanistas dominantes de repúdio ao abuso infantil. No entanto, barbarizou Lucas, amigo de todos, de forma injusta, com as melhores das intenções morais porque assume uma noção simplista da língua como representação da realidade e também da afirmação da inocência infantil absoluta. Ao acreditar demais da dominância do *homo sapiens* e ao suprimir de maneira forçada o *homo demens* de cada um o potencializam sem perceber que a influência valorativa na interpretação da linguagem pode ser perigosa se não for percebida como presente. O reconhecimento desta incerteza não terá mais volta: todos nós, não só Lucas, podemos ser o próximo alvo. O tema da violência associada a ideia de justiça será examinada no próximo capítulo.

Capítulo 5

DIREITO E MODELOS RETRIBUTIVOS DE JUSTIÇA

Enfim a voz firmou contrato
E foi morar com novo algoz
Queria se prensar, queria ser um prato
Girar e se esquecer, veloz
Foi revelada na assembleia — ateia
Aquela situação atroz
A voz foi infiel, trocando de traqueia
E o dono foi perdendo a voz
E o dono foi perdendo a linha — que tinha
E foi perdendo a luz e além
E disse: minha voz, se vós não sereis minha
Vós não sereis de mais ninguém

(Chico Buarque, A Voz do Dono e o Dono da Voz)

IDEIAS DE JUSTIÇA COMO VINGANÇA, INDENIZAÇÃO E AMOR

KELSEN afirma que a ideia de retribuição compõe as normas jurídicas, em sua estrutura lógica, que irão valer-se de um princípio ordenador designado como *imputação*. A ligação entre o pressuposto e a consequência é feita pela cópula *dever ser*, que possui o sentido geral de uma prescrição. Faz-se o enlace de um comportamento humano tido como devido, com uma consequência jurídica que deve ser aplicada pelo órgão da comunidade. A proposição jurídica construída pelo cientista apenas descreve que o comportamento prescrito *deve* realizar-se, pois uma vez que ele seja omitido, deverá receber a devida punição como consequência. A ciência jurídica não pode afirmar que, de fato, a sanção prevista seja aplicada, pois o autor reconhece que, muitas vezes, é praticado um ilícito no meio social que não é punido, embora a ordem jurídica preveja a imputação de um ato coativo para o caso. As normas e as proposições que as descrevem apenas podem afirmar que tal comportamento *deve ser sancionado*.[1]

[1] KELSEN, Hans. *Teoria Pura do Direito*. Armênio Amado Editor: Coimbra, 1979, p.137.

Temos estabelecido a distinção entre a ordem do ser e a ordem do *dever ser*. A ligação dos elementos (pressuposto e consequência) prevista na norma e na proposição que a descreve, estabelece o princípio metódico da imputação. Este princípio constitui a chamada *lógica do dever ser*, própria das ordens normativas como o Direito e a Moral, que se contrapõe à *lógica do* ser, presente na ordem natural, regida pelo princípio da causalidade. O mundo da natureza compõe-se a partir de uma junção de elementos, os quais apresentam-se conectados entre si, através de uma relação de causa e efeito, ou seja, segundo o princípio da causalidade. Sob o ponto de vista científico, a natureza vai ser descrita pelas chamadas leis naturais, através deste mesmo princípio ordenador, que tem a seguinte estrutura geral: *Se A é, O também é* (ou será). Podemos exemplificar uma lei causal simplesmente dizendo que ao ser aquecido, o metal dilata-se. A dilatação do metal aparece como *efeito* de seu aquecimento, sendo que este aparece como "*causa*" da referida expansão do metal.[2]

É importante dizer que o princípio da causalidade constitui o que KELSEN chama de uma *cadeia interminável de relações* que apontam para o infinito. Toda causa concreta pressupõe, como efeito, uma outra causa, e todo efeito concreto deve ser considerado como causa de outro efeito e assim sucessivamente. Tal característica estabelece uma diferença essencial entre o princípio da causalidade e o da imputação, visto que este, contrariamente, não apresenta um número infinito de ligações, já que os pressupostos de determinadas consequências não são consequências que têm de ser atribuídas a outros pressupostos. E da mesma maneira, as consequências não têm de ser pressupostos de novas consequências. A consequência do ilícito é imputada a este, mas não aparece como sua causa.[3] A imputação, em seu sentido lógico nos conecta a ideia de retribuição e de justiça do ponto de vista valorativo do conteúdo da norma.

Nas reflexões zetéticas de FERRAZ JR, exposta no artigo *Justiça como retribuição: da razão e da emoção na construção do conceito de justiça*, a conexão entre a ideia justiça e retribuição está enraizada na cultura ocidental.[4] Por um lado, percebemos que a proporcionalidade do valer um pelo outro é primordial nas discussões sobre a justiça. Ela aponta para uma espécie de racionalização, calcada na ideia de razoabilidade de relações, que pode explicar a presença, muitas vezes simultânea, de *emoções* e de *razões* nos modelos retributivos. Afinal, numa perspectiva histórica e até antropológica, retribuição não deixa de ter, mesmo na busca da proporcionalidade dos termos em relação, uma conotação com a desforra, com o sentimento de vingança, calcado na ideia de retribuir o

2 KELSEN, Hans. *Op. cit.* p. 137. O exemplo é fornecido pelo próprio autor.

3 KELSEN, Hans. *Op. cit.*, p. 138.

4 FERRAZ JR., Tercio Sampaio. *Estudos de Filosofia do Direito: reflexões sobre o poder, a liberdade, a justiça e o direito*, São Paulo: Atlas, 2002, p. 213-229.

mal sofrido com o mal, tido como justo.[5] Esta discussão filosófica está base na moderna diferenciação entre sanção civil e penal e faz parte de uma gama bem abrangente de filmes de qualidade artística. Neste sentido, o filme *A História de Qiu Ju* nos mostrou a insatisfação da protagonista com a exposição jurídica do modelo horizontal, calcado na ideia de indenização financeira, e do modelo vertical, imposto pelo Estado, como pena de prisão ao chefe da aldeia. Qiu Ju buscava uma retração moral e humana, que não se enquadrava nestas duas possibilidades. Já o filme *A Caça* manifestou uma forma de imposição do modelo vertical informal, pela comunidade raivosa, ao professor Lucas.

O autor cita o pensamento de WALTER BURKET que estuda aspectos mitológicos e etnológicos sobre a retribuição. Nesta perspectiva, a aceitação da violência, como base da ideia de justiça retributiva, não seria algo exclusivamente do passado, pertencente às sociedades primitivas. BURKET cita o exemplo dos Kikuyus, no Quênia, onde a indenização é primordial como critério de justiça na ocorrência de um assassinato ou lesão corporal. Não há pena num sentido criminal, apenas no sentido civil. Os povos germânicos, até a alta Idade Média, retribuíam com penas pecuniárias mesmos os atos criminais mais pesados. Para FERRAZ JR, os vigentes princípios islâmicos da pena capital contemporâneos e a própria pena de morte ocidental impossibilitam esta simplificação.[6]

Para a língua grega, a palavra *poine* só tinha o sentido de indenização negociada como compensação de um dano. Caracterizava o chamado *modelo horizontal* que visava a equiparação proporcional de uma pretensão e de uma contraprestação. Neste sentido, o *modelo horizontal*, a *poine*, parece pertencer ao gênero humano, na medida que se liga a língua e a um mundo objetivamente construído. É o mundo das negociações racionais. [7] Já a palavra *timoria* estaria vinculada a uma ideia de hierarquia que deve ser protegida na forma de um prolongamento de um modelo pré-humano que retribui agressivamente, uma ameaça agressiva. É o mundo das emoções violentas e vingativas, que pudemos ver presentes no filme *A pele que habito*, no Capítulo 3 deste livro.[8]

O modelo vertical influencia bastante o judaísmo e o cristianismo ocidental. No Antigo Testamento e no Novo, ele aparece como um modelo pré-humano, pois a vingança do senhor é a confirmação de seu poder sobre todos e sobre tudo. A justiça divina é uma justiça punitiva vertical: onde o Bem se manifesta como ordem

---

5 FERRAZ JR., Tercio Sampaio. *Estudos de Filosofia do Direito: reflexões sobre o poder, a liberdade, a justiça e o direito*, São Paulo: Atlas, 2002, p. 214.

6 FERRAZ JR., Tercio Sampaio. *Op. cit.*, 2002, p. 215.

7 FERRAZ JR., Tercio Sampaio. *Op. cit.*, 2002, p. 217.

8 FERRAZ JR., Tercio Sampaio. *Op. cit.*, 2002, p. 217.

divina e a justiça como *voluntas*, mais vertical do que horizontal. O Velho Testamento proibia, expressamente, a indenização pecuniária em caso de assassinato.[9]

O mais importante ponto de reflexão trazido por FERRAZ JR muito presente na linguagem imagética do cinema, diz respeito a arguta percepção de que não há uma rígida separação temporal entre eles, pois, na realidade humana, os dois modelos se interpenetram. O modelo horizontal precisa do vertical e até se subordina a ele. A pena é quitada pela satisfação resultante da compensação. Vingar-se de quem faz uma maldade pode ser justo. Há dificuldade de se diferenciar a multa civil e a penal e evidencia-se a resistência em aceitar-se a indenização pecuniária por danos morais. O modelo horizontal refere-se, no sentido proposto por EDGAR MORIN ao emotivo por vezes irracional *homo demens* em contraposição ao racional *homo sapiens*, presente no modelo horizontal.

O modelo vertical está associado, também, aquilo que CANETTI chama de reprodução invertida da relação de poder. Com muita lucidez, constata que, tradicionalmente, costumamos aceitar a ordem como um dado indiscutível e natural que sempre existiu, sem que questionemos o que exatamente ela significa. Durante toda a nossa vida, nos acostumamos a receber e a obedecer a ordens, afinal, diz o nosso senso comum: *"uma ordem é uma ordem"*. No entanto, pergunta o autor, com certo tom de ceticismo, seria ela realmente tão inofensiva e tão natural como parece?[10]

Para responder esta questão, CANETTI, mais uma vez, vai buscar ajuda no estudo das relações entre os animais e a natureza. Diz ele que a ordem é mais antiga do que a fala, já que os animais a entendem e a obedecem, podendo, por isso, ser adestrados. As raízes da ordem estão fora da sociedade humana. A mais primitiva forma de ordem é a ordem de fuga dada por um ser mais forte a um outro que está em desvantagem, que é considerado mais fraco. Na natureza, a ordem é uma sentença de morte, que obriga o animal mais fraco a se colocar em movimento. Na medida que o leão quer agarrar a sua presa, ele busca concretizar seu ato de poder, "obrigando" sua presa a se colocar em movimento. Assim, conclui o autor, observamos que a ordem é derivada da "ordem de fuga", que ocorre entre animais de diferentes espécies, onde um

---

[9] FERRAZ JR., Tercio Sampaio. *Op. cit.*, 2002, p. 215.

[10] CANETTI afirma: "Ordem é ordem. É possível que o caráter definitivo e indiscutível atrelado à ordem seja a causa da pouca reflexão a seu respeito. Aceita-se a ordem como algo que sempre existiu; ela parece tão natural quanto imprescindível. Desde pequeno, o homem acostuma-se às ordens; nelas consiste, em boa parte, aquilo a que se chama educação; e mesmo a totalidade da vida adulta encontra-se impregnada delas, seja na esfera do trabalho, da luta ou da fé. Pouquíssimas vezes o homem se perguntou o que, de fato, é a ordem: se ela é tão simples quanto parece; se, a despeito da prontidão e facilidade com a qual produz o efeito esperado, ela não deixaria outras marcas, mais profundas e talvez mais hostis, naquele que obedece a ela". CANETTI, Elias. *Massa e Poder*. Brasília: Editora Universidade de Brasília, 1983, p. 303.

ameaça a vida do outro. A ordem mais antiga apareceu muito antes do surgimento do próprio homem. [11]

Os sistemas de ordens estruturados pelos homens, na maioria das vezes, fazem com que escapem da morte. Todavia, o terror e a ameaça da "sentença de morte" permanecem ocultos. Neste sentido, mesmo que nós estejamos acostumados a receber ordens no decorrer das nossas vidas, para que sejamos educados, e possamos interagir na sociedade, ela não é, de fato, aceita como um dado natural da convivência humana, pois ainda que produza o efeito esperado, ela deixa marcas profundas em cada um de nós. A ordem busca provocar uma ação naquele em que ela se dirige, busca ser obedecida, devendo, para tanto, ser clara e concisa, pois não pode ser discutida, explicada ou colocada em dúvida. A ação executada deve ser vista como algo estranho, exterior ao indivíduo, na forma de uma imposição que vem de um ser mais forte, que está apto a impô-la.[12]

Na perspectiva do autor, a ordem é um veículo de imposição de relações de poder que guarda, dentro de si, uma certa complexidade. Ela é composta de um "impulso" e de um aguilhão. O impulso ordena ao receptor a execução da ordem. Já o aguilhão é uma espécie de "marca de rancor", que evidencia a violência da determinação da vontade do outro sobre aquele que cumpriu a ordem. Quando as ordens são normalmente obedecidas, sem que haja resistência, estes aguilhões psicológicos não são percebidos enquanto tal, de modo a permanecerem escondidos nas relações humanas que mantém uma aparência de tranquilidade. [13]

Todavia, cada vez que um de nós cumpre e executa uma ordem, este aguilhão permanece cravado em nossa psique, que passa a manter intacto o conteúdo da ordem. Todo o processo de educação humana, de certo modo, baseia-se neste sistema de ordens a que somos submetidos ao longo de nossas vidas. Porém, quando o ser humano consegue dar a um outro uma ordem semelhante àquela, que ele próprio cumpriu anteriormente, ele consegue livrar-se do aguilhão. Assim, esta reconstrução destas situações primordiais, de maneira inversa, constitui uma das fontes humanas de energia psíquica, na medida que ela possibilita, ao homem, livrar-se das ordens recebidas no passado. A questão torna-se mais complicada quando vemos que a libertação de um aguilhão de um, implica na aquisição de um novo aguilhão por parte do outro. O dominado de hoje será o dominador de amanhã, de modo que as

---

11 CANETTI, Elias. *Op. cit.* p. 304 O autor afirma: "É próprio da ordem que ela não admita nenhuma resistência. Não se pode discuti-la, explicá-la ou colocá-la em dúvida. Ela é concisa e clara, pois precisa ser entendida de imediato. Uma hesitação qualquer em sua recepção prejudica-lhe a força. A cada vez que a sua repetição não se faz acompanhar de seu cumprimento, ela perde algo de sua vida; passado algum tempo, jazerá no chão, esgotada e impotente, e, sob tais circunstâncias, o melhor é não reanimá-la. Isso porque a ação que a ordem desencadeia está atrelada a seu momento.

12 CANETTI, Elias. *Massa e Poder*. Brasília: Editora Universidade de Brasília, 1983 p. 304.

13 CANETTI, Elias. *Massa e Poder*. Brasília: Editora Universidade de Brasília, 1983 p. 305.

relações de poder tendem a se perpetuar e se reproduzir ao longo do tempo. Elas nos envolvem num curioso "jogo" do qual não podemos sair. Aqui temos o niilismo de CANETTI exposto de forma clara. Segundo ele, poderíamos admitir a ideia de liberdade, somente se pudéssemos nos "desviar", ou seja, "ignorar" a ordem. Diz ele que *"o homem livre é somente aquele que aprendeu a se desviar das ordens, e não somente aquele que mais tarde consegue se livrar delas"*. Quando um indivíduo, internamente, se opõe a uma ordem que lhe foi dada externamente, podemos falar de direito de rebelião.[14] Esta possibilidade de ignorar a ordem será melhor examinada no capítulo em que trataremos da pragmática da comunicação normativa no Capítulo 6 deste livro.

Esta interpenetração também é destacada por Foucault quando afirma, em seu célebre livro *Vigiar e Punir* que a o suplício como pena, deveria ser aplicado segundo critérios de medidas de sofrimentos, como uma espécie de código jurídico da dor. Não poderia haver uma "raiva sem lei".[15] Por outro lado, afirma FERRAZ JR, a pena de morte instaura, no conceito de justiça, a irracionalidade emocional da retribuição vertical. A experiência da morte só pode ser observada, não vivenciada pelos outros, por isso, como pena, ela não pode ser medida nem sopesada. Está ligada ao poder hierárquico e à manutenção da ordem legal. Serve à *timoria* como fórmula absoluta (manter a honra) e não à *poine* (indenizar). Este *código da dor* não chega a construir um modelo horizontal, tendo a ver com a ostentação da ordem e não com sua reconciliação.[16]

O grande contraponto destes modelos retributivos tradicionais é destacado pela figura de Jesus Cristo, que vai espelhar uma noção de justiça também emotiva, mas que se apresenta como uma subversão ao ódio vingativo: a justiça como *caritas*, como amor: recupera-se a dimensão da retribuição horizontal, mas num sentido bem peculiar que acaba afetando a noção de equilíbrio. O *amor-caritas* está ligado ao sentimento de renúncia, mas de uma renúncia que não é privação negativa, mas de elevação, completamente destacada do rancor. O amor cristão não tem uma compensação no amor do outro, mas na plenitude do amor divino. O Deus onipotente ofereceu o sacrifício de seu filho pela salvação dos homens. O Deus punitivo do antigo testamento passa a ser justo e misericordioso. O perdão é uma forma retributiva peculiar, que desafia a ideia de vingança, pois implica na afirmação de que é *preferível dar a receber, dar à outra face e amar os inimigos*. A justiça como amor pede, assim, uma retribuição horizontal descompensada, ligada à dignidade humana.[17]

---

14 CANETTI, Elias. *Massa e Poder*. Brasília: Editora Universidade de Brasília, 1983 p. 306.

15 FERRAZ JR., Tercio Sampaio. *Op. cit.*, 2002, p. 218.

16 FERRAZ JR., Tercio Sampaio. *Op. cit.*, 2002, p.221.

17 FERRAZ JR., Tercio Sampaio. *Op. cit.*, 2002, p. 221.

Com a dessacralização da vontade, na Era Moderna, a justiça passa a ser ligada ao cumprimento dos pactos, pressupondo a instituição da sociedade civil com poder suficiente para compelir os homens a respeitá-lo e conferindo ao Estado o poder de fazer valer os modelos horizontais e verticais, baseados na máxima do pensamento de Hobbes: *pacta sunt servanda*. Surge a ideia de *modelo vertical de justiça ligado ao respeito da ordem posta.*[18]

Por fim, FERRAZ JR, cita o pensamento do filósofo SHOECK entende ser possível ligar o entendimento de justiça a ideia de inveja, de forma inusitada. O autor destaca que a inveja faz parte da socialização humana. Em princípio, o invejoso é visto como perigoso e destruidor. Ela é um sentimento ambíguo, não há invejoso sem o invejado, embora aquele não queira se relacionar com este, pois sua presença é insuportável. Ele não quer a reciprocidade, a inveja do outro lhe é repulsiva. Ele quer ver o outro desprovido do objeto da sua inveja, mas não quer este objeto para si, por isso ela se difere da cobiça e tende a ser submetida a um processo de recalque.

A inveja é um sentimento agressivo que parte da consciência da própria impotência e que contém um fundo ligeiramente masoquista: o invejoso prefere prejudicar-se desde que o invejado sofra um determinado prejuízo. Ele é passivo, em princípio, mas pode tornar-se agressivo. Embora a inveja seja desproporcional e destrutiva, haveria um sentido positivo para o equilíbrio social, relacionado ao controle social. Temos a vigilância de todos no cumprimento da lei, calcada na possibilidade de temos a denúncia pública de um crime. A inveja positiva faz com alguém que nada tem a ver com um crime seja capaz de denunciá-lo, sem daí tirar nenhum proveito. A igualdade teria por base a justiça como inveja-indignação, que combateria os privilégios. [19]

Feita esta introdução conceitual, desenvolveremos um estudo interdisciplinar relacionando o tema da justiça com a instigante comédia de William Shakespeare, *O Mercador de Veneza*, filmada por Michael Radford, com maestria, em 2004. Depois, faremos uma análise mais próxima da realidade brasileira através do estudo do antropológico do filme *Deus e o Diabo na terra do sol* (1964), dirigido por Glauber Rocha, e também do sensível e filosófico filme *Abril Despedaçado* (2001), dirigido por Walter Salles. Neste novo trabalho, vamos demonstrar como os tradicionais conceitos filosóficos de justiça, entendida como *retribuição vertical emotiva (timoria), como amor (caritas), como compensação horizontal e como modelo vertical ligado ao respeito e aplicação da ordem imposta* aparecem como importante pano de fundo da comédia shakespeariana e no drama brasileiro.

---

18 FERRAZ JR., Tercio Sampaio. *Op. cit.*, 2002, p. 225.

19 FERRAZ JR., Tercio Sampaio. *Op. cit.*, 2002, p. 229.

As três obras fílmicas possuem narrativa fabular e não se prestam a uma leitura jurídica técnica, mas não deixam de fornecer um panorama muito rico e criativo de reflexões filosóficas em torno do tema, além de nos envolver emocionalmente com o problema da justiça, captando exatamente aquela dimensão profundamente humana, que parece escapar às racionalizações teóricas. Ao nosso ver, estes belos trabalhos de Shakespeare, Glauber Rocha e Walter Salles nos compelem a retomar um pouco as iluminadas reflexões de FERRAZ JR, relativas à aproximação que podemos fazer entre o senso de justiça e o gosto artístico expostas num brilhante artigo intitulado *O justo e o belo.* Afinal, como diz este autor, *ambos, o jurista e o artista, introduzem, no âmbito da verdade ou da qualidade e do talento, o fato pessoal, ou seja, confere-lhe significação humana.*[20]

O MERCADOR DE VENEZA: JUSTIÇA COMO AMOR E COMO ODIO EM CONFLITO

A publicação do *Mercador de Veneza* foi precedida pela escrita de uma outra peça, que também destacava como protagonista a figura de um judeu abastado. Christopher Marlowe escreveu a *Tamburlaine* que marca a abertura do teatro elisabetano. Ele também foi o autor da peça *O Judeu de Malta (The Famous Tragedy of the Rich Jew of Malta)*, onde o judeu Barrabás é tratado de forma maniqueísta, como um tipo perverso, desmedido ao extremo. Citando apenas uma pequena parte da trama, destacamos que o protagonista, após se recusar a pagar um imposto de cinquenta por cento de seu patrimônio, cobrado pelo governador de Malta, é condenado a perder os seus bens e ver a sua casa ser transformada num convento. No entanto, como Barrabás tinha escondido muito dinheiro em casa, que não declarava oficialmente, convence sua filha Abigail a fingir que quer ser freira e se converter, a fim de resgatar o seu tesouro perdido. Ao mesmo tempo, dois jovens cristãos estariam amorosamente atraídos por Abigail, o pai dá esperanças aos dois, mas estimula a realização de um duelo, onde ambos falecem, ao mesmo tempo. A filha, em revolta, se converte de verdade e realmente entra para o convento. Barrabás, inconformado, planeja a sua mortal vingança, mandando preparar uma apetitosa terrina de arroz envenenada, que oferece ao convento como um presente. Morrem mais de duzentos religiosos, inclusive a sua própria filha.[21]

O *Judeu de Malta* foi escrito em 1589, mas foi reapresentada em 1594, com excelente repercussão. Houve quinze récitas pela companhia do Lord Almirante, a principal concorrente da companhia do Lord Camerlengo, onde Shakespeare

---

[20] FERRAZ JR., Tercio Sampaio. *Estudos de Filosofia do Direito: reflexões sobre o poder, a liberdade, a justiça e o direito.* São Paulo: Atlas, 2002, p. 257.

[21] HELIODORA, Bárbara. *Forma e origens de O Mercador de Veneza, in: Falando de SHAKESPEARE.* São Paulo: Perspectiva, 2001, p.225.

escrevia e era sócio. Isto se deve a uma significativa onda de antissemitismo, provocada pelas acusações feitas a Rodrigo Lopez, médico judeu português de Elizabete, de conspirar contra a rainha, tramando a sua morte. Segundo Bárbara Heliodora, podemos supor que os Burbage, sócios majoritários da companhia, tenham solicitado a Shakespeare, que era o seu principal dramaturgo, que escrevesse uma peça sobre um judeu, tendo em vista o grande sucesso de bilheteria da outra. O *Mercador de Veneza* só foi registrado para a publicação em 1598, mas é provável que tenha sido escrita em 1596.

Segundo as instigantes colocações da estudiosa da obra shakespeariana, se compararmos Barrabás e Shylock, é flagrante a diferença presente no nível de humanização alcançado por cada um dos personagens. O *Judeu de Malta* teve uma curta vida dramática, pois desapareceu do cenário teatral depois do sucesso de 1594. Em 1964, na comemoração do quarto centenário de Marlowe, acabou sendo montada em Londres como um tipo de comédia de humor negro, tendo em vista a caricata maldade de Barrabás retratada. Já o *Mercador de Veneza*, de forma distinta, vem gerando montagens constantes, com possibilidades amplas de leituras interpretativas ricas e, muitas vezes, variadas e criativas. Pela leitura do texto da peça, observamos que sua proposta é muito mais retratar o antissemitismo e suas trágicas consequências, para ambos os lados, do que propriamente defendê-lo de forma maniqueísta.[22]

Apesar do personagem de Shylock ter uma ligação com o teatro medieval, na caracterização genérica do judeu como um perseguidor de Cristo, e com a secularização do teatro, na figura do antigo Diabo se transformando no vício da usura. Ele é um tipo muito mais complexo, ambíguo e atormentado pelo desejo de vingança que lhe é, de certa forma, criado pela própria discriminação dos cristãos. De forma alguma podemos considerar que ele seja semelhante ao Barrabás de Marlowe, que, monstruosamente, mata os cristãos e sua própria filha de forma trivial.

Embora a peça seja uma comédia romântica, no seu todo, o personagem do judeu é dramático e muito rico para mostrar que as relações de poder e discriminação dos cristãos, na sua complicada interação com o judaísmo, ajudaram a formar o ódio de Shylock e seu senso de justiça baseado no modelo vertical de vingança. Ele aparece em apenas cinco das vinte cenas da peça, mas sua presença é tão forte, que supera todo o drama pessoal do mercador Antônio, que dá origem ao próprio nome da peça. A nosso ver, a leitura feita pelo filme de Michael Radford, diretor e autor do roteiro, oferece um incrível destaque a esta complexidade com a excelente performance de Al Pacino, que capta, com maestria, toda a dimensão humana e trágica da figura do judeu Shylock. Atuam, também, nos papéis principais, Jeremy Irons, como Antônio, Joseph

22 HELIODORA, Bárbara. *Op. cit.*, 2001, p. 225.

Fiennes como Bassânio e Lynn Collins como Pórtia. No plano jurídico-filosófico, observamos em termos logopáticos, como o bardo faz um genial cruzamento de vários conceitos de justiça, que ultrapassam, ao nosso ver, a simples contraposição binária *Direito e Justiça*, exaustivamente comentada, ao longo dos anos, por vários autores no campo do pensamento jurídico. A seguir, faremos um destaque das principais cenas que retratam estas reflexões. Notoriamente, vamos analisar, em detalhe, o quarto ato, que dramatiza as famosas cenas no tribunal de Veneza. Para tanto, usamos o texto escrito da peça em complemento ao próprio filme de 2004, que nos dá a dimensão dramática e viva dos personagens, numa interação com a música e a fotografia de época sofisticada.

UMA LIBRA DE CARNE: MODELOS DE JUSTIÇA QUE SE INTERPENETRAM

O filme de Michael Radford faz uma apresentação quase integral e bem fiel ao texto da peça, com uma bela direção de arte e figurinos, que visam representar, com realismo, a época histórica retratada sem alterar o seu viés fabular mais abrangente. Na primeira cena, faz uma pequena alusão didática a situação do judeu em Veneza, na época. Mostra como a atividade de emprestar dinheiro a juros foi condenada por alas radicais do Cristianismo, mas também foi, de certa forma, paradoxalmente, estimulada pela própria segregação do Judeu. Esta transcrição aparece na marcante cena inicial do filme, onde nos canais de Veneza, é retratado o conflito religioso entre judeus e cristãos:

> *A intolerância era um fato no século XVI, mesmo em Veneza, a mais poderosa e liberal Cidade-Estado da Europa. Por lei, os judeus eram obrigados a morar na velha fundição murada ou gueto da cidade. À noite, o portão era fechado e vigiado por cristãos. De dia, todo homem que saía do gueto tinha de usar um chapéu vermelho, para ser identificado como judeu. Aos judeus era proibido possuir imóveis, por isso eles praticavam "a usura", o empréstimo de dinheiro a juros, e isto era contra a lei dos cristãos. Os sofisticados venezianos faziam vista grossa a isso, mas com os fanáticos religiosos, que odiavam os judeus era bem diferente.*

Em seguida, é exibida a cena inicial, que é bem marcante para o entendimento de toda a trama. Ela mostra a um conceito-imagem sobre a existência de uma relação de poder e disputa político-religiosa entre cristãos e judeus. No meio da confusão, gerada pela pregação radical de um religioso cristão, que defende, abertamente, a morte aos judeus, observamos que estes são alvos de todo tipo de violência humilhação, chegando a ser jogados da ponte do Rialto, nas águas dos canais. Diz a pregação:

Se um homem é justo e vive em retidão, se não pratica a usura, nem recebe algum ágio e sempre evitou contato com qualquer usuário, julgando com discernimento outros homens, se conservou meu estatuto e meu juízo, ele é justo e certamente viverá, mas se ele praticou a usura e recebeu ágio, ele viverá? Não, não viverá! Se fez qualquer uma desta abominações, certamente morrerá. Palavra do Senhor, nosso Deus. No entanto, viveis, dia após dia, de furtos e roubos, pois um usuário é um ladrão, que deve ser enforcado sete vezes mais lato do que outros ladrões. Posto que calça os mandamentos do Senhor Deus sob seus pés pecaminosos.

Conforme bem esclarece BÁRBARA HELIODORA:

A condenação religiosa da usura predominou na Idade Média. A usura, como era rotulada toda e qualquer prática de se cobrar juros por empréstimo, por fazer multiplicar-se o que não tem vida própria, era considerada na Idade Média, não só imoral, mas efetivamente uma forma de perversão da natureza. Como o ouro e a prata são, por si só, estéreis, quem emprestava dinheiro a juro era acusado de usar seu dinheiro para um "ato antinatural de reprodução.[23]

O próprio nome Shylock seria muito semelhante ao hebreu *shalack*, traduzido como *cormorant*, corvo marítimo, interpretado como um símbolo dos usuários.[24]

Neste clima de violência, testemunhamos um primeiro encontro de Shylock (Al Pacino) e do prestigioso mercador Antônio (Jeremy Irons), numa também magnífica atuação de Jeremy Irons, que simboliza esta mesma disputa religiosa. Shylock chama o seu nome, mas Antônio, um cristão fervoroso de suas convicções, influenciado pela pregação cristã, responde com violência e desprezo, não diz uma palavra, mas sua expressão facial é de repugnância, quando cospe no rosto de Shylock, como ostensiva punição moral ao seu antagonista. Este não deixa de exibir, na sua face, o seu total descontentamento e sentimento de injustiça com a atitude do mercador. Apesar do preconceito cristão, da moradia no gueto, Shylock era um respeitável negociante do Rialto, que emprestava dinheiro a juros, desafiando a autoridade institucionalizada da Igreja, já que Veneza era um centro de lucro comercial mais dinâmico, que questionava o imobilismo medieval, ainda ligado aos estamentos. O gueto judaico poderia ser considerado um espaço informal de religiosidade em face das pregações normativas cristãs, onde se praticava, abertamente, o empréstimo a juros.

A partir desta introdução, destacamos outra passagem importante do filme apresentada na primeira cena, do primeiro ato da peça. Numa conversa íntima, com seus amigos Salarino e Solânio, Antônio, comerciante abastado, confessa ter um sentimento de tristeza para o qual não encontra explicação

---

23 HELIODORA, Bárbara. *Op. cit.*, 2001, p. 226.

24 ELIODORA, Bárbara. *Op. cit.*, 2001, p. 226.

consciente, pois não se trata de um problema financeiro, mas talvez *amoroso*, como Salarino mesmo sugere. Este sentimento amoroso é sutilmente vinculado a uma possível atração homossexual, não abertamente colocada, mas apenas sugerida, por seu melhor amigo Bassânio (Joseph Fiennes), que, neste mesmo momento, encontra Antônio para lhe fazer um importante pedido. Ele gastou a sua fortuna na juventude pródiga, mas pretende cortejar e se casar com uma rica, bela e virtuosa herdeira em Belmonte, chamada Pórcia (Lynn Collins). Portanto, pede dinheiro emprestado a Antônio para lhe fazer a corte. Este responde que, em virtude de sua atividade comercial marítima, não possui dinheiro disponível, mas recomenda a Bassânio que faça o empréstimo em Veneza, usando o seu bom crédito. Antônio mostra sua profunda afeição por Bassânio, na seguinte fala:

> *Dizei-me que dívidas são essas, meu bom Bassânio; se forem honestas, como tendes por uso e costume, ficai certo de que a minha bolsa, a minha pessoa e até os meu últimos recursos ficam à vossa disposição.*[25]

Na terceira cena do primeiro ato, Bassânio encontra Shylock, num canal de Veneza e faz o pedido de empréstimo de três mil ducados, para serem devolvidos em três meses, sendo que Antônio ficaria como fiador. Curiosamente, a conversa se desenvolve enquanto o judeu compra um pedaço de carne e a pesa, na balança, na forma de uma clara tensão logopática exposta no filme, entre *violência* — corte da carne e *proporção* — uso da balança. No entanto, Shylock, de forma astuta, põe em dúvida a liquidez do crédito de Antônio, já que o comércio marítimo envolve vários riscos. Com uma ponta de ironia, ele afirma sobre a fortuna de Antônio:

> *Todavia, a sua fortuna não pode ser avaliada senão por hipótese; possui um navio que faz carreira para Tripolis e outro para as Índias; soube também que tem mais um em viagem para o México e um quarto para a Inglaterra, sem falar em várias especulações espalhadas por este mundo afora. Mas os navios são feitos de tábuas, os marinheiros são mortais; há ratos terrestres e ratos aquáticos, ladrões terrestres e ladrões do mar, quero dizer piratas, há também o perigo das ondas, dos ventos e dos rochedos. No entanto, a caução é sofrível; três mil ducados. Parece-me que posso aceitar a oferta.*

Shylock pede para pensar no caso e também para falar com Antônio. Diante do convite de Bassânio para jantar com ele e Antônio, Shylock manifesta uma recusa de forma assertiva:

[25] Usamos a seguinte tradução portuguesa de *O Mercador de Veneza*, Edição revista por João Grave. Porto: Leilo & Irmão – Editores.

> *Sim! Para cheirar a carne de porco; para comer numa casa em que o vosso profeta, o Nazareno, esconjurou o Diabo! Apraz-me comprar, vender, conversar, passear convosco e tudo mais; mas comer, beber e rezar convosco, isso de forma nenhuma.*

Neste momento aparece Antônio de forma inesperada, e Shylock murmura sua animosidade, seu ódio em relação ao mercador, nos revelando seu *homo demens* e destacando a sua hipocrisia em querer garantir o empréstimo, com juros, que Antônio mesmo condenara inúmeras vezes, em público e à custa de sua própria humilhação pessoal:

> *Oh! Que cara de publicano hipócrita! Odeio-o só por ser cristão e ainda mais porque, na sua baixa simplicidade, empresta dinheiro grátis e assim faz descer a taxa de juro em Veneza. Que se livre de lhe pôr as unhas nos quadris ou eu saciarei o ódio velho que lhe voto. Ele não pode ver a nossa santa nação nem o lugar em que os mercadores se reúnem; zomba de mim, dos meus negócios, dos meus ganhos legítimos, a que chama usura. Maldita seja a minha tribo, se eu lhe perdoar.*

É neste clima de disputa pelo poder, onde, mais uma vez, o judeu reafirma a sua atitude de desafio frente ao pensamento e credo cristão e, ao mesmo tempo, reafirma a legitimidade do seu negócio, que o acordo vai ser firmado, de forma definitiva, com Antônio. Ele afirma não ter este capital disponível, mas destaca que seu rico companheiro de tribo Tubal emprestará a quantia. No entanto, fica claro que a negociação monetária não é suficiente para superar o antagonismo religioso entre ambos. Basta vermos o significativo trecho do diálogo, primeiro Shylock afirma, em seu escritório:

> *Senhor Antônio! Quantas vezes, quantas declamaste contra mim no Rialto? Quantas me maltrataste por causa do meu dinheiro e dos juros que lhe faço render? Com que paciência eu vos aturava, encolhendo os ombros, por isso a paciência é a virtude da nossa raça! Chamáveis-me herege, cão malfeitor, e cuspíeis sobre as minhas vestes de judeu e tudo muito bem! Parece, porém, que chegou a ocasião de terdes precisão e vindes procurar-me, dizendo: Shylock, temos necessidade do vosso dinheiro. Eis o que dizeis, senhor, sem vos lembrardes de que me escarraste na cara e me sacudiste com a ponta do pé, como se eu fosse um cão vadio que estivesse à sua porta! E agora que me pedis dinheiro, que é que eu devia responder-vos? Então um cachorro pode emprestar três mil ducados? Ou quereríeis que eu, inclinando-me até o chão, com voz de escravo, com a respiração ofegante, com humildade que mal nos deixa falar, vos respondesse: Meu bom senhor, na última quarta-feira, vossa senhoria escarrou-me na cara; há dias expulsou-me a pontapés; doura vez, chamou-me de cão; em paga destas delicadezas vou emprestar-vos todo o dinheiro que me exigis.*

Antônio responde, de forma emotiva e quase profética, antecipando os fatos posteriores:

> *É provável que continue a chamar-te esses nomes, a escarrar-te na cara, a dar-te os mesmos pontapés. Se queres empresta-me esse dinheiro, empresta-mo — não como um amigo, pois nunca se viu a amizade aproveitar-se do vil metal — que confiou a um amigo, mas como a um inimigo, porque se eu faltar à palavra, fazes melhor figura exigindo a minha punição.*

Shylock, talvez, de forma dissimulada, em contrapartida, propõe fazer o que ele mesmo chama de "pacto da amizade", sem cobrar qualquer juro, esquecendo as animosidades. Para tanto, propõe a assinatura do contrato oficialmente no notário, com uma importante ressalva:

> *À guisa de uma brincadeira, que, se não efetuar o pagamento em tal dia e em tal lugar, da soma convencionada, terei direito a uma libra da vossa carne, que poderá ser escolhida e cortada em qualquer parte do vosso corpo.*

Bassânio reluta em aceitar a assinatura de tal contrato, com este tipo de multa penal, mas Antônio afirma, sem hesitar:

> *Está combinado; assinarei o documento e de hoje em diante direi que, entre os judeus, ainda há algum que tenha préstimo.*

Ele diz para Bassânio não ter medo, pois, dentro de dois meses, ou seja, um mês antes de terminar o prazo, espera ter em cofre nove vezes o valor do empréstimo. Shylock ainda reforça a ideia de que o pagamento da multa, com a libra de carne, não teria mais valor do que uma libra de carne de vaca, de cabra ou de carneiro. Diz tratar-se de uma oferta amigável visando conquistar a amizade de Antônio. Mesmo com a relutância de Bassânio em acreditar na *"generosidade do que considera ser vilão"*, o contrato é firmado em cartório com a inclusão da multa pelo atraso no pagamento.

Comparando estas cenas, observamos a astúcia de Shakespeare em conectar, no contrato firmado por Shylock, e a garantia exigida da libra de carne, em caso de descumprimento, três conceitos jurídico-filosóficos de justiça. Para desenvolver a nossa análise, lembramos das importantes reflexões desenvolvidas por FERRAZ JR, a qual fizemos alusão na primeira parte deste capítulo. Observamos que Shylock firma um contrato com Antônio, em 1596, em pleno emergir da Era Moderna. Nesta, a figura do contrato moderno, que pressupõe a ideia de liberdade, é própria do capitalismo burguês em ascensão, passando a ser um importante instrumento de regulação jurídica das relações de troca. Na sociedade do burguês livre-empreendedor, o contrato se desvincula dos elementos mágicos dos contratos medievais, ainda ligados ao status de cada um, para figurar como um *"instrumento de segurança contra riscos econômicos, estabelecendo consequências punitivas para o rompimento das relações"*.[26]

À primeira vista, o contrato firmado com Antônio, que institui o empréstimo de três mil ducados, com devolução em até três meses, teria este caráter moderno e abarcaria um sentido horizontal de justiça. No caso de descumprimento do prazo, deveria ser paga algum tipo de multa pecuniária pelo atraso, como compensação. No entanto, a negociação se torna mais complexa, quando observamos qual tipo de multa foi estipulada em acaso de atraso: não uma soma pecuniária, tão familiar aos usuários, mas *"uma libra de carne, tirada da parte do corpo que o credor escolher"*.

Desde a tradição da antiguidade greco-romana, a balança aparece como um símbolo horizontal de equilíbrio dos pratos, discussão e negociação. Figura, portanto, como um instrumento que compensa os atos de dar e receber, onde o equilíbrio se alcança quando o fiel da balança está reto de baixo para cima.[27] Apesar da expressão *uma libra de carne*, a princípio, denotar uma tentativa de racionalizar a compensação, criando uma proporcionalidade controlada pelo peso da balança, é claro que existe uma interpenetração marcante como o chamado modelo *vertical*, já que a extração da *libra de carne* da *parte do corpo que o credor escolher*, nada tinha a ver com uma compensação financeira quantificada em termos racionais, pois, eventualmente, significaria, nada mais, nada menos do que uma pena de morte, própria do *modelo vertical de justiça*, para Antônio. Por isso, diz FERRAZ JR, esta codificação contratual da dor *não chega constituir um modelo horizontal, pois é baseada no sofrimento não mensurável*.[28]

Neste sentido, a compensação de uma dívida financeira, com a possível morte do devedor, instaura, no contrato firmado por Shylock, uma irracionalidade vertical, retribuir o mal sofrido com o próprio mal, ligada a *timoria*, ao seu desejo de vingar a sua honra de judeu humilhado, ainda que camuflado por supostas mensurações horizontais.[29] Obviamente, podemos perceber que ele mascara a gravidade humana da multa, falando em brincadeira e amizade. Teria ele firmado tal contrato com a prévia expectativa de cobrar a multa? Neste ponto, existem interpretações variadas com relação à imposição da multa de uma libra de carne. BÁRBARA HELIODORA considera plausível supor que Shylock teria a intenção de não cobrar nada de Antônio, tendo em vista o aumento de seu prestígio no Rialto e também levando em conta que tinha consciência de que a imposição desta clausula penal era inaceitável na sociedade cristã da época.[30]

---

26 HELIODORA, Bárbara. *Op. cit.*, , 2001, p. 103.

27 HELIODORA, Bárbara. *Op. cit.*, , 2001, p. 218.

28 HELIODORA, Bárbara. *Op. cit.*, , 2001, p. 220.

29 HELIODORA, Bárbara. *Op. cit.*, , 2001, p. 221.

30 HELIODORA, Bárbara. *Forma e origens de O Mercador de Veneza, in: Falando de SHAKESPEARE*, São Paulo: Editora Perspectiva, 2001, p. 226.

Todavia, um fato inusitado vai reascender a ira vingativa de Shylock em relação aos cristãos e a Antônio. Jéssica, sua única filha, sua carne e seu sangue, foge com um amante cristão, Lourenço, amigo de Antônio, levando dinheiro e joias, para garantir o seu sustento, inclusive um anel de turquesa que tinha um valor sentimental inestimável para seu pai. Shylock entra em desespero profundo, na rua chuvosa, exatamente antes da partida de Bassânio. Ouvimos Solano, amigo de Antônio, debochar do seu sofrimento, dizendo que nunca tinha ouvido queixas mais desconcertadas e confusas, tão furiosas, como as desse cão, desse judeu, pelas ruas afora: *minha filha*! *Meus ducados*!

Ao ser informado por Salarino a respeito do naufrágio de um dos navios de Antônio, Shylock expõe, explicitamente, todo o seu ódio e a sua intenção de vingança e fazer justiça, através do modelo vertical, esclarecendo que a libra de carne servirá como:

> *Isca para os peixes. Quando não sirva para mais nada, serve para saciar a minha vingança. Cobriu-me de desprezo, deixei de ganhar meio milhão por sua causa, riu-se de meus prejuízos, escarneceu de meus ganhos e por que razão fazia tudo isto? Por eu ser judeu. Então um judeu não tem mãos? Nem órgãos, nem proporções, nem sentidos, nem afeições, nem sentimentos? Não se nutre com os mesmos alimentos? Não é ferido com as mesmas armas? Não está sujeito às mesmas doenças? Se nos parecemos em tudo convosco, se nos ultrajardes, não havemos de nos vingar? Se um judeu ofende um cristão, como é que o cristão o humilha? Vingando-se. Se um cristão ofende um judeu, se ele quiser seguir o exemplo do cristão? A vingança.*

Shylock conclui que, se Antônio não pagar a dívida na data do vencimento acordada no contrato, ele terá o seu coração, destacando, mais uma vez, que se não fosse a repressão de Antônio em relação à usura, seus negócios estariam muito mais expandidos em Veneza. Ele claramente mostra uma sádica satisfação com esta possibilidade.

Enquanto isto, em Belmonte, retratado de forma idílica no filme, onde o comércio e os valores do amor são fundamentais, em contraposição ao comércio financeiro do Rialto, Bassânio vence o segredo das arcas, criado pelo falecido pai de Pórcia e ganha a mão de sua amada. Sua fiel criada Nerissa também é pedida em casamento por Graciano, companheiro de Bassânio. Logo chegam Lourenço, Jéssica e Solânio comunicando más notícias, trazendo uma carta, que faz Bassânio empalidecer, pois informa que todas as embarcações de Antônio naufragaram e o pagamento a Shylock não foi feito na data certa. Solânio antecipa que, mesmo que fosse arranjado o dinheiro ao judeu, ele não aceitaria, pois tem diariamente requerido ao Duque o pagamento da multa. Jéssica expõe ter ouvido seu pai dizer a Tubal que preferia a carne de Antônio a vinte vezes a soma do que lhe era devido.

Na carta, Antônio está resignado com seu trágico destino, apenas pede a Bassânio que o visite antes de sua anunciada morte. Bassânio resolve partir e Pórcia arma uma astuta estratégia para ajudar o melhor amigo do seu amado, sem que alguém saiba de seus planos, a não ser sua ajudante Nerissa. Pede ao seu criado Baltasar, que vá até Pádua entregar uma carta para o seu primo advogado o Doutor Belário e trazer de volta os papéis e as roupas masculinas de advogado. Ela planeja, com a companhia de Nerissa, comparecer ao julgamento de Antônio, disfarçada de especialista, para defendê-lo, após receber orientação de primo Belário. O personagem de Pórcia mostra-se ousado, valente e extremamente alinhado ao que podemos chamar de "*comércio do amor*", onde é sempre o mais generoso que mais lucra, o prazer em doar algo de si é sempre primordial, ao contrário dos interesses estritamente pessoais presentes no comércio dos bens palpáveis.[31]

No Rialto, Antônio encontra Shylock, que, mais uma vez, deixa clara a sua intenção de cobrar a multa, que considera justa, como o sentido de vingança, dizendo:

> *Quero cumpridas as condições do contrato; nada de palavreado contra elas; jurei que se haviam de cumprir. Chamaste-me cão, sem motivo algum; pois agora tem cautela com os meus dentes. Conto com a justiça do Duque.*

Chegamos, finalmente, ao importante quarto ato, que dramatiza o famoso julgamento, que significa a institucionalização dos procedimentos jurídicos de cobrança e uma nova forma de constituir, verticalmente, a justiça, já que Shylock recorre ao tribunal presidido pela autoridade do Duque para fazer valer as condições jurídicas do seu contrato, verticalmente, e alcançar o seu senso de justiça baseado na ideia irracional de vingança. É a reafirmação da presença da *espada* colocada na mão direita da Deusa Diké.[32]

O CONFLITO RELIGIOSO ENTRE ANTÔNIO E SHYLOCK

Como bem destaca BÁRBARA HELIODORA, *O Mercador de Veneza* discute o problema da justiça de forma rica e variada. Todavia, ao nosso ver, as cenas do julgamento são as mais complexas e instigantes, pois acrescentam mais dois conceitos-imagem filosóficos de justiça, que também se interpenetram aos dois já destacados na análise do contrato firmado entre Shylock e Antônio: a justiça como *amor* (*caritas*) e como *respeito à ordem legal imposta*. Neste ponto, a reflexão shakespeariana torna-se exemplar, multifacetada e permanentemente atual para os estudos do tema da justiça em relação ao direito no campo da Filosofia Jurídica.

---

31 HELIODORA, Bárbara. *Op. cit.*, p. 230.

32 FERRAZ JR., Tercio Sampaio, *Op. cit.*, 2002, p. 218.

Segundo a autora, é importante perceber como Shakespeare é um autor da Era Moderna, que procura enfatizar a necessidade de se respeitar as leis da cidade, os direitos e os deveres de cada um, evitando-se a arbitrariedade, para garantir o desenvolto comércio de Veneza, para onde iam comerciantes de diferentes raças e credos, fora da visão estamental da Idade Média.[33] Diz a referida autora: "*Shakespeare não deixa livres de culpa os cristãos: se a lei civil não protegesse os direitos dos habitantes de Veneza (cidadãos ou não), é óbvio que Shylock, como todos os judeus que ali moravam e trabalhavam, seria presa fácil do preconceito, do desprezo, do ódio da comunidade que se tem como justa, bondosa e sempre correta*".[34] Esta ideia de justiça, como respeito à ordem legal imposta, também aparece na fala de Antônio quando afirma:

> *O Duque não pode impedir que se sigam os termos legais. Se as vantagens que Veneza oferece aos estrangeiros não fossem uma realidade, a justiça do Estado sofreria, sobretudo agora que o comércio e o interesse da cidade dependem deles (...)*

A grande polêmica complexa da peça reside que, neste momento, fazer cumprir a lei, em princípio, significa que a autoridade do Duque deve ordenar, verticalmente, a cobrança da multa firmada no contrato, ou seja, a extração da libra de carne que Shylock decide extrair de forma bem próxima ao coração de Antônio. Todavia, o conteúdo da multa contratual, pena de morte, é contrária aos valores cristãos dominantes. Já dizia Hobbes, *sem o Leviatã não há lugar para as retribuições horizontais*. Como diz FERRAZ JR:

> *O fundamento da justiça está na lei da natureza que obriga a cumprir o pactuado (that men perform their convenants made). Só quando um pacto é celebrado, há lugar para o justo e para o injusto. Assim, a natureza da justiça consiste em manter o pactuado. Mas a validade dos pactos só começa com a constituição de um poder civil suficiente para compelir os homens a respeitá-los.*[35]

Dividimos a análise do julgamento em duas partes. Ele é escrito em uma única cena, muito poderosa em termos de exposição logopática do tema da justiça. A primeira parte é desenvolvida, basicamente, a partir do diálogo entre o Duque, Shylock e Bassânio. Judeus e cristão participam da sessão, numa posição interativa bastante acalorada, que simboliza o conflito entra ambos. A presença do Duque institucionaliza a ideia de justiça como ordem vertical imposta, mas está bem longe de ser uma justiça imparcial, já que ele mesmo é cristão e solidário a Antônio e diz a ele que seu adversário judeu é cruel e

---

33 HELIODORA, Bárbara. *Reflexões Shakespearianas*, Rio de Janeiro: Lacerda Editores, 2004, p. 272

34 HELIODORA, Bárbara. *Op. cit.*, 2001, p. 276.

35 FERRAZ JR., Tercio Sampaio. *Estudos de Filosofia do Direito: reflexões sobre o poder, a liberdade, a justiça e o direito*, São Paulo: Atlas, 2002, p. 223.

desumano. Ao invés de prontamente cumprir e lei mandar executar a multa contratual, faz um apelo para que Shylock seja *piedoso*, aceite o pagamento atrasado em dinheiro e perdoe uma parte da dívida, em consideração às perdas do mercador. Aparece em cena um novo conceito de justiça, desta vez entendido como *amor-caritas, onde recuperamos a dimensão da retribuição horizontal descompensada, que tem o sentido de renúncia, não como é privação, mas plenitude. O amor cristão não tem, assim, uma compensação no amor do outro, mas na plenitude do amor divino.*[36] O julgamento apresenta um conceito-imagem riquíssimo do confronto entre valores do judaísmo e cristianismo, pois no lugar do Deus punitivo do Velho Testamento, surge a figura de um Deus misericordioso, representado por seu filho Cristo. *Na justiça como amor, o perdão é uma forma retributiva peculiar.*[37]

De uma forma incisiva, Shylock recusa o perdão e a ideia de justiça como caritas, e reafirma, de uma forma bem assertiva e dramática, o seu pedido: o modelo vertical de justiça, como vingança, deve ser incorporado pela noção de justiça como ordem, como cumprimento da lei, deve ser confirmada pela autoridade do Duque, que pode bem ser exemplificado, na seguinte fala:

> *Já informei Vossa Graça das minhas intenções e jurei pelo nosso santo sábado que hei de obter a execução da cláusula penal do nosso contrato; se ma recusardes, que o perigo que daí resulta caia sobre a liberdade e a constituição da vossa cidade.*

Na sequência de sua argumentação, vemos a emoção tomar conta de sua fala, que, abertamente, passa a expor o seu ódio irracional na defesa da ideia de justiça vertical, como vingança, que, por ser basicamente emocional e visar o sofrimento do outro, não pode ser indenizada, em termos financeiros, através do modelo de justiça horizontal. Como diz FERRAZ JR., *a pena de morte encobre a irracionalidade da retribuição vertical. Está ligada ao poder hierárquico e à manutenção da justiça como ordem legal, a lex, mas não necessariamente ao logos. Serve à timoria como sua fórmula absoluta (manter a honra) mas não à poine.*[38] Fica bem claro que Shylock considera justo e certo poder vingar-se de Antônio e, de certa forma, de todos os cristãos que lhe fizeram mal. Basta vermos o que diz a seguir:

> *Perguntais-me por que razão prefiro eu uma libra de carne podre aos meus três mil ducados; para esta pergunta só tenho uma resposta: a minha vontade. Não vos parece boa tal resposta? Se um rato perturba a minha casa, e, se eu meter na cabeça que devo dar dez mil ducados para o envenenar, tem alguém alguma coisa com isso? (...) Nutro por Antônio um ódio tão fixo, uma aversão tão absoluta que me vejo forçado a intentar contra ele um processo ruinoso para mim.*

---

[36] FERRAZ JR., Tercio Sampaio. *Op. cit.*, 2002, p. 222-223.

[37] FERRAZ JR., Tercio Sampaio. *Op. cit.*, 2002, p. 223.

[38] FERRAZ JR., Tercio Sampaio. *Op. cit.* 2002, p.220.

Neste momento, Bassânio entra no tribunal, chama Shyrlock de cruel por considerar o seu ódio desmedido. Antônio, bastante emocionado, diz ao amigo que seria inútil tentar inspirar piedade no *coração duro do judeu*. Uso dos planos fechados dos *close-ups* potencializa o elemento dramático da cena. Mesmo assim, Bassânio tenta transformar a retribuição vertical, numa retribuição horizontal pecuniária, oferecendo a grande quantia de dez mil ducados pela não execução da multa contratual. Ainda que a maioria dos ouvintes seja cristão e pareça apoiar Antônio, Shylock, de forma cada vez mais emocionada, mostra como seu ódio é fruto de uma tragédia pessoal de ser discriminado e mantém a sua posição inicial. Ele quer o pagamento da dívida com a vida de Antônio, apontando semelhanças da sua multa com a escravidão cristã, começando a afiar a sua faca, agressivamente, depois de dizer:

> *Ainda que cada um desses dez mil ducados fosse dividido em seis partes e cada uma das seis partes fosse um ducado, não os receberia, o que exijo é o cumprimento do contrato. Eu nada devo recear porque não fiz mal algum. Tendes, entre vós, numerosos escravos que comprastes e que empregais como jumentos, como cães, como machos nos seus serviços mais abjetos e servis pela única razão de os terdes comprado. Dissesse-vos eu: dai-lhes a liberdade, obrigais a arquejar debaixo de tão grandes pesos? Por que é que os seus leitos não são tão bem fofos como os vossos e os seus paladares não tão lisonjeados com acepipes tão finos como os que vos são servidos? Responder-me-eis: os escravos são nossos. Eu respondo-vos também: a libra de carne que eu exijo é minha eu comprei-a muito cara, pertence-me, hei de tê-la. Se me recusas, anátema sobre a vossa lei! Os decretos de Veneza, doravante, serão letra morta. Aguardo a vossa justiça.*

Neste momento, os ânimos no recinto estão alterados, já que parte da população cristã e judaica também se coloca em antagonismo no ambiente, para dar suporte valorativo a Antônio ou a Shylock. O Duque, reconhecendo-se incapaz de chegar a decisão, sugere que a discussão seja adiada até que Belário, um especialista em questões jurídicas, chegue ao tribunal. Neste momento, entra Nerissa disfarçada de ajudante de advogado e entrega uma carta de Belário ao Duque. Este informa que, por estar muito doente, será substituído por jovem doutor de Roma, chamado Baltasar, que estudou com ele o processo detalhadamente e consultou muitos jurisconsultos célebres. Este jovem irá transmitir a opinião dele amadurecida sobre o assunto. Tem início a segunda parte do julgamento.

Na segunda parte do julgamento, entra o sábio jovem Baltasar, que é na verdade Pórcia, disfarçada de advogado, mas ninguém a reconhece. Baltasar/ Pórcia, com muita assertividade formal, examina os termos do contrato, concluindo que, pela lei, a multa deve ser paga, mas, ao mesmo tempo, faz um novo apelo à misericórdia do judeu, clamando pela afirmação da justiça como amor em contraposição ao Deus vingativo do antigo testamento. Neste, a justiça divina seria a vingança do senhor, uma forma de retribuição vertical, do bem como ordem divina absoluta. Na justiça como amor, aparece a ideia de misericórdia e perdão, como vimos. Na fala argumentativa serena de Baltasar / Pórcia, fica muito bem caracterizada a ideia de perdão, como uma qualidade divina, que se espalha entre os homens, como uma retribuição amorosa descompensada, que não precisa ser ordenada por lei:

> *O pedido que fazeis é extraordinário, mas perfeitamente legal; a lei veneziana não pode impedi-lo. Neste caso, o judeu deve mostrar-se clemente. A índole da clemência deriva justamente dela não ser ordenada; cai como cai a chuva miudinha do céu sobre a campina, que está debaixo dela; é duas vezes abençoada: abençoa quem a recebe, abençoa quem a pratica. É o que há de mais poderoso no que é onipotente; assenta melhor ao monarca no seu trono do que a coroa; o ceptro indicará a força do poder temporal atributo da majestade e do respeito com que os reis se mostram venerados e temidos; mas a clemência é superior a esta autoridade do ceptro; o seu trono existe no coração dos reis; é um atributo do próprio Deus e o poder terrestre aproxima-se tanto quanto possível da divindade quanto a clemência é temperada pela justiça. Por consequência, oh! Judeu ainda que a justiça seja o teu ponto de apoio, considera bem isto: não é pela justiça que algum de nós encontrará a salvação; rogamos ao Céu clemência e estas mesmas súplicas, por via das quais nós a pedimos, ensinam-no todos que devemos nós próprios nos mostramos clementes (...)*

Shylock continua irredutível e, num tom ainda mais agressivo, exige que a lei se cumpra (*justiça vertical como vingança, confirmada por outra verticalidade, a aplicação da lei pela autoridade*). Baltasar / Pórcia faz um novo apelo ao judeu. Se não pode perdoar, (*justiça como amor-caritas*) pede, novamente, que pelo menos aceite o reembolso do dinheiro (*justiça horizontal como compensação financeira*). Bassânio chega a sugerir que a lei seja descumprida, mas o suposto advogado alerta que se um decreto legal fosse alterado, poderia se introduzir um precedente que geraria abusos futuros em Veneza. Confirma que vencido o prazo do contrato, teria o judeu, legalmente, o direito de reclamar a libra de carne, perto do coração de Antônio, como deseja. Todavia, Baltasar / Pórcia pede, mais uma vez, que o judeu aceita a compensação financeira (*modelo horizontal de justiça*) de receber o triplo da quantia, mas Shylock responde que não haverá discurso algum, por mais eloquente que seja, que lhe faça mudar de opinião. Antônio, emocionalmente corroído, pede que seja executada a pena. O peito de Antônio é desnudado e amarrado numa cadeira e Shylock destaca que a parte do corpo que tem de ser cortada é aquela que fica mais próxima ao coração.

Ele prepara-se para dar o golpe final, mas é interrompido pelo suposto advogado, que pergunta se o judeu trouxe alguma balança para pesar a carne e mesmo um cirurgião, para estancar o sangramento. Apesar disto não estar escrito no contrato, seria mais ato de caridade (*caritas*). Shylock não entende o porquê do pedido, se não está no documento. Antônio, despede-se de forma emocionada e auto piedosa, de seu amigo Bassânio, dizendo:

> *(...) Não se arrependas de ter perdido o seu amigo, pois ele também não se arrependeu de pagar a tua dívida; se o judeu cortar mais fundo, pago-a com todo o meu coração.*

Sem saber que estava diante da esposa disfarçada, Bassânio diz para Antônio, demonstrando uma afeição infinita, por ele, com traços homoafetivos nítidos:

> *Estou casado com uma mulher que me é tão querida como a própria vida; mas a vida, minha mulher o mundo inteiro, não me são mais caros do que a tua vida; perderei tudo, tudo sacrificarei para te libertar das garras deste diabo.*

Diante da fala polêmica de Bassânio, que poderia descontentar qualquer esposa, Shylock, não perde a oportunidade para mostrar seu desprezo pelos valores cristãos, criticando os maridos desta religião, lamentando, mais uma vez, que sua filha estivesse ligada a um deles. Na iminência de cobrar sua dívida, todavia, a defesa da ideia da justiça como ordem, como respeito as regras, volta-se contra o próprio Shylock, que, ingenuamente, sem perceber a armadilha linguística em que estava prestes a cair, elogia o jovem Baltasar, como o novo Daniel, justo e perfeito. O tribunal autoriza, verticalmente, o corte de carne do peito de Antônio (modelo vertical de justiça como ordem, que consagraria a justiça como vingança), Shylock levanta a sua espada em direção ao peito de Antônio, mas Baltasar / Pórcia o interrompe, impondo importantes ressalvas.

Percebemos, então, que toda a argumentação de Baltasar, reforçando a ideia de justiça como ordem, refazendo o pedido de clemência (justiça como caritas), de compensação financeira (justiça como retribuição horizontal), visava apenas instigar o Shylock a reafirmar a importância da letra estrita da lei, para depois prendê-lo numa armadilha linguística e fazer a lei escrita se voltar contra ele próprio. Muito interessante a percepção shakespeariana, em torno das sutilezas da hermenêutica jurídica e sua capacidade de construção de significado. Por meio de uma manipulação semântica da distinção entre *carne* e *sangue*, assumidos, retoricamente, como sendo distintos, e da afirmação da interpretação sistemática, Baltasar / Pórcia vai mostrando que a clausula penal do contrato era, de fato, mal redigida e inválida, pois ela autorizaria apenas *o corte de uma libra de carne*, mas não o *derramamento de uma só gota de sangue cristão*, proibida pela lei de Veneza.

Através da afirmação da justiça como aplicação da ordem, tão aclamado por Shylock, é aceita a imposição dogmática que determina que, se houver um derramamento de uma só gota de sangue, todos os seus bens serão confiscados em proveito do Estado de Veneza. Shlylock logo percebe, qual era a *letra da lei*, e passa a assumir como sendo seu *erro jurídico* e, em vão, tenta voltar atrás e aceitar os seis mil ducados, como compensação horizontal. O suposto advogado recusa, alegando que o judeu terá toda a *justiça da letra da lei*, que sempre preiteou, sem flexibilidade: terá direito às cláusulas penais estipuladas no contrato, na condição de que, além de não derramar uma gota de sangue, em termos de proporcionalidade horizontal, pela interpretação literal da clausula, não poderá ser cortada nem mais, nem menos que é uma libra de carne.

> *Prepara-te para cortares a carne, mas sem que derrames uma só gota de sangue; e não podes cortar nem mais nem menos do que a libra de carne; se corta mais ou menos do que esse peso, se diminuis ou aumentas a quantidade convencionada de uma vigésima parte dum átomo de carne, se a balança pende para um dos lados, nem que seja só a espessura dum cabelo, és condenado à morte e os teus bens serão confiscados.*

Shylock percebe que está sem saída e, mais uma vez, pergunta se terá direito, pelo menos, ao seu capital de três mil ducados, tentando revalidar o modelo horizontal compensatório que recusara antes. O suposto advogado alega que, como ele recusou a compensação, de forma o extensiva, em plena audiência, várias vezes, a justiça apenas lhe pode conceder a letra do contrato. Por fim, o modelo de justiça como ordem legal vertical estabelece o seu veredicto, plenamente justificável, como se fosse uma mera subsunção lógica do fato à norma legal:

> *Em Veneza, as leis estabelecem que, se provar que qualquer estrangeiro, por meios diretos ou indiretos, tentou contra a vida de um cidadão, metade de seus bens pertencerá a pessoa contra quem conspirou e a outra metade ao cofre particular do Estado e que a vida do ofensor depende exclusivamente da clemência do Duque, que poderá fazer prevalecer a sua vontade sobre todo e qualquer julgamento. Ora é precisamente este o teu caso; porque é evidente que, por teus atos manifestos, conspiraste direta e indiretamente contra a vida do réu; portanto estás incurso na pena precedentemente citada acima. De joelhos, pois, implora a clemência ao Duque.*

O Duque, para mostrar a superioridade cristã, decide poupar a vida de Shylock, mas estabelece que metade de seus bens deve pertencer a Antônio e a outra ao Estado, mas, se houver arrependimento, o confisco pode ser substituído pela multa. Shylock recusa-se, de forma radical, a pedir perdão. Diz que prefere perder a sua vida e seus bens. Isto mostra que não abriu mão de seu senso vertical de justiça.

Todavia, Antônio faz o seguinte pedido final ao Duque. Pede que se reduza a metade a multa de seus bens (retribuição horizontal), sendo que a ele caberia o usufruto da outra metade até a sua morte, quando seria restituída a Lourenço, que raptou sua filha. Para tanto, exige duas condições importantes: que Shylock se converta ao cristianismo e que faça a doação de todos os seus bens, que possuir, no momento de sua morte, a Jéssica e Lourenço. O Duque determina que estas duas condições têm de ser cumpridas, sob pena de revogação do perdão da vida já concedido (retribuição vertical). Aqui a ambiguidade da justiça como *caritas* ligada à imposição vertical da perda da própria religião, adquire toda a sua força. Shylock, resignado ao destino de sua tribo de conformar-se, aceita as condições e pede para se retirar, em virtude de um mal-estar. A atuação silenciosa de Al Pacino comunica uma dor profunda que não se expõe e que é reprimida verbalmente, nada é pior para um judeu do que a conversão forçada ao cristianismo. Ele clamava por justiça na cobrança legal de sua dívida, mas é extremamente duvidoso que tenha reconhecido, ao final, que era merecedor da conversão forçada ao cristianismo, ou seja, que tenha reconhecido o julgamento como justo. Terminam, aqui, as impactantes cenas logopáticas do tribunal.

JUSTIÇA, INTERPRETAÇÃO JURÍDICA E PODER NO JULGAMENTO

O exame desta obra shakespeariana mostrou uma riqueza infinita no tratamento complexo de conceitos-imagem que envolvem o tema da justiça do ponto de vista da Filosofia do Direito. Destacou seus múltiplos aspectos humanos e ambíguos, numa delicadeza que muito ultrapassa a leitura estritamente teórica e racionalista dos temas. Sua estrutura não realista e fabular entrelaça, na forma de um quebra-cabeça, quatro diferentes conceitos filosóficos de justiça que se interpenetram, ou seja, o conceito vertical da vingança-*timoria*, o conceito horizontal da indenização, a ideia de justiça como amor-*caritas* e o conceito de justiça como respeito à ordem normativa e sua aplicação. Por mais que as comédias amorosas de Shakespeare pareçam leves e despretensiosas em relação às suas densas tragédias e às suas peças históricas, toda a sua visão crítica sobre a condição humana seus aspectos políticos atravessa este gênero, sem exceções.

Neste sentido, um exame das emoções secundárias que emanam do filme, em sentido mais abrangente, no sentido proposto por HUGO MUNSTERBERG, percebemos, no plano da sensibilidade, que o personagem de Shylock não foi construído com uma intenção maniqueísta e profundamente antissemita, ligado a uma ideia de maldade intrínseca. A leitura imagética feita pelo filme de Michael Radford não poderia ter sido mais exemplar para mostrar esta ambiguidade complexa do judeu, tão bem encarnado pelo excepcional ator Al Pacino. Ele não deixa de reafirmar, em inúmeras passagens, que o ódio e o sentimento vertical de justiça, presentes em Shylock, foi, em grande parte, criado, interativamente, pelo preconceito, desprezo e humilhação provocados pelos próprios cristãos, representados por Antônio e seus amigos, que estão muito longe de serem inocentes e ingênuos.

Por mais agressiva que seja a sua sede de vingança, seu lado humano sofrido e emocional está lá presente o tempo todo. A dor pela perda de sua filha, e do anel de turquesa, dado pela sua esposa, que ele não venderia por preço algum, mostra esta realidade emotiva. Apesar de ser um profissional do empréstimo financeiro, no tribunal, vemos que o seu ódio emotivo é tão forte que não existe soma financeira alguma que possa compensá-lo. Ele não está cobrando uma dívida financeira, mas vingando-se daqueles que ofenderam a sua honra. Matar Antônio, extraindo o seu coração, é uma atitude justa e uma questão de honra e não tem preço para Shylock, paradoxalmente, é aí que ele mostra o seu lado mais humano e trágico.

Shakespeare é astuto o bastante para mostrar como existe um confronto de poder permanente e histórico com os cristãos, que reproduzem as mesmas atitudes de violência que condenam nos judeus e vice-versa, e este confronto é em parte reproduzido nas cenas do tribunal. Shylock não poupa esforços para mostrar, em várias passagens, vários comportamentos hipócritas dos cristãos.

O objetivo de Shakespeare foi muito mais o de apresentar o conflitante relativismo axiológico e religioso entre judeus e cristãos em torno do poder e da justiça, do que tomar partido, de forma maniqueísta, a favor de um deles simplesmente. Fica bem claro, em várias partes das cenas do tribunal, que Shylock é uma figura tão trágica, tão possuída por seu ódio, que não consegue sequer entender o conceito cristão de justiça como amor-*caritas*. Tendo em vista o forte desejo de vingança de sua honra que o domina e o senso vertical de aplicação da lei escrita que ele reclama, ele só consegue pensar que é *justo retribuir com o próprio mal*. No final, percebemos, claramente, que ele é *forçado* a aceitar o perdão cristão, a doação futura de seus bens e a imposição de seu batizado, como retribuição vertical compensatória. Isto significa mais uma resignação muito sofrida para ele, imaginamos que ele, dificilmente, irá incorporar este novo padrão, como justo, de forma espontânea e sincera. Temos a impressão sensível de que ele se sente profundamente injustiçado, no final do julgamento, definido nos termos da maioria cristã presente na cidade de Veneza.

Mas as sutilezas do autor não param por aí. Ele expõe todo o problema da manipulação da linguagem e sua contaminação valorativa, por trás da aparente aplicação fria da letra da lei. Trata-se de tema que iremos explorar com mais profundidade no Capítulo 5 desta obra. Fica claro que o suposto *advogado*, apesar de se apresentar, formalmente, como um estudioso imparcial do caso, era um *personagem teatral* criado por Pórcia e já tinha uma intenção predeterminada e dissimulada de defender Antônio, o melhor amigo de seu marido Bassânio, da sua pena de morte. Os argumentos persuasivos que levanta são todos empregados nesta mesma perspectiva, mas Shylock não tem a mínima percepção de que a interpretação legal pode ser construída de acordo com a defesa de interesses. Ele acredita, ingenuamente, que objetividade linguística, de fato, existe.

Tanto Shylock como Baltasar/Pórcia invocam o dito respeito à *letra da lei*, quando, de fato, defendem valores de justiça opostos que estão em jogo, de natureza puramente emotiva. Um defende o amor pelo marido (*caritas*), o outro, o ódio pelo inimigo cristão (*timoria*). Pórcia é orientada, tecnicamente, por seu primo e advogado Belário, e mantém sua emotividade controlada pela racionalidade. Shylock estava, de fato, em muita desvantagem, pois, além de fazer parte de uma minoria religiosa, não tinha uma visão astuta sobre a complexidade da linguagem jurídica e sua visão estreita acaba sendo vencida pela retórica e pela hermenêutica persuasiva mais sofisticada de Baltasar / Pórcia, que manipula os argumentos de Shylock contra ele mesmo, numa interação pragmática exemplar.

Pórcia usa a linguagem jurídica de forma dissimulada, como mecanismo de poder de violência simbólica do controle do significado. Shylock mostra, abertamente, aquilo que Pórcia esconde: seu interesse valorativo na construção do sentido da norma. Isto o coloca em situação de extrema desvantagem persuasiva, já que o mecanismo de poder depende da dissimulação de suas intenções para se impor como meio de controle. Shakespeare aponta o caráter teatral e dissimulador da interpretação normativa, ligado a construção aparente de um sentido justo para a decisão. De acordo com o filósofo ALF ROSS, na aplicação prática do direito, que envolve uma permanente incerteza semântica, a decisão envolve ato volitivo de escolha. Nesta, sempre existe a presença do que ele chama de consciência jurídica formal — dogma de obediência ao direito — e também da chamada consciência jurídica material, a influência dos valores sociais na interpretação da norma. Porém, na maioria das vezes, a consciência jurídica material, geralmente direcionada pelos valores sociais dominantes, permanece pouco visível e é dissimulada através do predomínio aparente da consciência jurídica formal. É o que acontece no *Mercador de Veneza,* em termos logopáticos.

A redação da cláusula da multa, feita por Shylock, foi infeliz e simplória, foi dominada pelo desejo insano de vingança, acabando por desconsiderar o risco da sua posição minoritária e a possibilidade de interpretação influenciada pelos valores dominantes cristãos. Nesta perspectiva, a visão sistemática em relação a outras normas jurídicas e sua interpretação literal leva a sua total invalidação, pois se evidencia a impossibilidade de seu cumprimento. Afinal: como é possível extrair uma libra de carne sem derramar uma gota de sangue? Como pode ser considerado válido extrair uma libra de carne, se é proibido derramar uma gota de sangue de um cristão? O jurista HANS KELSEN diria, provavelmente, que esta norma não teria o "mínimo de eficácia", ou seja, a menor condição de cumprimento, pois violaria uma lei natural, que estabelece uma relação de causa (corte da carne) e efeito (sangramento) necessária e inviolável.

No final, uma vez refeita a trajetória dramática da peça e remontando o seu intricado quebra-cabeça em torno do tema, relacionando-a a teorias filosóficas que versam sobre o problema da justiça, a questão que nos resta, diz respeito ao julgamento pessoal que cada um de nós, no tocante ao destino de Shylock / Antônio: Consideramos realmente "justo" este julgamento que envolve o drama de Shylock e Antônio, em termos artísticos, filosóficos e humanos? Shakespeare nos dá uma resposta ao problema da justiça?

Certamente, parte da visão filosófico-jurídica vai adiantar, com um certo grau de certeza, que ele pôs fim ao conflito, em termos dogmáticos e propiciou uma certa paz a nova vida amorosa de Pórcia e Bassânio. Mas sabemos que a arte e o senso de justiça vai muito além do problema prático do controle social. Basta ver como esta peça tem gerado inúmeras interpretações performáticas ao longo dos tempos.[39]Todavia, com relação ao problema zetético da justiça, entendemos que a genialidade de artística de Shakespeare nos motiva a aceitar esta questão, em termos profundamente humanos, como sendo uma das típicas questões filosóficas aporéticas, que ficam abertas para futuras reflexões teóricas e futuras construções artísticas. Os textos teóricos nos ajudam a entender o problema da justiça em termos conceituais e racionais. Já a obra artística nos ajuda vivenciar o seu lado humano e emotivo e extremamente ambíguo, que também pode ser relacionado a esta outra dimensão racional, de forma dialética. Terminamos esta reflexão com este forte sentimento de humildade e dúvida filosófica, para adentramos na análise da realidade brasileira, que também irá fornecer um panorama social conflitivo e extremamente desigual.

DEUS E O DIABO NA TERRA DO SOL: A AFIRMAÇÃO ANTROPOLÓGICA DO MODELO VERTICAL DE JUSTIÇA NO BRASIL

Na visão de Darcy Ribeiro, o desenvolvimento do chamado *Brasil sertanejo* é, sem dúvida, um dos efeitos mais marcantes da assombrosa imposição violenta de vontade ibérica, baseada no estabelecimento de privilégios econômicos e sociais, que marca o surgimento e desenvolvimento do *povo brasileiro*.

O sertão não pode ser confundido com as terras frescas e férteis do massapé, com rica cobertura florestal, onde foi possível cultivar cana-de-açúcar. Ao contrário, a cobertura vegetal do agreste é extremamente pobre na maior parte de seu território, compondo uma paisagem de pastos naturais ralos e secos, bem como, arbustos com ramos tortuosos. A vegetação da caatinga evidencia uma adaptação ao clima extremamente seco, pois nela se desenvolvem as cactáceas, os espinhos e as xenófilas, aptas a condensar a umidade das madrugadas frescas nas suas folhas fibrosas e as águas da estação chuvosa, em seus tubérculos.[40]

No agreste, depois nas caatingas, a existência destes pastos naturais possibilitou o desenvolvimento de uma economia pastoril, associada originalmente à produção açucareira como fornecedora de carne, de couro e de bois e de serviço. Com o crescimento de mercado interno e do externo, voltado para a exporta-

[39] HELIODORA, Bárbara. *Forma e origens de O Mercador de Veneza, IN: Falando de SHAKESPEARE*, São Paulo: Editora Perspectiva, 2001, p. 235.

[40] RIBEIRO, Darcy. *O povo brasileiro: A formação e o sentido do Brasil*. São Paulo: Companhia das Letras, 1995, p. 340.

ção do couro, ele pode se expandir ao longo dos séculos, fazendo com que boa parte da população nacional ocupasse extensas áreas na região. Esta população, que passou a ser denominada de "sertaneja", sofreu as consequências de seu isolamento espacial, desenvolvendo traços característicos originais em vários aspectos, mas principalmente na própria forma de ver o mundo. O gado era trazido das ilhas de Cabo Verde pelos portugueses, sendo que os primeiros lotes se instalaram no agreste pernambucano e na orla do recôncavo baiano, pois deveriam situar-se longe dos engenhos para não causar danos aos canaviais. Os lotes foram se expandindo ao longo dos séculos, de modo que, no fim do século XVI, os criadores baianos e pernambucanos já ocupavam os sertões do rio São Francisco, até chegar às terras do Piauí e do Maranhão.

Todavia, é preciso ressaltar que a expansão do pastoreio dependia da posse do rebanho e do domínio das terras de criação. O gado era comprado, mas as terras, que pertenciam nominalmente à coroa portuguesa, eram concedidas, gratuitamente, na forma de sesmarias, àqueles que fossem dignos de merecer o favor real. Assim, surgiram os maiores criadores de gado do país, que vieram a constituir os maiores latifúndios do Brasil. Cada vez que o gado ocupava uma porção de terra nova, esta era apropriada legalmente em sesmaria. Como os currais só podiam ter a sua sede perto dos poucos rios permanentes, e também não muito distante dos barreiros naturais, fornecedores de sal para o gado, de fato, estas sesmarias acabaram abarcando grandes porções de terras, individualmente, utilizando-se dos vaqueiros para coordenar o movimento do gado.

Os vaqueiros tomavam conta do rebanho, periodicamente, separando uma rês para eles, como pagamento, para cada três marcadas para o dono, de modo a ir juntando as peças do seu próprio rebanho, que deviam levar para regiões ainda mais distantes no interior do próprio sertão, ainda não alcançadas pelas sesmarias. As relações entre o criador e os vaqueiros eram hierarquizadas, baseadas, portanto, no modelo de poder como imposição da vontade de um sobre outro, mas que se justificava, de forma aproximada, através da chamada dominação tradicional patrimonialista, exposta por MAX WEBER. Afirma DARCY RIBEIRO:

> *O senhor, enquanto presente, se fazia compadre e padrinho, respeitado por seus homens, mas também respeitador das qualidades funcionais destes, ainda que não de sua dignidade pessoal. Entretanto, tal como ocorre com os povos pastoris, a própria atividade especializada destacava o brio e a qualificação dos melhores vaqueiros na dura lida diária com o campo. Ensejaram-se, assim, comparações de perícia e valor pessoal, fazendo-os mais altivos que o lavrador ou o empregado serviçal".* [41]

Todavia, a relação de poder estabelecida fazia com que o proprietário tivesse autoridade plena sobre os bens e até sobre as vidas de seus servidores.

---

[41] RIBEIRO, Darcy. *Op. cit.*, p. 342.

Deste modo, mesmo a convivência próxima e até mesmo o reconhecimento do valor de lealdade dos serviçais não deram ensejo a uma união entre os segmentos, que permaneceram sob a égide de uma forte divisão hierárquica, que, muitas vezes, acumulou arbitrariedades. No entanto, na expectativa de um dia tornarem-se criadores, muitos mestiços dos vilarejos litorâneos, cansados da rigidez do trabalho nos engenhos de açúcar, dirigiram-se ao pastoreio, aumentando a oferta de mão de obra, tornando desnecessária, portanto, a compra de escravos.

As atividades pastoris, nas condições climáticas dos sertões cobertos de pastos pobres e com extensas áreas sujeitas às secas periódicas, foram responsáveis pela conformação não só da vida, mas da própria aparência do homem e do gado. Ambos reduziram a sua estatura, e tornaram-se ossudos e extremamente magros. O gado e os homens foram se multiplicando e penetrando terra adentro até ocuparem, ao fim de três séculos, quase todo o sertão interior. As terras mais pobres dos carrascais, onde o gado não podia crescer, foram dedicadas à criação de bode, cujos couros encontravam amplo mercado. Esses bodes multiplicaram-se bastante por todo o Nordeste. Crescendo junto ao gado, transformam-se mais tarde na única carne ao alcance do vaqueiro.

O sertão passa a ser densamente povoado em relação ao baixo nível de tecnologia, que seria compatível com a exploração pastoril latifundiária. Logo, as lavouras de moço entraram em decadência, tornando as condições de provimento de subsistência mais difíceis. A presença destes excedentes humanos revelou-se de forma mais dramática por ocasião das secas que assolaram periodicamente a região.

> *Levas de flagelados passam a emergir do sertão esturricado pela seca e pelo sol causticante, enchendo primeiro as estradas, depois as vilas e cidades sertanejas com a presença sombria da miséria. Com o aumento da população, as zonas de pastoreio transformaram-se em criatórios de gente, que ao logo dos anos serviram para abastecer as demais regiões do país com a mão de obra barata.* [42]

Assim, desde a segunda metade do século passado, as secas nordestinas transformaram-se num problema nacional a exigir do governo medidas de socorro e de amparo. Todavia a relação entre o poder federal e a população flagelada pela seca sempre foi também controlada por meio da poderosa camada senhorial dos coronéis, que controla a vida do sertão, monopolizando não só as terras e o gado, mas as posições de mando e as oportunidades de trabalho. A ordem oligárquica que monopolizara a terra pela outorga oficial das sesmarias durante a época colonial, continua conduzindo, segundo seus interesses, as relações com o poder público, conseguindo, por fim, colocar até mesmo as secas a seu serviço e fazer delas um negócio. Todos os programas de socorro aos flagelados resultaram em

[42] RIBEIRO, Darcy. *Op. cit.*, p. 348.

iniciativas que consolidaram o latifúndio pastoril, salvaguardando o gado bovino dos fazendeiros, mas mantendo o sertanejo nas mesmas condições precárias, cada vez mais indefesos em face de uma exploração econômica mais danosa do que as secas. Sob estas condições de domínio despótico, o sertanejo ficou condenado a ser um eterno itinerante, criador de nichos que devem fatalmente abandonar quando chega o dono legítimo das terras que desbravam. Esta exclusão econômica e social, de fato, constituiu o arbítrio social que coordenou as relações de força que compuseram a base da situação comunicativa normativa abusiva, presente na sociedade brasileira da época em que ocorreu a Guerra de Canudos.

Ademais, este isolamento das populações sertanejas e sua dispersão em pequenos núcleos humanos fizeram com que os sertanejos conservassem muitos traços arcaicos, que se manifestam por sua religiosidade fanática, por seu laconismo e rusticidade, por sua predisposição ao sacrifício e a violência. Eles alimentam sentimentos, por vezes contraditórios, em relação ao mundo do domínio despótico em que vivem: têm medo de perder a "proteção" do seu senhor e de serem excluídos do nicho em que vivem, mas ao mesmo tempo, historicamente, buscaram através do fanatismo religioso e do cangaço, o abandono e a superação radical desta mesma ordem. O cangaço (termo que define o aparato que ornamenta a vestimenta do cangaceiro) surgiu como uma espécie de reação subversiva à falta de justiça social no sertão. Não aceitando viver sob o julgo do coronel, na qualidade de jagunço ou alugado, passou a formar grupo próprio, vivendo sem lei nem rei, a tomar pelas armas e a extorquir poderosos.

Virgulino Ferreira da Silva, o Lampião, foi o mais famoso cangaceiro que ingressou neste tipo cangaço de vingança após sua família se envolver num conflito de terras com José Saturnino da Pedreira, no estado de Pernambuco. Relata-se que, após inúmeros conflitos, sua família deixou as terras, mas foi violentamente perseguida pela polícia, que desferiu um tiro à queima roupa no seu pai, que já estava desenganado e não esboçou qualquer reação que justificasse a sua morte. Virgulino passa a agir como uma fera raivosa e recebe o apelido de Lampião por causa da rapidez com que manuseava o rifle, fazendo um clarão, parecendo um Lampião. Já Canudos foi um exemplo radical e trágico deste "misticismo militante" em que os sertanejos, inspirados pela autoridade de Antônio Conselheiro, deixaram de lado sua resignação tradicional para assumir uma combatividade extrema que ousou desafiar a ordem oligárquica estabelecida. Como bem afirma Darcy Ribeiro:

> *Em torno desse taumaturgo, que combinava à paixão de profeta talentos de reformador social, concentra-se em Canudos, no alto sertão são-franciscano, uma vasta população sertaneja incandescida pelo seu misticismo. Os fazendeiros vizinhos viram imediatamente o caráter intrinsecamente subversivo daqueles rezadores. O que estava por detrás daquele surto de religiosidade bíblica era o*

abandono das fazendas pela mão de obra que as servia e que resultaria, fatalmente, na divisão das terras se o mal não fosse erradicado. [43]

Deus e o diabo na terra do sol representa um trabalho de cunho genuinamente revolucionário, em termos de conteúdo e técnica de filmagem, desenvolvido na forma de uma fábula de aventuras épicas nordestinas, tradicionalmente contada nas feiras populares baianas de Canudos, Monte Santo, Jeremoabo, Paulo Afonso, e Feira de Santana. Com a câmera na mão, utilizando recursos de iluminação natural, sem a utilização de filtros, rebatedores de refletores, dirigindo de forma livre e interativa com a dramaticidade dos personagens e sua capacidade de improvisar, o trabalho da equipe de Glauber Rocha desenvolve um trabalho cinematográfico excepcionalmente "*vivo*". Ele busca "*chacoalhar*" de uma forma visceral o nosso comodismo político e nossos valores éticos frente à transgressiva e histórica exclusão social do Brasil informal do sertão. A inclusão da dramática música de Villa-Lobos, bachianas de fundo sertanejo, é igualmente exemplar. Glauber chega a afirmar que "*o filme foi todo improvisado, pois ele é literalmente diferente do roteiro que foi feito dentro dos momentos de maior rendimento. Para ele, o ator pode acrescentar muita coisa ao personagem, tirá-lo do roteiro e dar-lhe uma dimensão maior*".[44]

Os personagens Manuel, Rosa, Sebastião, Corisco, Dadá e Antônio das Mortes evoluem numa dramática interação limite, ao questionarem as tradicionais lideranças sertanejas do beatismo e do cangaço, seus modelos de justiça e seu real poder de liberação das relações de poder abusivas praticadas pelo governo, pelo coronelismo e pela Igreja Católica. Como pano de fundo, existe uma espécie de "narrador musical", que destaca as principais mudanças dramáticas dos personagens. Glauber assumiu, com honestidade, a influência do teatro de Bertolt Brecht e de vários cineastas europeus na composição do filme, tais como o tipo de montagem do cinema revolucionário de Eisenstein, a câmera ágil de Godard e, principalmente, o forte drama emocional da obra prima de Visconti, *Rocco e seus irmãos* (*Rocco e i suoi Fratelli, 1962*), que segundo as próprias palavras de Glauber, "*soube levar o cinema às últimas consequências, em termos de extroversão dramática*".

A cidade de Monte Santo tem cunho histórico, pois acolheu as tropas federais de Moreira César durante o combate com as tropas de Antônio Conselheiro na guerra de Canudos. Antônio Conselheiro fez reparos numa imensa escadaria de pedras construída originariamente por Frei Apolônio de Todi, como uma via de penitentes, no século XVIII. Até hoje ela atrai penitentes de vários pontos do sertão que sobem até o alto da Santa Cruz para pagar promessas. Algumas penitências são feitas a partir do martírio de carregar pedras pesadas na cabeça, como é exibido no próprio filme, através da figura do vaqueiro Manuel. O Beato

---

43 RIBEIRO, Darcy. *Op. cit.*, p.353.

44 VIANY, Alex. *O processo do Cinema Novo*, Rio de Janeiro: Aeroplano, 1999, p. 65.

Sebastião foi inspirado no Beato Lourenço do Caldeirão que viveu em Monte Santo, depois da morte de Antônio Conselheiro. Corisco, o cangaceiro místico e cruel, sobreviveu ao massacre dos Angicos que matou Lampião e espalhou terror pelo sertão até que em 1939 foi morto pelo Major José Rufino, que é representado no filme pela mítica figura do matador/vingador Antônio das Mortes.

O sertão de Cocorobó, coberto de mandacarus, xixiques, favelas e macambiras, foi o cenário da trágica guerra de Canudos, onde a cidade em ruínas foi posteriormente inundada pelas águas de um açude, confirmando para o humilde povo do Cocorobó, de uma forma cínica, a famosa profecia do Conselheiro, símbolo de libertação do povo, que norteia toda busca pela identidade libertadora dos personagens, segunda a qual *"o sertão vai virar mar e o mar vai virar sertão"*. Penetrar, de forma crítica, no âmago dramático destas ambíguas relações de poder e violência irracional e suas formas de reprodução social nas lideranças revolucionárias é a intenção básica de Glauber, através dos ricos conceitos-imagem que constrói. Como elas fazem parte de nossa constituição antropológica, podem revelar traços importantes da origem histórica de nossas dificuldades políticas atuais. Retratar um tema regional, datado num período histórico específico, pode ser uma forma de abrir os nossos olhos para as questões de dominação que afetam o país como um todo na atualidade. Será que podemos sustentar a existência maniqueísta de um *Deus* e um *Diabo*, do *bem* em oposição ao *mal* na terra do sol? Será que a nossa liberdade será "concedida" pela autoridade de Deus ou pelo Diabo? A seguir, veremos como o diretor questiona todas estas dicotomias, mostrando que elas são ambíguas na sua base.

O CONCEITO-IMAGEM DA SOBREPOSIÇÃO DA VIOLÊNCIA SOBRE O DIREITO

A primeira parte do filme *Deus e o diabo na terra do sol* retrata, de uma forma naturalista, através da linguagem visual marcante, a descrição antropológica feita por Darcy Ribeiro anteriormente desenvolvida. Conceitos-imagem de grande impacto emotivo nos fazem vivenciar e sentir o vazio, o isolamento social do vaqueiro Manuel (Geraldo Del Rey), sua mãe e sua esposa Rosa (Ioná Magalhães), que vivem num triste e depauperada cabana cedida pelo Coronel Moraes. O *close-up* da câmara na carcaça do boi coberta de moscas representa, de forma imediata, em termos logopáticos, o clima de morte e abandono que cerca os nossos personagens. A vida no sertão é áspera, o calor sufoca, o esforço físico do trabalho repetido de preparação do alimento básico, socar a paçoca e ralar da mandioca, faz uma analogia com a dureza rotineira da exclusão social e econômica do sertanejo sem perspectiva de progresso e definição de um objetivo humano maior.

Rosa comunica um sentimento de desesperança diante da possibilidade de transformações, baseado numa racionalidade cética e realista. Manuel, todavia, mostra desde início uma crença mística na possibilidade do *"milagre da libertação/salvação"* prometido por Santo Sebastião, beato e líder religioso popular de Monte Santo. Num tom intimista, comenta com Rosa seus planos de progresso dentro dos limites da ordem instituída pelo coronelismo. Pretende ir até a feira para fazer a partilha do gado com o Coronel, vender duas vacas, para finalmente comprar um pedaço de terra para plantar uma colheita própria. Rosa responde, com exaustão física e falta de esperança: *"Acho que não adianta"*. Manual afirma, enquanto prepara o seu cigarro de palha: *"Não sei não, o tempo está ruim, mas pode vir um milagre do céu"*. Na cena em que Manuel vai à feira para fazer a partilha do gado, vemos uma apresentação imagética documental e naturalista da população local que vive na região. O encontro com o Coronel Moraes vai decepcionar os planos otimistas de Manuel e expor, com toda crueza a realidade dejuridificante, ou seja, a sobreposição do código da violência sobre o código do direito. Ao se colocar na condição de sujeito e justificar, de forma humilde e submissa à autoridade do coronel, que trouxe apenas doze vacas por que quatro morreram em virtude de terem sido mordidas por cobras, ele propõe a partilha das vacas como forma de pagamento por seu trabalho de criação dos animais.

Para a sua surpresa e indignação, o Coronel responde: *"Não tem conta para acertar, pois as vacas que morreram eram todas suas"*. Manuel argumenta, com base em dados da realidade: *"Mas seu Moraes, as vacas tinham o ferro do senhor", não podem ser logo as minhas, sou homem pobre, foi azar, mas é verdade, as cobras morderam as vacas do senhor"*. O Coronel responde, com arrogância cínica, ao identificar direito e força: *"Já disse e tá dito a lei tá comigo"*. Imediatamente, Manuel percebe a atitude abusiva do coronel, que é indiferente à lei do Estado e à lei da tradição, pois só visa a proteção casuística de seus interesses econômicos privados. Percebe o abuso de poder sendo praticado que o condena, de forma injusta e arbitrária, a ficar sem pagamento efetivo pela criação do gado do coronel Moraes, apesar do trabalho ter sido cumprido. Não há mais violência simbólica, mas exposição das relações de violência física concreta, que estão na base do coronelismo. Trata-se de tema que iremos explorar, em detalhe, no último capítulo do livro.

Neste momento, ele testemunha a sua aniquilação como sujeito da relação de autoridade imposta, pois, mesmo tendo a seletividade de sua ação controlada pelo coronel, confirmando a legalidade imposta, e mesmo não sendo responsável pela morte das quatro vacas, não terá direito ao pagamento previamente estipulado. O Coronel desafia a legalidade e reage de forma a tratar a confirmação normativa de Manuel como se fosse uma rejeição ilícita. Se houve morte do gado já pertencente ao Coronel, muda-se a regra de forma abusiva, para proteger os interesses do latifundiário em prejuízo total do vaqueiro.

A contrarreação decepcionada de Manuel é igualmente desafiadora da autoridade da lei casuística invocada pelo Coronel. Ele questiona a sua legitimidade, sua justiça e de certa forma a sua validade quando afirma: *"Mas que lei é essa?"* Coronel responde em tom de ameaça: "Quer *discutir*"!...Manuel responde: "*Só tô querendo saber que lei é esta que não protege o que e meu*". O coronel retruca de forma assertiva: "*Já disse e tá dito, você não tem direito a vaca nenhuma*". Manuel mais uma vez aponta a arbitrariedade da "lei do coronel", afirmando: "*Mas seu Moraes, o senhor não pode tirar o que é meu*". O clímax do confronto que se anuncia transparece quando o Coronel desafia Manuel ao dizer: "*Tá me chamando de ladrão*". Manuel expõe com segurança que "*é o próprio coronel que esta afirmando este fato*" e passa a ser açoitado pelo chicote do Coronel, como punição ao seu ato de rebeldia. Claramente, na comunicação normativa abusiva, o controle da seletividade da ação de Manuel é substituído pela coação explícita do coronel. Trata-se de tema que exploraremos, com mais detalhe, no último capítulo desta obra.

Em consequência, o sentimento de injustiça, de sentir-se aniquilado com sujeito, se amplia na mente de Manuel e sua reação subversiva explode através dos mesmos códigos de violência defendidos pelo Coronel. De forma emotiva e alheia a qualquer código jurídico, ele afirma o modelo vertical de justiça baseado na ideia de vingança. Esfaqueia, mortalmente, o Coronel e foge para casa, de forma desesperada. É perseguido por jagunços que matam a sua mãe de forma violenta. A situação existencial limite está caracterizada e a autoridade normativa dos poderes oligárquicos esvaziada. Recusando aceitar a legitimidade da opressão político-econômica habitual de "*trabalhar duro para nada conquistar*" em total desacordo com as regras legais, ele não vê mais possibilidade de sobreviver na ordem oligárquica do coronelismo. Não há mais espaço nem para figurar como o excluído, nesta relação. Ele está aniquilado como *sujeito* desta relação, cumprindo ou não a legalidade, ele deverá ser punido como praticante a ilicitude.

Diante da cova de sua mãe, só resta a Manuel assumir, integralmente, a subversão da ordem coronelística, juntando-se ao grupo do beato Santo Sebastião, líder religioso revolucionário da região de Monte Santo, desafiador da Igreja Católica oficial, para pedir proteção. Sua visão mística conclui que a tragédia foi trazida "*pela mão de Deus lhe chamando pelo caminho da desgraça*". Nesta parte do filme, veremos o esforço de Manuel para confirmar a cadeia normativa informal imposta pelo beato.

SANTO SEBASTIÃO, O "DEUS" NA TERRA DO SOL: "O SERTÃO VAI VIRAR MAR E O MAR VAI VIRAR SERTÃO"

A seguir, enquanto Manuel e Rosa sobem a enorme escadaria de pedra, uma citação clara da escadaria de Odessa exibida em O *Encouraçado Potenkin* (Eisenstein) aparece a figura mística do Beato Santo Sebastião (que também aparece na citada obra de Eisenstein) no alto da Santa Cruz fazendo sua pregação aos fiéis, que não são atores profissionais, mas marcantes figurantes do próprio povo sertanejo. Os conceitos-imagem dos rostos humanos em *close-up* e a sensível música de Villa-Lobos causam impacto humano e valem por muitas palavras. Glauber ousou, literalmente, mostrar a cara do Brasil, na sua face mais popular e sofrida, com propósitos políticos de humanização claros e não em uma perspectiva que podemos hoje chamar de puramente *espetacular*. O discurso do beato reproduz uma profecia de transformação da dura realidade do sertanejo. Ele afirma:

> *Do outro lado de lá, deste Monte Santo, existe uma terra, onde tudo é verde, os cavalos comendo as flores e os animais bebendo leite nas águas do rio. Os homens comem o pão feito de pedra e a poeira da terra vira farinha. Tem água e comida, e a fartura do céu. Todo dia que o sol nasce aparece Jesus Cristo e Virgem Maria, São Jorge e seu Santo Sebastião.*

O caráter desafiador da ordem oligárquica coronelística abusiva aparece, claramente, quando ele reafirma a antiga pregação libertadora do Conselheiro, como tentativa clara de exercício de uma violência simbólica discursiva que fortaleça a sua liderança e sua reputação perante o povo:

> *É preciso mostrar aos donos da terra, o poder e a força do Santo. Eles tiraram Dom Pedro do trono e agora querem matar quem ama o imperador. Mas quem quiser alcançar a salvação fica aqui comigo, até o dia em que aparecer o sol, o sinal de Deus. O sertão vai virar mar e o mar vai virar sertão. O homem não pode se escravo do homem, o homem tem de deixar as terra que não é dele e buscar as terras verdes do céu. Quem é pobre vai ficar rico do lado de Deus é quem e rico vai ficar pobre nas profunda do inferno. E nós não vai ficar sozinho, porque meu irmão Jesus Cristo mandou um anjo guerreiro com sua lança pra cortar a cabeça dos inimigo.*

Recusando os apelos de Rosa, para desistir do feito, Manuel a empurra, deixando-a no meio da escadaria e se entrega à liderança normativa informal redentora do beato, afirmando com fé: "*Tô condenado, mas tenho coragem, entrego minha força ao meu Santo para libertar o meu povo*". Num ato de entrega total, ele beija os pés do Santo. A cena seguinte propõe uma surpreendente mudança radical no cenário, expondo, através de conceitos-imagem de grande impacto emotivo, a visão crítica do diretor sobre a liderança do beato e sua real incapacidade de libertação dos padrões de dominação abusiva da época e da afirmação de um modelo de justiça vertical informal, já que a violência real, e não apenas simbólica do discurso, está na base de sua comunicação normativa informal. Uma violenta cena de assalto a uma vila, a tortura e morte dos infiéis praticada, mostra que a intenção de "*cortar a cabeça do inimigo*" não era apenas uma figura de linguagem retórica, pois era praticada ao pé da letra por Sebastião e seus seguidores. Depois de terminada a ação caótica e irracional, os combatentes saem em "procissão", disparando as armas para alto enquanto cantam a reza "Ave Maria". Manuel está em êxtase, pois o poder de matar inocentes de forma arbitrária deixa de ser uma prerrogativa da elite latifundiária e torna-se algo que está ao seu alcance. De volta ao alto da Santa Cruz, muitos sobem a escadaria de joelhos, de forma penitente e submissa. Rosa observa, com estranheza, a reza dos fiéis na igreja informal de Santo Sebastião e depois reclama que Manuel a esqueceu. *"Você seguiu Sebastião e foi me deixando"*, diz ela. Manuel afirma que *"não se lembra de mais nada, nem da noite, nem do dia, ele tem de ficar sozinho se libertando de mulher e filho."*

Sebastião prega a profecia para Manuel, como exercício de violência simbólica do discurso, impondo certos significados. Ele tenta controlar a sua seletividade, em termos de obediência ao afirmar: *"Vamos levar um ano em Monte Santo, esperando uma chuva de ouro, depois nos vamo pra uma ilha no meio do mar e vamo deixar o fogo do inferno queimar de uma vez toda essa república da desgraça. A ilha não existe, a gente traz ela dentro da alma. As ilha não existe, porque andar sofrendo até o fim da vida? Você foi enviado para ser a minha força no sofrimento e na guerra. Você tem de lutar por mim"*. Derruba Manuel, comprime o cajado contra o seu corpo e o esbofeteia com força.

Rosa, em desespero, fala a Manuel: *"Ele disse que a ilha não existe, que nos deveríamos andar no sofrimento!"* Manuel retruca: *"Existe sim. Mentira! Você e este povo não presta, não vale nada! Mas eu vou ficar vivo e vou ser rei! Vou criar o meu gado num campo de capim verde." Rosa contesta, com veemência: "Isto é sonho Manuel, a terra toda é seca e ruim. Vamo embora, trabalhar para ganhar a vida da gente, antes que venham as tropas do governo e faça como fizeram em Canudos....matar homem, mulher, degola os meninos"*. Manuel contesta a fala de Rosa: *"Se vir à guerra, luto contra mil soldados com a minha lança de São Jorge. Se o povo do Santo morrer, vão recriar na ilha. O destino é maior do que a morte"*. Sebastião, ao perceber o perigo da visão crítica de Rosa, afasta Manuel que está totalmente submisso a sua autoridade.

Neste momento, surge o personagem mítico Antônio das Mortes, matador profissional de cangaceiros, que recebe dinheiro dos coronéis para o feito. Neste ponto, surge a visão crítica de Glauber em torno da situação abusiva que conduz a situação política brasileira. Dentro da Igreja, um padre e um coronel, percebendo a ameaça das atitudes subversivas de Sebastião, em relação à institucionalização da autoridade da igreja católica oficial e da própria instituição do coronelismo, pretendem contratar os "serviços profissionais" de Antônio das Mortes para assassinar Sebastião. Oferecem a quantia inicial de 300 contos de réis. Aqui reproduzimos o polêmico e revelador diálogo travado entre eles. A proposta é claramente combater a rebeldia do beatismo através de mecanismos normativos abusivos.

Padre: *"Depois que ele apareceu, na paróquia não entrou mais nenhum centavo de batismo e de casamento".*

Coronel: *"Sebastião prejudica a Igreja e o governo nunca que se interessa. Eu sempre disse que aqui só existem duas leis, a lei do governo e a lei da bala. Eu nunca resolvi a eleição com voto".*

Padre: *"Se os fortes não se unirem, eles acabam com tudo".*

Antônio das Mortes responde, com um tom de voz profundo e consciente: *"Matar cangaceiro é arriscado, mas é fácil. Todo mundo ainda tá lembrado de Canudos. Veio as tropa do governo pra brigar com os Beatos do Conselheiro, se pensava que era coisa pequena e deu na guerra que deu".*

Padre: *"Preciso impedir que Sebastião se torne um novo Conselheiro".*

Antônio das Mortes: *"Eu não tenho medo de guerra, vivo nela desde em que nasci. O senhor bem sabe que é perigoso bulir com as coisas de Deus.*

Padre: *Sebastião é um inimigo da Igreja. O povo é cristão e segue ele. Muita gente já me contou que acontece milagre no Monte Santo.*

Ele hesita em aceitar a proposta afirmando: *O padre pode achar que Sebastião tem parte com o Diabo, mas eu acho que ele tem parte com Deus também.*

Todavia, uma conversa em particular com o Padre, que dobra a oferta em 600 contos, o convence de forma definitiva.

Padre: *Depois você vai embora daqui, compra uma fazenda e vive em paz o resto da vida. É esta sua penitência Antônio. Somente depois que você cometer um crime maior, pode ser perdoado pelos crimes que cometeu.*

Antônio das Mortes: *Seiscentos contos...diz para os coronel que eles pode ficar em paz. Sebastião acabou.*

Uma música sacra é tocada com veemência. Voltando ao cenário da Santa Cruz, testemunhamos que Manuel já está completamente dominado pela violência simbólica discursiva de Sebastião, que controla a escolha de suas ações. Ele afirma: *"Daqui eu vejo o mar, depois a terra da salvação"*.

Com o terço no pescoço e expressão de profundo sofrimento, ele parte para o seu martírio de fé definitivo. Esta é uma das cenas mais marcantes do filme, do ponto de vista emotivo, que é toda comunicada através das imagens autênticas, gravadas em um longo plano sequência, sem utilizar uma palavra sequer. Em penitência, Sebastião acompanha Manuel no seu penoso martírio físico, que é subir de joelhos a longa escadaria, carregando uma enorme pedra na cabeça. Ele a derruba, mais de uma vez, mas não desiste. Este costume religioso realmente existiu na região.

Rosa chora com falta de esperança ao ver o fanatismo do marido e do povo rezando ao seu redor. Sebastião percebe o perigo da visão lúcida e crítica de Rosa e persuade Manuel, já em completo estado de submissão e alienação, de que ela está possuída pelo demônio. Acrescenta que o único meio de salvá-la seria trazê-la até à Igreja acompanhada de uma criança bem jovem e inocente. Assim, Manuel esbofeteia Rosa e grita em desespero completo que *"todos terão oportunidade de encontrar a ilha somente se forem lavadas as almas dos pecadores com sangue dos inocentes"*.

Manuel confirma às ordens de Sebastião, ignorando os protestos de Rosa. No interior da Igreja, a dramaticidade de conceitos-imagem da violência atinge seu ápice. Manuel segura o bebê com as suas mãos para que Sebastião penetre a sua faca. A seguir, ele utiliza o mesmo punhal para fazer o sinal da cruz na testa de Rosa, com o sangue da criança. Manuel fica atônito ao ver o bebê morto em seus braços. Após sussurrar a frase *"não posso vingar a morte de Jesus Cristo com sangue dos inocentes"*, ele parece tomar a consciência trágica de que seu Deus salvador é um assassino. Grita de forma dolorida, quando parece perceber que não está de fato se libertando, nem servindo a Deus, mas reproduzindo as situações abusivas e violentas do passado de forma invertida, ou seja, na condição de algoz e não mais de vítima. Sebastião se assusta com o grito e derruba a faca.

Rosa, que está caída no chão, aproveita a oportunidade, pega a faca e, num ato desafiador violento, desfecha dois golpes mortais em Sebastião, vai até a porta e assiste a violenta matança do povo feita por Antônio das Mortes. Tiros ecoam por toda parte. Ao entrar na Igreja, Antônio das Mortes resolve poupar as vidas de Manuel e Rosa, para que possam contar a estória. Descendo a escadaria, ele encontra o cego Júlio, única testemunha da morte dos beatos que, segundo ele próprio, *"morreram felizes porque estavam rezando"*. Inicia-se a terceira e mais mítica parte do filme. Manuel e Rosa caminham pelo sertão na companhia do cego Júlio até o destino promover o encontro com Corisco, o único remanescente, vivo, do grupo rebelde de Lampião que após vingar a morte de seu líder, segue com sua esposa Dadá e mais três cabras, numa desesperada tentativa de resgatar a identidade do cangaço.

CORISCO, O "DIABO" DE LAMPIÃO QUE HABITAVA A TERRA DO SOL: "VAMOS QUEBRAR TUDO PARA QUE O SERTÃO VIRE MAR E O MAR VIRE SERTÃO"

Corisco (Othon Bastos), aquele que andava sempre rodando, é um personagem bastante complexo, pois é uma figura épica, que incorpora o papel de ser o último cangaceiro, antigo seguidor de Lampião, que é violento, mas que ainda guarda qualidades místicas na sua devoção ao Padre Cícero a ponto de se confundir com o próprio beato. Curiosamente, Othon Bastos emprestou sua voz a ambos os personagens. Mas ele é, ao mesmo tempo, uma figura política, pois ele também fala o que Lampião falaria, tendo a capacidade crítica de ver a realidade política que não pode ser alcançada pelo simplório vaqueiro Manuel. Na terceira parte, o filme atinge um tom bem intimista e teatral, bastante diferente do realismo inicial. A lucidez e objetividade iniciais vão se diluindo com a evolução dialética da dramaticidade da história, fazendo com que Manuel e Rosa desçam de forma paradoxal aos infernos de seu drama de opressão, na medida que buscam de forma intensa a liberdade. Nas primeiras cenas, Corisco, apresenta a sua liderança informal anarquista de cangaceiro, também desafiadora da ordem social coronelística abusiva. *"Tô cumprindo a minha promessa padrinho Cícero, não deixo pobre morrer de fome!"*. Grita, girando o seu corpo, *"Lampião está vivo!"*. Ao conversar com Dadá, acrescenta:

> *Virgulino acabou na carne, mas no espírito está vivo. O espírito está no meu corpo e agora juntou os dois, o cangaceiro de duas cabeças, uma por fora, outra por dentro. Uma matando e a outra pensando. Agora, eu quero ver é este homem de duas cabeças não pode consertar este sertão. E o gigante da maldade comendo o povo para engordar o governo da República. Mas São Jorge me emprestou a lança dele para matar gigante da maldade. Tá aqui o meu fuzil pra não deixar pobre morrer de fome.*

Manuel agarra-se ao pé de Corisco, em prantos, em busca de nova proteção que venha a reforçar a sua alienação política, que, neste ponto, chegará ao limite. Ao saber da morte de Sebastião e seu beatos ele afirma: *"Governo de uma peste, mataram o beato e mataram Lampião"*. Rosa e Dadá se entreolham em reconhecimento mútuo e Rosa acaricia a face de Dadá.

Numa intrigante cena que parece revelar em termos de conceito-imagem o inconsciente de Corisco, ele lembra e reproduz o seu último diálogo com Lampião, pouco antes da sua morte, dividindo sua personalidade em duas metades, como se de fato eles fizessem parte de uma mesma consciência. A cena é teatral e a criativa pluriperspectiva apresentada, através do mesmo personagem, é influenciada pelo método de interpretação de Brecht, bem conhecido pelo ator Othon Bastos. Ele fala diretamente com o espectador do filme para que este tome consciência crítica de sua representação teatral e desenvolva uma reflexão crítica:

Lampião: *Tem macaco por perto.*

Corisco: *Tava esperando o final, sonhei com o fim, vamos morrer hoje.*

Lampião: *Morrer como? Tá doido?*

Corisco: *Eu vi o fuzil do Diabo dar dois tiros um em cada olho no teu Virgulino.*

Lampião: *Bota o teu azar para o lado, quem e que vai acertar no meu olho? Tô fechado com uma chave de padrinho Cícero.*

Corisco: *Mas foi um sinal, vai ser na hora do sol nascer.*

Lampião: *Aqui na toca, só se foi você, se você me traiu eu te mato.*

Corisco: *Eu não, eles lá, os macacos e o Diabo. Eu vou me embora que a hora não e minha. É tua! Dadá! Cabras! Vamo embora!*

Lampião: *Maria, Arvoreto, Gavião, todo mundo no papo amarelo.* (Tiros ecoam)

Corisco relata a seu ato de rebeldia trágico e solitário, que reproduz o modelo vertical de justiça, baseado na emoção de vingança:

> *Daí eu fui na fazenda do sujeito que traiu Virgulino e cortei onze cabeças a facão, depois meti tudo num saco e mandei de presente para o delegado, com um bilhete*

> *escrito a sangue. Era o meu troco, para mostrar que eu estava na guerra, para vingar Lampião. Mas a cabroeira deu para trás, e eu fiquei sozinho, com estes dois cabras para enfrentar mais de mil macacos armados de matadeira.*

Manuel passa a reconhecer a autoridade informal de Corisco como uma espécie de novo líder protetor, com poder de reputação e faz um pedido: "*Capitão Corisco, eu queria entrar para o cangaço. Podia ser um cabra bom na ajuda desta guerra. Já fui jagunço e já fiz muito assalto para dar de comer aos beatos.* Manuel, é paradoxalmente, batizado, por Corisco, com o nome Satanás! Sua próxima missão é matar o coronel Calazans, "*ele é gente do governo.*"

Uma cena decisiva aparece a seguir. A casa do Coronel Calazans é invadida durante uma festa de casamento. Todo tipo de violência selvagem é praticada, com ódio puro, como puro conceito imagético da vingança emotiva. A noiva é estuprada por Corisco. Manuel come e bebe e se agarra a um crucifixo, como se estivesse hipnotizado. Rosa veste o véu da noiva em um estado de sublimação. Corisco manda Manuel "*cortar a macheza do noivo corno*", e ele obedece, de forma submissa. Joias são roubadas, o piano é destruído. De volta à caatinga, o noivo é escalpelado vivo por Corisco, numa cena que resultou de atos de improvisação dos atores. Manuel mostra-se muito perturbado ao presenciar a barbárie. Dadá faz um pedido a Corisco: "*Larga a guerra e vamos embora Cristino, é agora ou nunca.*" Corisco responde: "*Embora para onde? É preciso ficar para acabar com o que é ruim, vingando meu sofrimento, fazendo justiça*".

Manuel tem uma súbita percepção da ilusão de libertação e da violência simbólica discursiva defendida por Corisco e fala para Rosa: "*Vô acabar com ele*". Rosa o derruba e bate nele. Corisco interrompe a reação violenta de Rosa, põe a espada no pescoço de Manuel, que, covardemente, pede que o cangaceiro o mate. O diálogo final é muito forte, pois mostra a consciência adquirida por Manuel em torno da perpetuação das comunicações normativas abusivas nas atitudes de Corisco e dos modelos de justiça verticais e violentos.

Corisco: *O que você estava procurando quando deixou sua terra e foi para o Monte Santo?*
Manuel: *Justiça. Sebastião prometia.*
Corisco: *E eu não era a Justiça?*
Manuel: *Eu pensei capitão, mas não se pode fazer justiça no derrame de sangue!*

Corisco assume a sua tragédia, que parece aglutinar toda a alienação do sertanejo, reconhecendo que a reprodução de abusos sofridos no passado não liberta, nem produz um senso de justiça genuinamente humano. Ao mesmo tempo, admite a falência do seu trabalho no cangaço com a morte do seu grande líder Lampião:.Sua fala lembra um sofrido, mas consciente, solilóquio shakespeariano:

> *Quando eu era menino, fui chutado como um cachorro pelo pai deste cabra que esta por ai. Esperei vinte anos, esfolei para aliviar a minha dor, não adianta mais nada, meu destino está tão sujo que nem todo sangue do mundo pode lavar. Tu é como os anjo, se eu morrer, vai embora com a tua mulher. Por onde passar pode dizer que Corisco estava mais morto do que vivo. Virgulino morreu de uma vez, Corisco morreu com ele, pois o mesmo precisava ficar de pé, lutando até o fim, desarrumando o arrumado até que o sertão vire mar e o mar vire sertão.*

O potencial dramático e emocional da cena é bastante intenso. O trabalho de câmera é exemplar, pois propicia um contato quase epidérmico do espectador com o drama do personagem.

Em seguida, aparece Antônio das Mortes, que conversa com o cego nas ruínas de Canudos, afirmando que ele se vê como um condenado que tem que cumprir o seu destino sem pena, nem pensamento. Ele parece assumir, de forma realista e lúcida, existencialmente, o código da violência que se sobrepõe ao jurídico, ao religioso e ao moral, nas relações sociais brasileiras. Trata-se do personagem mais forte e consciente de toda a trama, pois vislumbra que uma transformação social mais profunda no sertão tem de superar os modelos revolucionários tradicionais do beatismo e do cangaço reprodutores da justiça violenta, ou seja, tem de desenvolver-se sem a presença de Deus e do Diabo. Neste sentido, ao eliminar estas figuras, ele vai reproduzir mais uma vez o código da violência e pretende morrer com ele, já que dele também faz parte.

Cego: *É matando Antônio que você ajuda os seus irmãos?*
Antônio das Mortes: *Eu mato Corisco, perseguindo até o fim. Eu não matei os beatos pelo dinheiro, matei porque não posso viver descansado com esta miséria.*
Cego grita: *A culpa não é do povo, Antônio. A culpa não é do povo.*
Antônio das Mortes: *Um dia vai ter uma guerra maior neste sertão, uma guerra grande sem a presença de Deus e do Diabo. E para que essa guerra comece logo, eu que já matei Sebastião vou matar Corisco e depois morrer de vez, porque nós somos tudo a mesma coisa.*

O cego vai avisar Corisco que ele está sentenciado de morte por Antônio. Dadá sugere que partam imediatamente, mas Corisco assume o seu destino trágico afirmando:

> *Aquela paz a gente só encontra na morte, cercado de anjo. Meu padinho Padre Cícero fechou o meu corpo, me espera, Antônio das Morte. Vou tomar com ele de homem para homem, de Deus para Diabo. É o capitão Corisco enfrentando o dragão da riqueza. Se eu morrer nasce outro, quem nunca pode morrer é São Jorge, o santo do povo. Eu fico sozinho para enfrentar Antônio das Mortes.*

Ao som da belíssima Bachiana n.º 5, Rosa tem uma aproximação amorosa com Corisco. Subentende-se que ela fica emocionada com a coragem do cangaceiro em assumir o seu destino trágico e sua rebeldia total. Rosa matou o Deus Sebastião, mas amou o Diabo Corisco. Quando Corisco pergunta para Satanás se ele vai ou fica, ele responde que, pela primeira vez, vai seguir a decisão de Rosa e que, caso consigam escapar com vida, terão um filho para unir mais a vida deles. A resposta de Rosa é positiva e eles seguem com Corisco e Dadá.

Finalmente ocorre o encontro entre os quatro com Antônio das Mortes, que pede a Corisco que ele se renda Tiros atingem Dadá e Corisco. Reafirmando o seu caráter revolucionário, de não submissão, Corisco não se rende e gira o seu corpo em sinal de protesto, antes de cair morto no chão. Antônio das Mortes corta a sua cabeça.

Na última cena, Rosa e Manuel correm com todas as suas forças para longe. Trata-se de uma cena alegórica, pois parece representar a final e definitiva tentativa de escapar desta condição cultural da violência, da comunicação normativa abusiva e da opressão reproduzida no beatismo e no cangaço. Numa situação de improviso, Rosa cai no meio do caminho, mas Manuel continua a correr com todas as suas forças. O narrador musical repete a profecia *"o sertão mar virar mar"*, mas alerta que a lição final apreendida na fábula é a de que *"a terra é do homem, não é de Deus e nem do Diabo"*. A imagem do mar aberto invade a tela, não mais como alienação mística, mas como uma representação logopática e fabular da abertura de um possível novo estado de libertação para o povo sertanejo, desde que este supere a dominação coronelística, os abusos de poder praticados pelo Estado, bem reproduzidos nas figuras de *Deus* (beatismo) e do *Diabo* (cangaço), que bem expressam aquilo que EDGAR MORIN chama de nossa face irracional, *homo demens*.

Pelo exposto, ficou clara a importância antropológico-filosófica do filme, para o entendimento de questões básicas que nortearam a formação do povo brasileiro. De certa forma, elas continuam a afetar a vida social brasileira como um todo, nos dias atuais e explicam a baixa imperatividade das leis no país, do ponto de vista da sociedade e do próprio governo, como tivemos a oportunidade de ver na análise do filme *O invasor* e nos próximos filmes que serão estudados no Capítulo 6. As relações de poder, entendidas em seu sentido primitivo de imposição da vontade violenta de um sobre o outro, criaram um padrão específico de interação social no Brasil sertanejo. Glauber foi extremamente brilhante e corajoso ao pôr o dedo na ferida das relações abusivas de poder que compõem a base de formação da nossa sociedade sem cair em simplificações populistas e maniqueístas. O desenvolvimento do filme, como vimos, é bastante didático e subentende várias questões filosófico-jurídicas primordiais. Seu conceito-imagem central mostra que o chamado *Brasil informal*, indiferente aos padrões jurídicos e políticos oficiais, é institucionalizado tanto pelas elites dominantes, ou seja, pelos coronéis, políticos e padres católicos, como pelos dominados rebeldes representados pelos beatos e cangaceiros.

Uma emoção filosófica secundária, nos termos propostos por HUGO MUNSTERBERG emana do filme como um todo. Tanto a figura do Beato Sebastião, como a do cangaceiro Corisco, na sua condição de líderes rebeldes épicos, lutam contra a opressão, mas acabam por reproduzi-la num outro nível. Guardam, a nosso ver, relação com as polêmicas reflexões de ELIAS CANETTI desenvolvidas em seu instigante livro *Massa e Poder*, já mencionadas neste capítulo. Tanto Sebastião como Corisco conseguem a libertação de seus aguilhões através da inversão de papéis, ou seja, assumindo a condição de algozes e propagadores de um modelo de retribuição vertical de justiça. A pergunta que fica sem resposta refere-se à possibilidade de romper este círculo vicioso da opressão e da violência, com transformação genuína. De certa forma, esta especulação está presente no filme de Glauber Rocha, pois a dramática trajetória de Manuel, em busca da sua liberdade, passa pela dolorida experiência histórica de vivenciar a necessidade desenvolver uma identidade política própria. Uma identidade calcada na aceitação sua condição de homem comum independente, fora da submissão a líderes informais reprodutores dos padrões irracionais, abusivos e injustos dos modelos épicos do beatismo e do cangaço, que funcionam apenas como mantenedores da mesma violência opressiva, que buscam combater.

ABRIL DESPEDAÇADO: O AMOR JUSTO QUE DESAFIA O ÓDIO OPRESSOR

A inspiração do filme criado e dirigido por Walter Salles veio de um romance escrito por ISMAEL KADARÉ, intitulado *Abril Despedaçado*, que fala da cobrança de sangue entre famílias rivais nas montanhas negras da Albânia, em 1910. O diretor qualifica o livro como sendo duro, seco, mas profundamente poético ao mesmo tempo. Procurou captar esta atmosfera existencial básica e a transpôs para o cenário do sertão brasileiro, tendo ciência de que parte do território brasileiro foi ocupado através deste tipo de regramento informal, onde o moral e o jurídico não se dissociam. Sabemos, por exemplo, que numa parcela significativa do Estado do Ceará, chamada de Inhamuns, as fronteiras foram definidas pelo combate entre as famílias dos Montes e dos Feitosa, terminando apenas quando a família Montes foi dizimada por inteiro. Na cidade pernambucana de Exu, a população foi parcialmente dizimada em virtude de uma guerra de famílias semelhante. O próprio surgimento do cangaceiro Lampião foi uma consequência deste tipo de conflito de terras.

O filme, apesar de ser uma adaptação livre, foi elogiado pelo próprio KADARÉ por manter a marcante aura de dureza poética do livro, fugindo da visão naturalista, ao assumir um caráter fabular e mítico. A própria geografia peculiar do sertão nordestino parece refletir o estado emocional dos personagens. A comunicação visual do filme é poderosa, conferindo ao mesmo uma estrutura circular, pois, logo no início, vemos parte do final da história. Walter destacou a influência da tragédia grega de Esquilo, que tão bem retratou as lutas fratricidas pelo poder na Grécia antiga, alheias à regulação do Estado.

Cada detalhe visual, cada expressão facial, cada gesto, cada música tem um significado poético na composição do drama da família Breves. Logo no início, vemos a silhueta de seu narrador, chamado de Menino (Ravi Ramos Lacerda), enquanto caminha a céu aberto no amanhecer. Ele vai nos contar a sua história e de seu irmão Tonho (Rodrigo Santoro), o protagonista que irá viver um processo de sofrida transformação pessoal ao longo da trama, que é contada dando ênfase à linguagem visual sobre a verbal. A expressão emocional, forte, mas, ao mesmo tempo, contida dos personagens, bem como a bela, mas dura e seca paisagem do sertão comunicam muito mais em termos de conceitos-imagem do que a econômica fala verbal de todos.

O Menino nos apresenta o cenário básico de sua dura vida. Habita um decadente sítio em Riacho das Almas com Tonho, sua mãe (Rita Assemany) e seu autoritário e amargurado pai Sebastião (José Dumont). A família está em clara decadência, pois, não podendo mais utilizar o trabalho escravo, tem de pessoalmente dedicar-se ao árduo trabalho de moer a cana, através de uma rudimentar bolandeira puxada por bois, para, posteriormente, cozinhar o caldo no tacho escaldante, visando a produção de rapaduras. As cenas iniciais homenageiam, a nosso ver, o clássico filme de Glauber Rocha *Deus e o diabo na terra do sol*, já analisado. Ao vermos a dureza do ato de moer a cana girando a bolandeira, o calor do tacho, os rostos suados e cansados, lembramos do clima de isolamento, abandono e sofrimento vivenciados por Rosa e Manuel na sua rotina de trabalho de ralar a mandioca e socar a paçoca. O calor excessivo é um conceito-imagem que mostra o tormento físico em que vivem os personagens. Como diz o Menino, "*Riacho das Almas, onde o sol é tão quente que as vezes a cabeça da gente ferve que nem rapadura no tacho*".

Ao lado desta miséria física, somos levados a conhecer a maior carência moral que os atinge: a constatação da existência de uma realidade esvaziada do direito, que afeta a região,como um todo e que surgiu devido ao comportamento abusivo do Estado, que é indiferente às suas funções básicas autoridade ao desafiar as normas positivas do Estado de Direito. Parte desta população sertaneja no filme é representada pela família Breves e pela família Ferreira que sofrem as consequências desta crise de autoridade estatal que aflige a região, desde os primórdios de sua ocupação, como bem nos ensina o antropólogo Darcy Ribeiro. Ambas institucionalizaram códigos normativos de regramento de um direito informal de propriedade, onde o ético, o jurídico e o religioso não se diferenciam entre si. Constituem o que HART chama de sociedades pré-jurídicas, onde só existiriam regras primárias de obrigação, mas estariam ausentes as secundárias, responsáveis pela aplicação efetiva das primeiras. Ao invés de legitimarem o regramento jurídico da propriedade oficial, onde a sua aquisição e perda é dada pela transferência do domínio e posse do imóvel através da escritura lavrada em cartório, eles admitem que a aquisição e perda ocorre através de uma situação de fato, ou seja, através da imposição absoluta da vontade de um em querer tomar as terras do outro com o emprego irrestrito da força física.

Neste sentido, a noção básica de poder, identificado com a imposição absoluta da vontade violenta de um sobre o outro está na base da interação social das famílias Breves e Ferreira. Na tentativa de promover um tipo de racionalização deste uso da força bruta, institucionalizou-se um tipo de código de justiça retributiva vertical. Quando houver uma tomada de terras, seguida pela morte de um dos homens do clã, cabe ao filho mais velho da família em luto cobrar, na mesma medida e proporção, o sangue derramado. Esta cobrança é obrigatória, mas deve ser *proporcional* ao dano ocorrido (se um morreu numa família, apenas um deve morrer na outra família) não pode ser maior ou menor. Depois da trégua concedida pelo patriarca da família, espera-se que o sangue da camisa do morto, pendurada ao relento, amarele. Quando isto ocorre, entende-se que a alma do morto para descansar em paz está *pedindo vingança*, o modelo vertical vai além do mundo humano. Nesta hora, cada um deve cumprir a sua obrigação, sob pena de perder a sua honra. Está implícito neste regramento não estatal um modelo simplificado de justiça onde o jurídico, o ético e o religioso se interpenetram e não se diferenciam. Neste sentido, a situação dramática é mais problemática do que a exposta no *Mercador de Veneza*, que, apesar de mostrar a divergência valorativa entre judeus e cristão, conta a presença de um Estado institucionalizado que tem a prerrogativa de confirmar estes modelos de justiça. Em *Abril Despedaçado*, o sentimento de abandono e esquecimento jurídico-político da pequena comunidade é muito presente. [45]

Fazendo uma breve incursão teórica, vimos que este código da vingança representa o que a Filosofia Jurídica costuma chamar de modelo vertical de justiça, a *timoria*, que pressupõe a hierarquia e a retribuição de uma agressão com uma outra agressão. Vimos, anteriormente, que este modelo vertical tem como contraponto o chamado modelo horizontal, a *poine*, que se liga ao conceito racional de indenização *negociada* como compensação de um dano. O ódio e o desejo de vingança são emoções que se vinculam diretamente ao modelo vertical. Mesmo que, no filme, se apresente a rudimentar tentativa de constituir procedimentos racionais horizontais que quantifiquem o sofrimento dos dois lados (se um morre, apenas mais um deve morrer) ou que contenham uma finalidade aparentemente positiva e moral de reconciliação da alma do morto com o seu algoz, podemos

---

45 Para uma análise detalhada deste problema, ver OLIVEIRA, Mara Regina de. O desafio a autoridade da lei, a relação existente entre poder, ordem e subversão, Rio de Janeiro, Ed. Corifeu, 20006.

ver que esta *codificação jurídico-ética da dor* não consegue realmente constituir um modelo horizontal. Conforme afirma FERRAZ JR:

> *A liturgia do sofrimento tem antes a ver com a ostentação da ordem e não com uma reconciliação. É o modelo vertical, ainda que camuflado por supostas mensurações. A morte é uma solução final fortemente ligada à emoção. A compensação do crime de morte com a pena de morte instala, no conceito de justiça, a irracionalidade emocional. A experiência da morte é uma vivência do sujeito que morre e que os outros só podem observar, mas não vivenciar. Transformada em pena (objetiva) ela não pode ser medida nem sopesada. A pena de morte encobre a irracionalidade da retribuição vertical. Está ligada ao poder hierárquico e a manutenção da justiça como ordem legal, a lex, mas não, necessariamente, a logos. Serve à timoria como sua fórmula absoluta (manter a honra) e não à poine.*[46]

Em nossa leitura, o drama de Tonho e de sua família guarda importantes correlações com estas reflexões teóricas sobre a justiça. No início do filme, vemos que chegou a hora de Tonho *cumprir sua obrigação*, vingando a morte de seu irmão mais velho Inácio, pois a camisa suja de sangue já amarelou. Sebastião é um patriarca autoritário que se impõe sempre através do constante temor do uso da força, reproduzindo, bem ao estilo Elias Canetti o tipo de relação de mando baseada mais no uso da força do que no controle, herdada pelos antepassados. Durante o jantar, quando o menino ousa dizer para o irmão deixar de lado esta tarefa, ele é fortemente esbofeteado pelo pai que diz para Tonho, em tom de ameaça:

> *Presta atenção menino, teus avós, teus tios, teu irmão mais velho, eles todos morreram para mostrar o amor por esta terra, que um dia pode ser tua. Tu é um Breves, e eu também já cumpri a minha obrigação. Se não morri, é porque Deus não quis.*

O Menino chora, com olhar de revolta para o pai, mas a mãe mostra um desencanto resignado ao patriarcalismo. Fica claro que ele funcionará como uma espécie de consciência crítica e contestadora destas relações abusivas de poder irracionais, que não se compensam do plano espiritual e emocional de fato. O Menino percebe como a irracionalidade emocional e o ódio entre as famílias poderá se ampliar até que se concretize a sua destruição total, já que a obrigação cumprida (modelo horizontal) no fundo não acaba com o ódio (modelo vertical). A figura imagética austera de Sebastião mostra, com muita força, este impasse em termos logopáticos. Reina na casa um espírito mórbido de tristeza inexorável e fatalista tão circular e previsível como o girar da bolandeira. Na parede, encontram-se pendurados todos os retratos dos parentes mortos na luta pela terra. Mais uma vez, esta codificação popular informal, subversiva em relação as regras estatais, acaba por reproduzir situações de abuso de poder,

---

[46] FERRAZ JR., Tercio Sampaio. *Estudos de Filosofia do Direito*. Manole: São Paulo, 2002, p. 213 -229.

que visa justamente superar. A tragédia brasileira, exposta por Glauber Rocha em *Deus e o diabo na terra do sol* reaparece com toda a sua força.

Mesmo sem muita convicção valorativa, Tonho é submisso à autoridade e à moralidade dominante do pai. Cumpre a sua obrigação, respeitando a eficácia social das normas impostas pela tradição. Todavia, desde o início, o seu personagem transmite um certo deslocamento e um desconforto sobre o seu papel, oscilando entre a submissão e a rebeldia. Quando ele presencia a morte de um Ferreira, depois de dar o tiro certeiro, vemos que ele fica horrorizado e assustado com seu ato, mas segue a tradição de ir ao enterro da sua vítima, rezar para a sua alma. Na saída, depois de colocar a tarja preta no braço, ouve da boca do patriarca cego as proféticas palavras, com um certo tom de cinismo:

> *A tua vida tá dividida em dois, os vinte anos que tu já viveu e o pouco tempo que lhe resta para viver. Já conheceu o amor? Nem vai conhecer. Tá vendo aquele relógio ali, cada vez que ele marcar mais um, ele vai te dizendo menos um, menos um.*

Em casa, o pai o saúda com satisfação pelo cumprimento de seu dever, recomendando que deixe as suas tarefas em dia até o término da trégua. Todavia, a angústia de Tonho diante da sua tragédia pessoal é cada vez mais visível e potencializada pelo uso do *close-up* na sua face atormentada.

As transformações valorativas importantes começam a ocorrer a partir do momento que o acaso leva o Menino a encontrar no seu caminho o casal de brincantes Clara (Flávia Marco Antônio) e Salustiano (Luís Carlos Vasconcelos). Eles pedem uma informação e presenteiam o Menino com um livro, que, mesmo sendo analfabeto, aprecia muito as figuras do mar, inclusive a figura de uma sereia. Em casa, o Menino está encantado e diz a Tonho que viu a sua sereia e que está tentando lembrar da história, pois destaca que "*às vezes eu alembro, às vezes eu esqueço*". Ele é repreendido pela mãe, que, na sua falta de valorização da cultura e ausência de visão crítica do mundo, afirma que o livro faz mal para a vista. A presença do livro, com suas belas figuras que retratam seres que vivem no mar (o mar representa o sonho de libertação do sertanejo) é o primeiro símbolo de contestação e crítica da ordem determinista da vingança de sangue, que chega justamente através das mãos do menino que tem uma ingenuidade crítica em relação ao triste fatal e ao destino reservado ao seu irmão.

Também por obra do acaso, Tonho vai até a cidade com o pai para vender a rapadura e acaba assistindo a um show de rua dos brincantes. Ao visualizar as proezas físicas de Clara, no alto de uma perna de pau, mostra, pela primeira vez, uma expressão de felicidade e encanto em seu rosto. Uma música emocionada é integrada ao filme, como parte da narrativa poética. De volta ao sítio, o Menino pede para ir ao circo dizendo que "*eles eram como os bois, roda, roda, roda e não sai do lugar*". A princípio, Tonho diz que o pai não iria deixar, mas acaba decidindo levar o irmão até lá, concretizando o seu primeiro ato de desobediência ao pai, ainda que desenvolvida na forma de uma rejeição ilícita (eles ainda temem a autoridade do pai e saem de casa escondidos). Na cidade, fica encantado com o espetáculo de fogos de Clara, que tem uma comunicação corporal muito expressiva. Depois do espetáculo, o menino apresenta o casal para Tonho. Salustiano dá o nome de Pacu, um peixe de água doce, ao Menino.

Ao chegar em casa, são recebidos pelo pai com violência punitiva. Ele diz para Tonho. "*Tu perdeu respeito pelos mortos desta casa. Tu deveria se guiar por Inácio seu irmão mais velho*!" Com agressividade, manda Tonho calar a boca, ameaçando-o com um chicote. É visível que Tonho já passa pelo início de um processo de transformação, pois, pela primeira vez, ele desafia a autoridade do pai, dizendo que não vai calar. Sebastião irado bate em Tonho, mas, mesmo assim, ele não se rende, mostrando que a autoridade institucionalizada do pai está enfraquecida. Mais uma vez, o Menino diz para Tonho que ele tem de ir embora. No dia seguinte, o clima de opressão cresce no sítio, o plano da câmera se fecha sobre a bolandeira. Em inteligente simbologia, os bois caem de exaustão e o trabalho cessa num estado limite. Mais tarde, depois de serem soltos, alguns bois continuam a rodar sozinhos, constituindo uma boa metáfora sobre a *reprodução voluntária* das relações de dominação pessoais presentes na família.

Tonho vai para a cidade e reencontra Clara e Salustiano, que o convidam para conhecer a cidade de Ventura. Durante o trajeto, Clara mostra-se solidária com a sua tragédia. Na cidade, ela faz uma poderosa demonstração simbólica de liberdade ao girar seu corpo com força, enlaçado no alto de uma corda pendurada. Ela entra em êxtase e visualizamos que a sua figura solta no ar representa, no plano metafórico e logopático, a antítese do universo fechado de Tonho agarrado à terra. Com poesia, ela mostra que tem a chance de sair fora do chão, através de movimentos desconhecidos, ela comunica que existe algo além da imobilidade determinista da bolandeira. A mesma música emocionada é apresentada. A troca de olhares sensíveis e os gestos sutis mostram que houve uma aproximação espiritual e amorosa forte entre ambos, mas, mesmo assim, Tonho volta para casa e retoma a sua dura rotina de trabalho opressivo na bolandeira.

Todavia, inspirado pelo voo livre de Clara, Tonho decide brincar com o balanço e, estando com seus pés *fora do chão*, parece visualizar o mundo de cabeça para baixo, a partir de um novo ângulo. Ri de prazer e alegria, como um ato de subversão da ordem opressora. Subitamente, a corda arrebenta e Tonho finge estar machucado no chão, ficando imóvel. Quando descobrem que era brincadeira, todos riem, inclusive o pai. Pela primeira vez, a alegria venceu a tristeza, vemos o impacto da larga gargalhada de Sebastião. Enquanto isto, na mesma sintonia de transformação existencial, Clara decide deixar o domínio pessoal de Salustiano e procurar Tonho para declarar o seu amor. Por outro lado, a família Ferreira, ávida por vingar a morte de seu ente, descumpre a regra da tradição e engana o avô cego, dizendo que a camisa já amarelou. De fato, observamos o sangue ainda estava bem vermelho.

No quarto de dormir, o Menino, lamentando que pai tenha lhe tomado o livro, diz para Tonho que vai chover, já percebendo uma mudança no eixo da ordem cíclica e determinista das coisas. Em termos fabulares, a chuva fora de época representa um corte, uma quebra no determinismo da seca predominante. Da janela, o menino vê Clara aproximar-se da casa e avisa Tonho, que vai encontrá-la no celeiro. Neste instante, uma forte chuva cai, anunciando, no plano metafórico, uma ruptura da ordem. Aqui, inicia-se um dos momentos mais poéticos e, ao mesmo tempo, dramáticos do filme.

Clara diz para Tonho que, com a ajuda dele, libertou-se do domínio de Salustiano. Ela diz *"você também pode Tonho"*, soltando, simbolicamente, a tarja preta de morte que ele carrega no braço. Eles se amam com paixão. A seguir, enquanto Tonho dorme, Clara sai dizendo que o espera. Da janela, o menino mostra a sua felicidade pelo encontro do irmão com Clara, mas fica apreensivo quando ouve ruídos de um cavalo que se aproxima. Ele percebe que irmão está prestes a morrer e vai até o celeiro emocionado. Chegamos ao ponto central da conclusão de toda o drama que implica numa redefinição nova de modelos de justiça. A atitude radical assumida pelo menino no celeiro irá fazer com que Tonho venha a romper de maneira integral com a ordem autoritária imposta. É a chave para que o amor venha a desafiar e vencer o ódio de forma permanente.

O Menino olha para Tonho com afeto infinito enquanto ele dorme. Num ato de absoluta *compaixão*, põe a tarja preta no seu braço e o chapéu de Tonho na cabeça. Percebemos que ele irá assumir o lugar de Tonho no ato de vingança dos Ferreira que está para se consumar. Aqui observamos uma mudança importante, pois o Menino subverte as codificações de ódio e vingança, assumindo um código de amor (*caritas*) que se aproxima da visão cristã da justiça como amor, que pede uma *retribuição horizontal descompensada*. Como vimos, o amor-caritas, presente no Novo Testamento, supera em parte a visão vertical de um Deus vingativo que tem poder punitivo sobre todos, que domina nesta região isolada e seca do nordeste brasileiro e que se reflete no seu patriarcalismo dominante. Como pedimos perdão a Deus, podemos perdoar o outro. O Deus punitivo dos cristãos e judeus conhece a dimensão retributiva do Deus misericordioso e justo. Aqui a vingança é substituída pelo perdão, pois, ao invés de matarmos nossos inimigos, devemos amá-los e oferecer a outra face a eles.

Trata-se, como já foi mencionado, de uma retribuição *horizontal descompensada*, pois o amor cristão não tem uma *compensação no amor do outro*, mas na *plenitude do amor divino*, que justifica o fato de um Deus onipotente oferecer o sacrifício de seu filho pela salvação dos homens. Nestes termos, o Menino renuncia à sua vida para que Tonho sobreviva e finalmente se liberte dos padrões de opressão a que está acorrentado, aprendendo a perdoar seus inimigos. Todavia, sua renúncia à vida não tem uma *conotação de privação ou fracasso*, mas de *compensação na plenitude de encontro do amor divino*. Esta vitória espiritual é retratada, de forma simbólica, nos seus momentos finais de vida terrena, quando caminha pela chuva, esperando ser alvo assassino de Matheus, que, coincidentemente, dá o tiro com a visão muito prejudicada pela perda de seus óculos para miopia, para nós, exemplificadora da sua falta de visão do mundo, no sentido mais profundo.

Minutos antes da morte de Pacu, voltamos ao início do filme. Após relatar a sua *história terrena*, ele consegue se *lembrar da outra*, que representa uma dimensão espiritual superior e utópica, quase platônica, diríamos nós, na medida que é muito mais positiva e essencial do que a primeira. Ele desafia o ódio que enseja a sua prematura morte, com uma visão de felicidade na vida no mar, geradora de um novo código de alegria completa que está por alcançar.

> *Um dia a sereia veio buscar o menino e ele gostou, ela virou o menino um peixe e levou ele para viver debaixo do mar... no mar ninguém morria e tinha lugar para todo mundo... no mar eles viviam tão felizes, que não conseguiam mais parar de dar risada e começa a rir.*

Quando o tiro é disparado, Tonho acorda, corre e encontra o irmão morto em seu lugar. Lágrimas muitas sofridas caem de sua face, em expressivo uso do *close-up*. Ele volta para casa decidido a se transformar e superar o modelo de justiça retributivo vertical baseado na emoção do sofrimento. Os pais entram em desespero, mas quando percebem que o menino morreu no lugar de Tonho, Sebastião reafirma seu patriarcalismo, pega a arma e exige que Tonho cobre o sangue derramado imediatamente. Mesmo ameaçado de levar um tiro, Tonho deixa a casa sem temor de ser punido, subvertendo a autoridade do pai e ignorando toda a codificação da vingança, suas relações de ódio e sofrimento. Sai caminhando e, pela primeira vez, deixa o rotineiro, cíclico e constante caminho da *esquerda* e toma o inédito caminho da *direita*, em simbólica afirmação de escolha. Assumindo uma emoção primária, sentimos como a dolorida experiência do sacrifício do irmão faz Tonho captar dentro de si a dimensão generosa do *amor* e do *perdão*, geradora de códigos próprios de justiça novos, inaugurando uma nova dimensão interior e completando um processo de transformação e libertação que se iniciou quando conheceu Clara e o sentimento do *amor*. A ideia de justiça como perdão ganha contornos espirituais mais profundos e genuínos do que a noção exposta no *Mercador de Veneza* em que ela claramente se revela como estratégia de poder argumentativo social para controlar Shylock, que acaba rendido, mas não de fato transformado em termos filosóficos. Assim, observamos que Walter Salles expõe um sentimento profundamente idealista nesta obra, em que as noções de liberdade e justiça acabam por se integrar.

Vivenciando, em termos logopáticos, a emoção secundária que emana da narrativa do filme como um todo, sentimos como a liberdade e o amor vencem o determinismo e o ódio, numa relação profundamente subversiva. De uma forma metafórica e fabular, Tonho encontra o mar, símbolo de felicidade e libertação do povo sertanejo, tão valorizada por Pacu. Aqui percebemos outra referência expressa ao final de *Deus e o diabo na terra do sol*. Escutamos, mais uma vez, a voz do Menino que diz "*um dia a sereia veio buscar o menino para viver no mar...*" Tonho, em comunhão espiritual com seu irmão, se aproxima das ondas e olha para o infinito. Ele está em paz, porque o amor de Clara e de seu irmão o libertaram, interiormente, da prisão do ódio irracional e do sofrimento e lhe ensinaram que o amor e o perdão podem ser o melhor código de justiça de convivência entre os homens. A mesma música, que comunica um estado de libertação ao longo do filme, é reapresentada. A tragédia de reprodução dos ciclos de violência exposta em *Deus e O Diabo na terra do sol* é superada. Todavia, a subversão de Walter Salles desenvolve-se num plano mais sutil, ou seja, num plano emocional, espiritual e ético. Tonho redescobre-se como ser humano livre, capaz de amar com integridade humana. Ele simboliza todo o desafio ético que boa parte da nação brasileira tem de enfrentar.

Capítulo 6

CRISE DE LEGITIMIDADE E ABUSO DE PODER

Eu fui fazer um samba em homenagem
há nata da malandragem,
que conheço de outros carnavais.
Eu fui à Lapa e perdi a viagem,
que aquela tal malandragem não existe mais.
Agora já não é normal, o que dá de malandro
regular profissional,
malandro com o aparato de malandro oficial,
malandro candidato a malandro federal,
malandro com retrato na coluna social;
malandro com contrato, com gravata e capital,
que nunca se dá mal.
Mas o malandro para valer, não espalha,
aposentou a navalha, tem mulher e filho e tralha e tal.
Dizem as más línguas que ele até trabalha,
Mora lá longe chacoalha, no trem da central.

(Chico Buarque, Homenagem ao Malandro)

NORMA JURÍDICA COMO COMUNICAÇÃO

O estudo do tema da verdade e dos modelos retributivos de justiça nos levou a considerar a relação que existe entre linguagem e jurídica e poder, amplamente presente no universo fílmico em geral. As teorias dogmáticas tradicionais têm a pretensão de tornar o poder uma *substância ética* que pertence unicamente ao Estado soberano, desvinculado das relações de força, que transformam a questão da obediência e da própria legitimidade numa premissa inquestionável, favorecendo a crença nas instituições políticas para que permaneçam como um símbolo ideal aos olhos da sociedade. Partindo destes pressupostos, lembramos do pensamento de FERRAZ JR, especialmente no que ele se refere à chamada *pragmática jurídica*, que, a nosso ver, trata com bastante originalidade e perspicácia a relação existente entre direito, poder, controle e força, apontando elementos logopáticos instigantes, no sentido proposto por CABRERA. Toda a esquematização geral proposta pela teoria pragmática jurídica é muito rica quando associada a um elemento empírico humano, pois ela não é vista como uma camisa de força racionalista com respostas racionalistas definitivas ao permitir ser expandida e enriquecida por esta mesma associação estética. Se o poder não se confunde com a força física, sendo visto como controle da ação dos sujeitos, como exercício de influência sobre outros, não há como escapar da análise do processo comunicativo em que se estabelecem as interações humanas altamente reflexivas.[1]

A chamada *situação comunicativa normativa* é peculiar em relação às demais formas de comunicação na medida que depende de uma *dogmatização contra-fática* (inversão do ônus da prova que ao invés de pertencer ao emissor, passa para o receptor) inicial da supremacia do chamado "editor normativo", que se põe como autoridade (cometimento da norma) para exigir certas condutas (relato ou conteúdo da norma) dos endereçados sociais, visando uma possível decisão de conflitos. Todavia, a estrutura monológica, não questionadora do discurso que impõe a relação de autoridade, ao contrário dos demais, não se baseia em axiomas que deixam de ser questionados por serem aceitos como verdadeiros por aqueles que se comunicam. Ou seja, ela não torna a questão da obediência uma verdade inquestionável, do ponto de vista semântico, ela apenas a coloca fora de questionamento por uma decisão arbitrária. Afinal, todo e qualquer dogma "*impõe uma verdade sobre algo que, de fato, continua duvidoso*".[2]

Assim, esta supremacia não se torna, de fato, inquestionável, e depende de uma institucionalização a nível social da própria relação de autoridade, que deve neutralizar o dissenso e as possíveis reações sociais contrárias. É neste ponto que podemos identificar, com clareza, a relação existente entre direito, poder e comunicação, na medida em que a relação de autoridade não preexiste à própria interação, pois ela se constitui propriamente durante o processo interativo. Ela existe não só a partir de uma pretensão do editor normativo de impor uma relação complementar, mas na medida que o sujeito também estiver disposto a se colocar nesta condição subalterna. O poder não está unicamente nas mãos da autoridade, não é uma *coisa* que ele tem, portanto. Ele atravessa e ao mesmo constitui a própria relação autoridade/sujeito.[3]

Neste sentido, vemos que tanto o relato como o cometimento das mensagens normativas implicam em relações de poder, entendidas como controle de seletividade do editor normativo em relação aos endereçados sociais. Neste sentido, a complementaridade do editor normativo é garantida pela institucio-

---

1 FERRAZ JR, Tercio Sampaio. *Teoria da Norma Jurídica: ensaio de pragmática da comunicação normativa*, ed., Rio de Janeiro: Forense, 1978.

2 FERRAZ JR, Tercio Sampaio. *Introdução ao Estudo do Direito: técnica, decisão,* dominação, quatro. ed., São Paulo: Atlas, 2003, p. 43.

3 FERRAZ JR, Tercio Sampaio. *Op. cit.*,1978, p. 109.

nalização do controle da seletividade das reações dos endereçados sociais que identificam as normas estatais como sendo juridicamente válidas em detrimento das demais. Por isso, é extremamente importante que ele leve em conta as reações dos chamados endereçados sociais, que podem *confirmar*, rejeitar ou *desconfirmar* a mensagem normativa. Tanto a confirmação (licitude) como a *rejeição* (ilicitude) reconhecem o cometimento meta-complementar da norma jurídica.[4]

No entanto, a constante possibilidade de haver reações desconfirmadoras torna inevitável o confronto entre direito e poder, visto que ela constitui uma situação-limite em que os endereçados sociais deixam de reconhecer a relação complementar estabelecida no cometimento das normas jurídicas, não mais assumindo a condição de sujeitos da relação. Nesta situação, os endereçados sociais eliminam o controle de seletividade que o editor normativo tenta realizar. Este tem uma expectativa predeterminada de que a relação de autoridade, que ele estabelece, seja vista como uma estrutura de motivação da seletividade do endereçado que, de fato, passa a possuir duas alternativas apenas: confirmar ou rejeitar a mensagem. No entanto, aquele que desconfirma a norma desilude totalmente esta expectativa, pois age como se a autoridade — e os atos de coação que ela determina — não existissem, como estratégia de desafio ao aspecto cometimento de suas normas. O conteúdo das normas jurídicas e a relação complementar que elas estabelecem deixam de influenciar as opções e deixam de ser uma estrutura de motivação para a seletividade dos endereçados, que não mais veem a possibilidade de aplicar sanções como uma alternativa a evitar.[5]

Aquele que desconfirma uma mensagem normativa não mais se sente obrigado a se submeter à autoridade porque não a reconhece como tal, na medida que ele próprio não mais se assume como sujeito da relação. Neste sentido, ela faz com que o editor perca, pelo menos momentaneamente, o seu controle sobre os endereçados. Se for bem sucedida, ela pode criar uma nova relação de poder paralela à primeira na qual o sujeito receptor das mensagens normativas estatais, passa a ser autoridade emissora de novas mensagens normativas. Assim, ela deve ser neutralizada pela autoridade que, a todo custo, tentará se imunizar contra ela, ao *desconfirmar* a reação *desconfirmadora*, transformando-a em uma simples *rejeição*, que pode ser enquadrada como comportamento ilícito, que pode ser por ela controlado.[6]

As reações desconfirmadoras surgem no momento em que a legitimidade da relação de poder está enfraquecida. A legitimidade está ligada, justamente, à imposição de certas significações e ao desconhecimento, por parte dos endereçados sociais, das relações de força entre grupos que compõem a sociedade, que constituem

---

4 FERRAZ JR, Tercio Sampaio. *Op. cit.*,1978, p. 107.

5 OLIVEIRA, Mara Regina de. *O Desafio à autoridade da lei: a relação existente entre poder, obediência e subversão*, Rio de Janeiro: Corifeu, 2006, p. 104.

6 OLIVEIRA, Mara Regina de. *Op. cit.*, 2006, p. 120 a 122.

a chamada violência simbólica. O poder será considerado legítimo enquanto o seu exercício de violência simbólica for dissimulado e desconhecido pelos endereçados sociais, de modo que ele possa influenciar comportamentos através de sua liderança, reputação e autoridade, que devem se combinar de forma congruente. Uma vez que o arbítrio social, em torno das relações de força, torna-se evidente, a legitimidade fica comprometida. Nas palavras do autor "*esta seleção básica é arbitrária, porque a sua função e estrutura não podem ser deduzidas de nenhum princípio universal, mas dependem da complexidade social e não da natureza das coisas ou da natureza humana*".[7]

A influência por autoridade é necessária para a constituição do esquematismo jurídico/antijurídico, se impõe de modo contrafático e se generaliza apesar da passagem do tempo. Embora haja desilusão da expectativa, o sujeito ainda a mantém, possibilitando a *jurisfação do poder*. Ela sempre dissimula as relações de força, que estão em sua base, agregando sua própria força simbólica às mesmas relações, através de normas que passam a regular o uso da força. Neste sentido, vimos que a autoridade meta-complementar só reconhece a confirmação e a rejeição de suas mensagens. Já a influência por reputação atua mais diretamente no relato das normas, pois neutraliza os conteúdos normativos e possibilita sua assimilação acrítica pelos sujeitos, em termos de valores ideológicos. Por fim, a influência através da liderança neutraliza as diferenças entre a autoridade e os sujeitos, manipulando a escassez de consenso e institucionalizando a relação meta-complementar normativa. Aqui ganham relevo todos os procedimentos institucionais legislativos, executivos e judiciais, bem como mecanismos midiáticos de propaganda. Na prática, estas três generalizações devem se combinar a fim de se fortalecerem, mutuamente, mas, em situações disfuncionais, elas perdem o seu caráter dissimulador. Nas chamadas situações comunicativas abusivas, a força física passa a ser a base explícita do poder, podendo provocar a sua destruição, como influência e controle.[8]

ABUSO NA COMUNICAÇÃO NORMATIVA E O DESAFIO À AUTORIDADE DA LEI

O exercício da violência simbólica corre risco de tornar-se transparente e comprometer a legitimidade do poder em situações comunicativas normativas defeituosas onde ocorrem abusos na comunicação por parte do editor normativo, em que ele elimina a própria possibilidade de seleção do sujeito, ou seja, nas situações em que ele *coage* pelo sujeito, de certa forma o eliminando enquanto

[7] FERRAZ, JR. Tercio Sampaio. *Estudos de Filosofia do Direito: reflexões sobre o poder, a liberdade, a justiça e o direito*. São Paulo: Atlas, 2002, p. 56.

[8] FERRAZ, JR. Tercio Sampaio. *Op. cit.*, 2002, p.60 a 63.

tal. Neste caso, a percepção da injustiça e a possível *revogação* da autoridade podem ocorrer. Por quê?

Num ensaio bastante instigante, intitulado *O discurso sobre a justiça*, o problema da justiça, na comunicação normativa, é recolocado pelo mesmo autor. Partindo de algumas ideias de AUSTIN, afirma que a comunicação humana implica na existência de comunicações malogradas e defeituosas. O defeito implica num abuso das condições de uso da língua, onde é possível detectar, por exemplo, a presença da mentira. Seria o caso de um mentiroso que afirma: "Amanhã direi a verdade". Já o malogro é um sem-sentido que cria um paradoxo do tipo: "Não leia esta placa!" Para não lermos placa, temos que lê-la primeiro. Ele também pode estar presente no cometimento das mensagens, quando se diz: "Seja livre!". Para sermos livres, precisamos nos vincular ao comando e, portanto, não ser livre.[9]

O problema da justiça, diz o autor, está relacionado com a possibilidade de haver refutação de mensagens defeituosas, mas não malogradas, que pode ocorrer com os enunciados normativos. A validade da norma não implica na sua justiça ou injustiça, porém qualificar uma norma de justa ou injusta constitui uma peculiar forma de refutação da força ilocutiva da norma. Usando a classificação feita por Austin, o autor afirma, como o fez nos textos anteriores, que as mensagens comunicadas, constituem uma emissão locutiva (relato), que trazem consigo uma dimensão ilocutiva (cometimento) identificada pelos modalizadores pragmáticos, como o tom da voz, os modos verbais imperativos, condicionais etc.[10]

Quando um ou mais endereçados sociais afirmam que uma norma é injusta, esta reação implica em desconhecer ou ignorar a autoridade do emissor normativo. Esta refutação, de fato, implica numa revogação, ou seja, num outro ato normativo que a *revoga* por declarar a sua autoridade ignorável, ainda que de uma forma diferente da revogação da validade de uma norma feita através de outra. [11]

Estes defeitos, que implicam em condições de abuso, aparecem no cometimento normativo, ou seja, ocorrem quando a relação de autoridade também comunica uma perversão do ato de falar. A emissão de uma mensagem normativa, como vimos, pressupõe certas condições que garantem o exercício de autoridade do emissor normativo, que não pode eliminar a condição de sujeito do próprio endereçado social. Desde que exista uma mensagem normativa, onde a autoridade anule o próprio sujeito, de modo a destruir o sentido unificador de o seu próprio existir, afirmaremos que houve um "*abuso das condições de exercício potestativo da autoridade*." Esta mensagem será defeituosa, embora possa

9 FERRAZ JR. Tercio Sampaio. *Estudos de Filosofia do Direito: reflexões sobre o poder, a liberdade, a justiça e o direito*, São Paulo: Atlas, 2002, p. 265.

10 FERRAZ JR., Tercio Sampaio. *Op. cit.*, 2002, p. 266.

11 FERRAZ JR., Tercio Sampaio. *Op. cit.*, 2002, p.268.

ser juridicamente válida. A identificação de seu defeito, por parte do receptor, está na própria realização do ato de falar, que "*denuncia a carência do poder do emissor pela carência de sentido existencial do sujeito destinatário. Se alguém for condenado por um crime que não cometeu, esta mensagem normativa torna-se injusta porque desmascara a situação existencial insuportável em que o sujeito é colocado e não apenas porque o crime não foi demonstrado*". [12]

Assim, neste exemplo, a declaração de injustiça expõe algo mais grave do que a falta de demonstração da culpa, pois, se assim o fizesse, ainda reconheceria a relação de autoridade. No entanto, esta declaração acaba por *revogá-la* através da sua desconfirmação, o que implica, como vimos, num desequilíbrio nas relações de poder. Não pode haver exercício do poder na comunicação normativa se houver aniquilamento do sujeito.

A relação complementar imposta pelo emissor normativo exige que ela *neutralize*, por assim dizer, uma possível reação desconfirmadora dos endereçados sociais e nisto consiste a importância do exercício de violência simbólica. Neste sentido, a relação de autoridade/sujeito torna-se meta-complementar. Todavia, entre os comunicadores que estabelecem uma relação desigual, deve haver um mútuo reconhecimento dos diferentes discursos.[13] O filme A *História de Qiu Ju* nos permite fazer uma leitura pragmática da conduta do chefe como abusiva. A protagonista se revolta e tem uma visão intuitiva sobre o problema pragmático do direito, ao perceber que o chefe não poderia ter agredido, fisicamente, seu marido daquela forma, de acordo com o regramento jurídico existente. Ela desconfirma a atitude abusiva do chefe, confirmando os procedimentos jurídicos instituídos, na esperança de que estes constituam o sentido de justiça moral que ela afirma. O final é cético, como vimos, o direito é apresentado como mecanismo burocrático de poder, não, necessariamente, de justiça em sentido humano.

O discurso da autoridade é impositivo e assim se caracteriza a partir do momento em que é assumido por outro discurso que lhe é submisso. Vimos que a confirmação e a rejeição constituem discursos de submissão, que fortalecem a força ilocutiva da mensagem. Para que a relação de poder se constitua, é preciso que haja um espaço de *liberdade* para ambos. Ou seja, é preciso que haja um espaço para a desobediência por parte do sujeito e um espaço de ameaça para a autoridade, que também deve poder não concretizá-la.[14]

O defeito ocorre na medida que o discurso da autoridade elimina a complementaridade, ao substituir os dois discursos distintos (autoridade/sujeito) por único discurso em que só ela comunica. Um discurso que não chega a ser

---

12 FERRAZ JR., Tercio Sampaio. *Op. cit.*, 2002, p.269.

13 FERRAZ JR., Tercio Sampaio. *Op. cit.*, 2002, p. 269.

14 FERRAZ JR., Tercio Sampaio. *Op. cit.*, 2002, p.270.

propriamente homólogo, na medida que constitui uma perversão da própria homologia. Como no exemplo citado: "*reconheçamos que a autoria do delito não foi provada, mas deve-se reconhecer que o não acatamento da sentença destruirá a autoridade.*" Esta fórmula não neutraliza o discurso desconfirmador do sujeito, mas o próprio sujeito, visto que cometendo ou não o crime ele será condenado.

A relação complementar é rompida porque o emissor age como se o discurso fosse único. A desconfirmação por parte do editor só pode dirigida como uma resposta a uma reação desconfirmadora do sujeito, que visa transformá-la em simples rejeição. A desconfirmação da autoridade não pode alcançar aqueles sujeitos que confirmaram a norma jurídica, porque isto constituiria uma perversão do discurso normativo, já que a homologia consiste numa imposição unilateral, onde só um tem competência para falar, sendo que os outros devem apenas obedecer, pelo sim ou pelo não. Trata-se de uma hipótese limite, pois a possibilidade do sujeito reagir seletivamente desaparece, pois confirme ou não a mensagem ele será punido. O emissor age pelo receptor e o aniquila. Neste sentido, a relação complementar desaparece, pois não há mais o jogo de ação e reação. Existe somente a coação que destrói a relação de poder.

É evidente que esta análise pragmática do problema da justiça, que também leva em conta a sua dimensão semântica, caracteriza uma situação limite que destrói a relação complementar, por fazer justamente o inverso do que deveria fazer com o exercício da violência simbólica: expor as relações de força que estão na base da relação desigual que estabelece. Isto demonstra o fato de que os cometimentos normativos institucionalizados, no limite, não podem suportar estes relatos que produzem defeitos na relação. Mesmo que sejam mensagens normativas, procedimentadas segundo as regras burocráticas do Estado, gozando, portanto, de um consenso geral presumido, estas poderiam ser "revogadas" pela sua injustiça.

Embora o referido ensaio não faça uma menção expressa a esta colocação, pensamos que este aniquilamento do sujeito poderia afetar a própria racionalidade dos discursos. Ele não apenas inverte, mas elimina a regra do dever de prova já mencionada. Numa situação comunicativa normativa racional não se elimina o dever de prova, que cabe ao sujeito da relação. A inversão do ônus da prova sustenta-se, como vimos, na institucionalização da relação de autoridade que elimina o questionamento do sujeito em torno da relação, mas não o próprio sujeito. Neste sentido, o discurso defeituoso poderia ser considerado irracional, na medida que introduz uma regra estranha à comunicação que é comunicada ao sujeito: *Confirmando ou não as minhas mensagens normativas, você será sancionado*!

No fundo, introduz-se uma regra que diz "*que não há regra para que o sujeito possa selecionar a sua ação*", pois ele será arbitrariamente *coagido* pelo outro.[15]

Por ser uma temática muito ampla e atemporal, a qual dedicamos a análise de várias obras, iremos desenvolver a temática em duas partes. Na primeira, faremos uma análise de dois filmes internacionais, a saber, o filme alemão *Uma mulher contra Hitler*, que trata do tema em época do nazismo, na perspectiva pouco usual daqueles que tentaram desafiar o regime de Hitler. A seguir, analisemos o instigante filme britânico *Coriolano*, baseado na peça de William Shakespeare, que aborda a temática do poder de forma impactante. Na segunda parte, estudaremos alguns filmes nacionais que tratam do tema o abuso de poder, de forma muito pertinente, estabelecendo um profícuo diálogo entre si: *Notícias de uma guerra particular, Cidade de Deus, Tropa de Elite e O Primeiro Dia.*

UMA MULHER CONTRA HITLER: O DESAFIO AO ABUSO DE PODER NAZISTA

De acordo com a pragmática jurídica, a autoridade soberana é aquela que é apenas emissora e não receptora de normas, de modo que sua supremacia repousa numa regra de discurso que coloca fora de questionamento as normas editadas por ela e a declara como não submetida a nenhuma regra de outra autoridade que não aquelas que ela mesma determina. Neste sentido, o conceito de soberania assume um caráter aporético, pois a relação de soberania só se caracteriza se houver complementaridade, onde um manda e o outro obedece. O soberano é aquele que obedece a si próprio, pois é aquele que é emissor e receptor complementar de si próprio. [16]

De fato, acrescenta o autor, este caráter aporético não pode ser eliminado, por exemplo, pela transformação da regra que viabiliza a noção de soberania num dogma. Neste caso, teríamos uma forma irracional de discurso. Todos os discursos decisórios heterológicos repousam em questões aporéticas, que optam por um determinado ponto de partida que pode ser dogmatizado, mas não pode eliminar outras possibilidades, pois ele se sustenta justamente no confronto com outras possibilidades de decisão. Só os discursos homológicos podem ser axiomatizados, na medida que relacionam a sua legitimidade à competência comunicativa dos comunicadores. A possibilidade da verdade em si garante a passagem da estrutura dialógica para a monológica, na medida que o orador conseguir convencer o orador, momento este em que a estrutura do discurso passa a se determinar

[15] FERRAZ JR., Tercio Sampaio. *Teoria da Norma Jurídica: ensaio de pragmática da comunicação normativa*, Rio de Janeiro: Forense, 1978, p.19.

[16] FERRAZ JR., Tercio Sampaio. *Op. cit.*, 1978, p. 179.

a partir de uma perspectiva privilegiada considerada verdadeira, que exclui as demais, possibilitando a construção de sistemas axiomáticos.[17]

Neste sentido, observamos a irracionalidade pragmática do regime de exceção imposto por *Hitler*, que institucionalizou, juridicamente, a chamada "eugenia negativa", como controle da seleção natural, pelo controle da reprodução, esterilizando os seres considerados inferiores e imperfeitos e posterior extermínio das raças consideradas desprezíveis. Na verdade, no plano da Biologia, não havia a construção de um discurso axiomático monológico sobre a verdade do processo de hereditariedade. Tínhamos, como bem mostra o excelente documentário *Homo Sapiens 1900* (*Peter Cohen*, 1998), a não resolvida disputa dialógica entre os geneticistas representadas pelo *Mendelismo*, que entendiam que fatores externos não influenciam a constituição genética, somente as características possuídas pelos pais e os geneticistas partidários do *Lamarckismo*, que sustentavam que o meio ambiente forma a hereditariedade, de modo que características adquiridas socialmente podem ser herdadas, posteriormente, pelas gerações futuras.[18]

A película nos mostra, através do rico uso da linguagem imagética de filmes e fotos da época, o caso do vilarejo bávaro *Lebensborn*. Neste, o conflito com a moral dominante calcada na ideia de família impediu as tentativas de viabilizar a "eugenia positiva", a melhoria da raça com critérios científicos e não emocionais da reprodução. Todavia, paradoxalmente, não restringiu a esterilização e o posterior extermínio através de sua vertente negativa. Neste caso, temos uma "axiomatização forçada de uma discussão contra e heterológica" no plano político-jurídico e não uma espontânea "discussão com e homológica", calcada na suposta aceitação da verdade absoluta e consensual da visão do *Lamarckismo*, como suposto critério universal da superioridade racial. Na verdade, a ideia de legalização da supremacia racial e da eugenia positiva e negativa se revela como pura imposição arbitrária e irracional de uma "discussão contra", quando associada a mecanismos de poder. Não podemos esquecer que esta controvérsia científica, com a suposta aceitação acrítica de verdades supremas da Biologia, se mostrava ainda mais discutível e dialógica, em termos concretos e fáticos, quando associada, por exemplo, à visão antropológica de Franz Boas, que bem negou o conceito de raça, do ponto de vista biológico, para explorá-lo

---

[17] FERRAZ JR., Tercio Sampaio. *Teoria da Norma Jurídica*. Rio de Janeiro: Forense, 1978, p. 166

[18] Segundo *Peter Cohen*, o termo "eugenia" foi cunhado pelo inglês Francis *Galton* em 1883. Ele significa *"bem nascido"* e foi definida por ele como o *"estudo dos agentes sob o controle social que podem melhorar ou empobrecer as qualidades raciais das futuras gerações seja física ou mentalmente"*. *Galton* era primo de *Charles Darwin* e foi fortemente influenciado pela obra *A Origem das Espécies*. *Galton* propôs a "seleção artificial", que seria o controle sobre as "forças cegas da natureza" da "seleção natural" para melhoramento da espécie humana conforme seus ideais. Tendo em vista que a concepção de homem da época o via em constante degeneração, longe dos ideais mentais e físicos cultivados pela intelectualidade e pelas artes plásticas, inclusive a antiga grega.

no campo cultural. Deste modo, contestando qualquer visão supostamente determinista da Biologia, a seleção não era "natural", mas "construída" em termos convencionais e sociais.[19]

Nos minutos finais do documentário, aparece a impactante citação de *Emile Zola*, com relação ao caráter aporético do tema:

> *Sob as ruas da cidade, os cemitérios da civilização. Os restos biológicos da hereditariedade. 'Oh, essas novas ciências', escreve Emile Zola, há cem anos atrás. Essas novas ciências que ainda falam a linguagem das hipóteses e que ainda não se libertaram do poder da imaginação. Elas têm mais haver com os poetas do que com os cientistas. Que formidável afresco fica para não ser pintado que colossal comédia e tragédia humana não foram escritas! O material de que cada questão da hereditariedade nos dá parece infinito.*

Como bem alerta FERRAZ JR, se tentarmos aplicar às discussões heterológicas, o mesmo critério das homológicas, podemos torná-las irracionais. A exclusão do dever de prova de certas afirmações não constitui axiomas ou postulados que podem ser aceitos como verdadeiros, mas dogmas que nunca deixam de se relacionar a questões aporéticas presentes no seu ponto de partida. A sua racionalidade está ligada às regras que a própria situação comunicativa estabelece, possibilitando, inclusive, que se determine que, ideologicamente, algumas mensagens possam ficar fora de dúvida, eximindo o emissor de apresentar fundamentos para aquilo que comunica. Todavia, esta regra não pode ela mesma se transformar num dogma, pois as regras que viabilizam a comunicação não podem tornar-se objetos de si própria. Neste caso, teríamos uma situação comunicativa "*cuja possibilidade repousa na imponderabilidade do comportamento do emissor que "obedece" a uma só regra: tudo o que eu digo vale, independentemente de qualquer prova, justifica-se por si mesmo*".[20]

O mesmo ocorre com a regra que viabiliza a noção de soberania, que é posta na própria situação comunicativa heterológica. Como ela repousa em aporias e apenas "viabiliza" a soberania, sua transformação num dogma passaria a justificar a própria soberania exercida de forma irracional. Neste caso, os sistemas normativos tendem a se tornar fechados e isolados, constituindo formas patológicas que ou se autodestroem, ou provocam uma reação violenta

---

[19] Como bem esclarece o documentário, a eugenia é de origem inglesa e foi fortemente aceita pela, URSS, EUA, e Suécia. Os Estados Unidos foram pioneiros na sua aplicação prática, sendo os criadores da Eugenia Negativa e o primeiro a criar leis proibindo a reprodução dos até então considerados "degenerados". Depois, a Suécia adotou um sistema legal semelhante, proibindo a reprodução de cerca de 8 mil pessoas consideradas "degeneradas" e foi na Alemanha Nazista que a *eugenia negativa* atingiu o ápice do horror na esterilização a força de 400 mil e eliminação de 100 mil alemães considerados inaptos, além do ódio aos judeus que levou ao genocídio da até então raça considerada inferior.

[20] FERRAZ JR., Tercio Sampaio. *Op. cit.*, p. 169.

que pode modificar o contexto comunicacional em que ocorrem. Todo o discurso normativo dogmático deve assumir aporias, mas sempre corre o risco de se tornar absoluta. Isto ocorre toda vez que ele nega o seu momento dialógico, vendo apenas os seus valores mentalizados, ideologicamente, como os únicos prevalecentes. Neste momento, ele se torna irracional e ilegítimo, de modo que a possibilidade do diálogo pode ser eliminada pela possível ocorrência disseminada de reações desconfirmadoras por parte dos endereçados sociais.

O referido autor cita expressamente o problema do nazismo, como exemplo desta irracionalidade ao afirmar:

> *A condenação dos judeus foi irracional, embora fosse aparentemente possível, graças a uma regra absoluta de competência (vontade do Führer), na verdade ela está "sustentada" por uma regra que afirma, ou melhor que transforma a aporia num axioma: não há soberania sem obediência (a aporia está no caráter reflexivo e infinito da regra: o soberano obedece suas próprias normas), sem perceber que ao fazê-lo, está, na verdade, impondo uma regra à situação, que não passa, nem pode passar pelo mutuo entendimento, sendo posta de fora, e que foge ao dever de prova: a regra que afirma que não há regra. Esta não constitui um discurso fundamentante, ao contrário, elimina a sua possibilidade, pois permite as partes apenas dois comportamentos; ou não falar, o que torna a relação comunicativa indeterminável, ou falar qualquer coisa, caso em que há discurso, mas não pode ser sustentado, nem contestado.*[21]

Como vimos, num artigo posterior, o autor chama a atenção para o problema da justiça, em termos pragmático-semânticos, onde a possível "revogação" da autoridade estaria ligada a certo tipo de "aniquilação do sujeito". A nosso ver, esta *axiomatização do discurso dogmático* teria um efeito semelhante na interação pragmática, abrindo as portas para uma desqualificação da relação autoridade/sujeito, que poderia tornar clara a relação de poder. É o que veremos a seguir, na análise do filme proposta, na quarta parte deste trabalho.

De acordo com o pensamento de ZYGMUNT BAUMAN, os filósofos modernos, calcados no iluminismo, acreditavam que as mãos humanas, uma vez equipadas com extensões cientificamente planejadas e tecnologicamente fornecidas, poderiam erradicar todos os males sociais e políticos. No entanto, segundo HANNAH ARENDT, a dificuldade em entender o nazismo e o fenômeno Auschwitz está no fato de que ele contraria o pressuposto dogmático, com fortes raízes filosóficas e religiosas, corrente em todos os sistemas jurídicos modernos de que *"a intenção e agir errado é necessária para que se cometa um crime."* A título de exemplificação, ele cita o julgamento de Eichmann, onde o

[21] FERRAZ JR., Tercio Sampaio. *Teoria da Norma Jurídica*, Rio de Janeiro: Forense, 1978, p.19.

mesmo usou o argumento de defesa de que o seu objetivo era fazer um trabalho competente, capaz de agradar seus superiores.[22]

Nesta perspectiva, seis milhões de seres humanos foram mortos, através de um exercício macabro de violência simbólica, que institucionalizou, por meio do consenso suposto de terceiros, a meta-complementaridade da autoridade do regime jurídico nazista, através da hábil manipulação de consciência de seus algozes, também detentores do poder de influência por reputação. É certo que, neste contexto da época, o cumprimento de um dever não podia ser considerado imoral, pois "*a intenção de agir errado estava, portanto, ausente; errado seria a intenção de desobedecer a estas ordens superiores. O ódio e o desejo de fazer a vítima desaparecer da face do planeta não são condições necessárias para um assassinato*".[23]

Para HANNAH ARENDT, a banalidade do mal moderno estava na incapacidade de reflexão crítica de Eichmann, sua inconsciência a respeito do exercício de violência simbólica predominante no regime nazista que promoveu uma eficiente desumanização de suas vítimas. Mas, na visão complementar de BAUMAN, ele era um tipo ideal de burocrata, íntegro e puro, no sentido proposto por MAX WEBER, incapaz de reconhecer o mal, incapaz de se reconhecer como um "monstro". Os burocratas modernos não podem afastar-se do caminho reto da racionalidade sóbria, não podem sentir compaixão, vergonha, piedade, simpatia, além da lealdade a todos os colegas burocratas. Segundo o autor, na esteira da instigante reflexão imagética em termos logopáticos proposta por INGMAR BERGMAN no excelente filme *O Ovo da Serpente* (1977) a respeito de uma Alemanha em crise econômica, ética e institucional nos anos 1920 logo após o término da Primeira Guerra Mundial:

> *A esperança de que a racionalidade colocasse a humanidade longe da natureza cruel não foi bem sucedida. Os males produzidos por seres humanos são tão inesperados como os seus predecessores/sucessores naturais. Os males ganham força e infiltram-se de modo gradual, em silêncio, por estágios aparentemente inofensivos, como uma corrente subterrânea que se dilata e se amplia antes de emergir de modo súbito e impetuoso, tal como fazem as catástrofes naturais.*[24]

É sabido que a poderosa e persuasiva máquina de propaganda nazista, comandada por JOSEPH GOEBBLES, valeu-se do alto poder manipulador da imagem a que fizemos referência, na segunda parte do trabalho, a fim de inculcar esta banalização do mal, através de um processo ideológico de desumanização de suas vítimas. Em 5 de setembro de 1940, o filme *O Judeu Süss*, de VEIT HARLAN foi lançado na Bienal de Veneza. Era filme tecnicamente

---

[22] BAUMAN, Zygmunt. *Medo Líquido*, Rio de Janeiro: Jorge Zahar Ed., 2008, p. 80 e 81.

[23] BAUMAN, Zygmunt. *Op. cit.*, 2008, p.82.

[24] BAUMAN, Zygmunt. *Medo Líquido*, Rio de Janeiro: Jorge Zahar Ed., 2008, p. 85 e 86.

apurado, com apelo popular, misturando melodrama e romance, apresentando uma orientação antissemita explícita. O protagonista principal foi Ferdinand Marian, no papel de um judeu sombrio e traiçoeiro, que era apresentado como um perigo físico e moral para a sociedade alemã da época. O exercício da violência simbólica era claro na medida e fatos distorcidos em termos ideológicos eram apresentados como fatos históricos verdadeiros objetivos.

Uma Mulher Contra Hitler é um filme que retrata um exemplo histórico relevante neste contexto. Seu brilhante roteiro foi montado a partir de testemunhos da época tidos como inéditos. Mostra que, ainda em minoria, na Alemanha nazista, existiram pessoas suficientemente influenciadas pelo humanismo cristão e pela filosofia crítica que se tornaram imunes ao exercício da violência simbólica da propaganda nazista oficial da época. Mantiveram os olhos bem abertos para reconhecer o mal e a perda de sentido do regime jurídico nazista, e, por consequência, aptas a perceber o abuso de poder praticado contra a dignidade humana e a injustiça dele decorrente. Trata-se da história de um grupo de jovens universitários alemães corajosos e eficientes, que usaram a sua organização e capacidade de planejamento na tentativa de desconfirmar a autoridade de Hitler, por meios pacíficos entre os anos de 1942 e 1943.

O filme contém uma estrutura narrativa exemplar para a ilustração do problema pragmático do abuso do poder do ponto de vista comunicativo. Sua linguagem imagética transmite, em termos logopáticos, o conceito-imagem da percepção da injustiça do regime jurídico nazista, que constitui um flagrante exemplo de comunicação normativa abusiva, nos termos tratados no tópico anterior. Seu roteiro traz diálogos exemplares e a direção de atores feita por MARC ROTHEMUND é precisa. Vale destacar a perfeita atuação de Julia Jentsch no papel de Sophie, que bem retrata todas as sutilezas e nuances emocionais da personagem. A película também tem o mérito de contextualizar esta discussão sobre a legitimidade jurídico-política do Terceiro Reich, não sob o usual ponto de vista das vítimas do Holocausto, mas sob o ponto de vista da juventude alemã, que não foi dominada, em termos ideológicos, pela máquina da propaganda, e que não compactuou com a indiferença generalizada pela ideia de banalidade do mal, tão bem retratada por HANNAH ARENDT e ZYGMUNT BAUMAN.

Há o resgate histórico dos quatro dias finais da vida de três estudantes da Universidade de Munique, Hans Fritz Scholl (estudante de Medicina, 25 anos), sua irmã Sophie Magdalena Scholl (estudante de Biologia e Filosofia, 21 anos) e Christoph Probst (estudante de Medicina, 23 anos), melhor amigo dos dois. O pai de Sophie e Hans foi um questionador da legitimidade do *Führer*, inspirando em seus filhos ideais de repúdio, que enfrentaram não apenas a resistência da vigilância da Gestapo, como também de boa parte da população alemã, cuja consciência crítica foi capturada pelas promessas da superioridade germânica e supremacia mundial, num macabro exercício de violência simbólica.

Com a percepção crítica e visionária de que a guerra levaria o país ao fracasso, estes jovens, com a ajuda de Kurt Huber, professor de Filosofia, organizam um movimento de protesto pacífico ao domínio nazista. Os três redigiram, imprimiram e divulgaram panfletos, através do envio pelo correio, que incitavam a população a desafiar a autoridade do Führer. O título do primeiro panfleto, *Rosa Branca* (*Weisse Rose*) acabou nomeando o próprio grupo, tinha conteúdo inspirado em valores cristãos. O efeito pragmático deste panfleto foi eficiente, na medida que comprometeu, publicamente, a liderança, calcada na presunção do consenso de terceiros, e a ideia de poder como reputação do regime. Começaram a ocorrer pichações nos muros de Munique feitas por estudantes de outras universidades, com os dizeres subversivos: "*Fora Hitler*" e "*Liberdade*"! Logo a seguir, entre julho de 1942 e janeiro de 1943, os rapazes foram convocados pelo Exército a lutar contra as tropas soviéticas no *front* do leste, em Stalingrado, onde mais de 300 mil soldados alemães morreram, e testemunharam, com os próprios olhos, os centros de extermínio e as atrocidades cometidas nos campos de batalha. Voltaram ainda mais convictos de seus ideais subversivos de resistência, os panfletos passaram a ter um tom mais desafiador com um novo título mais impactante: "*Movimento de Resistência na Alemanha*" e denunciavam, explicitamente, os fracassos e os abusos cometidos no campo de batalha. Mas em 18 de fevereiro, em uma de suas mais audaciosas operações, o grupo foi capturado pela *Gestapo*. Curiosamente, neste mesmo dia, Joseph Goebbels, então ministro da propaganda de Hitler, proferiu o famoso discurso conclamando a "guerra total", para 14 mil pessoas, no palácio de esportes de Berlim. Em apenas quatro dias, os jovens foram interrogados, julgados e decapitados na guilhotina. É aqui que se inicia o filme a ser analisado neste trabalho.

Nos termos da pragmática jurídica, vimos que a justiça atua como princípio regulativo do direito, que lhe confere sentido. Assim, pode existir um conjunto de mensagens normativas constituídas de forma válida, mas que pode perder sentido como direito. A expressão "sentido" é retirada do pensamento de Hannah Arendt e faz referência a noção ética de "validade das coisas", ou mesmo a sua dignidade intrínseca. Assim, o sentido das coisas não pode ser identificado com a sua utilidade prática, pois o objetivo ou a finalidade pode continuar existindo mesmo que o sentido tenha se perdido. O perigo da perda de sentido é o comprometimento da orientação do homem em sua vida social. O sentido orienta o chamado *senso comum* que nada mais é do que uma qualidade que possibilita ao homem viver num mundo comum a todos. Quando falha o exercício da violência simbólica diante de uma comunicação abusiva e irracional e os endereçados sociais detectam uma arbitrariedade no discurso normativo, percebe-se a perda do sentido comum, que retira o seu "sentido". Abre-se espaço para as reações desconfirmadoras revoltosas e inconformadas, que surgem como a sua consequência natural. Poderíamos afirmar que os jovens do grupo *Rosa Branca* representam, claramente, o segmento da sociedade alemã que ilustra a percepção crítica da perda do sentido, diante da caracterização do nazismo como uma situação comunicativa normativa abusiva e irracional. Eles desafiaram não apenas o sistema legal de exceção dominante, mas também a indiferença cínica e a banalidade do mal inculcadas socialmente pela máquina da propaganda nazista.[25]

Numas das cenas iniciais, conhecemos o quartel general secreto improvisado dos estudantes que organizam a produção e reprodução dos panfletos desconfirmadores da ordem jurídica de exceção imposta pelo regime nazista. Estamos no dia 17 de fevereiro de 1943, Hans, assumindo pessoalmente a responsabilidade, propõe uma operação bastante ousada e arriscada: distribuir panfletos na Universidade de Munique, a luz do dia, durante as aulas, período em que os corredores do pátio estão vazios, segundo lembra Sophie.

No dia 18 de fevereiro, Sophie escolhe uma roupa distinta a fim de camuflar sua tarefa subversiva. A resistência desconfirmadora, para se firmar num contexto de regime de exceção com uma impiedosa, mas eficiente Gestapo, tem de planejar a ocultação de suas ações não propriamente como aceitação da sua ilicitude, mas como prevenção de eventuais contrarreações repressivas. Sophie carrega uma mala de viagem cheia de panfletos e antes de entrar na universidade, olha para a luz do sol com coragem. As cenas transmitem um sentimento de urgência e suspense flagrante, e o uso a música é eficiente para potencializar esta agonia no espectador. Os corredores estão vazios, mas transmitem um ar de ameaça e os irmãos espalham, de forma ágil, panfletos por vários andares. Já estavam de saída, mas Sophie, muito confiante, com o aparente sucesso da operação, percebe que sobraram alguns panfletos, sugere que os levem no andar de cima. O excesso de autoconfiança faz com que ela cometa um engano. Quando o sinal toca, ela, de forma imprudente, joga uma pilha de folhetos do alto do átrio aberto para o pátio de baixo, mas é vista por um inspetor. Os panfletos são considerados difamatórios e o inspetor Robert Mohr, membro da Gestapo, é chamado. Eles são levados ao quartel da polícia para interrogatório, numa aparente tentativa de compor uma situação comunicativa normativa equilibrada, em termos de poder, como controle da seletividade do sujeito e não como pura manifestação da força física coativa.

No quartel são interrogados separadamente, mas o foco da película é todo voltado para a atuação de Sophie em contraposição ao inspetor Mohr. O clima do ambiente é claustrofóbico, com direção de arte austera e música que espalha um sentimento de permanente clima tensão. O interrogatório de Hans

---

[25] Sobre a ideia de sentido ver FERRAZ JR, Tercio Sampaio. *Introdução ao Estudo do Direito: técnica, decisão, dominação*, quarta edição, São Paulo: Atlas, 2003, p. 328.

e, posteriormente, o de Christopher, não são retratados. O interrogatório de Sophie é apresentado em três partes distintas. Na primeira, em termos pragmático-jurídicos, temos uma eficiente tentativa, por parte da acusada, de camuflar a ação desconfirmadora, evitando uma eventual contrarreação repressora, através da aparente confirmação da ordem jurídica nazista. Através do recurso cinematográfico do *campo/contracampo* seu diálogo com o inspetor Mohr parece ter sido profundamente planejado, em termos lógicos, como forma de defesa antecipada a uma possível captura. A câmera assume o ponto de vista de cada um dos interlocutores, de forma intermitente, fornecendo alternância de pontos de vista opostos, fazendo com que os espectadores sejam lançados para dentro do espaço do diálogo, favorecendo a pluriperspectiva em termos logopáticos. Na visão de ISMAIL XAVIER, "*o espectador intercepta e se identifica com as duas direções de olhares, num efeito que se multiplica pela sua percepção privilegiada das duas séries de reações expressas na fisionomia e nos gestos dos personagens*".[26]

Reproduzimos partes do diálogo dissimulado de Sophie, que, aparentemente, confirma a autoridade meta-complementar imposta, ao transmitir uma impressão de tranquilidade psicológica. Apesar de ser considerada suspeita, por carregar a mala vazia que poderia conter os panfletos e tê-los jogado do alto do pátio interno, sua estratégia argumentativa é eficiente, pois fala com calma, sem contradição lógica aparente, com uma expressão facial serena e submissa; os *close-ups* da câmara são extraordinários para evidenciar o seu autocontrole. Ela basicamente se declara como sendo uma pessoa apolítica e confirma que realmente jogou os panfletos, mas por pura brincadeira. A mala vazia estaria sendo levada a sua cidade natal, Ulm, para trazer roupas limpas. Em contrapartida, a feliz e convincente atuação do ator Gerald Alexander Hell, traz ao inspetor Mohr o sentimento da busca obstinada pela prova, que propiciará a verificação jurídica do fato, de um suposto *fato em si*, que já é conhecido de antemão por ele. Lembramos do jogo do gato e rato, como grande metáfora do poder, proposto por ELIAS CANETTI. Nesta, quando o gato subitamente captura o rato, ele subjuga-o pela força, mantendo-o preso. Todavia, a situação se altera no momento em que ele começa a brincar com o roedor. Ele o solta e permite que se locomova livrando-o da coação da força. No entanto, este espaço concedido não constitui uma liberdade real para o rato, na medida que o felino dispõe do poder de alcançá-lo quando desejar.[27]

Mohr: *Admitiu ter jogado esses panfletos ao bedel do corredor de cima.*
Sophie: *Estavam sobre o balcão e os empurrei ao passar perto.*

---

[26] XAVIER, Ismail. *O discurso cinematográfico: a opacidade e a transparência*. São Paulo: Paz e Terra, 2005, p. 35.

[27] CANETTI, Elias, *Massa e Poder*. São Paulo: Companhia da Letras, 1995, p. 209.

Mohr: *Por quê?*

Sophie: *Eu vivo aprontando brincadeiras. Confessei imediatamente. Logo percebi que foi estupidez minha. Lamento ter feito isto.*

Mohr: *Ter derrubado os panfletos na universidade foi uma transgressão da lei em tempo de guerra. Quer ler qual é a punição por traição e apoio ao inimigo?*

Sophie: *Não tenho nada a ver com isto.*

Mohr: *Prisão ou pena de morte.*

Sophie: *Não tenho nada a ver, mesmo.*

Mohr: *Por que levou uma mala vazia para a universidade?*

Sophie: *Estava indo a Ulm para pegar roupas limpas que deixei com minha mãe.*

Mohr: *Ulm? Longa viagem no meio da semana, não é? Só pelas roupas?*

Sophie: *Não, também ia ver o recém-nascido de uma amiga. E minha mãe está doente.*

Mohr: *Por que no meio da semana? Por que tão de repente?*

Sophie: *Minha amiga ia partir para Hamburgo em breve. Eu quis pegar o expresso das 12h48min. Ia me encontrar com o namorado da minha irmã na estação central.*

Mohr: *Não tinha roupas sujas para levar a Ulm?*

Sophie: *Não, lavo as peças pequenas na mão mesmo.*

Mohr: *Então não tem necessidade de roupas limpas. Mas levava uma mala vazia para pegar roupas limpas.*

Sophie: *Roupas que ia precisar na próxima semana.*

Mohr: *Então por que estava no campus?*

Sophie: *Tinha um encontro com uma amiga, Gisela Schertling, combinamos de almoçar às 12h.*

Mohr: *Mesmo pretendendo ir a Ulm?*

Sophie: *Tinha mudado de ideia ontem à noite, ia avisar Gisela que não almoçaria.*

Mohr: *Segundo o bedel, vocês estavam no corredor do segundo andar às 11h.*

Sophie: *Íamos encontrar Gisela que assistia a aula de Filosofia do Prof. Huber.*

Sophie: *Nada tenho a ver com os panfletos. Exceto pela brincadeira idiota. Meu irmão e eu não temos nada a ver com isto.*

Mohr: *Acha que pode esconder de nós as suas convicções verdadeiras?*

Sophie: *Estou falando com franqueza.*

A seguir, Mohr informa que o irmão confirma a versão dela, sem contradição lógica, não encontram vestígios de panfletos na mala, e diz que talvez ela ainda possa ir para Ulm aquela mesma noite. Ele chama a escrevente para ditar o relatório do depoimento de Sophie, dizendo que ela pode interromper o feito, se houver qualquer erro, numa tentativa de confirmar a relação poder normativo em suposto equilíbrio pragmático. Ela é colocada numa cela, sob a guarda de outra prisioneira, chamada Else, presa por defender ideais comunistas, através de atos violentos, que deve evitar uma eventual tentativa de suicídio.

Quando ela está prestes a assinar o seu formulário de soltura, o jogo de gato e rato se reinicia, a esperança de liberdade foi apenas a simulação de uma falsa promessa para Sophie. Ela é levada, novamente, à sala do inspetor Mohr para um novo interrogatório, que a deixará sem saída discursiva. O apartamento em que moram foi vasculhado e evidências incriminadoras tornam o argumento verossímil de Sophie, sobre sua suposta inocência, insustentável. Seu pai já havia sido preso por chamar Hitler de o "flagelo da humanidade". O panfleto manuscrito apreendido nas mãos de Hans foi escrito por Christoph Probst, um amigo de Innsbruck. Selos e balas de armas são encontrados no quarto de Hans e sua confissão assinada é exibida para Sophie. Nesse diálogo, quando a autoria do suposto ato criminoso ou subversivo é reconhecida por ela, imediatamente, passa da confirmação à desconfirmação explícita da ordem jurídica nazista, ao afirmar: "*Fiz com orgulho*". Assume que ambos também fizeram pichações contra Hitler e rabiscaram a suástica na universidade. Ela pede para ir ao toalete, chora, tira a presilha do cabelo que lhe dá um ar juvenil de inocência e renasce como contestadora explícita da ordem. Em contrapartida, vemos como o gato captura o rato em sua boca, encerrando uma suposta sensação de liberdade vigiada.

Mohr: *Seu pai foi preso por chamar o nosso Führer de flagelo de Deus para a humanidade.*

Sophie: *Ele foi preso por difamação...teve a licença profissional cassada.*

Mohr: *Queria saber por que seu pai permitiu você se inscrever na Liga Feminista Nazista.*

Sophie: *Nosso pai nunca nos influenciou politicamente.*

Mohr: *Típico democrata. Por que você se inscreveu?*

Sophie: *Soube que Hitler levaria o país à grandeza e prosperidade. Que garantiria a todos trabalho e comida, liberdade de felicidade.*

Mohr: *É solteira?*

Sophie: *Sou noiva de Fritz Hartnagel, ele é capitão da Frente Oriental.*

Mohr: *Seu irmão confessou, mas que fez tudo sozinho. Ele escreveu e reproduziu todos os seis panfletos e os distribuiu, sozinho, numa noite cinco mil panfletos em Munique. Admita que escreveu e distribuiu os panfletos com seu irmão.*

Sophie: *Admito, e tenho orgulho disto.*

No dia seguinte, dia 19 de fevereiro, Sophie é chamada para assinar a sua confissão e um novo e rápido interrogatório acontece. Mohr apresenta-se muito exaltado e quer saber todos os nomes dos envolvidos na organização. Mas ela se recusa a trair seus companheiros para salvar a própria pele e confirma que seu noivo nada sabe sobre o grupo, sendo um soldado fiel à Hitler.

O quarto mais longo e último interrogatório acontece dia 20 de fevereiro. Apesar de assumir a posição de ré confessa, a reação desconfirmadora de Sophie diante de Mohr se projeta com toda a sua força. Curiosamente, a relação entre ambos não se configura como meta-complementar, mas numa paradoxal simetria, embora seja uma "discussão contra", de cunho altamente dialógico. Mohr oferece um café para a Sophie com aparente tranquilidade. Os diálogos são de uma riqueza infinita, pois espelham, no plano logopático, a discussão filosófica em torno do relativismo moral e axiológico que cerca a problemática do nazismo, em torno do que seja o bem e o mal, o certo e o errado em termos éticos. Mohr tenta, desesperadamente, sem sucesso, confirmar a ordem nazista, defendendo o princípio dogmático do respeito a ordem legal, a sua legitimidade e seu exercício da violência simbólica, em termos de autoridade, liderança e reputação. Em contrapartida, Sophie, invoca a sua consciência cristã, reafirma a desconfirmação da ordem, recusa a caracterização criminosa de seus atos subversivos, desmascarando o exercício da violência simbólica em torno dos seus ideais de progresso e liberdade, e expondo as relações de força ligadas ao extermínio dos campos de concentração. Ademais, Mohr propõe uma aparente reafirmação da meta-complementaridade da relação autoridade sujeito, calcada, como vimos, na ideia de poder jurídico como controle da seletividade e não como pura coação. Ele propõe um suposto acordo jurídico: se Sophie deixar o Estado nazista assumir o controle da seletividade de suas ações e confirmar a ordem em termos jurídicos e mostrar arrependimento no plano moral, deverá ficar livre da pena capital.

Mohr: *Também se preocupa com o bem estar do povo alemão?*

Mohr: *Não explodiu uma bomba como Else fez em Munique, em 1939. Vocês podem ter falsos lemas, mas usaram meios pacíficos.*

Sophie: *Então por que quer nos punir?*

Mohr: *Porque é a lei. Sem lei não há ordem.*

Sophie: *A lei a que se refere protegia a liberdade de expressão antes do Nazismo subir ao poder em 1933.Quem opina hoje é preso ou condenado à morte. Isto é ordem?*

Mohr: *Só podemos confiar na lei, não importa quem tenha escrito.*

Sophie: *E na sua consciência.*

Mohr: *Bobagem. Aqui está a lei e aqui está o povo. Como criminalista, devo descobrir se ambos coincidem e se não coincidir encontrar a maçã podre.*

Sophie: *As leis mudam, a consciência não.*

Mohr: *E se todos descobrissem o que é certo ou errado individualmente? O que restaria se criminosos derrubassem o Führer? Caos criminal! E o tão falado livre-pensamento, federalismo democracia? Sabemos aonde vamos parar.*

Sophie: *Sem Hitler e seu partido haveria lei e ordem para todo mundo. Todos estariam livres de atos arbitrários, não só os capachos.*

Mohr: *Como se atreve a fazer comentários aviltantes?*

Sophie: *Aviltante é nos chamar de criminosos por causa de alguns panfletos. Só tentamos convencer as pessoas com palavras.*

Mohr: *Descaradamente você e seu grupo abusaram de seus privilégios. Estudam em tempo de guerra com o nosso dinheiro. Eu era alfaiate no tempo da democracia. Sabe o que me tornou um policial? A ocupação francesa, não a democracia alemã. Sem o movimento, eu ainda seria um policial do interior. Aquele repulsivo Tratado de Versalhes, inflação, desemprego, pobreza, o nosso Füher Adolf Hitler acabou com tudo isso.*

Sophie: *E levou a uma guerra sangrenta onde todos morrem em vão!*

Mohr: *Uma luta heroica. Você recebe os mesmos cupons que as pessoas que combate. Está em melhor posição do que pessoas como eu. Não precisa fazer isto! Como ousa elevar a voz? O Führer e o povo estão protegendo você!*

Sophie: *Aqui no palácio de Wittelsbach? Prendendo a minha família?*

Mohr: *Estamos libertando a Europa da plutocracia e do bolchevismo. Lutamos pela Alemanha livre! Nunca mais seremos ocupados.*

Sophie: *Até a guerra acabar e as tropas estrangeiras invadirem... e o mundo apontar o dedo para nós por tolerar Hitler.*

Mohr: *O que dirá quando a vitória final for nossa? Quando a liberdade e a prosperidade florescerem?*

Sophie: *Na Alemanha de Hitler todas deixaram de acreditar na liga.*

Mohr: *E se eu estiver certo? Você é protestante?*

Sophie: *Sou.*

Mohr: *A igreja também exige devoção mesmo se você tiver dúvida.*

Sophie: *As pessoas vão à igreja voluntariamente. Hitler e o nazismo não oferecem nenhuma outra opção.*

Mohr: *Por que se arrisca tanto por falsos ideais?*

Sophie: *Porque tenho consciência.*

Mohr: *Você é tão dotada, por que não pensa como nós? Liberdade, honra, prosperidade. Um governo moralmente responsável. Esta é a nossa convicção.*

Sophie: *Não abriu os olhos com o terrível banho de sangue conduzido pelo nazismo em nome da liberdade e honra? A Alemanha cairá em desgraça se a juventude não derrubar Hitler e construir uma nova Europa Intelectual.*

Mohr: *A nova Europa só pode ser Nacional Socialista.*

Sophie: *E se o Führer for louco? Por exemplo, o ódio social. Tivemos um professor Judeu em Ulm. Ele ficou diante de uma tropa SS e todos cuspiram em seu rosto. Na-*

quela noite ele desapareceu como muitos em Munique. Supostamente foram trabalhar na Europa Oriental".

Mohr: *Acredita nesta bobagem? Judeus são emigrantes.*

Sophie: *Soldados do Leste falam de campos de extermínio. Hitler quer exterminar todos os judeus europeus. Ele pregava esta loucura há 20 anos. Como pode acreditar que os judeus são diferentes de nós?*

Mohr: *Esta gente trouxe infortúnio. Você está confusa, não tem ideia. Teve educação errada. Eu a teria educado diferente.*

Sophie: *Tem ideia do meu choque quando descobri que os nazistas eliminavam crianças deficientes mentais? Amigas de minha mãe nos contaram isto. Caminhões vinham recolher as crianças no hospital. As outras crianças perguntavam para onde estavam indo. "Para o céu" diziam as enfermeiras. E as crianças subiam no caminhão cantando. Acha que não fui bem criada porque sinto pena delas?* (sua fala é muito emocionada)

Mohr: *Eram vidas inúteis. Foi treinada para ser enfermeira. Viu pessoas mentalmente doentes.*

Sophie: *Sim por isso eu sei. Ninguém escapa do julgamento divino. Ninguém sabe o que passa na mente do deficiente mental. Quanta sabedoria pode vir do sofrimento. Toda vida é preciosa.*

Mohr: *Deve entender que nasceu uma nova era. O que diz não tem nada a ver com a realidade.*

Sophie: *É claro que tem. Com decência, moral e Deus. Sua fala é contundente.*

Mohr: *Deus não existe.* (fica nervoso e levanta da cadeira).

Mohr: *Não é verdade que confiou no seu irmão, que acha certo o que ele fez? Que você participou disto? Não devemos por isto no protocolo?*

Sophie: *Não porque é errado.*

Mohr: *Tenho um filho que é um ano mais novo do que você. Ele já teve ideias malucas. Hoje está na Frente Oriental porque sabe que tem um dever a cumprir.*

Sophie: *Acredita na Vitória Final?*

Mohr: *Se tivesse considerado tudo não teria se envolvido nisto. Sua vida está em jogo. A título de registro pergunto a você: "Após nossas conversas, considera que as suas ações com seu irmão podem ser vistas como um crime contra a sociedade e em particular contra as tropas de combate e que devem ser severamente condenadas?"*

Sophie: *Não, não do meu ponto de vista.*

Mohr: *Admitindo o seu erro não estaria traindo o seu irmão.*

Sophie: *Mas trairia o ideal. Eu faria tudo de novo. Você está errado, não eu. Ainda acredito que agi no melhor interesse do meu povo. Não me arrependo aceitei as consequências.*

No dia 21 de fevereiro, Sophie olha a luz da janela, Else diz que há um novo prisioneiro, Christoph Probst, que também é acusado de alta traição. Ela chora e diz que ele tem três filhos, o mais novo acabou de nascer, a esposa dele tem febre puerperal. A partir de agora, percebemos que a aparente normalidade da situação comunicativa normativa anterior é substituída por explícita comunicação normativa abusiva, onde a coação substitui o controle da seletividade dos sujeitos. Ao invés de conter, amplia ainda mais a reação desconfirmadora dos três jovens.

Sophie encontra o promotor que diz a ela que "*seu julgamento será amanhã de manhã no tribunal popular de Munique*". A pronúncia aponta para o crime de alta traição, desmoralização de tropas, apoio ao inimigo. Ela olha a luz do sol pela janela e pede que Deus não a abandone. A rápida e assertiva conversa com o advogado indicado para defendê-la expõe toda a comunicação normativa abusiva que está por vir, no julgamento. Ele deixa claro, em termos paradoxais, que para ela não haverá defesa possível, é como se ele de fato, ocupasse o lugar de um segundo promotor informal. Quando ela indaga sobre o destino de sua família, que vive em Ulm, ele diz que uma outra autoridade responderá. Ao reafirmar que é um direito dela saber sobre o fato ele responde, de forma agressiva:

Advogado: *Acha que tem direito a fazer exigências?*
Sophie: *Qualquer que seja o veredicto do meu irmão, o meu não deve ser mais brando. Sou culpada como ele para você.*
Advogado: *Não tem mais nada a dizer? Você e seu irmão sentem-se alheios à sociedade, mas estão errados. O juiz do tribunal popular virá de Berlim amanhã. Ele irá endireitar você, vais se sentir pequenina!*

Else antecipa que o julgamento será um espetáculo público para deter os outros. Sophie vê uma vantagem nisto, pois o juiz Roland Friester terá de falar dos panfletos em público, em termos pragmáticos, todos ouvirão as ideias deles. Ela supõe haverá revolta estudantil pelo que sucedeu com eles por alguns panfletos. A carcereira diz que após o julgamento vem a transferência e o pior. Todos têm noventa e nove dias até a execução. A luz do sol ilumina o rosto de Sophie, mais uma vez.

No dia 22 de fevereiro, o julgamento inicia às 10h da manhã com uma efusiva saudação de reconhecimento e lealdade a Hitler. O primeiro a falar é Christoph, que se declara apolítico. Quando o juiz mostra o manuscrito do panfleto, ele confirma que a letra é mesmo dele. O magistrado, num aspecto-cometimento complementar, exacerbado pelo tom da voz agressivo, alega que o fato do *Reich* ter financiado a sua educação e ter permitido ter uma família enquanto estudava, não o impediu de escrever este manuscrito pedido por Hans Scholl. Christoph assume uma postura confirmadora da ordem que foi desconfirmada por Sophie, tem a seletividade do seu agir controlada pelo *Reich*, na expectativa de sobreviver e escapar da pena capital para cuidar de sua família. Mas a resposta do magistrado antecipa o que está por vir.

Christoph: *Foi apenas um esboço, passei por depressão psicológica quando escrevi o texto a guerra, a febre puerperal de minha esposa. Retirei o que disse em depoimento ontem. Nunca ofereci apoio financeiro ou matéria nem imprimi panfletos para ajudar tal operação.*
Juiz Roland Freisler: *Você é uma vergonha!*

O próximo a depor é Hans, que entra em confronto explícito com o juiz, que se mostra ainda mais exaltado e agressivo. Ele reafirma a desconfirmação da ordem imposta, mais uma vez, como se não reconhecesse, não apenas o regime, mas a sua própria condição de réu, como se também a desafiasse aquele julgamento como um todo. Afirma, com uma brilhante intuição pragmática, que estas atitudes de desafio não ameaçassem o regime, eles não estariam sentados no bando dos réus.

Hans: *Na Frente Oriental vi rios de sangue na Polônia e na Rússia. Vi mulheres e crianças sendo mortas por soldados alemães.*
Juiz Roland Freisler: *É um idiota em achar que algum alemão possa acreditar nessa bobagem.*
Hans: *Se Hitler não temesse nossa opinião, não estaríamos aqui.*
Juiz Roland Freisler: *Cale-se você não passa de um idiota e de um traidor miserável.*

A última a depor é Sophie e o jogo de poder mais uma vez se instaura.

Juiz Roland Freisler: *Não se envergonha de distribuir panfletos traidores na universidade?*
Sophie: *"Não me envergonho. Quis distribuir panfletos para o nosso ideal. Lutamos com palavras. Meu irmão e eu queríamos alertar as pessoas com os panfletos e pôr fim à terrível matança dos judeus e de outros. Nossa nação deve ser banida pela humanidade?*
Juiz Roland Freisler: *Uma raça suprema não se importa com isso.*
Sophie: *A raça suprema quer a paz, que a dignidade seja respeitada de novo, quer Deus, consciência e empatia.*
Juiz Roland Freisler: *Quem pensa que é? A guerra total trará vitória para o povo alemão. Emergiremos grandiosos e puros pela tempestade do aço!*
Sophie: *Os nossos pensamentos são compartilhados por muitos, eles só não ousam falar alto.*
Juiz Roland Freisler: *Cale-se!*

Nas declarações finais dos acusados, temos a confirmação da meta-complementaridade da ordem legal imposta, feita por Christoph, na expectativa ingênua de evitar a aplicação da pena de morte e o reforço do pedido feito por Hans:

Christoph: *Suplico que poupe minha vida pelos meus filhos. Confessei tudo.*
Hans: *Suplico a este tribunal para que poupe este homem e me puna.*

E, por fim, temos a reafirmação final da desconfirmação feita por Sophie, visionária do futuro trágico do fim da guerra: "*Logo estará no mesmo lugar que nós*"!

Observamos que o filme retrata uma situação comunicativa abusiva e defeituosa no julgamento, não houve controle da seletividade, mas apenas coação do Estado, que não conseguiu desconfirmar a desconfirmação transformando-a em rejeição ilícita, nos termos da lei. Como não houve propriamente defesa do advogado, acusação da promotoria, mas apenas uma inquisição unilateral e informal do juiz, dentro do espaço da própria formalidade, podemos observar um defeito comunicativo na medida que o abusivo discurso da autoridade acabou por eliminar a complementaridade de dois discursos que deveriam ser distintos. Uma relação meta-complentar deve neutralizar, permanentemente, uma possível reação desconfirmadora dos sujeitos, mas não eliminar a própria condição de sujeito. Isto ocorre, como vimos, em discursos que caracterizam uma perversão da homologia, pois a possibilidade do sujeito reagir seletivamente desaparece. Isto fica claro na condenação à morte de Christopher. Mesmo depois de confirmar a sua submissão à ordem, vemos que ele foi aniquilado como sujeito, na medida que a relação de poder foi substituída pela coação. Confirmando ou não a ordem, como os outros, que mantiveram até o fim a sua desconfirmação, ele já estava condenado à morte. Na audiência de julgamento, toda a suposta violência simbólica, ligada à tentativa de transformar o inquérito num suposto poder jurídico, desaparece, na medida que não havia espaço para a obediência por parte do sujeito e nem de ameaça por parte da autoridade. Isto explica porque as reações desconfirmadoras, de Hans e Sophie, ao invés de serem neutralizadas, tornam-se ainda mais explícitas após o veredicto. A sentença do magistrado profere, antes da reafirmação de lealdade a Hitler, confirmando mais uma vez a sua autoridade:

> *Em nome do povo alemão o tribunal chegou ao veredicto em 22 de fevereiro de 1943. Os réus publicaram panfletos em tempo de guerra, convocando pessoas para sabotarem armamentos e derrubar o modo de vida social socialista. Disseminaram ideias derrotistas e odiosamente insultaram o Führer. Com isto, deram apoio ao inimigo e desmoralizaram nossas tropas. Portanto estão condenados à morte, perderão todos os direitos como cidadãos e arcarão com os custos do julgamento.*

Christoph entra em desespero, Hans e Sophie enunciam sua última frase desconfirmadora, com impacto, tendo consciência de aspectos pragmáticos do poder e com absoluta segurança de princípios. Hans antecipa o que estava por vir, dois anos depois, com o término da guerra.

Sophia: *Seu terror logo terá fim!*
Hans: *Pode nos enforcar hoje, mas será enforcado amanhã!*

As 14h30, no mesmo dia, os três condenados chegam à prisão. A carcereira diz que se Sophie quiser escrever uma carta de despedida, ela tem de ser rápida. Fica claro, mais uma vez, o abuso na comunicação, na medida que a própria autoridade desconfirma as normas jurídicas que comunica. O prazo geral para a execução de prisioneiros é de noventa e nove dias, mas os três deverão ser executados naquela mesma tarde. Surpresa com a notícia, Sophie chora em desespero e diz ter pensado que "*todos tivessem noventa e nove dias*". Depois de escrever uma carta para o noivo Fritz, ela recebe a visita dos pais, que confirmam ter orgulho dos filhos por terem agido corretamente. A seguir, ela recebe a visita do sacerdote e pede a bênção do senhor. Afirmando estar abrindo uma exceção, a carcereira deixa Sophie fumar um cigarro e se despedir de Hans e Christoph. Eles se abraçam e Christoph diz que o que fizeram não foi em vão. Antes de ser levada, ela confirma seus ideais contestadores afirmando que "*o sol ainda está brilhando*" olha para ele no pátio. Vemos sua cabeça ser colocada na guilhotina, a expressão dela é de coragem e determinação. Antes da lâmina cair, a tela fica escura, gerando desconforto, apenas ouvimos o barulho da guilhotina cortando a sua cabeça. A mesma tela escura está presente na decapitação de Christoph e Hans, este último dá um seu último grito desconfirmador e rebelde, ao gritar com muita energia, um segundo antes de morrer: "*Viva a liberdade*".

Vimos que toda a tentativa do Estado nazista em, aparentemente, promover uma jurisfação do inquérito e julgamento dos jovens alemães, transformando a desconfirmação subversiva do grupo, num caso de rejeição criminosa, regrada pela legalidade, encontrou o seu insucesso. Na verdade, o filme, em termos comunicativos, questiona a racionalidade pragmática da suposta "legalidade do regime nazista", que apresenta traços de irracionalidade marcantes. Além de propiciar toda a crítica, em termos axiológicos, sobre a perda do sentido ético das relações humanas no conteúdo semântico de suas normas, na atitude questionadora da legitimidade dos jovens rebeldes, ele também revela que suas normas jurídicas eram defeituosas na sua constituição interativa discursiva.

No interrogatório de Sophie, feita pelo inspetor Mohr, há uma tentativa mais bem sucedida de exercício da violência e de manutenção da legitimidade do regime, através do aparente respeito à ordem legal nazista. Na primeira etapa, a acusada, na esperança de escapar de uma eventual repressão, simula, com maestria, uma falsa confirmação da ordem legal, mas percebemos que ambos participam de uma espécie de "teatro da afirmação jurisdição", que esconde as suas reais intenções políticas extrajurídicas. Mohr espera a condenação já pressuposta, num sutil jogo de gato e rato, aguarda que a interrogada caia em contradição e Sophie espera o momento certo para reafirmar a sua rebeldia, explicitamente. Isto é revelado no quarto interrogatório, onde, não há, por assim dizer, uma constituição da legalidade imposta, em termos interativos. Há uma disputa pela meta-complementaridade, uma discussão dialógica sobre a legitimidade jurídico-política do nazismo, que termina com a recusa explícita de Sophie em confirmar a ordem, mesmo com a suposta promessa de um eventual abrandamento de sua pena.

É no julgamento, no entanto, que o conceito-imagem sobre a situação comunicativa normativa abusiva aparece com toda a sua força. Não há defesa legal, não há acusação formal da promotoria, há apenas um único discurso, que é o do juiz. A prévia confirmação da ordem legal, feita por Christoph, não o livra da pena capital, o suposto controle da seletividade da sua ação se revela pura coação, há uma perversão da homologia discursiva e do reconhecimento da relação de poder entre a autoridade e o sujeito. Mesmo confirmando a ordem, ele deverá ser punido. Curiosamente, neste julgamento, percebemos como a norma jurídica se constitui através do poder, entendido enquanto controle da seletividade e não através da coação. Os sujeitos Sophie, Christoph e Hans são aniquilados, em termos pragmáticos, e condenados a morrer, na guilhotina, na mesma tarde, a prescrita espera legal de noventa e nove dias não será respeitada pelo emissor normativo. Porém, ao mesmo tempo que os sujeitos são aniquilados, a autoridade do regime nazista é revogada, em termos interativos, pela notória e explícita percepção da injustiça de seus métodos, supostamente legais, que, na verdade, se mostram abusivos e defeituosos.

Lembrando das reflexões de HUGO MUNSTERBERG, sobre as emoções no cinema, vemos que a película nos propicia uma interessante mescla de emoções de primeiro e segundo grau. Primariamente, somos contagiados, em termos emocionais, pela agonia e o mal estar humano de Sophie, em ser capturada e aniquilada por um regime de exceção, composto por comunicações normativas abusivas e defeituosas. Ela é condenada à morte, ao lado de seu irmão e de Christoph, por questionar, pacificamente, em termos discursivos, a legitimidade do sistema jurídico nazista. Mas, secundariamente, sua execução mortal na guilhotina é impactante, justamente ao colocar de lado as controvérsias axiológicas sobre o tema da moralidade, sobre o certo e o errado. Ela traz um sentimento humano de indignação moral, de certeza profunda sobre a injustiça deste mesmo regime, sobre sua inviabilidade discursiva e pragmática, independentemente de qualquer justificativa semântica.

Ao final, como o filme nos revela, o sacrifício dos jovens não foi em vão. Eles representam, hoje, na sangrenta história alemã, um exemplo positivo de heroísmo e de luta contra a indiferença e o ceticismo ético em torno da injustiça percebida nas relações normativas abusivas. Depois que foram executados, os panfletos conseguiram sair da Alemanha e foram jogados de avião, pelos aliados, em todo território alemão, com o seguinte título: "*Um panfleto alemão: manifesto dos estudantes de Munique*". Em 27 de junho de 1943, o escritor alemão *Thomas Mann*, exilado nos EUA, por se opor ao regime nazista, fez um pronunciamento em homenagem ao grupo, transmitido pela BBC de Londres Em 1958, o grande filósofo austríaco, ERIC VOEGELIN, conhecido crítico do nazismo, exilado nos EUA, desde 1938, retorna à Universidade de Munique para ocupar a cátedra que foi de Max Weber e funda o Instituto de Ciências Políticas Geschwister Scholl, em explícita homenagem aos jovens. A mensagem crítica universal que recebemos, através de emoções secundárias do filme, é a de que vale a pena contestar, no plano intelectual e político, a violação da dignidade humana, todo poder político abusivo tem de ser combatido, sob pena de compactuarmos com a indiferença cínica da modernidade líquida, para usar uma expressão de ZYGMUNT BAUMAN. Como bem nos adverte Tercio Sampaio Ferraz Jr, no instigante e profundo último parágrafo de seu livro:

> *O Direito, em suma, privado de moralidade, perde sentido, embora não perca necessariamente império, validade, eficácia. Como, no entanto, é possível às vezes, ao homem e à sociedade, cujo sentido de justiça se perdeu, ainda assim sobreviver com seu direito, este é um enigma, o enigma da vida humana, que nos desafia permanentemente e que leva muitos a um angustiante ceticismo e até um despudorado cinismo.*[28]

Veremos como Shakespeare percebe o caráter destrutivo do abuso de poder, em termos políticos, a seguir, numa de suas mais instigantes obras teatrais chamada *Coriolano*.

CORIOLANO: A GENERALIZAÇÃO DO ABUSO DE PODER NAS RELAÇÕES POLÍTICAS

Em 2000, no antigo *Gainsborough Film Studio* londrino, antes de ser demolido, tivemos a extraordinária oportunidade de assistir a uma montagem feita pelo Almeida Theatre, dirigida por Jonathan Kent, tendo Ralph Fiennes no papel do protagonista. Na época, percebemos a extrema importância da obra para o estudo da legitimidade jurídico-política. Em 2011, Ralph Fiennes estreava como diretor de uma instigante e pioneira leitura fílmica desta obra, revisitando o seu antigo papel teatral de Coriolano. Em nossa análise interdisciplinar, Shakespeare faz uma abordagem interativa e pragmática do poder, que superou a visão teológica do direito divino, dominante em sua época, onde se fortaleciam as monarquias nacionais. Através de sua linguagem dramática, percebe-se que o poder não é

[28] FERRAZ JR, Tercio Sampaio. *Introdução ao Estudo do Direito: técnica, decisão, dominação*, quarta edição, São Paulo: Atlas, 2003, p. 359.

uma substância, nem é confundido com a violência física, mas um complexo fenômeno linguístico da comunicação, ligado a ideia de controle.

Coriolano é a última das dez tragédias que Shakespeare escreveu em 1608. Inspirada na obra de Plutarco, traduzida para o inglês com o título de *The Lives of the Noble Grecians and Romans*, trata da vida de um grande general do período republicano romano que era notório pelo desprezo que sentia pelo povo. Não obtendo o título de cônsul por isso, foi banido de Roma e só desistiu de invadir e destruir a cidade por atender um pedido de sua mãe. A diferença entre direito, poder e violência, na obra shakespeariana, mostra-se associada a linguagem e emerge em situação de crise de legitimidade, permitindo a localização de situações abusivas que aparecem generalizadas ao longo da peça, mas que remetem a uma atemporalidade surpreendente. Antes de iniciarmos a análise do filme, faremos uma breve menção a visão pragmática do poder.

A leitura fílmica exposta por Ralph Fiennes dá destaque ao elemento atemporal da obra shakespeariana, evidenciada nas crises de legitimidade que afetam o mundo nos dias de hoje, que se manifestam pela generalização de reações desconfirmadoras. Embora boa parte do longo e complexo texto da peça tenha sido eliminada, o essencial dos diálogos permanece na sua forma original, mas ele é contraposto a um cenário contemporâneo, com muros grafitados, granadas, tanques de guerra e costumes bélicos atuais. A ideia central de peça, em torno da visão pragmática de poder, que não pode ser confundida com um objeto ou com a violência física, é destacada com clareza. Sabemos que as filmagens ocorreram em Belgrado, capital da Sérvia, mas não há uma identificação explícita, pois é apenas mencionado que a cidade representa *"um lugar que se autodetermina Roma"* (*a place calling itself Rome*), em homenagem à releitura da peça feita pelo dramaturgo inglês John Osborne, que ainda não encenada.

A Roma da película *Coriolano* poderia ser qualquer grande cidade dos dias de hoje, mas em Belgrado há um cenário decadente perfeito, já que foi palco de uma sangrenta guerra há pouco tempo atrás. A batida musical seca evoca a tensão, a palheta de cores predominantes é cinzenta, havendo o destaque do ambiente sombrio em que as relações de força e poder estão em forte antagonismo político. A própria figura calva de Caio Marcio / Coriolano evoca o personagem bélico / irracional de Marlon Brando no clássico filme *Apocalipsy Now* de Francis Ford Coppola. Em várias cenas, há um uso inteligente da linguagem midiática televisiva para contrapor situações dramáticas simultâneas, que se relacionam bem com a ideia shakespeariana do forte poder de manipulação da linguagem, bastante atual nos dias de hoje.

No início do filme, pela televisão, o vólcio Aufídio, inimigo de Roma e de Coriolano, assiste a emergência da grave crise de legitimidade que assola a cidade, enquanto afia a sua faca em clara demonstração de intenção bélica futura. A película expõe, de forma impactante, o conceito-imagem do conflito existente entre patrícios e plebeus transposto para as ruas. As relações de poder e de força estão expostas e as relações meta-complementares dos patrícios enfraquecidas, tendo em vista a presença de reações desconfirmadoras generalizadas entre os plebeus.

O protesto organizado em frente ao depósito central de grãos espelha a desconfirmação pragmática da autoridade do governo romano por um grupo de cidadãos, armados, diante da fome. A autoridade, a liderança e a reputação de Caio Márcio são atacadas, pois o general é considerado responsável pela alta dos preços do trigo, mesmo quando está armazenado em abundância. O dissenso social, exposto na desigualdade social e o injusto orgulho do general são alvos de crítica, expondo as relações de força que estavam na base da comunicação normativa romana, que numa situação normal deveriam ser dissimuladas. No protesto, eles afirmam a intenção de promover uma desconfirmação violenta, estão dispostos a morrer pela sua causa e veem Caio Márcio como seu principal inimigo.

Caio Márcio vai encontrar o povo, expondo, com muita rudeza, a sua visão aristocrática e não interativa do poder, ao afirmar a sua superioridade natural como forma de desconfirmação da desconfirmação popular, neste caso feita de forma atípica, pois desconfirma também a tradição normativa dominante e não apenas a desconfirmação dos plebeus. Com o apoio do senado, decreta estado de emergência e suspende as liberdades civis, construindo um discurso violento em termos reais e não simbólicos, de forma a expor as relações de força desiguais que estão na base na relação entre patrícios e plebeus. Mostra o seu desprezo pelo povo e sua inconstância, afirmando a existência de uma desigualdade natural na sociedade. A interpretação de Fiennes é complexa e é potencializada pelo uso de *close-ups* e de câmeras em primeiríssimo plano em seus olhos. Seu olhar expõe a ambiguidade do personagem com impacto, sua agressividade irracional, mas, também, deixam um espaço para que percebamos a sua vulnerabilidade emotiva que vai ser exposta, posteriormente, na interação com a sua calculista mãe brilhantemente incarnada por Vanessa Redgrave. Volumnia é mais astuta, domina a noção de poder como exercício da violência simbólica, o *homo sapiens* é muito mais presente nela do que em seu vulnerável e emocional filho.

Em seguida, Caio Márcio é informado sobre uma nova desconfirmação violenta por parte dos vólcios em Corioli, a crise de legitimidade da autoridade romana é muito ampla, saindo fora dos domínios de Roma. Ele mostra-se pronto para a guerra e vê a violência física como forma exclusiva de reafirmação de sua honra e da autoridade romana, em termos de reputação e liderança. Afirma que Aufídio é "um leão que ele teria orgulho de caçar". Volumnia conversa com e esposa dele, Virgília, e elogia o talento bélico do filho, destacando que mesmo a morte seria uma honra e a firmação de sua reputação. Fica clara a influência de sua educação unilateral em fazer dele uma implacável máquina de guerra.

Através de uma montagem inteligente, trabalha-se a noção narrativa de simultaneidade. As cenas nas quais Volumnia faz um elogio da força bélica do filho são intercaladas com as cenas nas quais Caio Marcio nos revela sua força física e coragem exuberantes, a fim de confirmar a influência da educação militar recebida. Ele fica preso sozinho dentro dos portões da cidade, mostra o seu caráter bélico e a sua coragem, sua extraordinária violência física, bem retratada em termos de conceito-imagem. Ele está sozinho para enfrentar a cidade inteira. O olhar de FIENNES e seu rosto ensanguentado, expostos em primeiríssimo plano, revelam o lado irracional e bélico de Coriolano, o seu *homo demens*, que mistura ódio e admiração por Aufídio, de forma ambígua. Confirma-se o confronto violento entre Caio Márcio e Aufídio, que é derrotado, reafirmando a autoridade do governo romano. Ele volta a Roma, coberto de sangue, com vários machucados e é aclamado com o cognome de Coriolano, como uma espécie confirmação de seu heroísmo bélico. Neste ponto, a autoridade de Coriolano é confirmada, há um projeto de fortalecer a sua institucionalização tornando-o cônsul. O tribuno da plebe Comínio afirma: "*Caio Marcio Coriolano usa com honra tal cognome*! "[29]

Neste ponto, chegamos ao núcleo dramático do filme, que vai expor a grave instabilidade política dominante. O Senado comunica a Coriolano que pretende que ele se torne cônsul, mas o astuto patrício Menênio, hábil orador, preocupado com o problema da legitimidade, diz que ele deve seguir a tradição jurídico-política e pedir votos ao povo, que deve confirmá-lo como autoridade meta-complementar. Coriolano, que tem uma visão não interativa do poder, sentindo-se naturalmente nobre e superior a plebe, pede ao Senado para não valer este costume. Percebemos a sua dificuldade em comunicar-se na condição de sujeito (aspecto cometimento de inferioridade) e confirmar a autoridade do povo para que ele próprio o confirme como autoridade. Para tornar-se cônsul, ele deve comunicar o aspecto cometimento da mensagem na condição de sujeito da relação e cumprir o costume.

A seguir, uma interação comunicativa é constituída, pois os cidadãos comentam que, se Coriolano, na condição de sujeito da relação, pedir os votos e mostrar as suas feridas e cicatrizes, eles devem aceitar a sua autoridade e dar os seus votos, confirmando-o como cônsul. Coriolano vai encontrar o povo com roupas simples, como uma forma de comunicação não verbal da condição de sujeito, reconhecendo e confirmando o poder do povo. Na condição de autoridade, eles determinam que ele deve fazer o pedido individualmente. No início, ele permanece arrogante, não alcançando a condição de sujeito, mas Menênio enfatiza que ele deve falar de modo mais amável, ou seja, de modo a dissimular o seu desprezo pelo povo e o aspecto cometimento superior na forma de um exercício

[29] SHAKESPEARE, William. *Coriolano. In Tragédias e comédias sombrias: as obras completas*; tradução Bárbara Heliodora. Rio de Janeiro: Nova Aguiar, 2006, p. 1149.

de violência simbólica que reforce a ideia de poder como liderança e reputação para uma final confirmação do poder como autoridade. Um dos cidadãos diz que ele deve pedir com bondade e ele o faz com uma discreta relutância.

Ele conquista os votos do povo, faltam os do senado, sua autoridade de cônsul foi confirmada, em termos populares. No entanto, a instabilidade pragmática está longe de terminar. Após a saída de Coriolano, os tribunos da plebe, Brutus e Sicínio fazem os plebeus mudarem de ideia, controlam, em termos linguísticos, a seletividade da ação dos cidadãos contra a autoridade de Coriolano recém confirmada, expondo a violência simbólica recém construída, alegando que o seu discurso humilde era dissimulado e que ele vai tirar a liberdade deles, na posição de cônsul. Alguns pensam que ele fez o pedido com deboche e ironia. Os tribunos persuadem os cidadãos a desconfirmar a própria confirmação do seu voto e planejam usar o gênio explosivo de Coriolano contra ele próprio, para que manifeste, mais uma vez, sua usual comunicação abusiva.

Em seguida, Coriolano está com os senadores, a aristocracia e os tribunos do povo no capitólio, no filme representado por uma arquitetura parlamentar europeia imponente. No início, Coriolano ainda pensa na guerra e em Aufídio pois recebe a notícia de que este o odeia e sonha em vencê-lo. Deixa o plenário por não suportar ouvir os seus feitos bélicos serem transformados em discurso persuasivo para elegê-lo cônsul. Como estratégia discursiva, Brutus, ao chegar, diz que não foi eleito e que o povo estaria irado contra ele por estar queixoso do seu deboche.

Mais uma vez, o general mostra desprezo em relação aos tribunos do povo e sua autoridade, não consegue dissimular o seu discurso desconfirmador em potencial. Muito irritado, promove uma explosão de fúria e faz transparecer o seu *homo demens*, que acaba por se sobrepor ao seu homo sapiens, destitui o mínimo de violência simbólica por ele construída, propaga o seu discurso desconfirmador da participação política dos tribunos no senado e do povo na confirmação da sua autoridade como cônsul. Coriolano não cede, sai do capitólio e, na frente do povo, concretiza um ato desconfirmador e violento. A conceito-imagem do filme, através do uso de uma câmera em movimento, expõe, em termos emocionais e afetivos, a tensão de legitimidade que parece beirar a guerra civil, já que a fúria do povo parece ser tão descontrolada quanto a de Coriolano.

Na tentativa de reafirmação da autoridade romana, é ordenada a prisão de Coriolano, como forma de transformação de sua desconfirmação em rejeição ilícita. Sicínio diz ao povo que Coriolano quer retirar o seu poder, ao desconfirmá-lo, num momento de reafirmação da autoridade dos tribunos da plebe e do poder do povo. Brutos pede a morte de Coriolano, exigindo que ele se entregue na condição de sujeito criminoso.

No entanto, a ira do povo é controlada, todos os senadores pedem que Coriolano vá para casa e ele vai. Menênio conversa com os tribunos da plebe e com o povo e mais uma vez tenta obter a confirmação de Coriolano como cônsul, tentando persuadi-los a respeito de suas boas qualidades. Em contrapartida, Sicínio aponta o abuso de poder, em termos pragmáticos, praticado por Coriolano, que aniquila o povo na condição de sujeito.

Volumnia, mãe de Coriolano, tenta controlar a seletividade de seu filho, no sentido de persuadi-lo a ser mais racional e construir uma violência simbólica, dissimulando o seu temperamento violento e sua inclinação a se comunicar de forma abusiva com os plebeus. Ele foi criado para ser um sincero herói de guerra, mas a mãe exige, neste momento, que ele aprenda a linguagem persuasiva e dissimulada do poder. Percebemos que a mãe tem o poder de controlar a seletividade de Coriolano, que é persuadido, por ela, a usar a língua dissimulada e trair o seu coração. Menênio diz que ele deve "falar doce", voltar e pedir desculpas aos tribunos, expondo um aspecto cometimento comunicativo de inferioridade, e depois, de igualdade.

A seguir, ocorre o confronto decisivo entre Sicínio, Brutus, Menênio, Coriolano e os senadores. Os tribunos pretendem reunir o povo, em nome do direito dos comuns, a fim de reafirmar a sua autoridade meta-complementar e transformar a desconfirmação de Coriolano em rejeição ilícita, impondo pena de morte, multa ou banimento. Combinam de instigar a ira de Coriolano, como forma de confronto do forte poder de manipulação da palavra em face do fraco poder da força física, como elemento da afirmação da autoridade política. O confronto público, de forma inteligente, aparece, numa leitura contemporânea, em rede televisiva, que lembra a retórica figura de um talk show popular.

Visualizamos uma disputa em torno do cometimento: quem deve falar primeiro? Coriolano ou os tribunos? Sicínio exige que ele se submeta, na condição de sujeito, aos pressupostos do voto popular e a censura legal por qualquer falta. Coriolano confirma a norma da tradição. Menênio usa argumentos persuasivos em torno de seu heroísmo guerreiro: haveria, nele, sempre um soldado, ele seria rude, mas não malévolo.

A seguir, como estratégia discursiva, Sicínio intenta fazer brotar, novamente, a violência física de Coriolano, naquele breve momento transformada em simbólica: quando ele indaga a respeito da mudança de ideia do povo, o acusa de conspiração para se tornar um poder tirânico, e de ser um traidor do povo. Ao ouvir a palavra "traidor" ele também sente-se alvo de uma comunicação abusiva e se rebela, expondo as relações de força dissimuladas e desconfirmando, mais uma vez, através de impactante uma violência verbal, os tribunos e o povo.

Percebemos que o povo, na condição de autoridade, também é levado, pelos tribunos, a assumir uma espécie de comunicação normativa abusiva em relação à Coriolano, pois, mesmo após evitar a conhecida atitude desconfirmadora abusiva em relação a eles e confirmar o costume, ele é considerado um traidor criminoso. O povo é levado a crer, pelo seu comportamento passado, que ele exerceria uma comunicação abusiva, futura, na função de cônsul, que de fato acaba por se firmar neste momento. Sicínio, a seguir, usa, mais uma vez, a estratégia linguística de transformar a desconfirmação de Coriolano em uma rejeição ilícita.

Sicínio comunica a sentença de banimento da cidade, sob pena de arremesso do alto da Tarpéia. A revolta desconfirmadora de Coriolano é cada vez mais afirmada, e, desta vez, bastante radical. Ele promove um tipo de axiomatização do discurso dogmático de sua autoridade que o torna irracional, ao suprimir a seu caráter dialógico. Shakespeare, conscientemente, deixa sem explicação a agressividade para com os Tribunos ou o povo e sem justificativa os insultos e as acusações que se sucedem na sua fala agressiva. Segundo Bárbara Heliodora, "na violência da linguagem do protagonista, vemos que o seu comportamento o conduziu ao fim que teve, nele encontramos o tipo de deformação, de insensibilidade aos valores não guerreiros da vida. Por outro lado, a massa tem uma natureza infantil e pode ser conduzida com facilidade. Ele é o leão, mas não sabe ser raposa, como seus pares".[30] Mais uma vez, ele desconfirma a sua condição de criminoso e toda autoridade de Roma, tanto dos patrícios e plebeus.

Coriolano deixa Roma e figura vagando por estradas, sozinho e sem identidade própria. Em situação clara de abandono, dorme nas ruas em situação de penúria física. Meses depois, com o cabelo já crescido, Coriolano chega à cidade de Antio com trajes pobres, disfarçado. É bem recebido por Aufídio e se torna seu aliado, confirmando a sua autoridade. A relação ambígua de amor/ódio entre os dois é enfatizada. Neste momento, percebemos como a sua transformação em inimigo de Roma desconfirma a sua pena de banimento pela prática de ato ilícito, promovendo a criação de uma nova cadeia normativa.

Os tribunos pensam que são vitoriosos, mas recebem a notícia de que Coriolano se aliou a Aufidio para invadir Roma. Ocorre uma clara inversão de posições de poder. Coriolano passa a dominar novamente, mas, em termos informais, através da díade bélica do forte/fraco. Ele se institucionaliza como autoridade dos vólcios, em termos de liderança e reputação. Menênio diz que todos estão perdidos, a não ser que Coriolano tenha piedade. O povo se arrepende de tê-lo banido, pois sabe que em um confronto de guerra não há como vencê-lo. A ameaça de violência passa a constituir uma nova relação de poder. O diálogo entre Aufídio e seu tenente ressalta a institucionalização da autoridade de Coriolano. Comínio não obteve sucesso ao falar com o guerreiro. Todos decidem que o hábil comunicador Menênio deve tentar implorar por seu perdão e persuadi-lo a desistir do ataque. Ele se refere ao general como sendo "seu filho", mas Coriolano diz que não conhece esposa, mãe ou filho, agora ele serve outros e quer vingança, mas depois confessa que devolveu Menênio com o coração partido.

---

30 HELIODORA, Bárbara. *Falando de Shakespeare*. São Paulo: Perspectiva, 2001, p. 162 e 168.

Quando iniciam a invasão de Roma, aparecem, para falar com Coriolano, Volumnia e Virgília e seu filho. Imediatamente todos ficam de joelhos, Aufídio testemunha a cena do encontro. Volumnia faz uma súplica a Coriolano, expondo uma comunicação que impõe um aspecto-cometimento complementar não verbal de submissão, neutralizando a relação de autoridade materna. No início, ele solicita que elas não peçam perdão para os romanos. Volumnia pede para ser ouvida e, com o uso habilidoso do *close-up* da câmera em seu rosto, percebemos como invoca argumentos emocionais, usando claramente recursos de violência simbólica na sua fala, em termos de reputação, onde os valores familiares são destacados, ressaltando que o ato bélico irá matar aos três. O rosto de Coriolano começa a mudar, observamos, aos poucos, como ele vai sendo manipulado pela mãe.

Numa cena forte, em termos emocionais, vemos o conceito-imagem da fragilidade e a dependência de Coriolano em relação a sua mãe, que constrói uma eficiente, mas destrutiva, relação de poder com seu filho. O homem violento transforma-se num menino frágil e extremamente vulnerável aos apelos emotivos de sua progenitora em poucos minutos. De joelhos, expondo uma comunicação submissa, ele tem a seletividade de sua ação controlada, atende o pedido de paz e diz que não vai mais atacar Roma. Seu olhar desesperado revela o drama trágico da consciência de seu destino mortal, que ele não pode evitar, devido a submissão total a sua mãe. O povo está revoltado com os tribunos, mas, com o perdão de Caio Marcio, eles devem revogar o banimento e recebem Volumnia com honrarias.

Na última sequência, após a assinatura do acordo, Coriolano manifesta a esperança de que a paz firmada seja vista como benéfica, mas é recebido por Aufídio como sendo um "traidor", que abusou de seus poderes por desconfirmar o pacto de guerra. Aufídio, em contrapartida, desconfirma seu ato de paz e o seu título de Coriolano ao se referir a ele como "Caio Marcio" e também como "menino chorão". Ele reage com fúria e também desconfirma a fala de seu antagonista. Shakespeare mostra o dissenso social presente na época, dentro e fora de Roma. O povo de Corioli avança sobre ele e quer cortá-lo em pedaços. Aufídio pede que a carnificina pare, e Coriolano faz a desconfirmação violenta final do povo. Os conspiradores puxam as espadas e ferem, mortalmente, Caio Marcio. Aufídio o abraça, numa ambígua comunicação afetiva, mas, ao mesmo tempo, penetra o seu corpo com a faca num ato de desconfirmação letal. Seu corpo inerte e ensanguentado aparece na cena final como demonstração de que a violência está institucionalizada e a relação de poder entre Coriolano, o povo romano e os vólcios extinta. Ao atender o pedido materno de paz, contrariando a sua natureza bélica, paradoxalmente, não consegue sair do ciclo pragmático de violência, pois a paz mais uma vez caracteriza, do ponto de vista dos vólcios, um ato abusivo e desconfirmador que o dirige para a morte, na condição ilícita de traidor. O destino trágico de Coriolano está ligado à educação materna que inculcou a sua visão unilateral do poder como objeto identificado com a violência física e sua incapacidade para construir uma interação de poder com os plebeus, que não seja a grosseira comunicação abusiva, avessa a ideia de violência simbólica persuasiva. Ele traz a violência dos campos de batalha para a política, aumentando a crise de legitimidade, pois a força física por si só é incapaz de definir e legitimar as relações meta-complementares normativas.

Num contexto mais amplo, percebemos a importância da temática na realidade brasileira, que, a nosso ver, dialoga, de forma profícua, com o filme *Coriolano*. O Brasil apresenta esta comunicação defeituosa de forma generalizada, desde os primórdios de sua formação, como pudemos já observar na análise dos filmes *Deus e o Diabo na terra do sol* e *Abril despedaçado*. Observamos que este abuso de poder compromete, amplamente, a institucionalização da autoridade meta-complementar das normas constitucionais protetoras dos Direitos Fundamentais, voltadas para os anseios sociais em torno dos Direitos Humanos, próprios do Estado de Direito contemporâneo. As reações dos desconfirmadoras dos sujeitos tendem a se expandir, formar novas cadeias normativas informais, sem que consigam ser neutralizadas e calibradas pela autoridade do Estado, em virtude do seu próprio comportamento comunicativo defeituoso e irracional. Ainda que haja uma *juridificação*, no plano ideal, com aumento da produção normativa estatal protetoras dos direitos, contra o abuso do Estado, no plano dos fatos, ocorre uma *dejuridificação* na realidade, no plano do agir, que significa uma banalização das reações desconfirmadoras por parte das autoridades e dos sujeitos e a inevitável percepção da injusta subversão destrutiva dos direitos fundamentais, em termos pragmáticos. O vivenciar normativo da população em geral e dos agentes estatais faz implodir a Constituição como ordem básica da comunicação jurídica. É o que veremos a seguir nos filmes nacionais escolhidos para análise. [31]

NOTÍCIAS DE UMA GUERRA PARTICULAR: A AUSÊNCIA DA AUTORIDADE DO ESTADO

Em seu curto, mas brilhante artigo intitulado *A Violência Razoável*, FERRAZ JR reconhece, numa perspectiva realista próxima a exposta por MORIN e MARCUSE, que a violência faria parte da natureza humana e do próprio direito, como instrumento de execução e como manifestação simbólica da ordem. No Ocidente, contemporaneamente, promove-se uma suposta racionalização de seu uso, que passaria a ser estritamente regulado por lei, e jamais indiscriminado. Sua flexibilidade discricionária estaria subordinada ao interesse público em termos teórico-dogmáticos ideais. Como esta expressão é vaga e ambígua, o autor adverte que a possibilidade da subordinação da violência ao direito é sempre instável e problemática, já que esta poderia tanto manter a ordem, como subvertê-la. Teríamos

[31] OLIVEIRA, Mara Regina de. *O Desafio à autoridade da lei: a relação existente entre poder, obediência e subversão*, Rio de Janeiro: Corifeu, 2006, p. 140.

uma possibilidade de associação da violência razoável, como sendo jurídica e a violência não razoável como sendo antijurídica. No entanto, numa sociedade onde a violência se generalizasse, ela assumiria o risco de ser a base única do poder, sem que houvesse a possibilidade de identificação da violência razoável e da violência não razoável. Neste caso, como o único instrumento eficiente contra a violência seria a própria violência, ela correria o risco de ganhar autonomia em face do direito.

Se partíssemos de uma visão kelseniana, a percepção da violência razoável, ou do caráter jurídico da coação seria identificada com a sua presença em uma norma considerada objetivamente válida e integrante de um sistema jurídico único. No entanto, o próprio autor faz uma ressalva importante no caso desta violência se constituir de forma organizada e coletiva, ele pensa na hipótese de existir o que chama de um *bando de salteadores*. Neste caso, se a obediência ao grupo se tornar efetiva, haveria o risco de perda da eficácia social da ordem estatal e, em consequência, da sua validade, já que a primeira deve ser mantida em grau mínimo, como condição, para que a segunda subsista, ao longo do tempo. Para FERRAZ JR, no entanto, a visualização do sentido jurídico da violência não estaria apenas vinculada ao seu regramento sintático e semântico no texto normativo, mas a uma assimilação pragmática mais complexa, que pressupõe, como vimos, a possibilidade de pressupor a confirmação interativa dos terceiros da autoridade meta-complementar imposta pela norma. É neste ponto que surgem dificuldades sérias em nossa realidade, muito bem captadas pelo filme *Tropa de Elite*. Antes de iniciar a nossa análise, faremos menção a obra documental que foi pioneira no tratamento do tema nas favelas cariocas.[32]

A triste realidade das favelas cariocas foi exibida, com maestria, pela primeira vez, no instigante documentário *Notícias de uma Guerra Particular*, dirigido por João Moreira Salles e Kátia Lund, que assinou, posteriormente, a codireção do aclamado *Cidade de Deus*. A estrutura do documentário é exemplar, sua montagem é inteligente, pois ele é desenvolvido de uma forma equilibrada a partir da análise dos discursos dos principais protagonistas envolvidos diretamente nesta tragédia: *os traficantes, os policiais e os moradores das favelas*. Esta perspectiva interna confere uma autenticidade única ao documentário, pois as realidades informais dificilmente são documentadas, por escrito, de forma tradicional, elas nem sequer podem ser percebidas de um ponto de vista estritamente externo. O melhor caminho a ser trilhado é o de capturar os depoimentos pessoais, evitando, na medida do possível, que a análise se torne maniqueísta, privilegiando apenas um ponto de vista. Como a perspectiva de cada envolvido é moldada por subjetivismos e parcialidades, e por um inevitável e insolúvel conflito de interesses, os pontos de vista escolhidos são variados, deixando ao espectador a livre tarefa de montar o "quebra-cabeça",

---

32 FERRAZ JR., Tercio Sampaio. *Estudos de Filosofia do Direito, reflexões sobre o Poder, a Liberdade, a Justiça e o Direito*, São Paulo: Atlas, 2002.

com apreciação crítica pessoal, geradora de um novo pensar filosófico-jurídico, na esteira do proposto por CABRERA.

A fala espontânea de todos, a sua face exibida na câmera e as imagens da realidade violenta da favela são conceitos-imagem impactantes que produzem um efeito imediato em nossa consciência, pois mostram, de forma inequívoca, toda a ambiguidade em torno do que seja certo ou errado, do ponto de vista ético, ou mesmo do que seja jurídico ou antijurídico, nestas comunidades. A sua estrutura narrativa é predominantemente dialógica, aberta ao diálogo e à crítica permanente, não visa chegar a respostas consensuais monológicas fáceis e artificiais. [33]

Este documentário não faz do tráfico um espetáculo midiático, pois o encadeamento dos depoimentos é inteligente e perturbador, produzindo uma emoção de segundo grau, ligada à consciência humana e crítica sobre o alarmante problema da amoralidade suicida que cerca os jovens envolvidos no tráfico. Como entender a naturalidade com que o garoto descreve a sua *primeira missão* na condição de funcionário do tráfico, queimar vivo um inimigo de seu patrão, preso em pneus de borracha ou um menor de idade de menos de dez anos que exibe seu poderoso arsenal bélico, que contém armas do exército, de alto calibre? Não há dúvida que ele retrata tempos de uma pós-modernidade sombria.

Diz o velho ditado *contra fatos não existem argumentos* e a dicotomia lógica entre lícito e ilícito, a separação maniqueísta entre bandido e mocinho não pode ser mais sustentada com a mesma facilidade e simplificação. No título, extraído de um depoimento dos policiais do BOPE, onde o depoente afirma *"estamos vivendo uma guerra quase que particular"*, nota-se a acurada observação dos diretores em destacar a inegável base de todo o problema, que guarda uma estreita conexão com o universo jurídico-político: a histórica indiferença e omissão social do Estado em relação a estas comunidades, a não prestação dos devidos serviços básicos, o abuso de poder, em termos comunicativos, praticado por muitos policiais, que confundem a noção de autoridade com autoritarismo, ou seja, que agem de forma violenta e desconfirmadora, sem respeitar os limites da lei. Como resultado, observamos um crescente esvaziamento de sua governabilidade nestes territórios e a paulatina ascensão da autoridade meta-complementar do crime organizado e suas leis informais e igualmente abusivas e violentas nestas áreas.

O tráfico de drogas, apesar de muito violento e ilegal, consegue se institucionalizar, num grau mínimo, perante a população e adquirir certa credibilidade ao fornecer ajudas sociais básicas que o Estado não oferece, em total indiferença em relação as suas obrigações legais. Ele assume, de fato, a posição de um terceiro comunicador normativo informal, que impõe direitos e deveres para os membros das comunidades. A principal coordenada jurídica

---

[33] OLIVEIRA, Mara Regina de. *Cinema e filosofia do direito, um estudo sobre a crise de legitimidade jurídica brasileira*. Rio de Janeiro: Corifeu 2006, p. 78 a 79.

é a segurança contra a atuação violenta e extralegal da polícia, ainda que paradoxalmente conquistada à custa de mais violência (pena de morte informal) aplicada contra os possíveis infratores das regras informais impostas pelos líderes. O crime organizado, nas favelas, respaldado pelo tráfico de drogas, vai muito além da criminalidade comum que não recusa a submissão ao poder de império do direito e ao aspecto-cometimento da norma e apenas rejeita o efetivo aspecto-relato da norma. Ela vai além, porque significa um desafio, um ato de rebelião contra a própria autoridade meta-complementar das leis do Estado, ou seja, uma desconfirmação da mensagem normativa, nos termos da pragmática jurídica.[34]

O crime organizado não visa provocar uma ruptura no sistema jurídico-político como um todo, mas disputa poder de mando e império na produção do direito com o Estado, na forma da expansão de redes normativas informais, disciplinadoras do mercado informal das drogas, altamente lucrativo em termos ideais. Hoje ele constitui, de fato, uma *"empresa ilegal"* que emprega um grande número de pessoas, muitas delas crianças com menos de dez anos de idade, que manejam uma arma com sofisticado poder de destruição melhor do que um adulto, na expectativa de comprar um tênis Nike. O tráfico, hoje, representa uma distorcida e cruel forma de ascensão econômica, poder e reconhecimento social, que traduz a máxima da banalização do cinismo a *honestidade não compensa*. Ele mostra que a autoridade do Estado, que implica em seu reconhecimento legitimo por parte significativa da sociedade, não é um objeto que se adquire por ocasião das nossas eleições democráticas, mas só pode ser construída e sustentada ao longo da interação social como um todo. Ela envolve uma íntima relação entre *direito e poder*, ou seja, um controle da seletividade das ações sociais. Na medida que as normas do tráfico conseguem se institucionalizar através das lideranças informais, a meta-complementaridade das normas estatais vai se enfraquecendo e comprometendo a constituição binária do código lícito/ilícito e o próprio controle da seletividade das ações de parte dos endereçados sociais. Em contrapartida, a contrarreação do Estado de tentar reafirmar a sua posição de supremacia, através do artifício da desconfirmação da desconfirmação, ou seja, da transformação da desconfirmação em rejeição criminosa, tem se mostrado infrutífera. Como bem lembra a fala consciente de um dos policiais entrevistado, o então Capitão do BOPE (Batalhão de Operações Policiais Especiais), Rodrigo Pimentel: *"O único segmento do Estado que vai até a favela é a polícia e só a polícia não resolve"*.[35]

---

[34] OLIVEIRA, Mara Regina de. *Op. cit.*, 2006, p. 80 a 82.

[35] Para um estudo completo deste problema, ver OLIVEIRA, Mara Regina de. *O desafio à autoridade da lei*, Rio de Janeiro, Corifeu, 2006.

A polícia do BOPE, no morro, não age nem representa o Estado e seu respectivo ordenamento jurídico, pois ela não atua de fato como deveria, ou seja, como uma espécie de *arbitro* ou *terceiro comunicador*, que, através de sua autoridade superior, deveria conter a violência entre os traficantes e garantir a segurança da população local não envolvida com a criminalidade, a partir da própria aplicação do direito formal em vigor. Pelo contrário, em combate, ela está no mesmo nível dos traficantes, ela torna-se *parte do conflito*, muitas vezes defendendo interesses próprios e escusos. Ela está envolvida, de fato, numa irracional *guerra particular*, onde também não existe penetração do Estado, mas apenas luta violenta pelo poder informal e revanche pessoal de fundo emotivo, traduzida na ideia de vingança, que tivemos oportunidade de visualizar no capítulo três deste livro. Visualizamos um processo de *dejuridificação* da realidade, não há mais como sustentar, com clareza, a dicotomia lógico-formal kelseniana do lícito / ilícito.

Para os policiais honestos e cumpridores da lei, resta o pessimismo de enfrentar esta absurda situação, onde o "jurídico e o antijurídico" estão suspensos e em real disputa de poder pela hegemonia, com traficantes que hoje dispõem de armas mais sofisticadas e potentes que as da própria polícia. Eles têm de enfrentar a guerra violenta e a descrença no bom funcionamento do próprio sistema jurídico-político que deveriam representar que, no mundo acadêmico, costumamos chamar de *crise de legitimidade* ou *crise de autoridade*. Aos moradores, que trabalham honestamente, resta a resignação de viver sobre o constante e perigoso fogo-cruzado dos traficantes que disputam o poder entre si ou com a polícia. Os contundentes depoimentos dos policiais, colhidos ao longo do documentário, confirmam esta realidade dejuridificante alarmante. A fala de Hélio Luz, na época chefe da polícia civil carioca, produz um impacto emocional imediato quando relata, de forma clara e inequívoca, a absurda e distorcida visão de nossas políticas públicas de segurança, que glorificam o uso da violência à margem da lei, de forma aberta, violando a própria noção de Estado de Direito: "*Eu afirmo que a polícia é corrupta. A polícia existe para fazer a segurança do Estado e manter o excluído sobre controle na favela*". Como o Estado atua à margem da própria legalidade por ele imposta, ele acaba ampliando em demasia o âmbito dos chamados códigos informais e enfraquecendo a sua possibilidade de imunização contra possíveis reações desconfirmadoras. A violência simbólica, relacionada às condições antropológicas abusivas de constituição do Brasil, bem exemplificada na formação das favelas cariocas, a partir da abolição da escravatura, sem a inserção social dos negros libertos, há mais de cem anos, não consegue ser dissimulada.

CIDADE DE DEUS: A ASCENÇÃO DA EMPRESA SUBVERSIVA DO TRÁFICO DE DROGAS

O filme *Cidade de Deus* é claramente inspirado por *Notícias de uma guerra particular*, pois, além da direção de Fernando Meirelles, conta com a presença de Kátia Lund como codiretora. Privilegia o ponto de vista do morador não envolvido com o tráfico de drogas e toma como protagonista um real subúrbio carioca, como tantos outros, hoje submerso na desumana violência do crime organizado, paradoxalmente chamado de "Cidade de Deus". Tem, por proposta, mostrar de uma forma didática e clara conceitos-imagem que explicam o crescimento desses poderes do tráfico, informais e violentos, ao longo dos anos, especificamente entre o final da década de 1960 e início da década de 1980. Ou seja, visa detalhar o desenvolvimento paulatino da realidade atual e alarmante exibida em *Notícias de uma Guerra Particular* como um fato concreto. Mais uma vez, a perspectiva interna, daqueles que vivenciaram diretamente a realidade é assumida sem constrangimentos, pois o roteiro do filme baseia-se no livro de Paulo Lins, antigo morador de Cidade de Deus, que foi escrito a partir dos depoimentos de moradores colhidos ao logo de oito anos.

Se analisado conjuntamente com *Notícias de uma guerra particular*, e com questões que envolvem a Filosofia Jurídica, o seu contexto econômico, social e político torna-se claro. Afinal, se os bons filmes podem ajudar na compreensão de um texto, é certo que os bons textos podem ajudar na compreensão dos filmes. O espírito humanista de Kátia Lund conquista uma extraordinária atuação dos atores amadores, selecionados nas próprias comunidades, em uma sensível e competente oficina de trabalho que destacou o potencial humano e dramático de cada jovem, respeitando a sua condição de amador e incentivando a interpretação naturalista, a improvisação e a participação dos mesmos na construção das cenas, que muitas reproduziam situações experimentadas no cotidiano destes jovens. Para ter uma ideia da emoção deste trabalho brilhante, basta assistir aos extras, que estão disponíveis em DVD. Eles são imperdíveis, pois constituem um exemplo de interação humana bem trabalhada, onde se extrai, com equilíbrio e ética, o melhor de cada um dos atores. O depoimento dos profissionais que desenvolveram a oficina de atores e dos próprios jovens atores é bastante tocante.

Logo após a intrigante abertura do filme, com a divertida e inusitada perseguição da galinha (grande metáfora da triste condição humana dos que vivem presos no espaço da exclusão e violência), que realmente parece adquirir consciência crítica de seu trágico e violento futuro, virar churrasco, e tenta escapar do facão que está sendo afiado, temos a visualização dos personagens, que irão ser os principais porta-vozes da trama: Buscapé e Zé Pequeno (que na sua infância chama-se Dadinho) e sua gangue, mostrando a sua exacerbada sede de poder em tentar recapturar a galinha, face a face com a polícia e seu rival Cenoura. Buscapé, no meio do fogo cruzado, pronuncia uma frase de efeito que explica a situação limite em que se encontra naquele instante: "*Uma fotografia podia mudar a minha vida, mas, na Cidade de Deus, sempre foi assim, se fugir o bicho pega, se ficar o bicho come*".

A seguir, uma rápida virada no tempo, nos faz conhecer a Cidade de Deus dos anos 1960, e um pouco sobre a infância de Buscapé, filho de um trabalhador honesto de uma peixaria, mas irmão de Marreco, já envolvido com a criminalidade comum (rejeição da ordem legal), que é menos perigosa, pois não confronta a autoridade das leis. Marreco se dedica a roubar botijões de gás e a promover pequenos assaltos, mas ainda tem receio da autoridade policial e reconhece o aspecto-cometimento de suas normas. O crime organizado, que desconfirma a autoridade do Estado, ainda estava em formação e só iria ser visualizado, com clareza, na década de 1970 em diante. O irmão de Buscapé fazia parte do chamado "Trio Ternura", composto também por Cabeleira e Alicate. Dadinho e seu melhor amigo Benê, com dez anos de idade, já acompanhavam as atividades criminosas do grupo. Buscapé mostra, desde o início, uma total falta de talento para se envolver em atividades criminosas, pois, segundo suas próprias palavras "*sempre teve medo de levar tiro*". Desde o início, através do uso privilegiado de tons pastéis e uniformes na fotografia, observamos que Cidade de Deus é apresentada como um tipo de uniforme assentamento de casas populares construído pelo governo, numa região afastada, bem longe dos cartões postais do Rio, para acolher famílias de baixa renda sem moradia. Sem demora, surge o primeiro paradoxo: o governo iniciou o projeto e o assentamento das pessoas, mas foi o primeiro a abandoná-lo sem qualquer benefício social devido. A polícia mostra despreparo para garantir a segurança local, em respeito ao Estado de Direito, pois é mal treinada, mal aparelhada e mal paga. Alguns policiais têm inclinação para a corrupção e o abuso de poder, pois fazem da ameaça da aplicação da lei formal uma oportunidade para tirar vantagens econômicas e não fazem distinção clara entre os trabalhadores honestos e criminosos. Matam primeiro e perguntam depois, em clara desconfirmação das normas jurídicas que deveriam confirmar.

Logo de início, percebemos que, diante do difícil futuro que espera os moradores, os mais ousados ou rebeldes, que não aceitam a condição trabalhar duro por muito pouco dinheiro, vão compor as quadrilhas organizadas de marginais. Neste sentido, observamos um segundo paradoxo: o crime, condenado social e juridicamente, passa a ser uma "opção profissional" ou um "negócio" como qualquer outro, por culpa do próprio Estado e por omissão da sociedade abastada em cobrar uma efetiva mudança da situação. Está em gestação, já nesta fase, um crescente descrédito da população local em relação a polícia e ao próprio Estado, pois, com exceção do personagem Paraíba, todos os moradores, mesmo os honestos, que confirmam a ordem normativa, têm medo do poder abusivo da polícia, pois hesitam em relatar os fatos criminosos para a mesma, fazendo sempre de conta que nada foi visto. Nesta ótica, o personagem Dadinho, o futuro Zé Pequeno, funciona como o grande contraponto da personalidade pacífica, honesta e amedrontada de Buscapé, que será o nosso grande observador dos fatos ao longo dos anos. Ele não tem inocência, é muito ousado e mostra um natural talento e inclinação para a criminalidade violenta, que aflora na impiedosa matança que promove durante o assalto ao Motel e no frio e banal assassinato do irmão de Buscapé, o Marreco, seu antigo companheiro. Com dez anos, já era um tipo de *sujeito-homem*, que demonstra um mórbido prazer, um largo sorriso nos seus lábios quando aperta o gatilho.

O perfil psicológico de Dadinho não é analisado em detalhes no filme, mas podemos arriscar algumas reflexões sobre ele. Percebe-se que ele encarna, de forma poderosa, todo o ódio, revanche e frustração de um excluído (ou de uma categoria de excluídos), que assimilou bem os padrões de violência não razoável praticados por seus algozes. Ele parece contestar, a partir do crime violento e sem limites, a sua condição de excluído social, objeto de abusos históricos, mas acaba por reproduzir os mesmos padrões violentos e abusivos em suas vítimas. Aqui temos um terceiro paradoxo, portanto. Dadinho nos faz lembrar muito das lúcidas reflexões de ELIAS CANETTI, em seu livro *Massa e Poder*: aquele que foi sujeito de abusos numa relação de poder, fica com *aguilhões* em sua alma, e só consegue adquirir um *estado de libertação* quando inverter a situação, colocando-se na posição de opressor de novas vítimas, que também irão inverter a situação de forma sucessiva. As relações de poder e violência formam um triste círculo vicioso, que não consegue construir um projeto pessoal social e político autêntico, pois toda forma de contestação da opressão não deixa de ser uma forma de reafirmação deste mesmo modelo. Não há construção de uma genuína identidade libertadora de padrões de poder distorcidos historicamente. Alguns Antropólogos, como ROBERT SHIRLEY, no livro *Alguns problemas de Antropologia jurídica no Brasil*, têm a louvável audácia de contestar as versões oficiais da história brasileira, escritas, em boa parte, a partir da ótica das elites dominantes. Reconhecem que a colonização portuguesa e a formação do Estado e do Direito no Brasil desenvolveram-se de forma violenta e arbitrária desde os primórdios, pois foram dominadas por uma aristocracia rural e urbana estritamente ligada a interesses externos. A destruição de povos nativos e sua cultura tradicional e a utilização arbitrária do trabalho escravo negro foram seus principais pilares de sustentação inicial. O direito positivo existente foi sendo elaborado de acordo com os interesses das elites agrárias e urbanas, sendo que a famosa instituição "do jeitinho", conferia às elites um *"poder informal de estar acima do direito formal"*, quando fosse conveniente. O jeitinho representa a institucionalização de comunicações normativas abusivas.

Daí a máxima que compromete o desenvolvimento de um Estado de Direito efetivo, que consagre o chamado *governo das leis*: *"para os amigos tudo, para os inimigos a lei"*. Em paralelo, surgiram os feudos dos coronéis e as chamadas lei populares dos pobres, excluídos das zonas urbanas e rurais, que eram violentamente reprimidos diante de qualquer ameaça de rebelião. Em síntese, a falta de legitimidade popular do direito oficial vem acompanhando o Brasil ao logo de sua formação histórica. Assim, o desenvolvimento de um direito informal popular sempre foi uma constante na história nacional, bem como a abusiva ideia de que qualquer protesto e questão social deveria ser reprimida com brutalidade e tratada como caso de polícia. A ocupação territorial nas favelas cariocas esteve de alguma forma associada à abolição da escravatura sem o devido e necessário projeto de integração social subsequente.

Como bem aponta a pesquisa de campo feita pelo sociólogo português BOAVENTURA DE SOUZA SANTOS, em seu texto *Notas sobre a história jurídica e social de Pasárgada,* desde os primórdios destas ocupações informais, ressalta-se nas comunidades uma ideia de uma indisponibilidade dos principais mecanismos tradicionais de ordenação e controle social: acesso aos tribunais para a composição dos conflitos e a segurança garantida pela polícia. Comenta, o autor, o depoimento de um morador: A polícia *dava batidas* nas comunidades com muita frequência. Estas *batidas* eram tão ineficientes do ponto de vista de objetivos policiais quanto eram repugnantes para os moradores que delas eram vítimas. Aqueles que de fato eram maus elementos quase nunca eram apanhados e as pessoas inocentes eram levadas com frequência para prisões de onde não eram libertadas a não ser através de suborno. Numa outra passagem, ele afirma: *"por outro lado, era comum a ideia de que os serviços de advogados necessários para um ingresso formal ao tribunal são caros e, por isso, longe do alcance das posses escassas das classes baixas"*.

Por fim, BOAVENTURA DE SOUZA SANTOS ressalta que esta indisponibilidade estrutural dos mecanismos oficiais de controle social pode criar uma situação por ele designada como *"privatização possessiva do direito"*, própria das sociedades em face de rupturas, que se caracteriza pela apropriação individual de criação e aplicação das normas que regem a conduta social. Nas favelas, existem chances de ocorrerem conflitos entre estes centros de produção jurídica, pois todas apresentam uma vocação universalizaste e hegemônica. Trata-se de um conflito insolúvel entre dois poderes "soberanos" que pode alcançar uma intensidade violenta extrema, numa situação de "ajuridicidade". O crescimento do tráfico na *Cidade de Deus* reproduz esta "privatização possessiva do direito", de forma violenta e incapaz de construir uma identidade libertadora das formas históricas de opressão.

Esta ausência de identidade fica muito clara na segunda parte do filme, quando vemos que a marginalidade da Cidade de Deus realmente tornou-se institucional. A ocupação da cidade desenvolveu-se de forma caótica, as cores exibidas são vivas e contrastantes, a criminalidade vai se organizando e o tráfico de drogas passa a ser um tipo de *empresa,* que emprega muitos e que admite até *plano de carreira,* numa espécie de mercado global informal, aparecendo, portanto, como forma de ascensão social concreta. Neste ponto, vemos que os padrões de Dadinho, já transformado no temido Zé Pequeno, que identificam poder, autoridade e violência física intensa, são os predominantes. A interpretação do jovem ator é tão marcante, do ponto de vista emocional que nos lembra um pouco o expressionismo alemão, do início do século XX. Nos anos setenta, com pouco mais de 18 anos, ele figura como o principal líder da comunidade, dono das "bocas de fumo" de Cidade de Deus, que começavam a trabalhar com a cocaína. Ao contrário de seu melhor amigo e sócio Benê, que trabalha com códigos de legitimidade de valorização da pessoa humana, Zé Pequeno identifica violência indiscriminada com ascensão social e respeito com o temor do emprego da violência física, incorporando, com naturalidade, a lógica amoral deste capitalismo informal. Ele tomou as bocas de fumo pelo uso da violência extrema e ele quem faz a lei na região, matando sem piedade ou constrangimento, aqueles que ousarem desafiar a sua autoridade. Não poupa nem mesmo as crianças rebeldes, as chamadas *caixas baixas*, que se recusam a respeitar as regras do tráfico por ele impostas.

As cenas de violência praticadas em relação a elas, como forma de repressão, são de uma crueldade e um realismo alarmantes. Ressalta-se, ainda, a omissão da polícia, que possui parte de seus segmentos envolvidos com esta criminalidade de forma pública, especialmente no comercio ilegal de armas de grande potência que se inicia na época. Novamente, lembramos das contundentes palavras de Hélio Luz sobre a questão e vemos que a rede de poderes informais e a privatização possessiva do direito está instaurada. O que nos choca é ver toda a irracionalidade emotiva e todo o caos que está na base das relações sociais destes grupos, onde as relações de poder são identificadas com o uso absoluto da forca física. Cada tiro disparado, sem um planejamento devido e muitas vezes sem habilidade técnica necessária, cada morte desnecessária e uma explosão de ódio contido, num largo sorriso trágico, que protesta contra a exclusão do grupo, mas não consegue sair do círculo vicioso das relações de opressão e criar uma real identidade de libertação. Após a morte banal de seu amigo Benê ele inicia uma guerra declarada contra seu único possível rival na área, o Cenoura, pois ele almeja ser soberano na área. Para tanto, escala um exército, onde não existe idade mínima de alistamento, pois crianças com seis, sete anos usam armas e são admitidas na função de combatentes.

O filme mostra, através de conceitos-imagem realistas, como a violência física e moral torna-se banal e natural em Cidade de Deus, passando a fazer parte do cotidiano das pessoas, que parecem perder o senso crítico, a sensibilidade e o espanto diante dela. O principal foco de resistência continua a ser representado por Buscapé, que se recusa a se envolver com o tráfico, resigna-se a trabalhar em tarefas básicas, vive com medo de ser alvo da violência de Zé Pequeno, alimentando o sonho de um dia torna-se fotógrafo. Fica claro que a sorte de Buscapé foi ter descoberto seu talento artístico que o protegeu de qualquer envolvimento efetivo com a criminalidade, pois tinha um sonho de mudança a planejar e esperar. Mesmo quando ele tenta "virar bandido", e promover assaltos, sua inadequação ética e psicológica para a tarefa fica patente. Neste sentido, não podemos deixar de mencionar o drama do personagem Mané Galinha. No início, ele é um defensor árduo da honestidade (para ele, o crime realmente não compensa), mas ao sofrer os efeitos de um ato de violência abusivo de Zé Pequeno, que mata a sua família motivado por uma inveja banal, passa a alimentar desejos irracionais de vingança/justiça pessoal em relação a Zé Pequeno.

Ele ingressa no universo da violência indiscriminada, apoiando o rival de Zé Pequeno, o Cenoura, e, apesar de sua hesitação inicial (não matar inocentes), em pouco tempo, ele passa a compactuar com a sua banalização, exercê-la até de forma mais competente, do ponto de vista técnico, pois é um exímio atirador. Sua transformação ética é impressionante, mostrando que todas as opções morais pessoais podem sofrer influências das circunstâncias externas do meio, principalmente quando elas envolverem situações existenciais limite. A pergunta que fica é: um senso de justiça vertical, emotivo e irracional, identificado com a vingança, tem chances de prosperar, do ponto de vista ético, sem deturpações? A visão do filme é pessimista em relação a isto, pois Mané Galinha, que queria se vingar de Zé Pequeno, acaba sendo morto, por um ato de vingança praticado por um menino, que entra para o seu grupo disfarçado. De forma semelhante, ele presenciou Mané Galinha matar o seu pai de forma banal, durante o assalto a um banco e planejou a sua aproximação do grupo de Cenoura. Esta é uma surpresa que o filme nos revela ao final. Mais uma vez, o ciclo irracional de violência se reproduz de forma implacável, algoz e vítima são relativizados, acabam mortos e ensanguentados no asfalto, pois o inútil e trágico sentimento de vingança os iguala naquele momento.

O final da película é emblemático. Buscapé acaba virando fotógrafo do jornal por uma ajuda do destino e testemunha o triste final de Zé Pequeno, em negociações escusas com a polícia que o liberta em total desconfirmação ao direito positivo. Ao ser libertado, o círculo de violência se fecha, pois ele acaba sendo vítima dos atos de violência que ensinou e o praticou em relação aos meninos da *caixa baixa*, que representam um agravamento da banalização da violência e da privatização possessiva do direito. Ele morre de uma forma ainda mais cruel, não com um tiro certeiro, mas com vários deles, que representam o significativo volume de ódio e a revanche daqueles meninos, que também já são *sujeitos-homem*, que foram abusados por ele no passado por não respeitarem a sua lei imposta no seu território. Zé Pequeno morre, mas seus "sucessores" estão prontos para assumir o seu lugar e seu posto de comando, com doze, dez, nove anos de idade e seguir com os negócios da violência. É como se a estória terminasse por onde ela de fato começou. O final é otimista em relação ao futuro de Buscapé, mas pessimista em relação ao futuro da comunidade como um todo.

Por fim, podemos ressaltar que, embora a temática envolva reflexões no campo da filosofia jurídica, ele é acessível, ágil e tem uma comunicação muito forte e didática em todos os níveis sociais, produzindo um impacto significativo na visualização clara da tragédia de um "país não oficial", "invisível" para muitos brasileiros e para boa parte do próprio governo. *Cidade de Deus* nos mostra, sem pudor, parte do chamado "Brasil informal" das grandes periferias urbanas, onde existem leis, poderes e modelos de organização não-oficiais.

TROPA DE ELITE: A ANIQUILAÇÃO DOS SUJEITOS SOCIAIS E O USO NÃO RAZOÁVEL DA VIOLÊNCIA PELO BOPE

José Padilha, após o sucesso de seu documentário *Ônibus 174*, que mostra a tragédia midiática, humana e jurídica do sequestro do ônibus na zona sul do Rio, a partir da exclusão social do sequestrador Sandro Nascimento e da política de segurança pública equivocada, exposta numa mídia espetacular e manipuladora, dirige seu primeiro filme de ficção, o polêmico e premiado *Tropa de Elite*. Neste trabalho, ele conta o apoio do montador Daniel Resende, que trabalhou em *Cidade de Deus*, e da preparadora de elenco Fátima Toledo, que propiciou o desenvolver da poderosa técnica de improvisação dos atores, já presentes em filmes nacionais como *Central do Brasil, Abril Despedaçado* e *Cidade de Deus*. Nesta película, ele procura, através de uma perspectiva extremamente didática e rica, complementar as reflexões propostas pelo documentário de João Moreira Salles, expondo detalhes fáticos e jurídicos-políticos, desta *guerra particular* travada entre traficantes e policiais do BOPE, a partir do ponto de vista interno desta corporação e da intimidade psicológica de seus personagens. Neste sentido, não é mera coincidência o fato de que o mesmo Rodrigo Pimentel, já desligado de seus serviços no BOPE, assine o roteiro em conjunto com o diretor e com Bráulio Mantovani, também roteirista de *Cidade de Deus*.

Nesta película, a proposta é a de aprofundar este olhar cinematográfico sobre a realidade dejuridificante existente nos morros, do ponto de vista de um policial do BOPE, representado pela figura do Capitão Nascimento (Wagner Moura), que funciona como uma espécie de "narrador over" desta tragédia político-jurídica, ao proferir uma fala em off, que reforça a interpretação pessoal de todas as cenas que acompanha. Há um clima de urgência no uso constante de uma competente e agitada câmera na mão e cenas de combate nas favelas, que ilustram, através de conceitos-imagem contundentes, associados à energética música funk *Rap das Armas* (Cidinho e Doca), a irracionalidade da guerra particular, reconstruída através de elementos imagéticos e logopáticos de grande impacto emocional. A câmera parece construir um espaço junto com a ação, ao invés de representá-lo passivamente.[36] No sentido proposto por ISMAIL XAVIER, este

---

36 LIMA, Tatiana Hora Alves de. *O Herói Capitão Nascimento e a Representação da Polícia em Tropa de Elite. Artigo eletrônico publicado* no site http://www.intercom.org.br/papers/nacionais/2009/resumos/R4-1405-2.pdf, acesso em 10/10/2009.

filme, ao lado de *Cidade de Deus*, que privilegia o ponto de vista do morador da favela honesto, retrata a ideia de *violência ressentida* do tráfico e não mais a *violência justiceira* de *Deus e o Diabo na terra do sol* e *Abril Despedaçado*, onde "*o essencial é a questão do dinheiro auferido e da vaidade satisfeita como fator central de recrutamento de jovens que, em verdade, respondem aos imperativos da sociedade de consumo. No conjunto, os filmes colocam em debate uma corrosão do espaço social, uma crise na construção da cidadania, evidenciando o loteamento das zonas de poder pelo crime organizado*".[37]

Segundo consta em comentários de analistas, havia um projeto inicial de fazer um documentário sobre o tema, mas houve a consciência crítica de que, devido ao seu teor político, poderia vir a se tornar o *projeto póstumo de Padilha*. Assim, optou-se pelo desenvolvimento de uma narrativa documental através da estrutura de uma ficção, onde não aparece o olhar individual de Padilha propriamente, mas o de Rodrigo Pimentel/Capitão Nascimento. Achamos muito coincidente, para esta análise, que os críticos também vejam no filme uma metáfora de uma "*defesa de tese imagética sobre a violência carioca*", com direito a epígrafe, introdução, desenvolvimento e conclusão.[38] A nosso ver, esta estrutura torna a nossa associação com temas da filosofia jurídica ainda mais justificada e consistente.

Trata-se de um filme que põe o dedo na ferida das notórias fraquezas institucionais de nossa segurança pública, a partir de um ponto de vista interno, o que torna, a nosso ver, a análise mais contundente e impactante em termos emotivos e racionais (logopáticos). Nestes termos, a perspectiva do longa-metragem não é tão abrangente como a do documentário *Notícias de uma guerra particular*, ela tem um viés bem mais dirigido em termos de subjetividade da narrativa. *Tropa de Elite*, como, o próprio nome indica, foca a perspectiva dos policiais do BOPE (tropa de elite da polícia militar) sobre o conflito, analisando, além do Capitão Nascimento, os policiais militares Neto (Caio Junqueira) e André Matias (André Ramiro, ator não profissional).

O filme inicia com uma impactante e intrigante cena de combate entre os policiais Neto e André Matias e os traficantes no Morro Babilônia durante um baile funk, enquanto outros policiais militares convencionais aparecem em negociação explícita com o tráfico de drogas. Logo, aparece o Capitão Nascimento, que é chefe da equipe Alfa do BOPE, a fim de atuar no conflito. Aqui temos uma espécie de introdução didática, uma espécie de apresentação resumida da problemática geral do filme, onde os conceitos-imagem do com-

---

37 XAVIER, Ismail. *Da violência justiceira à violência ressentida, artigo publicado no site* http://www.periodicos.ufsc.br/index.php/desterro/article/viewFile/9777/9009, p. 2.

38 A epigrafe do filme diz: "*A psicologia social deste século nos ensinou uma importante lição: Usualmente, não é o caráter de uma pessoa que determina como ela age, mas a situação na qual ela se encontra*". (Stanley Milgram, psicólogo social americano, 1974) VALENTE, Eduardo. *Tropa de Elite, de José Padilha (Brasil, 2007)*. Para maiores detalhes ver o site http://www.revistacinetica.com.br/tropadeelite.htm, acesso em 10/10/2009.

bate e da negociação policial com o tráfico se misturam com a fala polêmica e muito explícita de Nascimento que nos relata, de forma clara, a intimidade dos bastidores do poder jurídico-político, ao dizer:

> *Minha cidade tem mais de 700 favelas, quase todas dominadas por traficantes armados até os dentes. É só fuzil de R-15, Pistol Uze, HK e por aí vai. No resto do mundo, este tipo de armamento é usado na guerra. Aqui são as armas do crime. Um tiro de 762 atravessa um carro como se fosse um papel. É burro quem pensa que numa cidade assim, os policiais vão subir a favela só para fazer valer a lei. Policial tem família, policial também tem medo de morrer. O que aconteceu no Rio era inevitável, o tráfico e a polícia desenvolveram formas pacíficas de convivência. A verdade é que a paz nesta cidade depende do equilíbrio delicado entre a munição dos bandidos e a corrupção dos policiais. Honestidade não faz parte do jogo. No Rio de Janeiro, quem quer ser policial deve escolher, ou se corrompe, ou se omite, ou vai para a guerra. Na teoria, a gente faz parte da polícia militar, mas, na prática, o BOPE é outra polícia. Não dá para perdoar, traficante não perdoa.*

No meio deste conflito armado, a consciência narrativa de Nascimento torna-se onisciente e começa a se desenvolver em flashback, voltando seis meses no tempo, como se ele tivesse conhecido Neto e André Matias, nesta época, quando ingressaram como aspirantes convencionais. Através do relato íntimo da trajetória de Neto e André Matias, como ingressantes novos na polícia militar, com uma intenção clara de honestidade e confirmadora da ordem legal, somos convidados a conhecer os lamentáveis bastidores desta cadeia normativa informal da corrupção, também desconfirmadora do Estado de Direito, nos diversos níveis de hierarquia. Assistimos como as relações de força abusivas, que compõem a base violência simbólica do poder jurídico, estão profundamente institucionalizados dentro da corporação, que, na época, contava com trinta mil homens mal preparados e mal remunerados, em amplo processo de negociação desconfirmadora com o tráfico de drogas e com elementos da sociedade em geral. Vemos um chefe cobrar propina para autorizar férias legais de um subordinado, vemos a polícia "cobrar valores financeiros e até disputar pontos" pela segurança "pública" das ruas e do comércio, vemos a cobrança do "arrego" para não perturbar os negócios do "jogo do bicho".

Eles chamam esta cadeia normativa informal de *sistema,* que nada mais significa do que a aberrante institucionalização de uma realidade dejuridificante dentro do próprio espaço formal do Estado, em certo sentido, muito mais aberrante e abusiva do que a realidade dejuridificante da favela. O *sistema* caracteriza uma situação comunicativa defeituosa e abusiva na medida que elimina a complementaridade e a própria seletividade da ação dos sujeitos, que são aniquilados em termos interativos. Por mais que queiram, eles não conseguem confirmar, em termos pragmáticos, as normas jurídicas estatais. Cada vez que selecionam agir de forma confirmadora e lícita, não *coagidos* por uma comunicação abusiva/irracional, a desconfirmar a lei estatal, confirmando *as normas informais do sistema* e acabam sendo *punidos* pela tentativa do bom cumprimento da lei formal.

Como a oficina do batalhão foi estruturada para não poder consertar as viaturas quebradas, o próprio dinheiro ilegal do jogo do bicho, recolhido por seus superiores hierárquicos, como forma de *arrego ou propina desconfirmadora* é desviado, por Neto, para a compra de peças de reposição das viaturas quebradas, visando à confirmação da ordem imposta. Ele tem um temperamento forte e idealista, acredita que esta "burla desconfirmadora" foi necessária para um bem maior da eficiência de corporação. André Matias, dotado de uma inteligência racional e discreta, na condição de estudante de direito da PUC-RJ, é repreendido pela sua competência funcional e recebe a ordem de refazer um relatório oficial falso, a fim de manipular e reduzir as estatísticas de mortes violentas na cidade. O conceito-imagem do filme é exemplar na exposição logopática neste discurso injusto, que representa, como vimos, uma perversão da própria homologia e a própria aniquilação dos sujeitos. A desconfirmação, por parte de editor normativo, só pode ocorrer como uma resposta a uma reação desconfirmadora do sujeito do sujeito, visando transformá-la em rejeição ilícita, jamais contra uma confirmação lícita. Neste caso, não há inversão, mas eliminação irracional do ônus da prova da comunicação, a percepção da injustiça torna-se patente.

André Matias não faz parte da elite, é negro e pobre, mas, na qualidade de aluno dedicado e inteligente, integrante de uma faculdade de elite, acredita, inicialmente, de forma ingênua e pouco realista que o estudo da lei formal seria compatível com a sua atividade policial, como determina nosso ordenamento jurídico, ao disciplinar o chamado uso da violência razoável. Ele se depara com a convivência juvenil dos colegas de faculdade, que atuam de forma ambígua em relação ao tráfico e ao uso da maconha. Muitos jovens de elite rejeitam as normas jurídicas, vendem e consomem drogas ilícitas, de forma camuflada na universidade, mas reclamam do abuso policial que eles mesmos ajudam a manter, na medida que sustentam ao nível interativo, como consumidores, o comércio da droga. Na formação das ONGs, geradoras de trabalho social nas favelas, há a negociação dejuridificante com as lideranças desconfirmadoras do tráfico. André Matias chega a namorar uma destas garotas, ele frequenta a ONG, na favela Morro dos Prazeres, mas mantém em segredo a sua condição de policial. Capitão Nascimento diz que ele ainda não está pronto para ser uma autoridade, que jamais poderia aliviar, confirmar a rejeição criminosa do consumo de drogas dos colegas. A cena de sala de aula, onde o pensamento de *Michel Foucault* é discutido e o tema da corrupção policial é colocado ilustra didaticamente toda falta de visão crítica de André Matias, em torno da realidade policial dejuridificante que o cerca. Ele assume que a intenção ética dele, própria de uma minoria, poderia, ingenuamente, representar a intenção ética da corporação como um todo. Nós espectadores somos testemunhas que vivem, através dos conceitos-imagem do filme, a experiência da dejuridificação dominante do sistema policial que ele integra.

Relacionando o filme com a pragmática jurídica, é notória a intenção de dar destaque à crise de legitimidade que enfrenta a autoridade policial no Rio de Janeiro, seja a polícia militar comum, seja a polícia de elite do BOPE. O seu poder de violência simbólica não consegue influenciar comportamentos em termos de liderança e reputação, a autoridade contra-fática, de forma isolada, não consegue dissimular falhas graves de legitimação do poder e constituição da meta-complementaridade. Ao mesmo tempo que conhecemos André Matias e Neto, o Capitão Nascimento (cujo sobrenome é uma alusão explícita e uma homenagem ao Sandro Nascimento de Ônibus 174) se apresenta como um personagem complexo, avesso a simplificações maniqueístas óbvias. Embora mostre desprezo pelo sistema informal corrupto, injusto e abusivo da polícia militar convencional e pareça defender, com assertividade dogmática, o caráter ético de sua atuação militar nos morros, começa a demonstrar sinais de descrédito e fragilidade psicológica em relação à mesma. Ele vai ser pai em breve, apresenta sintomas de síndrome de pânico e sofre um processo de sensibilização e começa a questionar, de um ponto de vista zetético e humano, as mortes desnecessárias que ocorrerão numa operação no Morro do Turano, criada para apaziguar a guerra do tráfico a fim de garantir uma hospedagem segura ao *Papa João Paulo II*, nas imediações da favela, por ocasião da sua visita ao Rio de Janeiro. Cenas reais do arquivo da Rede Bandeirantes, de 1997, aparecem e ilustram a chamada "*Operação Santidade*". Ele decide que é hora de parar, mas precisa de um substituto à altura para ocupar a sua vaga. Para tanto, Nascimento nos mostra os bastidores informais do poder repressivo do BOPE com o mesmo realismo adotado na exposição do sistema informal da polícia convencional militar.

De imediato, ele nos surpreende com o escancarar de uma segurança pública repressiva, abusiva e dejuridificante. O BOPE conta com o apoio de cem homens, usa uma farda preta, com um símbolo analógico bem ilustrativo do seu espírito mortífero central: um crânio fincado com uma espada, através do qual se cruzam duas pistolas. Aqui aparece, a nosso ver, o conceito-imagem central deste filme, que nos faz um importante alerta: O BOPE usa medidas desconfirmadoras da lei que deveria confirmar, na condição de terceiro comunicador formal. Ao invés de prender legalmente e só matar em situações extremas de legítima defesa, ele *tortura*, ele *mata* traficantes e pessoas envolvidas no tráfico, de forma banal, sem piedade, muito além do chamado uso razoável da violência legal, disposto em nosso ordenamento jurídico. A violência simbólica do poder jurídico é, explicitamente, substituída pela violência física concreta, que, de forma paradoxal, acaba por extinguir a relação de poder, que sempre depende, como vimos, da existência de um espaço da desobediência por parte do sujeito e um espaço de ameaça para a autoridade, que deve poder não concretizá-la em termos reais.

Embora faça parte da polícia militar, na prática o BOPE, *"é outra polícia"*, como destaca Nascimento, em sua apresentação. De fato, ele é um terceiro comunicador normativo informal, nesta *guerra particular* com o tráfico, onde, do ponto de vista interativo, não existe mais a constituição binária do lícito ou ilícito, caracterizadora do Estado de Direito, há disputa clara de poder em torno da autoridade meta-complementar. Na condição de uma espécie de justiceiro informal, ele aniquila, previamente, os possíveis sujeitos do tráfico e possíveis colaboradores, para eles, a morte torna-se a única coação possível. Ela substitui, de forma irracional, o suposto controle da seletividade que deveria ser constituído juridicamente, com o enquadramento do comportamento como rejeição ilícita.

O BOPE desconfirma não apenas as leis formais do Estado que protegem os Direitos Fundamentais, ao proibir a tortura e a pena de morte, mas também as leis informais da própria polícia militar convencional, que nos é apresentada como uma espécie de "parceira do tráfico" e geradora, como vimos, de outra cadeia normativa informal abusiva também desconfirmadora da lei oficial, a chamada cadeia normativa da corrupção do sistema, que claramente é confirmada pelos policiais, na condição de terceiros, que vivem do "arrego" ou propina do tráfico. Temos uma cadeia informal da violência justiceira do BOPE desconfirmando outra cadeia informal da violência da polícia convencional associada com o tráfico de drogas. Ambas desafiam a autoridade da lei estatal, mas uma parece desconfirmar a outra também.

Todavia, vemos, através de conceitos-imagem impactantes e bem desenvolvidos, como a comunicação violenta do BOPE, não verbal, não consegue transformar a desconfirmação dos traficantes em rejeição normativa e fortalecer a sua autoridade meta-complementar oficial. Ela acaba caracterizando, também, uma comunicação abusiva que elimina a seletividade do agir dos sujeitos e os coage pela violência, ao mesmo tempo em que, de forma paradoxal, revoga a autoridade meta-complementar do BOPE nas operações, pela flagrante injustiça revelada em termos pragmático-semânticos.

Quando, finalmente, o flashback termina, logo após o confronto no Morro Babilônia, o filme alcança o seu desenvolvimento central. O destino coloca André Matias e Neto em contato com Nascimento, como ingressantes no treinamento do BOPE, o longa-metragem assume uma função informativa surpreendente na exposição dos bastidores secretos do treinamento de guerrilha do batalhão de elite. O Capitão Nascimento, na posição de treinador muito exigente, é muito obstinado em mostrar como a extrema rigidez do treinamento de guerra recebido, que chega ao martírio físico extremo, seria a garantia da formação de um caráter irrepreensível, de um batalhão do bem livre de oficiais corruptos, com um código de ética informal extremamente delimitado: a violência desconfirmadora do BOPE é um bem necessário para combater o mal da violência desconfirmadora do tráfico e também o mal da corrupção desconfirmadora da polícia militar.

A codificação binária formal da *violência lícita* e da *violência ilícita* é substituída pela codificação binária informal da "*violência desconfirmadora boa (BOPE) e da violência desconfirmadora má (tráfico e da polícia convencional corrupta)*", em termos éticos. Acreditar nesta dicotomia — do bem absoluto em oposição ao mal absoluto — seria uma espécie de violência simbólica informal constitutiva da autoridade meta-complementar informal do BOPE, inculcada na mente de cada um de seus integrantes. O Capitão Nascimento enfrenta uma crise pessoal, ele se sensibiliza com o nascimento de seu primeiro filho e passa a ter dúvidas existenciais sobre a violência, medo explícito de morrer e está certo de que é hora de parar de atuar como soldado. Mas o destino vai levar Neto a morrer, violentamente, nas mãos do líder do tráfico Baiano e propiciar a escolha de André Matias como substituto definitivo de Nascimento. Com a morte de seu melhor amigo de infância, ele vai aprender, em termos experienciais, o sentido vertical da violência retributiva, entendida, como vingança, no seu âmago mais profundo, que analisamos anteriormente.

Neste momento, aparece um conceito-imagem central em termos logopáticos. André Matias sofre uma transformação definitiva em termos psicológicos e morais, que condiciona a sua nova percepção da legitimidade em termos jurídicos e políticos. De um fiel e sincero confirmador da autoridade legal da ordem, ele passa a assumir a desconfirmação justiceira e violenta das cadeias normativas do tráfico e da corrupção da polícia. Num certo sentido, se a *humanização* faz com que Nascimento se sinta deslocado no batalhão e queira sair, a *desumanização* de André Matias, faz com que ele se torne o substituto eleito do soldado. Afinal, segundo as palavras de Nascimento, "*homem com farda preta entra na favela para matar, nunca para morrer. Quem fosse me substituir tinha de saber disto*".

Neste ponto, aparece um conceito-imagem fundamental, como experiência emotiva, de primeiro grau, que possibilita uma assimilação cognitiva completa, que dificilmente poderia ser expressa somente em palavras, na esteira do pensamento de JEAN EPSTEIN. A morte de Neto faz com que as eventuais ambiguidades, em torno do bem e do mal, sejam neutralizadas na mente de André Matias e a violência simbólica informal, do bem e do mal absolutos, constituída. Finalmente, ele vai se tornando um policial na medida que perde o seu equilíbrio racional e emotivo inicial e a passa a desconfirmar o próprio direito de forma abusiva, através da afirmação de um modelo de justiça vertical informal. Isto fica claro, na cena em que agride, extra legalmente, os seus colegas de turma e sua ex-namorada, numa suposta passeata pacífica contra a violência não razoável, eles são punidos por pedir a confirmação da ordem legal, naquele exato instante não estão fumando maconha.

Depois, com o Capitão Nascimento, invade a favela na captura do traficante líder, e amplia as ações dejuridificantes de tortura, mostrando, na cena final, que é um novo *combatente completo* nesta guerra particular. O conceito-imagem final é exemplar, parece exibir sua *"formatura"*, sua *"iniciação"* definitiva como policial do BOPE, através da expressa manifestação de *homo demens*, no sentido pensado por MORIN. Através de uma emoção primária, entendemos como André Matias, tendo já o seu corpo moldado pelo treinamento de guerrilha rigoroso, tem a sua psique dominada pelo *aprender odiar*, no plano emotivo e psicológico, profundamente, seu inimigo, que, a partir de agora, pode ser qualquer traficante, e não apenas o Baiano. Por isso está pronto para exterminá-lo sem qualquer piedade ou restrição legal, com um tiro em seu rosto, mesmo que a vítima suplique para que não sua face não seja destruída, este é um rito de passagem definitivo para sua iniciação na *guerra privada do ódio*. Na verdade, uma forte emoção de segundo grau, também presente no filme, nos faz perceber que a suposta *violência do bem absoluto* espelha um sentido irracional e vertical de vingança, baseada no ódio, onde se retribui o mal com o próprio mal, que não consegue sustentar a autoridade meta-complementar do BOPE em termos de autoridade, liderança e reputação. André Matias, ao mirar o rosto de Baiano, também aponta sua arma para o rosto do espectador, que assume, metaforicamente, o lugar do líder do tráfico, através de um eficiente manejo da câmera subjetiva, em termos de pluriperspectiva.

Este é o âmago da interminável guerra particular entre traficantes e policiais do BOPE. Nascimento quer sair do cenário justiceiro, mas um substituto semelhante é posto no seu lugar e o ciclo da violência pode permanecer intacto, no seu todo. Como bem disse ELIAS CANETTI, as relações de poder, reduzidas à ordem imposta de forma violenta, mantém uma espécie de círculo vicioso. A vítima de hoje, será o algoz de amanhã a fim de se libertar do aguilhão psicológico criado na sua condição de sujeito da relação de poder anterior. A conclusão do filme fica em aberto, para reflexões posteriores, num sentido filosófico defendido por CABRERA. Mesmo que Nascimento, do ponto de vista subjetivo, defenda a necessidade da violência desconfirmadora do BOPE como um bem social, que visa uma transformação ética superior, fica patente, pelo relato de sua história, a evidência de sua base irracional e vingativa, reprodutora, num certo sentido, da violência ressentida do tráfico que busca justamente combater e da extra legalidade da corrupção da polícia convencional. De fato, ele é um *ressentido dominado pelo ódio*, parecido com os traficantes, mas que se considera um *justiceiro que faz o bem*. O filme evidencia a angústia e a experiência logopática de que não há compensação humana possível na irracionalidade da violência que aniquila a autoridade legítima, ao invés de constituí-la em termos comunicativos e éticos. Sua fala revela uma intenção subjetiva de justificativa ética, mas a mensagem que emana do contexto mais abrangente de sua história, não deixa de revelar, paradoxalmente, como a violência não-razoável é injustificável porque leva a dissolução da relação de poder e gera a perda de sentido ético e humano em termos globais. Nas palavras de FERRAZ JR:

> *A retaliação, como ato violento, pode ter uma finalidade, até mesmo uma finalidade bem sucedida. Mas o objetivo alcançado pela violência só explica a violência, não é capaz de justificá-la. Por mais que busque uma justificação, a violência não vai além de uma explicação. Por isso, por mais explicado que seja, sempre traz algo de arbitrariedade. Pode ser percebida como eficaz e até como válida, mas não afasta o inconformismo humano contra a perda de sentido das coisas.* [39]

O diálogo estabelecido entre o pensamento de FERRAZ JR e o filme *Tropa de Elite* revela a existência de uma alarmante realidade dejuridificante presente não apenas nas favelas cariocas, mas, principalmente, em espaços oficiais do Estado, onde a violência não razoável desconfirmadora e abusiva libertou-se do próprio direito e passa a ser um instrumento de regulação informal dos conflitos. A violência do BOPE tornou-se um eficiente instrumento contra a violência do tráfico, mas ela não consegue constituir, de forma genuína, uma legitimidade jurídica para o batalhão de elite. Para nós, é clara a intenção de crítica e denúncia do esvaziamento de nosso Estado de Direito e de nossos direitos fundamentais, por parte do diretor José Padilha, mesmo que sua análise jamais caia num maniqueísmo panfletário simplificador, mas em conceitos-imagem equilibrados na sua ambiguidade natural e realista.

Embora possa haver certa identificação emotiva, em primeiro grau, com a intenção subjetiva de heroísmo de Nascimento, é patente que o filme também produz, em sua narrativa imagética, uma impactante emoção de segundo grau, nos termos de HUGO MUNSTERBERG, que nos causa indignação moral e nos faz perceber a irracionalidade abusiva deste uso indiscriminado da força física sobreposto a qualquer princípio democrático protegido em nossa Constituição Federal. Aliás, seria uma simplificação maniqueísta ver o Nascimento como herói, ele é um personagem ambíguo (*homo sapiens demens*) em busca de uma certeza ética que, fato, cada vez mais o angustia e o estressa, por isso deixa seu posto quando seu filho nasce. Como explicar, neste sentido, que as mídias tenham divulgado que vários espectadores do filme tenham apenas captado a emoção primária superficial e aparente do personagem e enaltecido o suposto heroísmo do Capitão Nascimento, como realidade e como uma manifestação legítima de um modelo da nossa segurança pública? É notório que o diretor e o elenco concederam várias entrevistas desmentindo esta equivocada leitura autoral de que o filme estaria legitimando formas "fascistas de poder". Neste sentido é contundente a análise de Eduardo Valente:

> *Por isso mesmo, parece completamente absurda a ideia de que Tropa de Elite seja um "comercial do Bope" ou mesmo uma justificativa dos métodos do Bope. E os indícios para isso estão mais do que claros ao longo do filme todo, bastando querer*

---

[39] FERRAZ JR., Tercio Sampaio. *Estudos de Filosofia do Direito, reflexões sobre o Poder, a Liberdade, a Justiça e o Direito*, São Paulo: Atlas, 2002, p. 246.

> *ver: embora a voz em off tente justificar ou dar lógica a cada ação vista na tela, as imagens e sons que as mostram (estas sim, a voz do filme) nos apresentam tão somente uma realidade dantesca, uma dinâmica do justiçamento, da tortura, da desumanização generalizada das relações (importantíssima a cena em que Wagner Moura se "cura" da sua crise de estresse ao incorporar o policial dentro de casa com a esposa – apenas para ser abandonado por ela, em seguida). Ao final, quando aquele que era o personagem mais "positivo" da narrativa (Matias) se revela tornado um animal desumanizado, que se volta para a câmera e atira no rosto do espectador com uma carabina, é difícil achar que o filme apresenta isso como algo "legal" – seja em que sentido do termo estivermos falando.* [40]

Trata-se de uma importante questão filosófica que envolve os efeitos psicológicos e pragmáticos de um filme, que nem sempre são controláveis de antemão, o inconsciente de cada espectador faz com a experiência cinematográfica seja individual em vários aspectos. Alguns psicólogos, como HUGO MAUERHOFER, já citado nesta obra, falam sobre a peculiaridade da chamada "*situação cinema*", como uma espécie de fuga da realidade quotidiana para o encontro com o nosso inconsciente. Por isso, este pensador defende a ideia de que a experiência de um filme jamais pode ser idêntica para duas pessoas, ela acaba por ser profundamente anônima e individual, tendo em vista as singularidades das diversas formas de inconsciente.

Ela tornaria suportável a nossa vida moderna, viabilizando o surgir das emoções e também da reflexão.[41] Para nós, chama também a atenção o fato do filme ter tido, na época, grande divulgação popular informal, antes de sua estreia nos cinemas, através da pirataria de uma cópia não definitiva, também desconfirmadora da lei estatal, o que não deixa de ser uma irônica confirmação da crítica feita pelo filme, aplicada a ele mesmo, a sua própria aceitação popular, através do mercado não oficial. Mais uma vez, retomamos o texto de FERRAZ JR sobre a violência razoável, que embasou a introdução deste trabalho. Há indícios de que as reações desconfirmadoras ganham espaço na sociedade brasileira, em termos de liderança e reputação, dia após dia.

No geral, o filme também nos adverte para o problema da violência jurídica não se confundir com o estrito legalismo, as normas jurídicas seriam apenas uma garantia formal de que certas expectativas serão respeitadas em detrimento de outras. Contudo, este caráter jurídico (autoridade) necessita da suposição do consenso público dos terceiros (liderança) e também a organização de certos valores sociais predominantes (reputação). Fica patente que a identificação deturpada de alguns espectadores com o personagem Nascimento

---

40 Ver a crítica no site http://www.revistacinetica.com.br/tropadeelite.htm

41 MAUERHOFER, Hugo. *A psicologia da experiência cinematográfica, in A Experiência do cinema: antologia/Ismail Xavier organizador,* Rio de Janeiro: Edições Graal: Embrafilmes, 2008, p.378

e aprovação da ação violenta do BOPE, desconfirmadora e extrajurídica, é um indicativo claro de que a visualização desta realidade informal, embora não seja legal, em termos contra fáticos, goza de certo grau de institucionalização e reputação em nosso meio social. Ao mesmo tempo, é notório que a legislação formal que restringe o uso da violência em termos razoáveis, teria autoridade legal, mas deficiências em termos de liderança e reputação, comprometendo o seu caráter jurídico em termos mais amplos. Isto evidencia a gravidade de nossa crise de legitimidade, já que boa parte da população brasileira parece apoiar a violência extralegal, em espaços informais de exclusão social, como os das favelas. Ainda citando as palavras do crítico Eduardo Valente:

> *E aí, chegamos ao ponto onde Tropa de Elite se torna um belo filme, depois de uma introdução claudicante e um desenvolvimento interessante: a conclusão não está no filme. A conclusão é jogada para o espectador: se ele resolver rir de algumas sequências francamente assustadoras, é uma opção dele. Se ele optar por julgar que, ao final de tudo, é melhor um mundo com o Bope do que sem o Bope, isso também é uma escolha dele – que revela muito do que leva à existência do próprio Bope, e por isso mesmo não poderia estar fora do que o filme propõe. Em suma: Tropa de Elite não tem soluções a oferecer, nem respostas a dar. Afinal, ele só quer "documentar" um estado de coisas – humano e social. E inegavelmente isso ele faz, como filme, como fenômeno midiático, como provocador de reações.* [42]

É como se a favela ou as periferias urbanas fossem vistas como um espaço de exceção informal radical, que não faz parte do mundo das elites, uma forma cruel de banalizar a violência extralegal e a indiferença social. Todavia, não podemos esquecer-nos da advertência inteligente da música da abertura do filme, que nos alerta sobre os riscos generalizados da legitimação de um Estado de exceção violento, em termos institucionais e valorativos, que, no limite, está próximo a cada um de nós, independentemente de nossa posição social: "*Tropa de Elite, osso duro de roer, pega um, pega geral, também vai pegar você*" (Tihuana). Ou como diz FERRAZ JR, ao finalizar o seu texto:

> *A violência não entra no direito pela porta da lei, nem pela instituição, nem dos valores. Ela pressupõe os três fatores numa só correlação. O ato legal que viola a instituição por medida violenta, ou o ato violento amparado nas instituições criminosas que desrespeitam os valores socialmente aceitos são, todos eles, antijurídicos. Como são, também, os atos de força que se amparam em valores sem respaldo legal. Todos correm o risco de entrar na escalada da violência, à medida que seja baixa a sua quota de legitimidade legal, institucional e valorativa.* [43]

---

42 Ver a crítica no site http://www.revistacinetica.com.br/tropadeelite.htm

43 FERRAZ JR., Tercio Sampaio. *Estudos de Filosofia do Direito, reflexões sobre o Poder, a Liberdade, a Justiça e o Direito*, São Paulo: Atlas, 2002, p.73.

O PRIMEIRO DIA: A UTOPIA DA SUPERAÇÃO DO ABUSO DE PODER

O Primeiro Dia surgiu da expansão do curta *Meia-Noite*, o filme realizado por Daniela Thomas e Walter Salles para a série *2000 visto por*, criada pela rede de televisão cultural francesa "Arte" e pela produtora *Haut et Court*. A Arte incentiva o trabalho audiovisual independente e convidou jovens diretores de dez países (Alemanha, Bélgica, Brasil, Canadá, EUA, Espanha, França, Hungria, Mali, Taiwan) para produzirem filmes que dessem visões do que seria a noite do dia 31 de dezembro de 1999, passagem para o tão aguardado século XXI. Walter Salles retoma a sua profícua parceria na direção com Daniela Thomas, firmada no longa-metragem *Terra Estrangeira* (1995) e também com Walter Carvalho, diretor de fotografia desta película e também do aclamado *Central do Brasil*. Foi filmado em apenas três semanas, com cenas definidas em tempo real e, muitas vezes, improvisadas pelos atores, que têm uma atuação excepcional, com a utilização de uma câmera leve na mão a *Aaton 35 mm*, embrulhada em cobertores para tornar-se sonora, que permite uma criativa mobilidade na composição dos planos e na imersão dos espectadores na tela.[44]

Analisando o filme, em termos filosófico-jurídicos, identificamos como conceito-imagem principal a desigualdade socioeconômica existente entre a favela e os bairros mais abastados, a indiferença ética da sociedade, acompanhada por uma crise de autoridade do Estado, que impõe relações abusivas de poder, que se confundem com a violência e aniquilam os sujeitos sociais em total desafio aos Direitos Fundamentais de primeira (individuais), segunda(sociais) e terceira (coletivos) geração, formalmente protegidos na nossa Constituição federal. Embora boa parte do filme se mantenha dentro desta divisão geográfica e humana, própria da cidade do Rio de Janeiro, mas ao mesmo tempo um símbolo de todo o Brasil, nas cenas iniciais, uma câmara panorâmica, do alto, mostra a surpreendente proximidade física destas realidades díspares, que, de fato, estão postas lado a lado. Vemos e sentimos, em termos logopáticos, a cidade partida. Como vimos na análise de *Central do Brasil* e *Abril Despedaçado*, a filmografia de Walter Salles é crítica e está em boa parte voltada para o estudo das questões ético-jurídicas do país, num sentido mais amplo, numa perspectiva que consideramos ser profundamente humanista e realista, de forma concomitante. Para ele, apesar de tudo, ainda há esperança de sobrevivência ética para o homem.

Esta proximidade física das favelas, existentes há mais de cem anos, na cidade, com os prédios tradicionais mais elitizados, contrasta com a enorme distância, em termos éticos e políticos, que cerca os personagens. A existência destas comunidades informais é retrato da omissão abusiva e desconfirmadora da autoridade estatal em exercer o seu papel de terceiro comunicador oficial. Há uma

---

[44] Para detalhes da produção do filme, ver o site http: / /www.oprimeirodia.com.br

eficaz manipulação de tempo e espaço, em três ambientes geográficos distintos e indiferentes, em termos políticos e humanos, que se intercalam na eficiente montagem dos planos. Há uma espécie de rede tecida entre o espaço público oficial do depósito de armas e da penitenciária, a favela, como espaço da informalidade e o bairro de classe média, como a outra parte da formalidade social. A história começa no dia 30 de dezembro de 1999, véspera do milênio, e atinge o seu clímax no dia 31 de dezembro 1999, na passagem para o ano novo e finaliza no *primeiro dia* do ano 2000.

No dia 30, o filme mostra a sua cena inicial, no decadente depósito de armas da polícia, com filmagem em locação real. A própria arquitetura maltratada denuncia, em termos de linguagem imagética, a fraqueza da violência simbólica do poder estatal em termos de institucionalização de sua autoridade contra fática. Somos apresentados ao personagem Francisco (Mateus Nachtergaele), que vê um deficiente mental abandonado em condição subumana no meio de um pequeno depósito de lixo. Ele olha para o mesmo com indiferença e quando percebe que o rapaz doente se comporta como se fosse um cachorro, chegando mesmo a latir, de forma cínica, ele ainda dá um biscoitinho para ele, afirmado de forma fria e sarcástica *"tu tá pior do que eu"*.

Já dentro do depósito de armas, ele faz chantagem com uma autoridade policial (José Dumont), por dinheiro, supostamente justificada para ajudar o seu filho nos estudos. Percebemos que é um delator oficial da corrupção de agentes estatais, que, paradoxalmente, *exige dinheiro* para não abrir a boca e denunciar a todos. É um *"Judas"* que tem um preço para se calar e não trair as autoridades corruptas. Estas cenas iniciais já refletem conceitos imagem de abuso de poder do Estado generalizados, próprios de uma realidade dejuridificante, no plano formal e o cinismo ético preponderante do sujeito Francisco. Embora ele mostre preocupação com o seu filho, tira uma dupla vantagem da corrupção informal, atuando, ao mesmo tempo, de forma amoral, como delator e chantagista, dependendo do ganho financeiro auferido. No espaço formal reina a informalidade desconfirmadora abusiva da autoridade e o cinismo banal do delator/chantagista.

Esta sequência inicial resume, em termos de conceitos-imagem, o que o psicanalista JURANDIR FREIRE COSTA, já mencionado no Capítulo 5, chama de "cultura da delinquência" como uma espécie de desqualificação da lei protetora dos direitos fundamentais e um ataque à política como espaço público democrático. Segundo suas palavras:

> *Vivemos num país em que a política é identificada com a delinquência. Se os políticos agem movidos por ações inconfessáveis, todos devemos fazer o mesmo, ou seremos ingênuos e fracos. Você começa a ter uma desvalorização da política em favor de uma cultura marginal da delinquência e dos interesses particulares de cada um. Ou você explora, ou você engana, ou você é calhorda, ou você é*

> *escroque, ou não há saída. Por quê? Porque quem faz a lei é quem manda, quem se beneficia da lei são os amigos, quem legisla está unicamente comprometido com os seus interesses pessoais.*[45]

Com o uso da simultaneidade narrativa, em um apartamento em Copacabana, espaço formal da classe média, a fonoaudióloga Maria (Fernanda Torres) ensina, repetidamente, um deficiente auditivo a falar a expressão *feliz ano novo*, de forma mecânica, sem pensar muito em termos de mudança efetiva. Observamos que ela é totalmente dependente do casamento e da ideia de amor romântico. Vive para agradar o seu marido Pedro (Carlos Vereza) e acredita que é também é amada de forma imutável. Não apreende qualquer sentido de mudança na passagem do milênio. Sua visão de vida é segura, é perene. Ela acredita que esta será apenas mais uma passagem do ano comum, como outra qualquer.

Na penitenciária, no mesmo dia, somos inseridos num ambiente escuro e profundamente depressivo, onde a violência se instaura de forma latente em todos os ambientes, fragilizando, como no depósito de armas, a violência simbólica da legitimidade do poder jurídico-político formal. João (Luiz Carlos Vasconcelos) ouve de seu companheiro de cela, o Vovô (Nelson Sargento), o prenúncio de que o novo milênio vai trazer transformações radicais para todos. Antes de ter um ataque, repete a afirmação profética de ruptura, afirmando que *"vai mudar tudo, o um vai virar dois e os noves vão virar zero... e que João vai fazer o que tem de ser feito"*. Quando o Vovô é levado para a enfermaria, o carcereiro deixa, de forma sutil, uma gilete na pia. Percebemos que a situação de vantagem da cela (apenas dois presos em relação às outras, que estão superlotadas) não é uma questão de bom comportamento, mas sim da existência de um acordo informal entre o preso João e o carcereiro (*Tonico Pereira*), que será exposto no dia seguinte. A realidade dejuridificante e desconfirmadora, no espaço jurídico do presídio, geradora de regras que se expandem na forma de redes informais, que impedem a codificação binária lícito/ilícito, começa a ser delineada, com eficiência lógico-afetiva.

No dia 31, na mesma penitenciária, espaço formal do Estado, há a exposição de um conceito-imagem da concreta informalidade sombria que já pode ser sentida através do voo panorâmico da cena inicial. Lá dentro, com o anúncio da morte, supostamente provocada, do carismático Vovô, companheiro da cela de João, instaura-se uma violenta rebelião no presídio, bem no momento em que todos fazem a refeição e ouvem um sermão religioso (o famoso Pai Nosso) que prega a esperança do fim da violência, no ano novo, num interessante contraste entre discurso religioso e realidade. João, usando a mesma gilete posta em sua cela, simula a captura do mesmo carcereiro como refém, de forma aparente, e consegue sair do presídio, com a ajuda flagrante de sua *"vítima"*. Nesta cena, o abuso de poder, em termos pragmáticos e a realidade dejuridificante por ele

---

[45] FREIRE COSTA, Jurandir. *A ética e o espelho da cultura*. Rio de Janeiro: Rocco, 1994, p.17 a p.55.

instaurada, se mostram com toda a sua força, destruindo a ideia de violência simbólica da autoridade meta-complementar da polícia.

Na verdade, como espectadores, somos levados ao impacto emocional de compartilhar os bastidores informais do poder, que, ao invés de se constituir em termos jurídicos, como controle das seletividades dos sujeitos, passam a se confundir com a própria violência física, usada ostensivamente. Termos ciência de que a rebelião foi instigada e planejada pelas próprias autoridades estatais para que a suposta fuga de João também fosse simulada. Na condição de sujeito, ele tem uma importante tarefa "*normativa*", a cumprir, a "*mando*" do próprio carcereiro, que assume o papel de terceiro comunicador informal. Pelo terceiro comunicador normativo oficial normativo, João deve cumprir pena de prisão de trinta anos, mas, sob a ameaça de morte, é solto e devidamente armado por uma autoridade policial (carcereiro) corrupta e desconfirmadora das normas que deveria respeitar, na condição de editor normativo, para que mate, extra legalmente, o delator e chantagista *Francisco* (seu melhor amigo). A morte deve ser confirmada no momento em que ele for ao morro visitar o seu filho e entregar o dinheiro para a mãe dele, fruto da chantagem, na passagem do ano. João, supostamente, ganharia a vida e a liberdade em troca da vida de seu melhor amigo. Ele tenta desconfirmar esta norma informal, mas é ameaçado de morte pelo carcereiro, que afirma que, ao reafirmar a sua autoridade abusiva, se Francisco não for morto, morrerá João no lugar dele, pois ele terá de "aguentar as consequências".

No apartamento de Maria, onde ela pensa reinar a afetividade compartilhada do amor seguro, surge, de forma repentina e sem explicações óbvias, a solidão, o desamparo e a indiferença. Durante a noite, seu companheiro (que ela costumava chamar emblematicamente de seu "dono") a abandona, sem maiores explicações, deixando um bilhete vago e indiferente, que estava sendo escrito no momento em que ela se levantou no meio da noite, assustada, confundindo o barulho dos fogos de artifício com tiros. O bilhete anuncia, de forma genérica, um momento de mudança e ruptura, jamais previsto por ela: "*Desculpe Maria, se existe um dia para se decidir uma coisa na vida, este dia é hoje*". Maria entra em desespero, perde o seu equilíbrio e entra em depressão profunda. Percebemos que a forte confiança dela no relacionamento não era compartilhada por seu companheiro, que decide fazer da passagem do ano, um momento de mudança e ruptura.

Maria não está preparada, emocionalmente, para esta perda repentina, tenta se comunicar com Pedro por telefone, mas não consegue. Ela tem de encarar o fato de que não há garantia de duração permanente no afeto do outro. Seu *homo demens* vem à tona, com muita força. Ela reage de forma extremamente negativa e transtornada e começa a perambular pelas ruas de Copacabana em depressão profunda, enquanto a festiva chuva de papéis, jogados dos edifícios, começa a cobrir a cidade. Por instantes, vemos que João, aparentemente feliz com a sua liberdade, se dirige à casa de Francisco, na favela do Chapéu

Mangueira, cujo acesso, está nas imediações do prédio onde mora Maria. Eles praticamente se cruzam na rua. A proximidade geográfica dos mundos, humanamente separados, é, mais uma vez, exibida num conceito-imagem exemplar, mais contundente que qualquer palavra escrita empregada.

Em seguida, João sobe o morro, chega à casa da mãe do filho de Francisco, que já está lá à espera da chegada do menino, que var ser trazido pela mãe. Assume a sua condição de homem trágico perante o amigo e o mata com um tiro na cabeça, mesmo consciente da iminente violenta cena que será vista pela criança. O longo plano-sequência tem uma carga emotiva forte, o lado humano, vulnerável e falível dos dois personagens amigos vem à tona. Para que um sobreviva, ele deve matar, mesmo contra a sua vontade. A morte do outro não pode ser evitada, mesmo que assim o queira, não haveria fuga possível, era só uma questão de tempo, como ele próprio reconhece. João decide viver, a qualquer preço, ainda acredita nesta possibilidade. Antes de atirar, ouve a prece subversiva e revoltada de Francisco.

Todavia, o suposto sentimento de dever informal cumprido dura muito pouco na mente de João. Na saída da favela, o mesmo grupo de policiais que "contratou os seus serviços informais de matador profissional", o espera. Numa linguagem gestual inequívoca, o carcereiro mostra que o suposto "trato informal" foi desfeito, eles querem matar João, depois de Francisco porque ele também é um arquivo vivo das práticas corruptas da polícia.

Percebemos, do ponto de vista pragmático, que o abuso de poder irracional é tão exacerbado, que ocorre em grau duplo, neste conceito-imagem exemplar do filme. Em primeiro lugar, este abuso faz com que as autoridades policiais, que deviam zelar pelo bom cumprimento das normas jurídicas que comunicam, a desconfirmem, em primeiro plano, colocando João numa posição insustentável e aniquilando a sua posição de sujeito: *se ele não desconfirmar, mais uma vez, o direito oficial que proíbe a pena de morte, matando, extra legalmente seu amigo, estará morto também de forma extralegal e informal*. Neste sentido, João é coagido a matar seu amigo, não há espaço para o descumprimento desta norma. A suposta relação complementar é rompida porque o emissor age como se o discurso fosse único, o emissor age pelo receptor, a mão de João, apertará o gatilho da arma que foi apontada pelo carcereiro. É neste momento que, aceitando esta última coação a ele imposta, João acredita, ingenuamente, ter a possibilidade da seletividade de suas ações restaurada, com expectativa de sobrevivência em liberdade, compatível com a ideia de poder como influência nas ações.

Todavia, uma situação-limite ocorre em instantes quando testemunhamos que este o abuso de poder se repete, como um defeito comunicativo irracional, mesmo depois que ele cumpre a sua obrigação, numa forma de coação última e intransponível. As autoridades policiais, mas uma vez, *desconfirmam a norma informal confirmadora do acordo anterior* determinando: *mesmo confirmado o nosso acordo informal, você deve morrer informalmente.* A irracionalidade está na regra que diz que *"não há regra para que o sujeito possa selecionar a sua ação, pois ele está arbitrariamente 'coagido' pelo outro"*[46] Estas cenas traduzem o sentido logopático da nossa injustiça social de nossa realidade dejuridificante, em termos pragmático-jurídicos, desconfirmadora dos Direitos Fundamentais, em termos profundos. João foge pelos labirintos da favela, lutando para viver, numa ágil cena de perseguição pelos becos e escadarias da favela. Por acaso, acaba entrando, pela garagem, no prédio onde mora Maria, muito próximo à favela. O bom trabalho de câmera na mão nos dá noção da urgência desta fuga. Ele esconde-se no terraço até o anoitecer, onde vai ter um inusitado encontro, que irá modificar a sua vida para sempre.

O acaso faz com que Maria, ainda profundamente perturbada pelo abandono e pelo uso calmantes, que extra legalmente comprou na farmácia, suba ao topo do prédio, com uma garrafa de champanhe, não para comemorar, mas para tentar o suicídio, jogando-se lá do alto, minutos antes do estouro dos fogos da passagem do ano. Sabemos que esta cena é impactante, em termos logopáticos, porque foi totalmente improvisada pelos atores e filmada em tempo real, na passagem do ano de 1998/1999, no bairro de Copacabana. A moça olha para o Cristo Redentor, abre seus braços para abraçá-lo, mas João a salva e impede que ela tente de novo, de forma contundente, mesmo contra a vontade dela, ameaçando-a com a própria arma. A emoção primária nos revela a pluriperspectiva cinematográfica, a tensão dos opostos que convergem numa impossibilidade limite de vida para ambos, gerada por terceiros, numa situação contrastante, que é gerada, de forma impactante. Por parte de Maria vemos a *"busca da morte, pois não há vida se houver a ausência do outro (par romântico)"*, e, por parte de João, a vemos *"luta pela vida, que não subsiste pela presença abusiva do outro (Estado indiferente e corrupto)"*, se espelha na tensão do esperar dos minutos. Vivenciamos este sentimento limite dos personagens.

Quando a meia-noite chega, João dá tiros para o alto, que se confundem com os fogos que estouram, abraça Maria, com sentimento de redenção, e diz *"hoje ninguém mais mata e ninguém mais morre, é o primeiro dia"*. Ela desiste de morrer neste mesmo instante. Domina o sentimento do amor e não do ódio. Uma música dramática ecoa a emoção da cena, enquanto o casal gira abraçado num espaço imaginário entre o céu e a terra. Mais uma vez, *vida* e *morte* se fundem, *excluído* e *incluído* social se encontram. Eles se abraçam e se beijam, há uma união profundamente humana entre os "diferentes". Ocorre uma espécie de catarse dos sentimentos trágicos de ambos. Por instantes, a utopia do abraço entre os opostos se constrói. Trata-se de um conceito-imagem dotado de forte valor emotivo, neste caso, uma convincente emoção de primeiro grau identificada com a tragédia dos

---

[46] FERRAZ JR, Tercio Sampaio. *Teoria da Norma Jurídica: ensaio de pragmática da comunicação normativa*, 1.ed., Rio de Janeiro: Forense, 1978, p. 19.

personagens, associada a uma emoção de segundo grau, relacionada à percepção do irracionalismo e da injustiça do abuso de poder em termos pragmáticos, que pode ser superado. Através trajetória dos personagens, temos a experiência afetiva da união utópica da cidade dividida, que está suspensa entre o céu e a terra, numa única noite, até a chegada do "primeiro dia". Utopias não podem ser pensadas racionalmente, dependem de uma experiência logopática maior.

Finalmente, no tão aguardado "primeiro dia", João e Maria acordam calmos, livres da sua tensão *vida/morte*, parece que renasceram. João considera que o encontro com Maria é a sua redenção como ser humano, como uma espécie de ato de perdoar a si próprio. Maria decide se batizar no mar de Copacabana. Enquanto flutua na água, numa sensação de paz absoluta, João, que a observa orgulhoso, sentado na areia, é morto com um tiro na cabeça, de forma aberta e banal, na frente de todos que estavam à volta. O barulho do tiro parece acordá-la de um sonho de paz, ela, imediatamente, volta para a areia e põe uma rosa sobre seu peito, num gesto de delicadeza. Vai até o seu apartamento, olha perplexa pela janela e finalmente "entende", "vê" que a realidade injusta e abusiva da favela, em termos sociais, políticos e jurídicos não deixa outra escapatória a João, senão a própria morte, salvar a sua vida não o redimiu de sua já anunciada morte como sujeito social. Uma luz branca de sabedoria vai de encontro ao seu rosto.

Por fim, se fundem duas principais experiências vividas no filme, em termos logopáticos e cognitivos. Para João, "o primeiro dia" significa a sua aniquilação definitiva como sujeito em termos político-jurídicos, ainda que ele tenha se redimido como ser humano, ao impedir o suicídio de Maria. Ele luta até o fim para viver, mas, na condição de excluído social, acaba morto, nas mãos de um Estado abusivo, desconfirmador das leis e de todos os Direitos Fundamentais, dentre eles, o fundamental direito à vida, tão aclamado no artigo 5º de nossa Constituição Federal. Já para Maria, "o primeiro dia" significa o renascimento sem a dependência emotivo-romântica total de outro ser humano, numa espécie de maturação psicológica e emocional, onde a vida passa a significar mais do que a realização individual afetiva, na medida que ela depende de uma conscientização sociopolítica mais abrangente. Na condição de incluída, Maria, que queria tanto morrer, em virtude de uma decepção individual, sobrevive, com a perspectiva de poder olhar com mais acuidade e, menos indiferença, o mundo da exclusão abusiva ao qual João pertencia. Por fim, vemos o efeito do real, com pretensão universal, destacado por CABRERA, pois ainda que o drama existencial e social de João e Maria sejam particulares, qualquer brasileiro pode se imaginar retratado nele, em termos sócio-políticos e existenciais, o abuso de poder e o sentimento de injustiça se projetam em termos gerais, na cultura jurídico-política brasileira.

Entendemos que a falta de imperatividade dos Direitos Fundamentais, no plano da realidade, está relacionada, de forma significativa, a um problema de abuso de poder da autoridade estatal, gerador de uma crise de autoridade que se dissemina, destrutivamente, por todos os seguimentos sociais, ampliando cada vez mais um processo de dejuridificação social, que implica na banalização das reações desconfirmadoras da lei, na forma de uma rede de regras informais. Neste sentido, observamos como a própria autoridade oficial, quando desconfirma as normas que deveria confirmar, substitui o controle da seletividade da ação do sujeito pelo uso da coação, e acaba destruindo a relação de autoridade/poder, que passa a ser substituída pelo uso extralegal desconfirmador da força física bruta, altamente destrutivo.

Uma vez reconhecido o grande poder manipulador das imagens cinematográficas, em termos de compreensão logopática de temas, o seu alcance direto nas emoções do espectador, percebemos que a famosa impressão de realidade faz com que o cinema autoral, comprometido com o pensar crítico, seja uma poderosa ferramenta auxiliar na construção desta análise pensante, em termos mais reais e humanos que a simples leitura de um texto escrito pode fornecer. O que defendemos é a possibilidade de integração entre ambos, entre imagem e palavra, que tentamos desenvolver neste estudo.

Vimos que a partir da associação da noção pragmática de abuso de poder com o filme *O Primeiro Dia*, tornou possível entender e vivenciar o impacto da experiência de sofrer um abuso comunicativo e ser aniquilado como sujeito social. A morte violenta aparece como a única seleção do agir possível e o sentimento profundo de injustiça seria única emotividade sobrevivente. Percebemos, também, o impacto de reduzir a nossa existência total ao afeto individual que depende da aceitação permanente do outro, que passa a caracterizar uma dependência potencialmente destrutiva da nossa identidade individual. Embora a estória se passe no Rio de Janeiro, ela poderia ocorrer em outras regiões do Brasil, onde, igualmente, é visível esta substituição do poder jurídico, pelo uso indiscriminado da força física, onde, facilmente, se confunde autoridade da lei, como uso extralegal da força, que passa a ocupar o lugar da suposta força simbólica do poder normativo. O particular assume uma inclinação universal, claramente. A barbárie trágica do Brasil, mais uma vez, é exposta sem pudores.

No entanto, como o cinema de Walter Salles é extremamente rico e avesso a simplificações comerciais reducionistas, percebemos, na película, uma questão que permanece em aberto, de forma a instigar o pensamento crítico prospectivo. A despeito do senso de realidade pessimista que nos aflige, existiria, como projeção futura, a possibilidade de generalização da utopia da união das diferenças, do olhar humano e generoso em direção ao outro. *João* se "redime da morte" de seu melhor amigo e Maria aprende a "ver o outro", estranho à sua individualidade pessoal. Lembrando de HUGO MUNSTERBERG, trata-se da união perfeita da emoção primária realista e trágica, sobre a barbárie da violência, com a emoção secundária voltada para a transformação do homem, em termos éticos, no seu sentido humano mais profundo, num contexto onde os

Direitos Fundamentais seriam efetivos, no plano da realidade. Esta parece ser a grande "perspectiva revolucionária" do diretor, que também acena para esta possibilidade nos filmes *Central do Brasil* e *Abril Despedaçado*, todos preocupados com a discussão em torno da identidade ética, política e jurídica do Brasil.

BIBLIOGRAFIA

ABRIL DESPEDAÇADO. Direção: Walter Salles. Imagem Filmes, 2002. DVD, 1 Filme, 95 minutos.

A CAÇA. Direção: Thomas Vinterbeg. Título original: Jagten. California Filmes, 2012. DVD, 1 Filme, 117 minutos.

AMOR. Direção: Michael Haneke. Título original: Amour. Imovision, 2012. DVD 1 Filme, 127 minutos.

A PELE QUE HABITO. Direção: Pedro Almodóvar. Título original: La piel que habito. Paris Filmes Lk Tel, 2012. DVD, 1 filme, 120 minutos.

ARENDT, Hannah. *A condição humana.* Rio de Janeiro: Forense, 1987.

_______. *Crises da República.* São Paulo: Perspectiva, 1973.

_______. *Eichmann em Jerusalém, Um relato sobre a banalidade do mal.* São Paulo: Diagrama & Texto, 1983.

_______. *Entre o passado e o futuro.* São Paulo: Perspectiva, 1972.

ARNOLD, Thurman. *El derecho como simbolismo.* In: *Sociologia del Derecho.* Caracas, Org. W. Aubert, 1971.

BALAZS, Bela. *Nós estamos no filme.* In: A experiência do cinema. Ismail Xavier (org.). Rio de Janeiro: Edições Gerais Graal, 1983

BAUMAN, Zygmunt. *Medo Líquido.* Rio de Janeiro: Jorge Zahar Ed., 2008.

_______. Ética pós-moderna. São Paulo: Paulus, 1997.

BERNADET, Jean-Claude. *O que é cinema?* São Paulo: Editora brasiliense, 2006.

BOBBIO, Norberto. *Direito e Estado no pensamento de Emmanuel Kant.* Brasília: Universidade de Brasília, 1986.

_______. *Dicionário de Política.* Brasília: Universidade de Brasília, 1986.

_______. *A teoria das formas de governo:* Brasília: Universidade de Brasília, 1980.

_______. *Teoria do ordenamento jurídico:* Brasília, Universidade de Brasília, 1989.

BRÉHIER, Émile. *História da Filosofia V. I e II.* São Paulo: Mestre Jou, 1977.

CABRERA, Júlio. *O cinema pensa – uma introdução à filosofia através dos filmes.* Rio de Janeiro: Rocco, 2006.

CAMPILONGO, Celso Fernandes. *Direito e democracia:* São Paulo: Max Limonad, 1997.

CANETTI, Elias. *Massa e poder,* Brasília: Editora Universidade de Brasília, 1983.

CIDADE DE DEUS. Direção: Fernando Meirelles. Imagem Filmes, 2002, DVD, 1 Filme, 130 minutos.

CORIOLANO. Direção: Ralph Fiennes. Título original: Coriolanus. DVD independente, 2012. 1 Filme, 107 minutos.

COELHO, Fábio Ulhoa. *Direito e poder.* São Paulo: Saraiva, 1992.

CROZIER, Michel. *A Sociedade bloqueada.* Brasília: UNB, 1990.

CUNHA, Euclides da. *Os Sertões: Campanha de Canudos.* São Paulo: Círculo do Livro, 1995.

DANÇANDO NO ESCURO. Direção: Lars von Trier. Título original: Dancer in the dark. Versátil Home Video, 2000. DVD, 1 Filme, 141 minutos.

DEUS E O DIABO NA TERRA DO SOL. Direção: Glauber Rocha. VideosFilmes, 1999. DVD, 1 Filme, 110 minutos.

DOZE HOMENS E UMA SENTENÇA. Direção: Sidney Lumet. Fox – Sony DADC, 1997. DVD, 1 Filme, 96 minutos.

ENGISH, Karl. *Introdução ao pensamento jurídico.* Lisboa: Fundação Calouste Gulbenkian, 6ª edição.

EPSTEIN, Isaac. *Gramática do poder.* São Paulo: Editora Ática, 1993.

EPSTEIN, Jean. *O cinema do diabo: excertos. In: XAVIER, Ismail (Org.). A experiência do cinema: antologia.* Rio de Janeiro: Edições Graal: Embrafilme, 2008.

________. *O Signo,* São Paulo: Editora Ática, 1991.

FERRAZ, Tercio Sampaio. *A Ciência do Direito,* São Paulo: Atlas, 1980.

_______. *Constituinte: assembleia, processo, poder.* São Paulo: Revista dos Tribunais, 1985.

_______. *Direito, retórica e comunicação - Subsídios para uma pragmática do discurso jurídico.* São Paulo: Saraiva, 1973.

_______. *O discurso sobre a justiça.* In: Revista dos Anais do I Congresso de Iniciação Científica do Departamento de Filosofia e Teoria Geral do Direito da Faculdade de Direito da Universidade de São Paulo, São Paulo, 1996.

_______. *Função social da dogmática jurídica.* São Paulo: Revista dos Tribunais, 1980.

_______. *Introdução ao estudo do direito – técnica, decisão, dominação.* São Paulo: Atlas, 1988.

_______. *Notas sobre poder e comunicação.* In: Revista Brasileira de Filosofia V. XXXIV, São Paulo: Instituto Brasileiro de Filosofia, 1985.

_______. *O oficial e o inoficial* (lido em Manuscrito).

_______. *Teoria da norma jurídica: Ensaio de pragmática da comunicação normativa.* Rio de Janeiro: Forense, 1978.

FARIA, José Eduardo Oliveira. *Poder e legitimidade.* São Paulo: Perspectiva, 1978.

_______. *Eficácia jurídica e violência simbólica,* São Paulo: Edusp, 1988.

_______. *Direito e globalização econômica: implicações e perspectivas,* São Paulo: Malheiros Editores, 1998.

FREIRE COSTA, Jurandir. *A ética e o espelho da cultura.* Rio de Janeiro: Rocco, 1994

FOUCAULT, Michel. *A microfísica do poder.* São Paulo: Graal, 1988.

______. *Vigiar e punir.* Petrópolis: Vozes, 1981.

______. *As verdades e as formas jurídicas.* Cadernos da PUC - RJ, Série Letras e Artes 06/74.

GALVÃO, Walnice Nogueira. *No calor da hora, São Paulo:* Editora Ática, 1994.

GARCIA, Maria. *Desobediência Civil, direito fundamental,* São Paulo: Editora Revista dos Tribunais, 1994.

HART, Herbert. *El Concepto de Derecho.* Abeledo-Perrot: Buenos Aires, 1963.

HELIODORA, Bárbara. *Reflexões Shakespearianas,* Rio de Janeiro: Lacerda Editores, 2004.

__________. *Falando de Shakespeare.* São Paulo: Perspectiva, 2001.

HOBBES, Tomas. *Leviatã,* Os Pensadores, São Paulo: Abril Cultural, 1983.

HOLANDA, Sérgio Buarque. *Raízes do Brasil.* São Paulo: Companhia das Letras, 1995.

JAPIASSU, Hilton. *Interdisciplinaridade e patologia do saber.* Rio de Janeiro: Imago Editora, 1976.

JAEGUER, Werner. *Paideia: a formação do homem grego.* São Paulo, Martins Fontes, 1989.

JACKSON, Bernard. *Making sense in law.* Liverpool: Deborah Charles Publications, 1995.

JOLIVET, Regis. *Curso de Filosofia,* Rio de Janeiro: Agir, 1965.

KELSEN, Hans. *Teoria Pura do Direito.* Coimbra: Armênio Amado Editor, 1979.

_______. *Teoria Geral do Direito e do Estado.* São Paulo: Martins Fontes, 1990.

_______. *Teoria General dele Estado.* Madri: Editorial Labor, S. A., 1934.

_______. *Teoria da norma jurídica.* Porto Alegre: Sérgio Antônio Fabris Editor, 1986.

LADRÕES DE BICICLETA. Direção: Vittorio de Sica. Título Original: Ladri di biciclette. Versátil Home Vídeo, 1948. DVD, 1 Filme, 90 minutos.

LAFER, Celso. *Ensaios sobre a liberdade.* São Paulo: Editora Perspectiva, 1980.

______. *A ruptura totalitária e a reconstrução dos direitos humanos.* São Paulo: Companhia das Letras, 1989.

LANDOWSKI, Eric. *A sociedade refletida: ensaios de sociossemiótica,* São Paulo: Educ, 1992.

LAING, R. D. *O Eu e os outros,* Petrópolis: Vozes, 1989.

LEBRAN, Gerard. *O que é poder?* São Paulo: Brasiliense, 1988.

LUHMANN, Niklas. *Poder.* Brasília: Universidade de Brasília, 1985.

______. *Sociologia do Direito I.* Rio de Janeiro: Biblioteca Tempo Universitário n° 75, 1983.

______. *Legitimação pelo procedimento,* Brasília: Universidade de Brasília, 1980.

MACHADO NETO Antônio L. *Teoria da Ciência Jurídica.* Saraiva: São Paulo, 1975.

MARCUSE, Herbert. *A noção de progresso à luz da psicanálise,* in Cultura e Psicanálise, São Paulo: Paz e Terra, 2004.

MORIN, Edgar. *A cabeça bem feita, repensar a reforma, repensar o pensamento.* Rio de Janeiro: Bertrand Brasil, 2000.

_________. *A alma do cinema.* In: XAVIER, Ismail.(ORG). *A experiência do cinema: antologia.* Rio de Janeiro: Edições Graal. Embrafilmes, 2008.

MUNSTERBERG, Hugo. As emoções. In: XAVIER, Ismail.(ORG). *A experiência do cinema: antologia.* Rio de Janeiro: Edições Graal. Embrafilmes, 2008.

NEVES, Marcelo. *A constitucionalização simbólica,* São Paulo: Editora Acadêmica, 1994.

NOTÍCIAS de uma guerra particular. Diretor: João Moreira Salles. VideoFilmes, 2005. DVD 1 Filmes, 54 minutos.

OLIVEIRA, Mara Regina de. *O Desafio à autoridade da lei: a relação existente entre poder, obediência e subversão,* Rio de Janeiro: Corifeu, 2006.

________. *Cinema e Filosofia do Direito: um estudo sobre a crise de legitimidade jurídica brasileira.* Rio de Janeiro: Corifeu, 2006.

O INVASOR. Direção: Beto Brandt. Europa Filmes, 2007. DVD, 1 Filme, 105 minutos.

O LEITOR. Direção: Stephen Daldry. Título original: The Reader. Imagem Filmes, 2008. Blu-ray, 1 Filme, 123 minutos.

O MERCADOR de Veneza. Direção: Michael Radford. Título original: The Merchand of Venice. Califórnia Filmes, 2004. DVD, 1 Filme, 110 minutos.

O PRIMEIRO DIA. Direção: Walter Salles. Rio Filme, 1999. DVD, 1 Filme, 75 minutos.

O SEGREDO DE VERA DRAKE. Direção: Mike Leigh. Título original: Vera Drake. Califórnia Filmes, 2004. DVD, 1 Filme, 124 minutos.

PRADO, Lídia Reis de Almeida. *Alguns aspectos sobre a lógica do razoável na interpretação do direito (Segundo a visão de Recaséns Siches)*, in *Direito, cidadania e justiça: ensaios sobre lógica, interpretação, teoria, sociologia e filosofia jurídicas*. Coordenadores: Beatriz Di Giorgi, Celso Fernandes Campilongo, Flávia Piovesan. Editora dos Tribunais: São Paulo, 1999.

4 MESES, 3 SEMANAS E 2 DIAS. Direção: Cristian Mungiu. Título original: 4 luni, 3 saptamani so 2 zile. Lusomundo, 2007. DVD, 1 Filme, 124 minutos.

RASHOMON. Direção: Akira Kurosawa, 1950. Continental. DVD, 1 Filme, 88 minutos.

REALE, Miguel. *Teoria do Direito e do Estado*. São Paulo: Saraiva, 1940.

REGRAS DA VIDA. Direção Lasse Hallstrom. Título original: The Cider House Rules. Imovision, 1999. DVD 1 filme, 126 minutos.

RIBEIRO, Darcy. *O povo brasileiro: A formação e o sentido do Brasil*. São Paulo: Companhia das Letras, 1995.

ROSS, Alf. El derecho y la justitia. Buenos Aires: Eudeba, 1963.

ROUSSEAU, Jean-Jacques. *Discurso sobre a origem e os fundamentos das desigualdades entre os homens*. São Paulo: Editora Ática, 1989.

_________. *O Contrato Social*, Os Pensadores. São Paulo: Abril Cultural, 1978.

SANTAELLA, Lúcia, *Produção de linguagem e ideologia*. São Paulo: Cortez editora, 1996.

__________. *Que é semiótica?* São Paulo: Brasiliense (Coleção Primeiros Passos), 1983.

SARTRE, Jean Paul. *O existencialismo é um humanismo*. Os pensadores, São Paulo: Abril Cultural, 1978.

SAUSSURE, Ferdinand de. *Curso de linguística geral*, São Paulo: Cultrix, 1996.

SEVERINO, Antônio Joaquim. *Metodologia do trabalho científico*, São Paulo: Cortez Editora, 1941.

SHAKESPEARE, William. *Coriolano*. In *Tragédias e comédias sombrias: as obras completas*; tradução Bárbara Heliodora. Rio de Janeiro: Nova Aguiar, 2006.

SHIRLEY, Robert Weaver. *Alguns problemas de Antropologia jurídica no Brasil.* São Paulo: Saraiva, 1987.

SÓFLOCLES, 496 ou 494 a.C. - 406 a. C. *Antígone,* Rio de Janeiro: Ediouro, 1998.

SOUZA, Luiz Sérgio Fernandes de. *O papel da ideologia no preenchimento das lacunas no direito,* São Paulo: Revista dos Tribunais, 1993.

THE STORY OF QIU JU. Direção: Zhang Yimou. Sony Pictures Classics, 2006. DVD. 1 Filme, 100 minutos.

TROPA DE ELITE. Direção: José Padilha. Universal Pictures do Brasil, 2007. DVD, 1 Filme, 115 minutos.

UMA MULHER CONTRA HITLER. Direção: Marc Rothmund. Título original Sophie Scholl: Die letzten tage. Imovision, 2005, DVD, 1 Filme, 120 minutos.

UNGER, Roberto Mangabeira. *A sociedade liberal e o seu direito, In Sociologia e Direito,* São Paulo: Ed. Pioneira, 1980.

VIANY, Alex. *O processo do Cinema Novo,* Rio de Janeiro: Aeroplano, 1999.

VIEHWEG, Theodor. *Tópica y jurisprudência. Madri: Taurus, 1964.*

VILLA, Marcos Antônio. *Canudos: o povo da terra,* São Paulo: Editora Ática, 1995.

WARAT, Luís Alberto. *A definição jurídica - suas técnicas, texto programado.* Porto Alegre: Atrium, 1977.

WATZLAWICK, Paul, BEAVIN, Janet H., JACKSON, Don D. *Pragmática da comunicação humana.* São Paulo: Cultrix, 1995.

WEBER, Max. *Economia y sociedad.* México: Fondo de Cultura Econômica, 1977.

XAVIER, Ismail. *O Discurso cinematográfico: a opacidade e a transparência.* São Paulo: Paz e Terra, 2005.